教育部人才培养模式改革和开放教育试点法学教材

竞争法学

(第四版)

主　编　薛克鹏　孙　虹
撰稿人　(以撰写章节先后为序)
　　　　薛克鹏　孙　虹　吕明瑜
　　　　陈　健　刘继峰

中国政法大学出版社
2019·北京

声　明　1. 版权所有，侵权必究。

　　　　2. 如有缺页、倒装问题，由出版社负责退换。

图书在版编目（CIP）数据

竞争法学/薛克鹏，孙虹主编. —4版. —北京：中国政法大学出版社，2019.2
ISBN 978-7-5620-8831-8

Ⅰ. ①竞… Ⅱ. ①薛… ②孙… Ⅲ. ①反不正当竞争－经济法－法学 Ⅳ. ①D912.290.1

中国版本图书馆CIP数据核字(2019)第037648号

书　　名	竞争法学（第四版）Jing Zheng Fa Xue（Di Si Ban）
出 版 者	中国政法大学出版社
地　　址	北京市海淀区西土城路25号
邮　　箱	fadapress@163.com
网　　址	http://www.cuplpress.com（网络实名：中国政法大学出版社）
电　　话	010-58908435(第一编辑部) 58908334(邮购部)
承　　印	固安华明印业有限公司
开　　本	787mm×1092mm　1/16
印　　张	21.75
字　　数	476千字
版　　次	2019年2月第4版
印　　次	2019年2月第1次印刷
印　　数	1～5000册
定　　价	56.00元

出版说明

广播电视大学自1979年创建至今已有20多年，为国家培养了几十万法律专业高等专门人才。1999年为适应我国社会经济发展、建设社会主义法治国家的需要，教育部现代远程教育工程——中央广播电视大学"人才培养模式改革与开放教育试点"项目，作为国家重点科研课题正式启动，法学专业本科人才培养模式改革与开放教育试点是该项目的重要组成部分。为了实现教育资源的优化配置，中央广播电视大学和中国政法大学合作推出了法律专业专科起点的本科教育，同时邀请了北京大学、中国人民大学等部分高等学校的专家参加教学资源的建设。

为了更好地探索现代远程开放教育规律、充分体现学生自主学习的特点，中央广播电视大学结合20多年办学经验，从教材的体例、版式设计上作了改革，以适合学生的学习。在内容上力求反映应用性的特点，使学生掌握本学科的基本概念和理论体系，具有分析问题和解决问题的能力，培养其自学能力和认识事物的创新能力，以满足人才培养模式改革和开放教育的需求。在建设文字教材的同时，我们还根据远程开放教育的特点，辅之以录音、录像、CAI、网络软件等学习材料，为学习者提供支持和服务。本教材为中央广播电视大学实施教育部"人才培养模式改革和开放教育试点"项目法学专业系列教材。

该系列教材分别由中央广播电视大学出版社和中国政法大学出版社等出版。在教材建设过程中，我们得到了中央广播电视大学、中国政法大学、北京大学、中国人民大学、清华大学、中国人民公安大学、中央民族大学、对外经济贸易大学、中国社会科学院法学研究所、国家法官学院等十几家高等院校、法学研究机构、国家司法机关的有关专家、学者的大力支持，在此表示衷心的感谢。

法学教材编委会

第四版说明

《竞争法学》一书为中央广播电视大学实施教育部"人才培养模式改革和开放教育试点"项目法学专业系列教材之一。应中国政法大学出版社之邀，编写组于2006年进行了第一次修订；《中华人民共和国反垄断法》颁布后，2010年又进行了第二次修订；2018年3月，编写组再次应出版社之邀，进行第三次修订。与此前两次修订不同，这次修订的条件发生了较大变化：一是新时代中国特色社会主义理论关于政府的职能有了新的表述，原教材中的相关概念需要修改；二是与《中华人民共和国反不正当竞争法》关系较为密切的《中华人民共和国广告法》于2015年4月24日和2018年10月26日分别进行了修订，原教材中的相关内容需要进行相应的修改；三是2017年11月全国人大常委会对《中华人民共和国反不正当竞争法》进行了较大幅度的修改，原教材内容相关内容需要进行修订；四是2018年3月，第十三届全国人大第一次会议通过了《关于国务院机构改革的决定》，组建了国家市场监督管理总局，反垄断和反不正当竞争体制发生较大变化，原教材中的相关内容也应当进行修改。基于这几个因素，编写组进行了此次修订。由于本次修订修改内容较多，篇幅较大，还要增加新的内容，因此修订后的教材可能还存在许多不足。谬误之处，企盼同行及读者不吝赐教。

此次修订由薛克鹏教授担任主编，在第三版的基础上对各个章节进行了全面修订，并增加了前言和第十一章"互联网不正当竞争"两部分内容。此次修订后，撰稿人撰写的章节顺序调整如下：

薛克鹏（中国政法大学民商经济法学院教授）：前言、第十一章；

孙　虹（中国政法大学民商经济法学院副教授）：第一章、第二章、第四章（第四节）、第十二章、第十七章；

吕明瑜（郑州大学法学院教授）：第三章、第十三章至第十六章；

陈　健（中国政法大学民商经济法学院副教授）：第四章（第一、二、三、五、六、七节）；

刘继峰（中国政法大学民商经济法学院教授）：第五章至第十章。

编　者
2019年1月

第三版说明

《竞争法学》一书为中央广播电视大学实施教育部"人才培养模式改革和开放教育试点"项目法学专业系列教材之一。2006年应出版社之邀进行修订，2007年春交稿，夏天《竞争法学》（第二版）出版发行。出于慎重，当时并未以尚未经立法机构通过的《中华人民共和国反垄断法（送审稿）》作为依据改写相关内容。2008年8月1日《中华人民共和国反垄断法》开始实施，值此之际，我们依据该法对《竞争法学》一书第三编进行全面改写，将我们对《中华人民共和国反垄断法》的理解呈现给我们的学生和其他读者，希望对各位有所裨益；谬误之处，亦盼同行及读者不吝赐教。

经此修订，各位作者的分工亦有所变化，特说明如下：

孙　虹（中国政法大学副教授）：第一章、第二章、第四章（第四节）、第十一章、第十六章；

吕明瑜（郑州大学法学院教授）：第三章、第十二章至第十五章；

陈　健（中国政法大学副教授）：第四章（第一、二、三、五、六、七节）；

刘继峰（中国政法大学副教授）：第五章至第十章。

编　者

2010年2月

第二版说明

《竞争法学》一书为中央广播电视大学实施教育部"人才培养模式改革的开放教育试点"项目法学专业系列教材之一。该书第一版于2001年启用，迄今已六年有余。此次应出版社之邀，修订再版。各位作者据多年教学和研究的积累，就有关章节修改增补，以期与读者分享些许收获。现就有关事项说明如下：①第一、二、三章有部分修改，以尽量准确表达作者的观点。②第四章"各国（地区）竞争法"增加了"俄罗斯竞争法"一节，以其为代表反映市场转型国家竞争法的发展状况。③对第二编各章顺序做了调整，内容上也有较大变动。以便与我国反不正当竞争法的条款顺序相一致，并反映最新研究成果。④第三编没有什么改动，主要是因为我国反垄断法仍未出台，争论中的问题很多，不适合在本科（特别是主要用于自学的）教材中反映。等新法问世时，自当添加。

本书作者分工如下：

孙　虹（中国政法大学副教授）：第一章、第二章、第四章（第四节）；

吕明瑜（郑州大学法学院教授）：第三章；

陈　健（中国政法大学副教授）：第四章（第一、二、三、五、六、七节）；

刘继峰（中国政法大学副教授）：第五章至第十章；

张　今（中国政法大学教授）：第十一章至第十六章。

编　者
2007年8月

前 言

在学习竞争法之前,首先要对竞争和竞争法要有一个正确认识,明确为什么要学习竞争法和如何学习竞争法。

一、认识竞争和竞争法

竞争是自然界和人类社会中最为常见和最为普遍的现象之一,可谓无时不有,无处不在。日常生活中我们看到的竞选、选拔、选秀、考试、体育比赛和军事冲突其实都是竞争的具体形式。物竞天择,适者生存。没有竞争,就没有自然界的进化,人类社会也就失去了前进和发展的动力。

在各种竞争中,经济领域的竞争与我们的生产和生活关系最为密切,通常意义的竞争多指经济竞争或市场竞争。资源的稀缺性和需求的无限性决定了人们为了获取经济利益,必然要与竞争对手展开争夺,所以,人才竞聘、广告宣传、打折促销、回扣返点、有奖销售、价格大战等各种竞争方式,在市场中也就屡见不鲜、不足为奇了。激烈的市场竞争,一方面激发了个人的创造力和积极性,迫使每个人不断提升自己的能力和素质;另一方面,也迫使企业必须通过技术创新和经营创新求得生存空间和竞争优势,避免被竞争对手淘汰。激烈的竞争,使得人尽其才、物尽其用。这就是市场经济这种"无形之手"成为最佳资源配置方式的奥秘所在。市场经济的本质是竞争,没有竞争也就没有市场经济。这是对竞争的最好诠释。消费者正是通过经营者在价格、品种、数量、质量和服务态度等方面的竞争,根据自己的偏好购买质量安全和价格公平的商品。所以,公平和自由竞争的最终受益者是所有消费者,没有竞争也就没有消费者权益。

市场经济需要的竞争是自由竞争和公平竞争。但是,现实中,一些经营者为了获取不正当利益,不惜违背商业伦理道德,挖空心思,绞尽脑汁,利用各种不正当手段进行竞争。市场上的各种山寨产品、导致误解的虚假广告、形形色色的好处费、含糊其辞的有奖销售、无中生有的商业诋毁和强制用户访问的网络链接等,就是其中的部分表现。还有的企业为了限制竞争或者独霸市场,滥用契约自由或市场优势排斥、限制甚至消灭竞争,这就是垄断。市场中常见的企业的联合涨价协议、私下划分销售区、共同抵制同行降价、限制他人最低销售价格、串通招标投标、滥用市场优势地位，或者以股权并购和合并方式消灭竞争对手，即属于这一类。

没有竞争或者竞争被扭曲的市场，商品和的价格不再反映真实的供求关系，生产者和消费者都会被虚假的价格信号所误导。它剥夺的是所有经营者包括潜在投资者参与市场竞争的自由和机会，抑制的是技术和产品创新，导致的是劣币驱逐良币，受害的是广大消费者和整个国民经济。因此，竞争超越了私权和私法自治的范畴，与社会公共利益直接相关，必须从法律上进行规制。竞争法就是专门规范竞争行为、维护市场竞争秩序和社会公共利益的法律。

规范竞争行为的法律始于19世纪末的欧美国家。其中，规制垄断行为的反垄断法始于自由市场经济高度发达、竞争最为自由充分的美国，规制不正当竞争的反不正当竞争法始于相对落后的德国。到20世纪90年代，无论是英美法系还是大陆法系，无论是西方还是东方，凡是市场经济发达的国家，都已建立起自己的竞争法体系，作为构建其市场经济秩序的基石。综观那些产品优良、技术领先、创新迭出、竞争有序、市场繁荣和经济发达的国家，无不与竞争法相关。我国自1993年开始，充分借鉴国际经验，先后制定了《反不正当竞争法》《拍卖法》《招标投标法》《反倾销条例》《反补贴条例》以及《反垄断法》等法律法规，形成了具有中国特色的竞争法体系。这些法律的作用也已初步显现，并日益成为我国保护自由竞争、公平竞争和公平交易，维护社会公共利益以及促进社会主义市场经济健康运行的支柱性法律。

二、为什么应该学习竞争法

1. 企业经营管理者应当学习竞争法。与自由放任的竞争不同，现代企业之间的竞争不再是随心所欲、无法可依、无章可循，而是有着严格的规则。曾经盛行一时的虚假宣传、商业贿赂、巨额有奖销售、价格同盟、划分地盘、共同抵制同行降价、限制下游经销商转让价格等经营方式已经成为许多行业所谓的经营模式或商业习惯。但是，在竞争法已经确立的环境下，如果继续用这种模式从事生产经营，则属于违法行为，依法应当追究法律责任。作为市场经济的一般法，竞争法是任何一个企业在向市场提供产品或服务过程中都必须遵守的法律，是所有企业经营管理人员都应当必备的知识之一。所以，企业的经营管理者都应当知晓竞争的边界，知道哪些经营行为被法律明令禁止，哪些被加以限制。

2. 法官、检察官、律师和市场监管人员等法律职业者应当学习竞争法。随着市场化程度越来越高，违反竞争法的案件也越来越多，竞争法的应用也越来越频繁。与民商事案件不同，竞争法是通过行政和司法两种途径实施的。行政实施是市场监督管理部门作为执法者通过监督检查和行政处罚方式实施，司法实施是人民法院在当事人提起诉讼后依法进行审理，包括与竞争有关的行政诉讼、民事诉讼和刑事案件。这就要求市场监管机构执法人员和检察官、法官应当掌握一定程度的竞争法知识，同时需要律师为企业和其他当事人提供相关法律服务。所以，竞争法是当代法律职业者应当掌握的一门基本知识。

3. 政府机构的公务员应当学习竞争法。市场和政府的关系是现代市场经济和法律面临的一个基本问题。政府既要保障市场发挥决定性作用，让企业自由充分竞争，又要避免放任自流、无序竞争和野蛮竞争。政府和市场的这一关系正是通过竞争法进行调整。但是，一些政府机构的公务员由于缺乏竞争法知识，在决策或者行使职权过程中常常不知不觉违反法律。例如，有的地方政府在招商引资中公开承诺减免税收、低价出让国有土地使用权、限制招标投标范围等。竞争法不仅反对并惩罚普通企业的不正当竞争和垄断行为，而且反对和规制政府滥用权力限制竞争的行为。所以，政府各级和各类公务员都应当学习和掌握竞争法，使政府机构制定的规章或其他抽象性文件以及实施的具体行政行为，都符合竞争法的规定。

4. 法律专业学生应当学习竞争法。我国的社会主义法律体系是一个集传统法理和现代法理、近代法思维和现代法思维、国际经验和中国特色为一体的法律综合体。作为经济法分支的竞争法更是集中反映了这一特征，集规则和制度、理论和实践、传统和现代、经济和法律、行政和司法等多种元素于一体。与民商法不同，竞争法不是以个人权利本位和私法自治方式调整社会关系，而是以禁止、强制或限制等方法来规范竞争行为，维护市场竞争秩序，维护经营者和消费者权益以及社会公共利益。所以，竞争法条文数量虽然较少，没有统一的法典，但其内容结构复杂，既有尊重个人权利和契约自由的成分，更有对经营者滥用契约自由和市场优势地位的限制；既以自治精神为基础，更以规制这种体现现代法律调整方式为手段。法律专业学生只有通过竞争法，才能了解和掌握现代法律的思维方法，建立起完整的法律知识结构，成为一个兼具多种法律思维能力的高端法律专业人才。

三、如何学习竞争法

学习竞争法需要掌握以下几种方法：

第一，基础课程先行。竞争法不是一个独立的部门法，而是经济法的一个组成部分，在我国的法律体系中处于第三层级的位置。竞争法的基本概念、原理和方法都是建立在经济法的基础理论、基本原理和调整方法之上。所以，根据教学规律，学习竞争法之前，应当先学习和掌握宪法、行政法、民商法、知识产权法和诉讼法等基础性法律。特别是要学习经济法，掌握竞争法在经济法中的地位，了解竞争法与消费者法、金融法和财税法等法律之间的关系。

第二，课堂认真听讲。课堂教学是大学教育的重要形式，大学中的大多数专业知识都是通过课堂教学方式传输给学生的。课堂教学中，授课教师会按照教学大纲，对竞争法的各个知识点（特别是重点和难点）都一一讲解，并结合案例和生活中发生的事例，帮助学生理解和掌握竞争法的基本概念、原理和理论，了解竞争法在实践中的应用。所以，初学者应当特别重视课堂教学，积极上课，认真听讲，领会讲授内容。

第三，认真阅读教材。学习竞争法以及其他课程，仅上课是不够的，还需要进行大量的阅读。阅读是大学生学习的最重要形式。阅读首先是阅读教材，掌握教材的内容。竞争法教材是根据现行法律规定和多数学者的观点编写的，其中主要是关于竞争法的基本概念、基本原理和基本理论等基本知识。初学者除了课前预习外，课后还应当再次阅读课堂讲授的内容，特别是重点部分要反复阅读，以便加深理解和记忆。课堂教学全部结束后还应当从前至后通篇阅读。经过反复多次阅读，就能理解和掌握竞争法，建立起竞争法的知识框架。在掌握教材知识内容后，就可以选择一些有代表性的竞争法著作或论文扩展阅读，加深对竞争法的理解。

第四，研读法律条文。竞争法是由《反垄断法》《反不正当竞争法》《招标投标法》《拍卖法》和《反倾销条例》《反补贴条例》等单行法律法规构成的。实践中，律师、法官、检察官和市场监管机构执法人员就是运用法律法规的规定来评价经营者的行为是否违法以及违法后应当课以什么样的法律责任。所以，在课堂听讲和阅读教材的同时，学生还必须认真研读法律条文，掌握法律文本的具体内容，包括法律文本的框架体系、立法宗旨、基本原则、基本制度、法律责任、执法体制等内容。对其中一些重要和常用条款，还要逐字逐句，反复研读，深刻领会，烂熟于心。

第五，分析典型案例。竞争案例是根据竞争法的规定对具体经营者违法行为或在竞争中发生的纠纷进行处理的判决、裁定或决定，其中既有人民法院的判决或裁定，也有竞争法执法机关作出的处罚决定或其他形式的决定；既有中国的案例，也有国外的案例。近年来，国内外发生了许多有影响的竞争法案件，如国内的3Q大战系列案、3B大战案、红罐凉茶之争案、可口可乐公司收购汇源果汁公司股权案、高通公司垄断案、茅台和五粮液两公司纵向垄断协议案、汉川市政府行政垄断案等；国外的有微软公司垄断案、英特尔公司垄断案、谷歌公司垄断案等。通过了解和分析一些典型案例，可以加深对竞争法条文的理解，掌握运用竞争法分析具体竞争行为的方法，了解竞争法的实施程序，学习其他国家和地区的竞争法和竞争文化等知识。

第六，参加法律实践。校园学习固然非常重要，没有学校的系统教学和学习思考过程，很难建立起专业知识体系和思维方法。学习竞争法也是如此。对一个初学者而言，没有系统的课堂教学和阅读过程，要掌握竞争法非常困难。但是，竞争法学是一门实践性很强的知识，仅有学校的学习还不够。实践出真知。要熟练掌握竞争法，还需要参加一定的法律实践活动，包括在企业、市场监管机构、法院、检察院和律师事务所实习，以法律职业者的身份亲历竞争法的运用过程。

总而言之，学习者只要按照上述方法，循序渐进，日积月累，就一定能够学好竞争法，为从事法律职业和其他相关职业奠定良好的基础！

薛克鹏

2019年1月

目 录

第一编 竞争法总论

第一章 竞争法背景知识概述 … 3
　第一节　竞争与市场 … 3
　第二节　市场竞争与政府 … 7
第二章 竞争法概述 … 12
　第一节　竞争法的概念、特点及调整对象 … 12
　第二节　竞争法的宗旨、功能及原则 … 16
　第三节　竞争法律责任 … 18
第三章 竞争法的体系 … 24
　第一节　竞争法体系的结构 … 24
　第二节　竞争法的立法模式 … 30
　第三节　竞争法的地位 … 39
第四章 各国（地区）竞争法律制度 … 54
　第一节　美国竞争法 … 54
　第二节　德国竞争法 … 59
　第三节　日本竞争法 … 63
　第四节　俄罗斯竞争法 … 66
　第五节　欧盟竞争法 … 73
　第六节　我国台湾地区的竞争法律制度 … 82
　第七节　各国（地区）竞争法律制度评述 … 84

第二编 不正当竞争行为

第五章 商业混淆 … 95
　第一节　商业混淆的基本理论问题 … 95

| 103 | 第二节 商业混淆的类型 |
| 121 | 第三节 商业混淆行为的法律责任 |

127	**第六章 商业贿赂**
127	第一节 商业贿赂的概念和构成
134	第二节 商业贿赂的类型
139	第三节 商业贿赂行为的法律责任

144	**第七章 虚假宣传**
144	第一节 虚假宣传行为概述
154	第二节 虚假宣传的法律责任

166	**第八章 侵犯商业秘密**
166	第一节 商业秘密立法的起源与发展
171	第二节 商业秘密的界定及范围
182	第三节 商业秘密的法律调整
196	第四节 侵犯商业秘密行为的法律责任

203	**第九章 不正当有奖销售**
203	第一节 有奖销售的概念和违法性原因
207	第二节 不正当有奖销售行为
210	第三节 不正当有奖销售的法律责任

214	**第十章 商业诋毁**
214	第一节 规制商业诋毁的法律基础
219	第二节 商业诋毁行为的构成条件
222	第三节 商业诋毁行为的法律责任

226	**第十一章 互联网不正当竞争**
226	第一节 互联网竞争概述
229	第二节 互联网不正当竞争

第三编 垄断及其法律规制

237	**第十二章 反垄断法概述**
237	第一节 反垄断法立法概况
241	第二节 反垄断法的主要内容

247	**第十三章 垄断协议**
247	第一节 垄断协议的概念和特点
251	第二节 垄断协议的表现形式和分类规制

259	第三节	垄断协议的法律责任
266	**第十四章**	**滥用市场支配地位**
266	第一节	市场支配地位
274	第二节	滥用市场支配地位行为
281	第三节	滥用市场支配地位的法律责任
287	**第十五章**	**经营者集中**
287	第一节	经营者集中的含义及其对竞争的影响
292	第二节	经营者集中的规制制度
300	第三节	经营者集中的法律责任
306	**第十六章**	**滥用行政权力限制竞争**
306	第一节	滥用行政权力限制竞争的概念和特征
311	第二节	滥用行政权力限制竞争的形式和危害
316	第三节	滥用行政权力限制竞争的法律责任
320	**第十七章**	**反垄断执法程序**
320	第一节	反垄断执法调查程序
326	第二节	反垄断执法审理程序

第一编
竞争法总论

第一章

竞争法背景知识概述

■**学习目的和要求**

通过本章学习，要求学生
- 搞清楚竞争法的一些基本概念和制度，为以下各章的学习奠定牢固的基础。
- 掌握：市场竞争的概念及本质，竞争的特点及规则。
- 一般了解：政府与市场竞争的关系。

第一节 竞争与市场

竞争是宇宙中的普遍现象。在自然界中，物竞天择是自然法则，各种生物都受这一规则的约束，人们无法改变它。竞争同样存在于人类社会中，如商业竞争、体育竞争、科技竞争等。本书将要讨论的是市场竞争，或者更确切地说，是物质生产活动以及与物质生产有密切关系的活动中存在和发生的竞争。

> 明确本书所说的竞争的含义

一、市场与竞争的概念

(一) 市场简介

所谓市场，是指由人们的需要及为满足需要所构成的交易机会和场所。狭义市场是指有形市场，即商品交换的场所，如百货商场、农贸市场和集市贸易等。广义市场还包括无形市场，即没有固定的交易场所，买卖双方主要通过广告、中间商以及其他形式实现交换，买卖或交换的实现过程也是市场。由于社会分工的全面和精细，交易变得须臾不可缺少。市场为人们提供了经常的、持续的、较为安全的交易可能性。通过市场这个载体，不同需求的人们进行交易，获得暂时的满足；新的需求产生后，再通过市场交易，以满足新的需求。循环反复，市场交易活动亦连续不断地进行。为了深入认识市场，我们可以对市场进行多种分类：

1. 根据市场要素，可将其分为生活资料市场（如家电市场）和生产资料市场（如钢材市场）。

2. 根据交易内容，可将其分为商品市场（如食品市场）与服务市场（如金融市场）。

3. 根据供应与需求的关系，可将其分为卖方市场与买方市场及相对均衡市场。

4. 根据市场的范围，可将其分为国内市场与国际市场。

各种市场有机地融合在一起，按照一定的规则相互作用，在作用中不断地发展，在发展中不断地变化，构成市场运行的轨迹，展现市场经济多姿多彩的风貌。这种相互作用的过程就是市场机制发挥其功能的过程。在一定的市场、一定的时期，资源总是有限的，市场交易以货币作为一般等价物、以价格作为商品使用价值和交换价值的衡量标准，进行资源交换。市场经济是以市场为场所，以需求为导向，由交易双方自行决定价格，从而使资源合理流动与配置的一种经济模式，它与计划经济主要通过政府计划手段配置资源的经济运行模式有根本的区别。市场经济有以下特点：①经济主体是企业和个人（个人具有消费者和劳动者两种身份），每个主体都具有其独立性，各自进行决策并承担风险；②目的是满足消费者需求；③市场交换遵循平等和自愿原则；④交易价格是根据市场供需形成，商品和生产要素根据市场需要自由流动；⑤主体之间存在着不同程度的竞争；⑥市场是一个开放的环境，主体可以选择自由进出；⑦市场运行需要以法律规则为基础。

> 理解市场经济的概念

因此，市场经济离不开竞争，没有竞争的市场不能称其为真正的市场。竞争就像氧气，使得市场中的各种鱼儿即经营者得以生存。市场的范围有大有小，在经济不发达时，市场仅为一个国家内一定的区域；经济愈发达，市场的范围愈大。目前我国统一的国内市场基本形成，企业必须面对全国范围的市场竞争。随着经济全球化的广泛深入和中国加入世界贸易组织，我国企业还直接面对着世界范围的市场竞争。

(二) 竞争简述

1. 竞争的概念。竞争是自然界的普遍现象和推动自然进化的主要动力，也是人类社会常见的现象之一，政治、经济、文化、军事等所有领域无不存在着竞争。通常意义的竞争是指经济竞争或市场竞争，是指市场经济活动的主体，为获取交易机会、占有市场优势、追求利益最大化，以其他竞争者为对手而从事的较量。竞争在19世纪末开始成为一个正式法律名词。日本反垄断法第一次从法律上对竞争进行了界定[1]。我国台湾地区"公平交易法"将竞争界定为：两个以上事业在市场上以价格、数量、品质、技术、服务或其他条件，争取交易机会之行为。[2]由此可见，法律上的竞争有以下几个特征：①竞争是两个以上的市场主体之间展开（其中主要是经营者之间）的竞争；②竞争是在同一市场领域的竞争，既包括买方的竞争，也包括卖方的竞争；③竞争的手段包括价格、数量、质量、技术和服务等；④竞争的目的是获取交易机会，最终是为了获取经济利益。竞争的方式多种多样，且极具变化性和对抗性。竞争带给我们的可能是更好的产品或者服务以及更低的价格，但也可能是相反结果。因为市场竞争的本质是逐利，逐利性可能会导致非理性竞争现象。

> 掌握竞争的概念

2. 竞争的本质。市场竞争的本质是逐利性。逐利性是市场竞争与非市场竞争的根本区别，是竞争的起点和终点，并贯穿于竞争的全过程。如果说非市场竞争有着其他目的，那么，市场竞争则赤裸裸地表现为对经济利益的关注和爱好。

3. 竞争的特点。竞争具有对抗性、非理性和双重性等特点。竞争的

---

[1] 日本《关于禁止私人垄断和确保公正交易的法律》第2条第4款："本法所说的'竞争'，是指两个以上事业者在其通常的事业活动范围内，对该事业活动的设施或形态不作重要变更而进行或可能进行下述行为之一的状态：①向同一需要者提供同种或类似的商品劳务；②从同一供给者那里接受同种或类似的商品或劳务（事业者是指经营商业、工业、金融业等的人或组织）。"

[2] 我国台湾地区有关规定中的事业是指公司、独资或合伙之工商行号、同业公会，参见我国台湾地区"公平交易法"第2条。

对抗性是指竞争参与者之间的敌对状态、竞争方式的针锋相对、竞争过程的激烈程度等综合内容,它使竞争呈现出你死我活的不可调和性。竞争的对抗性是竞争的魅力所在,它在孕育创新势力的同时,也孕育破坏势力,它是竞争双重性作用产生的根源。竞争的非理性,是指竞争使竞争主体超越法律、道德和理智,使竞争的过程和结果远离合理、有效的正常轨道的趋势。这种趋势既来自于竞争的参与者自身,也来自于它不可控的外部因素。竞争的双重性是指竞争作用向不同方向发展的倾向,竞争结果呈现出利弊均在的矛盾状态。它使我们不仅不能在一般意义上作出肯定或者否定竞争的结论,更不能在具体的情势下贸然断定竞争各方谁是谁非。竞争的双重性向经济学及法学提出了挑战,"没有规矩不成方圆",我们必须在一般和具体两个层面小心地制定出既符合正义又经济可行的竞争规则,找出扬善抑恶的妙方。

> 竞争的特点与竞争法的规则有直接、密切的联系,学习中应认真加以体会

二、市场竞争规则

市场竞争必须有规则,公正有效的规则不仅可以降低交易成本,加快交易频率,满足人们的需求,促进市场的进一步繁荣;还能遏制竞争的非理性成分,避免资源的浪费和对消费者的损害,从而既能保持市场的勃勃生机,充分发挥市场机制的作用,又能防止过分竞争导致的危害后果。市场竞争规则是竞争理想模式的产床,它应该是科学合理的、公平有效的。这些规则包括:

1. 公平竞争。公平是人类追求的美好的、永恒的目标之一。生产、贸易等经济活动是人类生存活动的主要内容,不同的人的政治权利也许有所不同,但其生存权是完全平等的。市场竞争中的公平程度,可以真实地反映市场的各种信息,可以平衡各方利益,化解矛盾和纠纷。法学对公平的理解有其独特之处,它体现为主体法律地位的平等,权利义务的对等,进入市场及交易机会的均等,这些在实体法与程序法中均应充分贯彻。竞争规则的确定,应以是否确认和有助于公平竞争作为第一位的评价标准。

2. 充分竞争。竞争的充分性是就竞争的广度和深度而言的。理想、充分的竞争状态应表现为:主体进入市场没有人为的障碍,市场经济活动在公开、公平、公正的氛围中展开,市场提供足够多的可替代产品使消费者享有广泛而自由的选择空间。只有充分竞争才有可能带来竞争自身的正果——优胜劣汰。竞争法反对一切阻碍、限制竞争充分展开的行为和图谋,并通过制度设计防止市场主体的竞争活动偏离理想竞争的轨道,以使竞争最大限度地发挥其正面作用。

3. 有利于社会公共利益。竞争是在现代社会经济联系日趋紧密、经济关系日趋复杂的状态下进行的，竞争的激烈程度及对巨大利润的追求，可能会使一部分竞争者以社会公共利益为代价换取个人私利。实践证明，放任自由会使市场缺陷周期性地出现，造成社会财富的分配不公和巨大浪费；单纯依靠道德约束防止和纠正市场缺陷在目前只能是一种幻想。竞争规则应时时关注社会公共利益，必要时应限制个人私利，为国家和人类的长远利益留下发展的空间。

第二节 市场竞争与政府

一、政府与市场竞争的关系

（一）政府的责任

政府与市场有着密切的关系。即使在商品经济不发达的古代，政府对经济的管理也一直没有停止过。市场经济愈发达，竞争愈激烈，愈离不开政府的引导、管理、监督和服务。没有政府，市场活动便缺乏有效的引导和监督，市场自由竞争的缺陷便缺乏有效的矫正。这一规律已经为20世纪不同国家或地区的数次经济危机所证实。虽然社会公众的监督非常必要，但公众的监督具有分散性、滞后性，较之政府的监督显然不够及时有力。因此，政府对建立良好的市场竞争秩序、保障经济的良性运转具有不可推卸的责任。

（二）"看得见的手"

在经济的不同发展阶段，学者及政府对经济的态度和政策亦不同。工业化革命以后，资本主义生产方式在西方得以确立，在反封建专制、反特权的背景下，经济自由、贸易自由深得人心。"管得最少的政府是最好的政府"成为西方政府行动的指南。亚当·斯密的自由主义经济学说长期占据统治地位，被政治家们在不同的国家一再演绎。但是，自由的旗帜并未将资本主义国家引向理想的天堂。随着资本主义进入帝国主义阶段，社会化大生产与财产私有制之间的矛盾凸显出来，经济危机周期性爆发，阶级对立日趋严重，环境等社会问题层出不穷。人们对市场这只"看不见的手"的自发调节作用由怀疑到失望，转而推崇凯恩斯积极倡导的以"看得见的手"，即政府主动干预经济发挥调节作用代替市

> 政府调节对市场的作用不能低估，也不能高估

场这只已经失灵的手。凯恩斯主义在相当一段时期确实像一剂良药使一些资本主义国家的经济病体得到复苏。不过，如同市场调节天然存在缺陷一样，政府对经济的调节亦不可避免地存在缺陷，如官僚主义、效率低下、腐败盛行等。在此情形下，新自由主义学说重新占据上风便不难理解了。可见，单纯选择"看不见的手"或是"看得见的手"，或单纯选择市场或政府，都不可能一劳永逸地解决问题。特别需要警惕的是用一种缺陷掩盖另一种缺陷，"对市场与政府间的选择主要是重点和程度上的不同"，而不是非此即彼。[1] 合理的做法是在立法、司法、行政领域，发挥政府具有的改善和扩大市场的作用，从而减少市场缺陷事件的发生率；并通过在政府管理中注入一些市场因素，缩小非市场缺陷的影响范围。我国的经济法学家们也非常敏锐地提出了"政府干预"与"干预政府"的重大命题。[2]

（三）适度干预

上述发展变化现象可归纳为下列基本轨迹：政府对市场的态度是从自发到有意为之；从放任自流到积极干预；从市场调节还是政府调控的争论到重视市场与政府的双重作用。这说明，无论是政治家、经济学家还是法学家，对市场竞争与政府之间关系的认识越来越成熟，越来越理智。政府调节和监管最终是为市场良性发展服务的，任何时候它都不能代替市场本身应有的作用；保障市场竞争在合法有序的前提下充满自由和活力是政府干预的唯一出发点和目的。因此，适度干预才是理智的选择。干预适度与否，一是从范围上看，只有私人不愿做或做不好的事，政府才可以考虑进入；二是从结果上看，单靠市场本身的作用可能会或已经产生失灵（即副作用大于正面作用）的领域，政府应有所作为。

（四）依法干预

在主张政府适度干预的同时，还应特别强调，干预必须以合法为前提，失去这个前提，哪怕主观愿望再好，也不能为法治社会所接受。依法干预是指政府干预应当遵守宪法和法律，不得超越规定，目的是防止国家干预失灵，维护社会公共利益和市场主体的正当权益。首先，具有立法权的国家机关，在制定干预市场活动的法律法规和规章时，必须遵

---

[1] [美] 查尔斯·沃尔夫著，谢旭译：《市场或政府》，中国发展出版社1994年版，第133页。
[2] 吕忠梅、陈虹："政府干预与干预政府——关于政府经济行为的理性分析"，载漆多俊主编：《经济法论丛》（第2卷），中国方正出版社1999年版。

循宪法和上位法规定，不得随意限制市场主体的经济权利和自由，或者随意扩大政府干预市场的权力。其次，市场监管机构必须严格根据法律规定积极履行监管职责，不得玩忽职守，放弃监管。没有法律规定，不得随意限制市场主体的行为和自由，超越法律规定监管。再次，负有宏观调控职责的部门应当依法履行调控职权，包括严格按照规定安排收入和支出，不得随意增加收入或支出项目；必须遵守税收法定原则，依法征税，依法转移支付或采购；必须依法制定和实施货币政策；必须在法定范围内按照程序确定应当由政府定价的商品或服务价格等。最后，司法机关在民商事案件过程中，应当尊重市场主体的意思自治，没有违反法律强制性规定或侵害社会公共利益的情形，不得随意干涉当事人的自治。但是在法律已制定有明确的强制性或禁止性规定的情况下，法院必须尊重法律规定，依法进行审查，自觉维护社会公共利益。

二、全球经济下政府的作用

2002年，我国终于成为世界贸易组织的成员国。入世不仅影响到我国与其他成员的关系，也改变着我国政府对企业的态度和对市场竞争活动的调控方式。众所周知，世界贸易组织是由关贸总协定发展演变而来的，经济全球化是这种演变的催化剂。所谓经济全球化，是指制约各国经济发展状况的因素已经超越了国界，经济活动主体之间的依赖关系越来越突出，经济链条中的一环错位可能会导致区域性甚至全球性的经济灾难。以往的国际贸易规则主要是规范参与贸易活动的具体企业或其他组织的，而具体的企业或其他组织是从属于一定的国家的，本国政府的限制对他们的行为走向起着决定性的作用，所以，这些国际贸易规则并不能发挥预期的效果，它们因受到各国政府及其国内法的制约而大打折扣。

世界贸易组织规则主要是针对各国政府的，因此不妨将其看作联合起来的政府对全球市场竞争秩序的干预。世界贸易组织的目的是要用限制各国政府的行政权力保护各成员单个的或者组织成联合体的企业及经营者的权利和利益。这种权利首先是获得公平竞争、反对不正当竞争及垄断的权利。人们有理由认为，由于各种原因，各国政府不能保证国际贸易间的竞争是公平的，相反还会通过种种方式帮助自己国家的企业获得较强的竞争力，而这些帮助不符合公认的经济原则，不符合政府与经济组织功能不同的合理性原则，如自由、效率、责任自负等。因此，有必要在各国国内法之外，创设经济秩序规则及解决国际贸易纠纷的专门机制。政府与市场的关系已不仅是与一国主权范围内的市场之间的关系，现在它已经与全球市场联系在一起。我国入世以来的实践证明，中国政府已经兑现了入世时的承诺，并担当起了一个大国的国际责任。相信我国政府将进一步促进我国经济与国际经济的融合，同时维护我国的经济主权，保护我国企业的正当权益，建立起公平有序的市场竞争秩序。

□ 小 结

本章主要阐述了竞争法的基本知识，对于市场、竞争的概念、本质、特点，市场竞争规则，市场竞争与政府及其与全球经济的关系等几个问题进行了论述。主要内容包括：

一、竞争与市场

1. 市场的概念。所谓市场，是指由人们的需要及为满足需要所构成的交易机会和场所。狭义市场是指有形市场，即商品交换的场所，如百货商场、农贸市场和集市贸易等。广义市场还包括无形市场，即没有固定的交易场所，买卖双方主要通过广告、中间商以及其他形式实现交换，买卖或交换的实现过程也是市场。

2. 竞争的概念。所谓竞争，是指市场经济活动的主体，为获取交易机会、占有市场优势、追求利益最大化，以其他竞争者为对手而从事的较量。法律上的竞争有以下几个特征：①竞争是两个以上的市场主体之间展开（其中主要是经营者之间）的竞争；②竞争是在同一市场领域的竞争，既包括买方的竞争，也包括卖方的竞争；③竞争的手段包括价格、数量、质量、技术和服务等；④竞争的目的是获取交易机会，最终是为了获取经济利益。竞争的方式多种多样，且极具变化性和对抗性。

3. 竞争的本质。

4. 竞争的特点。竞争的对抗性、竞争的非理性、竞争的双重性。

二、市场竞争规则

1. 公平竞争。
2. 充分竞争。
3. 有利于社会公共利益。

三、政府与市场竞争的关系

□ 练习与思考

一、名词解释

1. 市场　　　　　2. 市场经济　　　　　3. 竞争

二、简答题

简述市场竞争和政府的关系。

第二章

竞争法概述

■ **学习目的和要求**

通过本章学习，要求学生
- 对竞争法的概念、特点、调整对象有初步的了解。
- 掌握：竞争法的概念及宗旨、调整对象。
- 一般了解：竞争法律责任的类型及特点。

第一节 竞争法的概念、特点及调整对象

一、竞争法的概念

世界上许多国家都有规制市场竞争行为的法律规范，但是其名称无论从成文法来看还是从学者普遍认同的角度来看都有所不同，如德国的《反对限制竞争法》（又称《卡特尔法》）和《反不正当竞争法》，美国的《谢尔曼法》《克莱顿法》《联邦贸易委员会法》（被统称为反托拉斯法），法国的《公平交易法》，日本的《禁止私人垄断及确保公正交易法》《不正当竞争防止法》，俄罗斯的《关于竞争和在商品市场中限制垄断活动的法律》，匈牙利的《禁止不正当竞争法》，韩国的《限制垄断和公平交易法》，加拿大的《竞争法》（该法实际上包括有关竞争的几个单

行的法律）。这种现象表明，一方面，竞争法律制度为各国所必需；另一方面，由于竞争法律制度与经济政策关系密切，与经济制度相辅相成，统一性显然弱于传统法律部门。但是，经济运行规律是客观存在的，影响市场竞争的行为也存在着共性，竞争法的功能、宗旨及原则便有了共同的基础。因此，竞争法的概念可描述为：竞争法是由国家制定或者认可的、维护市场竞争秩序、规制竞争行为，调整经营者之间的竞争关系及相关的市场竞争监管关系的法律规范的总称。[1]

掌握竞争法的概念

二、竞争法的特点

1. 竞争法既规范影响市场结构的行为又规范具体竞争行为。如前所述，竞争法是市场竞争的基本法，这一地位决定它必须对市场竞争中的所有行为加以关注。任何行为，如果有损市场竞争充分有效地进行，竞争法便不能不管不问。综观各国的竞争法律制度，不仅规范市场交易主体即各个经营者的不正当竞争行为（如假冒、商业贿赂、商业诋毁等），也不放过各种可能损害市场结构的兼并、卡特尔协议、控股等限制竞争的行为。

2. 竞争法是实体法与程序法的结合。各国竞争法的立法模式虽然不同，却有一个共同点，即规范竞争活动的专门法律中，实体法与程序法并存于一法。究其原因，应是市场竞争的广泛性、普遍性、延续性与竞争监督管理活动的迅捷性、便利性、时效性的要求。在某些情况下，对有害竞争活动的调查、询问或者处理需要特定的程序及方法，竞争法针对性的规定有利于案件的解决。此外，竞争法的执法机构，尤其是查处垄断的机构是专职机构，不同于一般的行政机关，也不同于一般的司法机关，其权限及办案规则、程序必须在专门的单行法中予以明确。在另一些情况下，可视案件的具体情形适用行政处理程序或者民事诉讼程序。

3. 竞争法是公法与私法的结合。按照传统法学的分类方法，规范私人之间平等财产及人身关系的法属于私法，规范公共权力行使、调整公权与私权关系的法属于公法。[2]竞争法对市场竞争主体之间竞争关系的调整，对垄断行为的规制，实质上是公权对私权的主动介入，这种介入的出发点是为了社会整体利益而限制私人权利。从反不正当竞争行为的

---

[1] 种明钊主编：《竞争法》，法律出版社1997年版，第32页。
[2] 参见［日］美浓部达吉著，黄冯明译：《公法与私法》，中国政法大学出版社2003年版；［德］拉德布鲁赫著，米健译：《法学导论》，中国大百科全书出版社1997年版。

内容及反垄断行为的内容来看,该法已不可能归入传统的公法或者私法中。在这一点上,竞争法充分体现了经济法的特性,它可以被看作公法与私法的结合,也可以被看作公法与私法之外的新兴法学领域拓展的产物。

<small>如果对公法与私法的关系感兴趣,可参看有关专著</small>

三、竞争法的调整对象

根据前述竞争法的概念,竞争法的调整对象是一定的社会关系,即因市场竞争活动所引起的特定的社会关系。我们可以从以下三个方面理解:一是经营者之间因市场竞争活动所发生的社会关系;二是政府机关、其他社会团体因其从事的行为对市场竞争有较大影响所产生的社会关系;三是竞争监督管理机关、执法机关与经营者及相关组织之间发生的社会关系。

(一) 经营者之间的竞争关系

经营者之间的竞争关系,是指相同或者相关市场的经营者因争夺市场和顾客,相互之间发生的利益关系。在一般情况下,经营相同产品或者提供相同服务的经营者之间存在着直接的竞争关系,因为在某个特定时期,市场可视为一个定数,同行经营者就是竞争者,竞争外部表现较为激烈,竞争的结果表现为此消彼长,己方所得,正是对方所失;反之亦然。经营类似产品或者提供类似服务的经营者之间存在着间接的竞争关系,与直接竞争相比,经营者更多的是需要通过产品与服务质量来争取顾客,而不是把相关市场主体作为对手时时给予关注。如运输业中,航空公司与航空公司之间的竞争是直接竞争关系,有时达到白热化程度;而航空公司与铁路运输企业之间的竞争是间接竞争关系,由于提供的服务不能完全替代,竞争的结果不一定是此消彼长,可能出现双赢的局面。

在某些情况下,经营者之间不存在直接的、甚至也不存在间接的竞争关系,却可能发生需要竞争法规范的行为。如某网络公司将他人的企业名称、具有一定影响力的商品名称等作为自己的域名在网上注册,若证明其存在恶意,受损企业可控告其不正当竞争行为,请求对其予以处罚。事实上,该网络公司并不从事与受损企业相同或者类似的业务,但其行为确实给他人造成经营障碍及不良的影响,依照竞争法进行规制最为恰当。此类现象的出现,原因在于随着知识产权及企业商誉、信用等无形财产和资源在社会经济活动中价值的提高,完全没有竞争关系的经营主体也有利用他人竞争优势获利的可能性。

(二) 政府及其职能部门、社会团体参与市场竞争活动引发的竞争法律关系

一般而言，政府及其职能部门不应也不会直接参与市场经济活动，不可能与经营者之间产生竞争关系。但是，各级政府及其职能部门在行使经济职权时，在管理、协调、引导、监督经营者的过程中，其行为将会对竞争秩序、竞争格局产生重大影响。例如，政府发布命令或通知，限制外地商品进入本地市场，禁止本地经营者经销外地产品等，不仅使竞争的主体、竞争的范围受到限制，扭曲产品的供求信息，损害消费者的权益，还影响全国统一市场的形成，导致优胜劣汰竞争机制作用的丧失。并且，由于政府及其职能部门限制竞争行为往往存在滥用权力问题，且危害性显然大于普通经营者的垄断，因此，竞争法规制此类行为的难度也较大，规制机构也应该更具权威性。

社会团体对竞争秩序及消费者购买欲望的影响，对经营者之间地位变化所起的作用，也是竞争法不能忽视的内容。例如，社会团体受利益及其他因素的影响，以独立的、公正的第三人的姿态证明、推荐特定经营者的商品或者服务，鼓动消费者购买特定经营者的商品或者接受其服务。如果这种推介宣传不实，其危害性、欺骗性较之经营者自己的宣传更甚，它就人为地破坏了竞争规则，使某些经营者无合法理由而居于有力的竞争地位，竞争法没有理由不将其纳入调整范围。[1]

(三) 竞争监督管理关系

市场竞争是市场经济中最常见的活动，为了维护公平竞争和交易秩序，需要一个专业性的监管机构对竞争进行常规性的监督管理，在我国，目前承担这一职能的主要是国家市场监督管理总局和地方各级市场监督管理部门。市场监督管理部门在对垄断和不正当竞争行为进行调查的过程中，必然需要采取一定的措施，并依法进行处罚，由此与经营者形成一定的关系。为了保障市场监督管理部门能有效规制各类反竞争行为，维护合法经营者的权益，对市场监督管理机构的规制行为，也需要进行规范。所以，竞争法执法机构在对反竞争行为进行监督管理过程中形成的关系，也是竞争法的调整对象。

---

[1] 李克诚："全国牙防组口腔保健认证被质疑违法"，载《东方早报》2006年3月10日。

第二节 竞争法的宗旨、功能及原则

一、竞争法的宗旨

竞争法的宗旨,是指该法的立法本意及其立场。从竞争法的起源和发展来看,竞争法的一部分源于侵权法和刑法,它针对市场交易中的种种不正当竞争行为,通过民事赔偿甚至刑罚手段加以禁止;竞争法的另一部分源于制裁限制竞争的共谋及经济垄断的对策。这说明:竞争法从其诞生之日起,就将维护公平的竞争秩序、保障合法经营者和社会公共利益放在首位;在对付垄断产生的弊病时,又将保持市场活力、增进经济民主作为自己的天职。所以,竞争法的宗旨可概括为:维护竞争秩序,保持与增进经济自由和民主,维护社会公共利益。同时,我们也能看到,在竞争立法中,关于立法目的的多元表达,[1]例如,加拿大竞争法关于立法目的的表述为:"维护和鼓励加拿大的竞争,以提高加拿大经济的效率和适应性,……以及为消费者提供竞争性的价格和产品选择。"日本反垄断法对"目的"的说明是:"通过禁止私人垄断……及不公平的交易方法,防止经济力量的速度集中,……及其他对企业活动的不正当约束,促进公平的自由的竞争,刺激企业家的创造性,繁荣经济,提高就业水平及国民实际收入水平,以确保一般消费者的利益并促进国民经济民主、健康地发展。"我国台湾地区的"公平交易法"将"维护交易秩序和消费者利益,确保公平竞争,促进经济之安定与繁荣"作为立法目的。这说明,竞争法虽然以保护公平自由竞争作为追求的目标,但是,经营者的市场行为,其效果从来都不是只存在于经营者之间,而是作用于市场、用户以及广大消费者的。因此,良好的竞争秩序必然增进消费者福利;反之,受到伤害的除了守法经营者,还有众多的消费者。从这个角度分析,可以说,竞争法也是保护消费者的法。有学者认为,美国1890年的反垄断法(即《谢尔曼法》)"是现代最早的消费者保护立法"。[2]不过,竞争法与消费者法毕竟有着不同的立法目标和功能,前者的侧重点在于竞争本身,后者的侧重点是消费者利益,其差异需要我们特别关注,以免混淆两法的主旨,影响两法的实施。

---

[1] 孔祥俊:《反垄断法原理》,中国法制出版社2001年版,第169页。
[2] 谢次昌主编:《消费者保护法通论》,中国法制出版社1994年版,第36页。

二、竞争法的功能

竞争法的功能，是指竞争法律制度对市场竞争所发挥的作用及影响。它表现为：

1. 威慑功能。法的强制性使其具有威慑的作用，大多数人因为惧怕法的惩罚而服从法的规范。竞争法同样具有法的强制性功能。此外，竞争法的威慑有一定的特殊性，由于竞争法受经济政策及经济状况的影响较大，法的实施时严时松，其威慑功能亦时强时弱。

2. 矫正功能。法的作用通过对违反者的惩罚，矫正经营者的竞争行为，从而净化市场环境。竞争法综合运用法的手段，通过禁令、数倍罚款、双罚制等形式，有效制止违法行为，补偿受害人的损失，匡扶正义，实现竞争法追求的价值目标。

3. 协调与促进功能。一般而言，法律只是确认进而保护某种社会关系，并不创设任何社会关系。但这不影响它通过规则的引导和制度的设计，协调、促进符合立法目标的社会关系的快速发展。在经济领域中，这种协调和促进功能不仅是可能的，而且是必需的。竞争法作为经济法的核心法律规范，通过规制不正当竞争行为，协调竞争各方利益；通过禁止限制竞争行为，反对垄断行为，促进不同或者相关产业的均衡发展，促进中小企业的成长壮大。这一功能的潜力目前尚挖掘不足，相信随着市场经济的发育完善，市场竞争机制的确立，竞争法乃至经济法的协调与促进功能将会得到更大程度的发挥。

三、竞争法的原则

竞争法的原则，是指贯彻于竞争法规范始终的基本准则。原则不仅是立法宗旨的条理化、具体化，也是法律实施过程中不容违背的指导思想，当法律条文不够具体、明确时，原则是必不可少的行动依据。

1. 平等、自由原则。市场竞争是经营者基于经济利益进行的角逐，如果竞争是不平等、不自由的，所谓的优胜者便不能使人信服，只能促使人们违背交易规则从事竞争活动。因此，如同一切正常的经济交易，平等和自由是市场竞争的前提条件，也是基本条件。竞争法立法宗旨的实现，首先必须以平等、自由为原则，营造良好的竞争秩序。

平等、自由是指参与竞争的经营者法律地位平等，能够在独立、自愿的情况下行使决定权，能够自由地进入或者退出竞争，甚至退出市场，能够与其他经营者享受到同样的法律适用与保护，拥有同样的救济手段和途径。竞争法作为市场经济竞争秩序的保护神，必须把平等、自由放在首位。

2. 公正原则。公正与公平、正当及正义等概念非常接近,它们是合理性价值观的诠释。上述平等、自由原则给予我们一种理想和美好的愿望,现实的问题不是它本身难以实现,而是几乎在任何情况下,都没有绝对的、真正的平等和自由。例如,在市场竞争中,交易的双方似乎是自由地以平等的条件订立了合同,但供货方只此一家,它提出的价格、质量、售后服务等条件,需方根本没有修改的资格,形式上的平等及自由变成掩盖需方无可奈何的面纱。公正原则可以在一定程度弥补形式上的平等和自由所固有的缺陷,以便接近我们理想的目标。它渗透交易的过程及结果中,观察市场竞争是否合理,给处于弱势地位的经营者可能的帮助。这种状况的改变,在于市场结构的合理与完善,在于供需关系的协调发展和平衡。竞争法,尤其是反垄断法对调整市场结构具有特别的价值。

3. 维护充分有效竞争的原则。竞争法应成为竞争秩序的保护神。竞争秩序的构建以充分有效的竞争为理想模式,它是对无效甚至有害竞争的否定和矫正。所谓充分有效的竞争,是指在一定规模的市场内,有足够的经营者,经营者之间可以开展正常的竞争活动,竞争活动的负面作用被降低到最小范围并能够及时得到纠正。所以,竞争法虽然是政府之手对市场的干预,但它的目的不是利用政府力量直接干预经营者之间的竞争,而是以政府公权作为后盾,使竞争不要偏离法治的轨道。竞争法律制度的制定和实施,将市场主体的竞争活动限制在最低的即最起码的规则之中,同时使竞争各方的矛盾由不可调和变为可依法通过多种渠道加以解决。

第三节 竞争法律责任

一、竞争法主体的法律责任

法律责任是指当事人因违反法律规定,对其违法行为应承担的法律后果,同时也是国家专门机关依法给予违法者的强制性制裁。

竞争法中的法律责任,是对市场竞争者违反竞争法律制度的制裁,是违法竞争者对其反竞争行为应承担的法律后果,也是规制违法行为的方法。在各个国家中,它集中体现在专门的竞争法规范中,部分地体现在相关法律中。《中华人民共和国反不正当竞争法》(以下简称《反不正当竞争法》）设立专章有针对性地规定了各种反竞争行为的法律责任；在《中华人民共和国产品质量法》《中华人民共和国价格法》《中华人民共和国广告法》《中华人民共和国拍卖法》等单行法律中，也将制裁违反竞争秩序行为的措施分别明文予以规定，使参与市场竞争的各类主体对其竞争行为的法律后果有明确的预见。相信随着我国竞争法律制度的完善，特别是《中华人民共和国反垄断法》（以下简称《反垄断法》）的制定，垄断行为的法律责任也会进一步明确和具体化。

二、法律责任的类型

由于竞争行为涉及市场活动的方方面面，违法程度亦轻重不一，竞争法上的法律责任采取了多种形式，包括民事责任、行政责任、刑事责任。在竞争法发展的早期阶段，以民事责任和刑事责任为主；在竞争法较为成熟的今天，行政责任得到了强化，以适应快速、高效处理竞争案件的需要。

> 注意用心理解各种责任在竞争法中的沿革及变化

（一）行政责任

行政责任是因经营者违反竞争法、由市场监督管理机关依法追究的责任，其形式主要是行政处罚。根据现行法律规定，竞争法执法机关有权对违法竞争者作出责令停止违法行为、责令停产停业、责令改正、警告、罚款、吊销营业执照、没收违法所得等处罚。

上述行政制裁措施，是对不法竞争的有力遏制。但是，行政机关必须依法行政，其行政处罚必须严格依照竞争法的实体规范和程序规范的规定作出，否则不但不能维护竞争秩序，还会扼杀自由竞争，造成市场的混乱及萎缩，造成或者助长行政对经济活动的专制。

（二）惩罚性赔偿责任

由于民事法律关系是产生在平等主体之间的财产或人身关系，民事责任处处体现出和解的精神，民事赔偿则遵循填平原则。例如，损害他人商誉的，受害人提出赔偿请求，侵权人承认并就赔偿额达成一致意见的，当事人可自行了结此案，不必采取司法或者其他救济手段。违法竞争行为因为在破坏经济秩序、损害社会公共利益的同时，还可能侵犯其他经营者的权益，因此，竞争法除了对违法者进行处罚外，还规定了民事赔偿责任（包括惩罚性赔偿责任）。这是因为，在某些情况下，采取填平原则不足以保护合法经营者的利益，不足以规范市场竞争秩序。而依竞争法的规定可以要求侵权人支付惩罚性赔偿。例如，美国反垄断法就规定了实际赔偿责任与惩罚性赔偿责任,在后一种情况下,其赔偿额是实际损害的 3 倍。类似的规定在匈牙利竞争法及我国台湾地区的"竞争法"中也有体现。这一点也说明,竞争法已不属于私法的范畴,在责任的承担和赔偿的作用上,体现出竞争法的特殊功能。

(三)刑事责任

刑事责任是指触犯刑事法律的个人或者单位应承担的法律后果,它是由法官依法审理作出的刑事制裁手段。竞争法的起源之一是侵权行为法,其中含有不少刑事责任条款,如盗窃他人商业秘密、假冒专利及商标的行为均被认为是刑事犯罪,侵权人应承担相应的刑事责任。在竞争法发展成熟的过程中,经济交易手段及方式有很大的变化,严重危害市场竞争秩序的行为的表现形式不断翻新,如利用计算机网络从事不正当竞争、利用内幕信息进行交易等,决定了刑事责任在竞争法中仍具有重要地位。刑罚方式分为主刑和辅刑,竞争法中运用得较普遍的是有期徒刑、罚金及没收财产,这与竞争法调整的关系为市场竞争关系、规范的对象主要是违法经济活动相一致。

(四)特别形态的责任

在竞争法中,还存在一些特别的责任形态,例如强制缔约、强制解约、强制改变契约、强制分解(或拆分)企业(美、日、俄等国反垄断法均有类似规定)。这与反垄断法必然作用于经济结构、矫正危害竞争的企业状态有密切关系。当罚款、赔偿不能有效解决问题,又无法责令垄断企业退出市场(如吊销执照)时,强制缔约可令公众受益,强制分解可恢复市场竞争常态。可以说,这是反垄断法中独有的责任形式,是新的法律责任形式,值得法理学深入研究。

三、竞争法律责任的特点

1. 采用综合法律手段,既保留和适用传统法律责任形式,又创设出独特的责任形式,以应对复杂多变的反竞争行为。合法竞争关系的破坏,不仅影响当事人的利益,还会影响消费者的利益,甚至会对全局经济关系产生不良的影响。所以,竞争法为了使不法竞争行为受到应有的制裁,赋予不同身份的人控告权及起诉权。不仅不法竞争的受害人可以起诉,消费者为了自己的利益也可以向行政职能部门检举或向法院起诉,政府为了国家的利益亦可起诉反竞争行为(例如美国司法部代表美国政府起诉微软公司垄断案)。[1]可见,综合运用多种法律责任形式维护竞争秩序和社会公共利益是竞争法的特色之一。

2. 处罚形式既有单罚制又有双罚制,单罚制中既可能只罚责任人员,也可能只罚单位。由于市场竞争的主体绝大部分是有组织的企业,不法竞争活动往往是以企业的名义实施的,在依据竞争法进行处罚时,双罚制(即在处罚从事非法竞争企业的同时,也处罚该企业对此事负有直接责任的个人)显然更有利于制止竞争中的不法倾向,特别是可以有效防止企业负责人逃避其作为组织者或者决策者的法律责任。单罚制的作用主要在于可以明确区分组织的责任与个人的责任,根据案件的具体情况决定处罚哪一方。对某些违规行为,虽然是法人违法或者犯罪,只处罚主要负责人员和直接责任人员,而不处罚单位,以便使债权人或者单个的受害人得到尽可能多的补偿。

3. 对受害人损失的赔偿,既保留填平原则又实施溢出原则。关于民事赔偿的一般理念,长期占据统治地位的是填平原则,即侵权人给予受害人的赔偿不应超出受害人所遭受的损失,否则便有失公平。对损失范围的认识,有直接损失与间接损失之分,有人主张损失只能是直接的、实际的损失,即受害人财产或者利益的减少;有人主张因侵权造成的损失不仅包括直接损失,还包括预期可得利益,即间接损失。这说明人们已经意识到,在一些情形下,严格实行填平原则,只赔偿受害人的直接损失,对受害人非常不利。特别是在竞争法案件中,受害人的损失或者难以准确计算,或者在短期内尚未充分显现,填平原则形式上的公平,不足以昭示法律本应有的正义内涵。即使从技术层面上考虑,填平原则也无法适应有效打击日益猖獗的非法竞争行为(如故意与他人商业标示混淆、侵犯他人商业秘密等)的需要。因此,在填平原则的基础上适用溢出原则势在必行,即侵权人给予受害人的赔偿,应在实际损失的基础上加倍赔偿。换一个角度来看,该原则也可以称作惩罚性赔偿原则。我国竞争法对私人损失的赔偿目前尚未明确规定溢出性赔偿制度,对侵权人的惩罚大部分规定在行政制裁中,如行政执法部门可依法给予违法者罚款。这种制度虽然必要,但对于弥补受害人的损失而言毫无作用,甚至还会成为诱发行政执法部门任意罚款的动力。我们可以借鉴有关国家的立法经验,要求私人诉讼竞争案件的侵权人给予受害人加倍赔偿。

> 参见上述惩罚性赔偿责任部分

---

[1] 郭建安:《微软讼案》,法律出版社2000年版,第18页。

□ 小 结

本章主要阐述了竞争法的概念、特点、调整对象,竞争法的宗旨、功能及原则,竞争法的法律责任的特点等几个问题。其主要内容是:

一、竞争法的概念

竞争法是由国家制定或者认可的、维护市场竞争秩序、规制竞争行为,调整经营者之间的竞争关系及相关的市场竞争监督管理关系的法律规范的总称。

二、竞争法的特点

1. 竞争法既规范影响市场结构的行为又规范具体竞争行为。
2. 竞争法是实体法与程序法的结合。
3. 竞争法是公法与私法的结合。

三、竞争法的调整对象

竞争法是规制竞争行为的法律,其调整对象是一定的社会关系,即因市场竞争活动所引起的特定的社会关系。

1. 经营者之间的竞争关系。
2. 政府及其职能部门、其他社会团体参与市场竞争活动引发的竞争法律关系。
3. 竞争监督管理关系。

四、竞争法的宗旨

竞争法的宗旨是:维护竞争秩序,保持与增进经济自由和民主,维护社会公共利益。

五、竞争法的功能

竞争法的功能是指竞争法律制度对市场竞争所发挥的作用及影响。它表现为:

1. 威慑功能。
2. 矫正功能。
3. 协调与促进功能。

六、竞争法的原则

竞争法的原则是指贯彻于竞争法规范始终的基本准则。

1. 平等、自由原则。
2. 公正原则。

3. 维护充分有效竞争的原则。

七、竞争法律责任

竞争法律责任的特点：

1. 采用综合法律手段，既保留和适用传统法律责任形式，又创设出独特的法律责任形式，以应对复杂多变的反竞争行为。

2. 处罚形式既有单罚制又有双罚制，单罚制中既可能只罚责任人员，也可能只罚单位。

3. 对受害人损失的赔偿，既保留填平原则又实施溢出原则。

□ 练习与思考

一、名词解释

竞争法

二、简答题

1. 竞争法的宗旨是什么？
2. 简述竞争法律责任的特点。

□ 练习与思考答案要点

一、名词解释

竞争法，是由国家制定或者认可的、维护市场竞争秩序、规制竞争行为，调整经营者之间的竞争关系及相关的市场竞争监督管理关系的法律规范的总称。

二、简答题

1. 竞争法从其诞生之日起，就将维护公平的竞争秩序、保障合法经营者的利益放在首位；在对付垄断产生的弊病时，又将保持市场活力、增进经济民主作为自己的天职。所以，竞争法的宗旨可以概括为：维护竞争秩序，保持与增进经济民主。

2. 竞争法律责任的特点有三个：①综合运用多种法律责任形式，维护竞争秩序和社会公共利益；②处罚形式既有单罚制又有双罚制，以满足社会现实对竞争法的期望和要求；③对受害人损失的赔偿，既保留填平原则又实施溢出原则。

第三章

竞争法的体系

■**学习目的和要求**

通过本章教学,要求学生
- 重点掌握:竞争法的基本内容;竞争法体系的结构;世界各国主要竞争立法模式;中国竞争立法模式的选择;竞争法在我国法律体系中的地位。
- 掌握:竞争法立法模式的相同点和差异点;竞争法与相关法律部门的关系。

第一节 竞争法体系的结构

一、竞争法体系的概念

竞争法体系是指按照一定的原则和标准对所有竞争法律规范进行分类组合而形成的具有一定结构和内在联系的有机整体。

竞争法体系与竞争法调整的范围密切相关,具体体现为竞争法体系中不同法律规范之间的联系或构成方式。一般来说,建立竞争法体系,就是将为数众多、内容不同、形式各异的各种竞争法律规范,依据其规制对象和方法的不同进行科学的分类,揭示和区别不同种类竞争法律规范相互之间的内在联系和自身的逻辑性，抽象出其中的规律，并依层次和次序组成科学的法律体系。竞争法体系的学习和研究，有助于我们更好地从整体上把握竞争法的内容和实质。

理解竞争法体系，应注意其与竞争法学体系的关系。竞争法学体系是指由对竞争法律的历史、现状及其发展规律进行分门别类研究的竞争法分支学科组成的有机联系的统一整体。竞争法体系与竞争法学体系既有联系，也有区别。二者的联系主要表现在：组成竞争法体系的竞争法部门是竞争法学研究的主要内容，制约和影响着竞争法学体系的形成和发展；而竞争法学体系的形成与发展，则会影响和推动竞争法体系的发展与完善。二者的区别主要表现在：竞争法体系是由竞争法部门组成的，该竞争法部门的法律规范具有法律约束力；而竞争法学体系则是由竞争法学的分支学科组成的，该竞争法分支学科的观点与理论不具有法律约束力。

> 竞争法体系由竞争法的法律部门组成，而竞争法学体系则由竞争法学的分支学科组成

二、竞争法所规制的基本内容

基于理解竞争法体系的需要，我们应当对竞争法的基本内容有一个简单的了解。竞争法主要规制哪些行为？竞争法究竟包括哪些主要内容？有关这些问题，目前从国内到国外、从法学理论到立法实践都尚无确切定论，但一般认为竞争法所规制的内容应包括以下几个方面：

（一）禁止垄断行为

所谓垄断，是指经营者通过自身经济增长或企业合并形成对一定市场的独占与控制。[1]垄断是在自由竞争条件下生产高度集中的产物，是市场竞争中优胜劣汰的必然结果，体现了自由竞争发展的一般规律。其具体表现形式有独占、兼并、股份保有、董事兼任、独家交易等。西方的市场有效竞争理论认为：有效竞争离不开合理的市场结构，即存在一定数量和一定规模的竞争者的竞争性市场结构。垄断通过不合理的企业规模和减少竞争数量以及对竞争企业实行控制等方式，排除竞争，造成竞争结构的不合理，使竞争机制作用失效，从而破坏市场经济，损害社会公共利益。因此，垄断成为竞争法规制的对象。

---

[1] 参见卢修敏、王家田："垄断、限制竞争、不正当竞争的区分及其对立法的意义"，载《中外法学》1995年第4期。

需要说明的是，由于垄断本身具有规模效应等合理性，加之各国的国情不同，一个国家不同时期受垄断的影响也有差异，因此世界各国的法律对垄断并非一律绝对禁止。对于那些有益于规模经济而又无害于公益的垄断，许多国家的法律是允许其存在的。因此，竞争法中所规制的垄断行为是指以独占或有组织的联合行为等方式，凭借经济优势或滥用行政权力，操纵或支配市场，限制和排斥竞争的行为，即它仅仅是指排斥、限制和破坏竞争的非法垄断。[1]

> 垄断可分为合法垄断与非法垄断，竞争法只反对非法垄断

（二）禁止限制竞争行为

所谓限制竞争行为，是指经营者滥用经济优势排挤竞争对手或几个经营者之间以合同协议或其他方式共谋避免竞争或排斥竞争的行为。国际竞争立法中，限制竞争行为亦称限制性商业惯例或限制性商业做法。限制竞争行为的基本特征在于：少数企业或企业集团利用其优势地位，以协议、共谋、联合或其他方式实质性地限制竞争和排斥竞争。其表现形式复杂多样，主要包括：协议共同定价，串通投标，瓜分市场或顾客，定额分配生产量和销售量，联合抵制交易，限制转售价格，实行价格歧视和掠夺性定价，搭售和附加不合理交易条件，通过兼并、联营等方式控制市场，等等。在我国，限制竞争行为还表现为划分地盘，关卡林立，阻碍物资、资金、技术跨地区流动，不准外地产品进入本地市场，限制本地原料流到外地市场等利用行政权力进行的限制竞争行为。限制竞争行为持续广泛地存在于社会经济生活之中，对竞争机制产生严重的负面影响。众所周知，合理的竞争机制应是竞争主体通过竞争提高技术、降低成本、获取合理利润，但限制竞争行为的当事人企图逃避竞争，在未提高效率的情况下轻而易举地获取利润，并削弱、打击各种有效竞争，扼杀了商品经济扩大再生产的活力及其可能性，使经济运转处于高耗低效之中，既不利于推动生产力的发展，也不利于社会公共利益及消费者权益的保护，是市场经济发展的严重阻碍。鉴于限制竞争行为对竞争的严重破坏，西方发达国家在其经济发展过程中，为了维护市场经济赖以生存和发展的竞争机制，推动经济进步，均通过立法形式对限制竞争行为加以管制。因此，禁止限制竞争行为就成为现代竞争法中一项十分重要的内容。

> 限制竞争行为可以概括为两大类：一是滥用经济优势，二是联合行为

---

[1] 参见杨紫烜主编：《经济法》，北京大学出版社、高等教育出版社2006年版，第219页；种明钊主编：《竞争法学》，高等教育出版社2002年版，第170~191页；张守文主编：《经济法学》，北京大学出版社2005年版，第287页；李昌麒主编：《经济法学》，中国政法大学出版社1997年版，第318页。

需要说明的是，在经济领域中，垄断行为和限制竞争行为常常有着非常密切的联系，在一定条件下，二者极易互相转化。一方面，垄断的存在使垄断者很容易利用其先天优势，滥用其垄断地位，限制竞争；另一方面，各种限制竞争行为得以实施的结果，又往往使行为者获得超额利润，导致垄断，并通过巩固其垄断地位而强化垄断。同时，从各国的经济实践来看，垄断行为和限制竞争行为并非在任何情况下都能分得很清楚，二者之间很难划出明确的界限。正是基于垄断与限制竞争行为之间这种难以区分、极易互为因果的密切联系，有的学者常常在概念上将二者等同互用，认为垄断行为本身包括限制竞争行为，或者限制竞争行为本身包括垄断。而世界各国在进行竞争立法时，也往往将二者进行统一调整，其法律名称或称反垄断法，或称反限制竞争法或其他。例如，在日本称"禁止私人垄断及确保公平交易的法律"，在德国称"反限制竞争法"，在美国则称"保护贸易和商业不受非法限制与垄断之害法"，等等。

> 在研究反竞争行为的表现形式时，将垄断与限制竞争区分进行考察；在研究竞争立法时，将垄断与限制竞争作为一体考察

（三）禁止不正当竞争行为

不正当竞争行为有广义和狭义之分。狭义上的不正当竞争行为是指商业活动中与诚实信用、公平交易的商业规则和商业道德相背离的各种行为。广义上的不正当竞争行为则包括狭义上的不正当竞争行为、限制竞争行为和垄断行为。我们这里使用的是狭义概念。

不正当竞争行为的特点集中表现为行为人采用假冒、仿冒、胁迫、引诱及其他各种手段谋取、滥用竞争优势，其具体表现形式复杂多样，主要包括欺骗性交易行为、商业贿赂行为、商业诽谤行为、侵犯商业秘密行为、巨奖销售行为、制造困难妨碍竞争对手正常经营行为等。各种不正当竞争行为的危害是极其严重的，它不仅破坏公平合理的市场竞争秩序，窒息市场经济应有的活力，妨碍技术进步和社会生产力的发展，危害社会公共利益，还严重损害正当经营者的合法权利和消费者的合法利益。因此，各国都通过竞争立法对不正当竞争行为予以严厉禁止。

（四）规定竞争规制制度

国家基于管理经济之职能，必然要对复杂的市场竞争活动予以规制。这种规制对于市场经济的健康发展具有十分重要的意义，它关系到市场的运行安全和发展方向。竞争法应就竞争规制的体制、对象、内容及其他有关竞争规制制度予以确认，以满足依法规制竞争的需要。

> 竞争法的调整对象本身就包括竞争规制关系

（五）确定规制竞争活动的程序制度

竞争法的各项实体性规范要有效付诸实施，必须有相应的程序制度作保障。科学、完善的竞争法程序制度，是客观、公正、合理地管理竞争活动、解决竞争纠纷、查处反竞争案件的必要条件。因此，有关对竞争进行监督、管理的方法和措施，解决竞争争议的途径和要求，查处反竞争案件的具体程序和步骤等程序制度，便成为竞争法的重要内容之一。

三、竞争法体系的结构

研究竞争法体系的结构问题，是为了明确竞争法体系究竟应由哪些层次或类别的竞争法规范构成。而这种构成又取决于竞争法所规制的对象的范围和内容。如前所述，基于人们对竞争法所规制内容的基本认识，一般认为，竞争法的体系应由竞争实体法和竞争规制程序法两部分组成。

（一）竞争实体法

竞争实体法包括反垄断实体法、反不正当竞争实体法和竞争监督管理法三个部分，它们分别从不同的角度对竞争进行实体性规制。

1. 反垄断实体法。反垄断实体法是指通过规范垄断行为来调整企业和企业联合组织相互间竞争关系的实体法律规范的总和。[1] 从本质和特征上讲，反垄断实体法是以规制方法调整原属私法调整的竞争关系，是国家干预经济、实现经济自由与经济民主的法律，是国家抑制垄断、促进竞争的法律依据。从内容上讲，反垄断实体法具体就反垄断与反限制竞争行为的实体权利义务作出规定，主要包括：确定反垄断法的宗旨、原则与调整范围；确认垄断与非垄断的标准；明确垄断行为的表现形式和构成要件；确定非法垄断的法律责任；规定反垄断法适用的除外制度等。（反垄断法重在维护竞争的充分与自由）

2. 反不正当竞争实体法。反不正当竞争实体法是指通过控制不正当竞争行为来调整竞争关系的各种实体法律规范的总称，[2] 其又称不正当竞争防止法或者不正当竞争制止法。对反不正当竞争实体法可以从实质意义和形式意义两方面来理解。在形式意义上，反不正当竞争实体法仅（反不正当竞争法重在维护竞争的正当与公平）

---

[1] 参见曹士兵：《反垄断法研究——从制度到一般理论》，法律出版社1996年版，第8页。
[2] 参见王全兴：《竞争法通论》，中国检察出版社1997年版，第55页。

指某一部关于反不正当竞争的专门法律中的实体法规范。如我国的《反不正当竞争法》和日本1994年的《不正当竞争防止法》等。在实质意义上，除了反不正当竞争的专门法律、法规外，还包括其他法律、法规中有关反不正当竞争的实体性法律规范。在法学理论和实践中，反不正当竞争实体法通常是指实质意义上的反不正当竞争实体法。

反不正当竞争实体法是对经营者的竞争行为进行具体规范的法律。它通过确立经营者在竞争过程中的权利义务，引导竞争走向公平、合理和有序，制止各种违背诚实信用原则和公认商业道德的不正当竞争行为，以避免对其他竞争者、消费者及公共利益造成损害。其具体内容主要包括：确立反不正当竞争法的宗旨、原则和范围；确认正当竞争与不正当竞争的标准；明确不正当竞争的表现形式和构成要件；确立不正当竞争的法律责任等。

3. 竞争监督管理法。竞争监督管理法是指规定国家监督管理机关在规制竞争中的职责及法律责任的法律规范总称。它是国家依法规范市场竞争活动的法律依据，在竞争法中占有相当重要的地位。其主要内容包括：确立竞争监督管理体制，赋予竞争监督管理部门管理职权，明确各级竞争监督管理部门的职责分工及法律责任等。由于国家对竞争的监督管理主要是反垄断和反不正当竞争，因此，竞争监督管理法往往分布在反垄断法、反不正当竞争法以及其他有关竞争的法律和行政法规之中。

> 竞争监督管理法重在促进竞争的合理与有序

（二）竞争规制程序法

竞争规制程序法是指为保障竞争实体法所规定的权利义务关系的实现而制定的各种程序性规范的总和。它包括反垄断程序法、反不正当竞争程序法和竞争监督管理程序法三个方面的内容。规制竞争行为的程序性规范，从广义上讲应该包括所有能够检查、处理、裁决竞争争议或竞争违法行为的程序规范，既有行政执法程序规范，又有诉讼程序规范和仲裁程序规范。但由于诉讼程序规范和仲裁程序规范本身已自成体系，而且往往不是专门为处理竞争关系而设立的，竞争法一般也不就此内容作具体规定。因此，竞争法中的程序规范主要是指监督、管理竞争活动、处理竞争争议或查处竞争违法行为的行政执法程序规范。

> 专门竞争法律中有关程序方面的内容，往往只规定竞争的行政执法程序，而不涉及诉讼或仲裁程序

前述竞争法体系的各个组成部分既各自独立，又相辅相成，形成一个密切联系的有机整体。就实体法而言，反垄断法从控制垄断与限制竞争的状态和行为出发去调整竞争关系，重在从宏观方面对市场竞争结构进行调整，发挥基本经济政策导向和保障作用，促进和保障市场在竞争条件下的正常运转，维护经济的自由、民主和竞争的公正、有序；反不

正当竞争法则从控制形形色色的不正当竞争行为入手来调整竞争关系，重在从微观方面对具体的市场交易行为和竞争行为进行调整，缔造自由、公正的竞争秩序。二者调整的角度虽然不同，但在促进和保护竞争、确保竞争机制有效发挥作用这一主旨方面却是完全一致的，并且收到了异曲同工之效。竞争监督管理法从国家依法干预和管理竞争的角度，通过系统、有序的监督、检查、引导、协调等方式，实现对竞争的有效保护，为市场创造良好的竞争环境，促进反垄断法和反不正当竞争法的有效实施。而竞争程序法则为竞争法的各项实体规范得以实施提供了具体的方法和途径，是竞争法价值和功能得以实现的程序保障。

第二节 竞争法的立法模式

一、世界各国和地区主要竞争立法模式

所谓立法模式，是指一国和地区在立法时所采取的、与调整范围有关的法律类型。由于世界各国和地区的历史、社会条件、政治制度、经济发展程度不同，其法律制度所属法系不同，从事立法的时代背景和所受的国际影响不同等各种因素的共同作用，其在竞争立法方面所采取的形式也不相同。总起来看，大致可以分为三种模式：

（一）分立式立法模式

分立式立法模式将反垄断法和反不正当竞争法分别单独立法。这种立法模式以德国和日本为代表。德国的《反不正当竞争法》颁布于1896年，它是世界上第一部反不正当竞争法（1909年进行全面修订后重新颁布）。该法不但对德国经济的迅速发展起到了重要作用，而且对其他国家的反不正当竞争立法产生了广泛的影响。[1] 日本于1934年颁布的《不正当竞争防止法》，就在许多方面吸收了德国反不正当竞争立法的经验。第二次世界大战之后，联邦德国和日本都在美国反托拉斯立法的影响下，制定了本国的反垄断法。其中，联邦德国的反垄断法制定于1957年，称为《反对限制竞争法》，又称为《卡特尔法》；日本的反垄断法制定于1947年，称为《禁止私人垄断及确保公平交易的法律》。这就形成了德、日两国反垄断法与反不正当竞争法分别单独立法的模式。

> 德国的反不正当竞争立法先于日本；而日本的反垄断立法早于德国

---

[1] 参见种明钊：《竞争法》，法律出版社2002年版，第68页。

竞争法分立模式具有明显的优点，主要表现在：①立法目的明确，即分立的反垄断法和反不正当竞争法各有自己具体的目的。反垄断法的目的主要是防止市场形成垄断结构，并防止企业从事限制竞争行为，其直接功用在于保护和促进竞争，维护市场的正常竞争状态；反不正当竞争法旨在防止企业采取不正当手段从事竞争，保护受不正当竞争损害的竞争者和消费者，维护市场正常的竞争秩序。②立法内容界限清楚，反垄断法主要就防止出现市场垄断结构、防止滥用市场支配地位、防止协议限制竞争三个方面作出规定；反不正当竞争法则主要就利用假冒、胁迫、利诱等手段谋取、盗用他人竞争优势等方面作出具体规定。③操作相对容易，反垄断直接关系到国家的竞争政策及宏观调控，直接关系到社会整体利益，且规制对象以大企业为主，一般设立行政专门执法机关，并规定严格的行政执法程序，形成特殊的操作制度；反不正当竞争行为侵害的对象往往具体特定，多为中小企业，与国家整体利益的联系相比之下较为间接，一般适用民事诉讼程序，以法院为主解决纠纷，这在具体操作上比较便利。④分立式立法从两个不同的侧面对市场竞争分别加以规制，显示出立法技术的细腻、精到。

<small>垄断与不正当竞争性质不同，分别立法便于有针对性地予以调整</small>

竞争法的分立模式也有其不足之处，主要表现在该模式将统一的竞争法分成各自独立的两块分别确立体系，并由不同的机构执行，不利于二者的协调与统一。

（二）统一式立法模式

统一式立法模式将反垄断和反不正当竞争合并统一立法。选择这种立法模式的有匈牙利、澳大利亚、前南斯拉夫等国家。这种立法模式的特点是：将反垄断和反不正当竞争的法律统一纳入一个法律之中，并设立统一的执行机构。前南斯拉夫于1974年4月26日通过了《防止不正当竞争和垄断协议法》，这是社会主义国家的第一部市场竞争法，该法既规定了不正当竞争的含义，列举了18种应予禁止的不正当竞争行为，又规定了什么是垄断协议，并列举了8种形式的垄断协议，规定"垄断协议没有法律效力"。匈牙利1990年颁布的《禁止不正当竞争法》，既规定了禁止欺诈性的市场行为和欺骗消费者的各种不正当竞争行为，又禁止属于反垄断范畴的限制经济竞争的协议和滥用经济优势，以及对企业的合并进行审查和限制等；并由经济竞争局负责监督该法的实施。我国台湾地区于1991年颁布了"公平交易法"，也是采用将反不正当竞争法与反垄断法合并立法的模式。不但对"独占、结合、联合行为"等属于反垄断法范畴的行为进行了规定，而且对于各种"不公平竞争"行为作了规范,并且设置了公平交易委员会作为统一执行该法的主管机关。

统一式立法模式同样具有自身优势,主要表现在:①突出了反垄断法与反不正当竞争法的共性,照顾到了两法之间的内在联系。如前所述,从促进和保护竞争的价值和功能上讲,反垄断与反不正当竞争具有重要的统一性,反垄断法规范市场竞争之自由,反不正当竞争法规范市场竞争之公平、正当,二者是一个问题的两个方面,相辅相成,不可偏废,正因如此,即使实行分立式立法的国家,在具体的执行实践中,往往在运用其中一个法律时,也要考虑另一个法律的规定和精神,二者存在着交错综合的关系。统一式立法则恰恰很好地照顾到了两法之间的这种内在联系,使二者形成有机联系的整体,有助于相互之间的配合与促进。②有利于加强对反竞争行为的调控力度。分立式国家对不正当竞争行为均采取以实施民事救济为主、追究刑事责任为辅的做法,一般无行政执法规定。而统一立法中则均规定统一的竞争法行政主管机关同时行使对垄断和不正当竞争行为的监督、检查等,也就是说,增加了竞争法行政执行机关对不正当竞争行为的监督、调控,这对竞争秩序的维护及经营者、消费者利益的保护则更为及时、广泛和有效,从而加大对反竞争行为的调控力度。③有利于竞争法实施中的协调运作。在统一立法模式中,竞争法律规范集中、简洁、明确、统一,易于执法部门统一理解、整体把握,有助于发挥竞争法的综合效用。[1]

> 反垄断法与反不正当竞争法在价值、功能上具有一致性,统一立法有利于二者的协调与促进

竞争法的统一立法模式优势可取,但立法难度相对较大。由于统一立法模式中,一部法律所调整的范围较宽,同时包括反垄断与反不正当竞争两方面内容,而二者性质迥异,调控的方法、措施等也不相同,操作难度相对较大,特别是对于地域广大、经济发展不平衡、行政辖区较多的国家,采用统一立法模式往往需要解决许多重大难题。

(三) 综合式立法模式

综合式立法模式是将反垄断法和反不正当竞争法分别纳入若干单行法律、法规之中进行综合调整的立法模式。美国和英国是这方面的典型代表。1890年美国国会通过了其第一部反托拉斯法,即《谢尔曼法》;1914年美国国会又制定了《联邦贸易委员会法》和《克莱顿法》,至此,美国的市场竞争法律制度基本形成。之后美国又根据现实经济生活的需要对上述基本法律不断地加以修改、完善,制定了许多相关的单行法律、法规,加上司法解释、行政指导规则和判例等,与前述三大基本

> 综合立法模式下的竞争法,是由一系列法律、法规组成的法律规范群体,故有人称其为法群式立法,并与法典式立法相对应

---

[1] 参见刘剑文、崔正军:《竞争法要论》,武汉大学出版社1996年版,第8页。

法一起形成一个庞杂的法律规范群体。在美国的反托拉斯法体系中，很难明显分出哪个法律是反垄断的，哪个是反不正当竞争的，反垄断规范和反不正当竞争规范在各个法律中都有不同程度的体现。英国与美国一样属于普通法系国家，主要以判例为其法律表现形式。但第二次世界大战后，在大陆法系的影响下，出于发展本国市场经济的客观需要，英国先后制定了一系列规制竞争的法律、法规，如《垄断企业和限制性贸易惯例法》《公平贸易法》《限制性贸易法》《转售价格法》《竞争法》等，这些法律同大量的查处反不正当竞争案件的判例，构成英国的竞争法律体系，共同对英国的竞争活动进行综合调整。

综合式立法模式一般表现出下述几个特征：①对垄断行为或限制竞争行为和不正当竞争行为在法律上不作明确划分，也不制定以"竞争"或"交易"直接命名的法律，但法律的实质内容都是规制竞争活动、维护竞争秩序的。②轻法典而重单行法规。例如，在美国并不存在一个专门的内容全面和结构严谨的竞争法典，相反，许多的单行法律、法规构成了美国反托拉斯法的重要内容。而这些单行的法律、法规，则往往是从特定的角度对有关竞争的某一方面问题进行规范，具有较强的针对性与适用性。③司法判例构成了竞争法的重要内容。美、英本身属普通法系国家，判例作为法的渊源具有悠久的历史，竞争法也不例外。同时，在美国，有关反托拉斯法的基本条文通常只是普通的一般性原则条款，因此，司法判例在确定具体的法律标准方面，自始至终都充当着一个特别的角色。因此，在实践中，尽管较难确认法院对个别案件的审判结论是否具有超越本案的普遍意义，而且法院对各个具体法律问题也确实并非总是始终如一，但是，如果完全忽视享有主管权限的联邦法院，特别是作为再审法院的最高法院的审判实践，显然无法真正理解和把握美国竞争法的内容。

> 竞争法的综合式立法模式较多地体现了普通法系所具有的一般特点

以美国为代表的这种综合立法模式反映了现代市场竞争法的历史性特征，因其具有实践性和灵活性而对许多国家（尤其是普通法国家）产生重要影响；又因其具有混合性、杂糅性和分散性而具有一定的局限性。

二、竞争立法模式的共同点

各国竞争立法的实践表明，尽管立法模式不尽相同，但其中的共性还是客观存在的，主要表现在：

1. 对垄断与不正当竞争均持反对态度。无论采用分立式、统一式还是综合调整式，各国都把反垄断和反不正当竞争两方面内容同时纳入本国竞争法的调整范围,将二者结合起来规制,对各种非法垄断行为、限制竞争行为和不正当竞争行为均持否定态度,均通过竞争法予以禁止或限制。

2. 实体法与程序法相结合。将竞争法的实体规范与程序规范融为一体,是各国竞争立法的共同特点。无论采用分立式、统一式还是综合调整式,各国的竞争法均在就反垄断与反不正当竞争的宗旨、原则、行为方式、构成要件、法律责任、具体权利义务等实体内容作出规定的同时,还对监督管理竞争活动、解决竞争争议、查处反竞争案件的方法、措施与步骤等程序内容作出规定。

> 实体法与程序法一般是分别立法的,如民法与民事诉讼法、刑法与刑事诉讼法

3. 专门立法与相关立法相结合。无论采用何种立法模式,各国均在着重制定专门性反垄断、反不正当竞争的法律规范的同时,还制定许多与规制竞争相关的其他法律、法规,并在其中规定相应的竞争法规范,如消费者权益保护法、产品质量法、广告法等。这些法律、法规与专门的竞争法互相配合,构成禁止反竞争行为的严密法网,使违法者难以逃脱法律的追究。

4. 民事责任、行政责任、刑事责任并用。无论采用何种立法模式,各国在竞争立法中,均同时使用民事、行政、刑事三种责任方式制裁各种反竞争行为,要求违法行为人不仅要承担民事赔偿责任,还应承担行政责任和刑事责任,三种责任可以单独适用,也可以同时适用。

5. 普遍禁止、限制与适用中的除外规定相结合。无论采用何种立法模式,各国在其竞争立法中均对反竞争行为,既作普遍的限制或禁止性规定,又实行适用中的特别豁免制度,即允许符合法定条件的某些垄断或限制竞争行为合法存在,不受竞争法的追究。例如,各国竞争法对垄断协议普遍持禁止或限制态度,但是,如果经营者的共同行为是为了改进技术、提高产品质量、提高效率、降低成本,竞争法则不予禁止或限制。[1]

三、竞争立法模式的差异点

从本国基本国情出发进行竞争立法已成为各国的一条共同经验。于是,各国的竞争立法模式都不尽相同,竞争立法中的这种差异性概括起来主要集中在以下几个方面:

1. 竞争立法的形式灵活、各具特色。竞争立法模式的选择往往与一国的经济发展形势、竞争状况、法律文化及所受外来影响等因素密切相

---

[1] 参见王全兴主编:《竞争法通论》,中国检察出版社1997年版,第40页。

关，而不同国家或同一国家的不同发展阶段中，前述诸因素往往表现出很大的差异，因此，各国竞争立法常因国情不同而表现出不同的形式。如前所述，有的国家采用分立式，有的国家采用统一式，有的国家采用综合式，等等。各种形式自成体系，分别表现出不同的特色与风格。

2. 竞争立法重心不同。在市场经济发达的国家，垄断问题较之不正当竞争问题更为突出，竞争立法往往以反垄断为重心，美国、日本均是如此。在市场经济欠发达的国家，不正当竞争问题则相对更突出，尤其是发展中国家在国际市场上需要大型企业集团支撑其国际竞争力，因此，竞争立法往往以反不正当竞争法为重心。

> 我国1993年的《反不正当竞争法》就是以规制不正当竞争行为为重心的

3. 竞争立法内容不同。关于各种反竞争行为的界定，有的国家采用定义式规定，有的国家采用列举式规定，有的国家则采用定义加列举式规定；关于违反竞争法的民事归责原则，有的国家实行过错责任原则，有的国家实行无过错责任原则；关于违反竞争法的损失赔偿金额，有的国家实行实际赔偿原则，有的国家实行惩罚性赔偿原则；关于违反竞争法的行政责任，有的国家只适用于垄断与限制竞争行为，有的国家则同时适用于垄断、限制竞争、不正当竞争三种行为；关于违反竞争法的刑事责任，有的国家规定只适应于垄断行为，有的国家规定只适用于不正当竞争行为，有的国家则规定同时适用于垄断与不正当竞争行为，等等。

四、中国竞争立法模式的选择

下面我们分别从法学理论和立法实践两个方面来回顾我国竞争立法模式的选择问题。

（一）我国法学理论界关于选择竞争立法模式主张的回顾

关于竞争立法模式的选择，我国法学界曾经有不同主张。自20世纪80年代末、90年代初我国竞争立法开始起步到现在，关于竞争立法模式的选择，我国法学理论界主要有三种不同的观点：一是主张我国竞争立法采取分立式模式，即分别制定反垄断法和反不正当竞争法。主要理由为：垄断与不正当竞争是两个性质不同的问题，应分别予以调整，垄断与不正当竞争分属于两个不同的法律部门，垄断受经济法调整，不正当竞争受民法调整；中国的垄断问题特殊而又复杂，需要进行专门的特殊调整等。[1]二是主张采用统一调整模式，像匈牙利的《反不正当竞争法》和我国台湾地区的"公平交易法"那样，把同属竞争范畴中的三

> 我国关于竞争立法模式的主张，在很大程度上借鉴了国外竞争立法的经验

---

[1] 参见周昀："关于我国反垄断立法中的几个问题"，载《政法论坛》2001年第4期。

大类行为进行统一调整。主要理由是：有利于竞争法各部分的协调、统一和平衡发展。[1]三是主张在竞争立法之初采取一种综合的调整模式，既不采用分立式，也不采用统一式，而是从当时的经济情况出发，以一部《反不正当竞争法》把当时经济条件下已经出现或即将出现的限制竞争行为及大量的不正当竞争行为均纳入其中加以综合调整。[2]这种观点形成于20世纪90年代初我国市场经济体制初步确立、全国统一的竞争立法开始之时。主要理由是对于市场机制刚刚确立的中国，那些典型的被西方国家所认可的垄断行为在现实中表现尚不充分，无论是采取分立式，即分别单独制定《反垄断法》和《反不正当竞争法》，还是采取统一式，即制定包括反垄断、反限制竞争、反不正当竞争三位一体的竞争法，均缺乏现实的客观条件，而当时经济生活中具有中国特色的行政性垄断、一定程度的限制竞争行为及大量的不正当竞争行为的危害则极为严重，亟待调整，中国的竞争立法不宜完全拘泥于国外意义上的分立式或统一式，而应有一部适应中国这一具体国情的竞争法对之进行综合调整。

（二）我国立法实践中关于选择竞争立法模式的尝试

中国的竞争立法始于1987年反不正当竞争国际研讨会的召开，当时中国作为《保护工业产权巴黎公约》的成员国之一，基于履行公约中所规定的反不正当竞争义务之需要，开始着手制定中国的竞争法。鉴于统一立法所具有的诸多优点，当时国家有关部门在起草竞争法草案时便予以借鉴，最初的竞争法征求意见稿题目为《禁止垄断和不正当竞争条例》，将反垄断与反不正当竞争统一在一部法律中。但该征求意见稿在经四次修改后，终因意见分歧较大，未能完稿上报。1990年代初起草的《制止不正当竞争条例》，采用的是分立式立法模式，但它只是一个非正式的征求意见稿。1992年初，国家工商行政管理局根据全国人大常委会的立法计划专门成立了起草小组，起草了题目为《反不正当竞争法》的征求意见稿。1993年初，国家工商行政管理局组织召开专家讨论会，对该征求意见稿进行充分的讨论，形成了《中华人民共和国反不正当竞争法》草案。1993年9月2日第八届全国人民代表大会常务委员会通过了《反不正当竞争法》。该法在名称上与分立式立法中的《反不正当竞争法》相同，但在内容上采用了前述我国法学界的综合调整主张，即在全

> 我国1984年11月14日决定加入《保护工业产权巴黎公约》，自1985年3月19日，该公约对我国生效

---

[1] 参见李胜利："分立还是合并：中国反垄断法立法例的选择"，载《河北法学》1999年第1期。
[2] 参见曹天玷主编：《现代竞争法的理论与实践》，法律出版社1993年版，第168页。

面调整反不正当竞争行为的同时，还调整了部分垄断行为（包括限制竞争行为），并原则上规定了行政主管与司法审判并行的执法模式。

在《反不正当竞争法》实施14年后，2007年8月，我国又颁布了《反垄断法》。在该法立法过程中，同样出现了立法模式的争论。2001年10月，国家工商局与国家经贸委共同起草了《中华人民共和国反垄断法（征求意见稿）》，该征求意见稿就反垄断问题作出了系统的规定，即使我国《反不正当竞争法》中已涉及的一些垄断与限制竞争问题，如行政性垄断、搭售或附加等，也包括在该征求意见稿之中，但其并不涉及不正当竞争行为。2006年全国人大常委会第一次审议《中华人民共和国反垄断法（草案）》，同样将我国《反不正当竞争法》中已经涉及的掠夺性定价、搭售、联合限制、强制交易和政府及其所属部门滥用行政权力限制竞争等垄断行为均纳入该法之中，而狭义上的不正当竞争行为未在该法中调整，分立式立法倾向明显。但这一时期，学界在探讨反垄断立法中出现的问题与困惑时，又有一些学者提出，如果采取竞争法的统一立法模式，反垄断立法中的一些难题会易于协调与解决，加之《反不正当竞争法》也正在修改之中，认为将二者合并统一立法，未必没有可能。可见，在我国《反垄断法》正式出台之前，我国的竞争法是采取两法合一的统一模式，还是采取两法并行的分立模式，人们的看法尚不一致。2007年《反垄断法》的颁布，说明我国最终采取了分立的立法模式。2017年11月，第十二届全国人大常委会对《反不正当竞争法》进行了修订，删除了其中关于反垄断的内容，进一步强化了我国竞争法分立模式的特征。

中国竞争立法模式的选择应立足中国现阶段的竞争现状

（三）竞争立法的分立模式更适合中国现阶段的国情

通过前面的分析考察，结合中国市场经济发展的现状，笔者认为，中国的竞争立法采用分立模式更具有合理性。这是因为分立模式除了具有前述诸如立法目的针对性强、内容界限分明、执法相对方便等一般优点外，还能更好地适合中国现阶段的国情。主要表现在：

1. 竞争立法的分立模式有利于强调我国竞争立法的重心。与发达国家相比，我国尚处于市场经济发展的初级阶段，与之相适应，一方面，我国目前工业产品的行业集中度不高，大部分工业产品的集中度在中等水平上下，有些重要原材料如钢铁、煤炭等集中度还比较低，经济性垄断对市场的破坏尚不突出，对其禁止不是法律规制的重点；另一方面，市场上各种不正当竞争行为猖獗，诸如假冒、仿冒、虚假宣传等欺骗性交易行为、商业贿赂行为、商业诽谤行为、侵犯商业秘密行为等，严重

中国目前采用分立式立法模式更具有合理性

破坏公平竞争的市场秩序，迫切需要严厉禁止。因此，同许多其他国家市场经济发展初期的情况类似，我国现阶段竞争立法的重心应当是对不正当竞争行为的规制。在此情况下，采取分立模式，分别对不正当竞争行为和垄断行为单独立法，有利于强调和保证这一重心，便于针对不正当竞争行为对市场竞争的严重危害及时立法予以制止，并随着经济的发展不断地修改、完善反不正当竞争法，加强其调控和实施力度，以适应维护公平竞争秩序的需要。而反垄断法则可以依据我国垄断发展的状况来确定对其调控的进度与力度，并应充分注意到我国反垄断法的前瞻性及 WTO 条件下外国企业和外商投资企业的垄断行为对我国市场竞争秩序的破坏。

2. 有利于区别对待垄断与不正当竞争行为对我国市场经济的不同影响。反垄断法与反不正当竞争法在立法宗旨、规制对象、调整原则以及保护对象等方面多有不同，垄断本身不仅具有破坏竞争等消极的一面，还具有产生规模经济效益等积极的一面，法律对垄断的调整既要体现法律对竞争秩序的保护，又要体现国家对产业结构调整、对社会公共利益保护的需要。尤其是在加入 WTO 条件下，特别需要提倡规模经济和促进行业集中，以增强企业的国际竞争力，巩固和加强我国企业在国际市场中的竞争地位。反映在立法上，反垄断法多应体现我国的产业政策，具有不确定性和相对多变性，对垄断行为的规制并非一味严厉禁止，而应有适度的宽容，并辅之以必要的豁免。但不正当竞争行为则因违反诚实信用的基本交易原则而具有自身违法性，为法律所严格禁止，与之相适应，反不正当竞争法本身具有确定性和稳定性，执法力度强，一般不予豁免。[1] 基于二者的诸多不同，分别立法，更能有针对性地、恰到好处地体现它们对我国市场经济的不同影响。

3. 有利于增强我国竞争立法的可操作性。反不正当竞争法与反垄断法在执法手段、执法难度和执法机构的设置要求上多有不同。不正当竞争行为侵害的对象往往具有特定性，多为小企业和其他经营者，受害人大多可以通过诉讼等渠道使自己的权利获得保护，法院是重要的执法机构。而反垄断法的执法对象往往是规模庞大的垄断企业，拥有巨大的经济实力和社会影响力，因此，反垄断法的执法机构需要有高度的权威、广泛的权力。我国也应像发达国家那样设置一个独立的行政机构，并赋予行政权、准立法权和准司法权等，惟有如此才能对抗大企业的经济势力。而且反垄断法中的一些制裁手段（如解散、放弃、分离等）是消除

---

[1] 参见王申："中国法学会民法学经济法学研究会 2000 年年会综述"，载《法学杂志》2000 年第 11 期。

垄断势力独有的方法，在具体执法技术、操作原则、灵活运用上都高于对不正当竞争行为的规制。[1]有鉴于此，分别立法，可以降低执法难度，增加竞争法的可操作性，更好地发挥两法的不同功能和作用。

当然，现阶段采用分立模式，并不排除在以后我国市场经济有更大发展、竞争状况有重大变化时，竞争法的立法模式会有变化和发展，会采用其他更能适合变化了的经济状况的立法模式。

一国的竞争立法模式不是固定不变的

第三节　竞争法的地位

揭示竞争法的地位应当搞清楚四个方面的问题：一是界定竞争法在一国法律体系中的位置，即确立竞争法应属于哪个部门法范畴或法域；二是分析竞争法在所属法律部门中的地位如何；三是说明竞争法在市场经济发展中的价值与功能以明确其在社会经济生活中的地位；四是了解竞争法与相关法律部门的关系。

一、竞争法属经济法的范畴，是经济法的组成部分之一

关于竞争法在一国法律体系中的位置怎样，它究竟应归属于哪个法律部门，世界范围内理论界的意见不尽相同。竞争立法十分发达的西方国家，往往将其竞争法区分为反垄断法律规范和反不正当竞争法律规范两部分进行法域定位。其中，反不正当竞争法律规范，一般被确认为民法的组成部分，被视为民法特别法。反垄断法律规范则因法系不同而有所区别，大陆法系国家一般视反垄断法律规范为经济法的组成部分；英美法系国家由于不承认经济法的存在，因而将反垄断法视为商法的内容。[2]现代中国法学界的多数学者，是将反垄断法与反不正当竞争法作为一个竞争法的整体来研究其定位的。但在具体法律部门归属上的看法不一致，有的认为应归民法，有的认为应归商法，有的则认为应归经济法，等等。其中，主张竞争法应归经济法的专家学者较多，影响也越来越大。我们同意大多数人的观点，即认为竞争法既不属于民法，也不属于商法，而应属于经济法的范畴。

---

[1] 参见段纲："关于我国反垄断立法的构思"，载《政治与法律》2000年第6期。
[2] 参见文海星、王艳林：《市场经济的守护神——公平竞争法研究》，贵州人民出版社1995年版，第12页。

（一）现代经济法起源于国家对竞争的规制，竞争法从一开始便作为经济法的一个组成部分而存在和发展

现代意义的经济法，即作为一个独立法律部门的经济法，首先在实行市场经济的资本主义国家产生。19世纪末20世纪初，西方主要发达国家相继完成工业革命，资本主义由自由竞争阶段进入垄断阶段。在垄断资本主义条件下，垄断组织利用其拥有的市场支配地位操纵价格，控制市场，排斥和限制其他竞争者参与竞争，从而严重破坏竞争，窒息生产活力，并由此引发一系列的社会问题，加深了无产阶级和资产阶级的矛盾，加深了资产阶级内部各阶层之间的矛盾，也加深了经济危机，直接威胁到资本主义国家利益。在自由资本主义条件下被奉为万能的市场调节，此时则表现出严重的缺陷与不足，面对市场失灵的严重现实，单纯依靠"看不见的手"即市场调节已无能为力，个别资本家之间的妥协也无济于事，因此必须伸出另一只"看得见的手"即国家之手来干预经济，而国家干预经济则主要是通过制定经济政策和经济法律、法规来实现的。正是在这种历史条件下，当时的西方发达资本主义国家纷纷根据本国垄断的危害情况，制定了大量的经济法律、法规，用于规范社会经济活动和经济关系，巩固和维护垄断资本主义社会的经济秩序。例如：1890年美国国会通过了第一个反托拉斯法案即《保护贸易和商业不受非法限制与垄断之害法》，又称《谢尔曼法》；1896年德国制定了世界上第一部《反不正当竞争法》；1919年德国制定了世界上第一部以经济法命名的法规《煤炭经济法》；等等。这些大量涌现出来的、体现国家干预经济、保护和促进竞争的法律、法规，已大大突破了传统民法、商法的范围，标志着现代意义经济法的产生。而前述这些法律、法规许多本身就是竞争法的重要内容，其中，美国用以反托拉斯的《谢尔曼法》则是公认的现代竞争法产生的标志。正因为如此，有的学者指出，经济法就是规制以垄断资本主义国家的垄断为中心的经济从属关系的法，国家为了维护竞争秩序而介入市场的法，就是本来意义的经济法。[1]因此，经济法的产生、发展，正是以竞争立法为契机的，它是以竞争法为基本内容之一而形成和发展起来的。

垄断破坏竞争
↓
国家反垄断以保护竞争
↓
以竞争法为核心的经济法产生

（二）竞争法具有经济法的典型特征

我们可以从多维的角度来考察竞争法在不同方面所具有的特征，如

---

[1] 参见种明钊主编：《竞争法》，法律出版社1997年版，第48页。

从调整对象上看，竞争法既调整平等关系（如经营者之间的竞争关系），又调整监督管理关系（如国家与经营者之间的竞争监督管理关系）；从性质上看，竞争法以保护公共利益、经营者利益和消费者利益为己任，具有公私兼容的性质；从调整方法上看，竞争法既注重市场调节，又进行政府管制，强调二者的有机结合；从基本原则上看，竞争法既要求公平，又注重效率，实行效率优先、兼顾公平的原则等，竞争法的这些突出特征，同时也正是经济法的特征，因此，我们说，竞争法应属于经济法的范畴。

从正面说明竞争法应属经济法

（三）竞争法从主旨和整体上看，不应归于传统民法或商法，而应归于经济法

按照资本主义国家公法和私法划分的理论，民商法是调整平等主体之间的关系、保护私人利益的法，属典型的私法，其奉行权利本位、意思自治等原则；而竞争法的主旨在于为保障和促进公平竞争而由国家对竞争主体的竞争行为进行干预或规制，这种干预或规制集中体现为对竞争主体意思自治的限制，具有很强的公法性，不应属于民法或商法。虽然竞争法基于规制竞争的需要而综合运用了多种法律规范，即不仅有经济法规范，还有民商法规范、行政法规范及刑事法律规范等。但我们不能因为竞争法中有某种部门法属性的法律规范，即将其划归该法域，而应从竞争法的主旨和整体上去考察、分析其法律属性。事实上，竞争法这种多种属性规范的综合运用恰恰体现了经济法的综合调整特点；民事、行政、刑事三种责任并用的制度，正表明竞争法理应归于经济法。

从反面说明竞争法不应属于商法或民法而应属经济法

二、竞争法是经济法的核心构成部分，在经济法中占有重要地位

关于竞争法在经济法中的地位，各国学者的见解不尽相同。在西方国家，有的把竞争法视为"经济宪法""市场经济的大宪章""经济的基石"，认为竞争法在经济法体系中处于核心地位，甚至将竞争法几乎等同于经济法；有的则认为，竞争法在经济法体系中虽然地位非常重要，但不是经济法的核心。在我国经济法学界，有的把竞争法称为经济法的"核心法"或者"龙头法"；有的认为竞争法是经济法体系中的市场规制法的主要组成部分。

一般认为，经济法体系应由市场主体法、市场规制法、宏观调控法组成

通过对经济法与竞争法之间关系的历史考察和研究分析，我们认为前述第一种观点比较可取，即认为竞争法是经济法的核心构成部分，在整个经济法体系中占有基础性的、重要的地位，是市场经济条件下调整市场结构、规制市场行为，促进和保护竞争的基本法。

1. 从产生上讲，如前所述，现代意义上的经济法正是基于国家干预经济、控制垄断，促进和保护竞争的客观需要而产生的，经济法从来都是以竞争法为核心而逐渐发展起来的，这已为经济法产生和发展的历史所证明。

2. 从内容上讲，竞争作为市场经济运行的基本机制，无疑始终是经济法规制的核心和重点，经济法体系中除竞争法以外的其他各组成部分的法律，与竞争法均有不同程度的联系，如市场主体法中涉及对市场主体规模的控制，从经济法比较发达的国家来看，在市场主体立法中考虑竞争问题要比考虑资格问题更多；宏观调控法中涉及市场结构的规制，在宏观调控方面的立法同样必须考虑竞争问题，原则上要求宏观调控法应有利于发挥市场竞争机制的作用。从经济法一百多年的立法实践来看，规制竞争及与竞争相关的经济关系的竞争法律规范，构成了经济法律规范的基本内容。

3. 从法的层次上讲，经济法的许多法律、法规大多都着眼于经济生活的某个领域或某个方面，而竞争法则是几乎涉及所有经济领域以及经济生活的各个方面的基本性法律制度，它为各部门或各方面的经济立法提供了一般性的依据，又以自己的一些原则、规定弥补各部门、各方面经济立法可能存在的不足，进行的是一种基础性的规制。它从根本上维持了整个国家的市场结构和市场秩序，使竞争机制的作用得以正常发挥，由此保证市场经济的健康发展。因此，凡是实行市场经济的国家，均认为竞争法是调整市场结构、规范市场行为，促进和保护竞争的基本法。

> 竞争在市场经济中的重要性决定了竞争法在经济法中的重要地位

三、竞争法价值功能多元化，在促进市场经济发展中发挥重要作用

竞争法应起何种作用及其主要作用是什么，学术界一向有不同的观点，其中有代表性的观点有四：一是政治权利分散论。持这一观点的人认为，经济权利的集中与政治权利的集中有着密切的联系，竞争法（特别是反垄断法）防止经济权利的过分集中，犹如一个"社会安全阀"，使得民主及民主政体永久生存。二是经济效益论。美国学术界大多持这种观点，他们认为竞争法是为维护市场中的竞争，以达到发挥经济效益的目的，甚至认为经济效益是竞争法的唯一目的。美国法院亦受这种观点的影响，近年来在处理竞争法案件时日益加重经济分析的比重，且在作出判决时，经济效益往往是一个重要的标准。三是所得重新分配论。这种观点认为，竞争法的主要功能在于避免消费

> 竞争法在市场经济发展中的重要价值与功能，决定了竞争法的重要地位

者所得或财富的减少及生产者或销售者所得或财富的增加,以及通过法律来干预或影响所得或财富的分配和再分配。四是保护中小企业论。这种观点认为,竞争法的目的在于通过抑制大企业以避免产业集中等方法保护中小型企业。

从以上几种观点可以看出,法学界对竞争法目的和作用的研究都是从某一方面入手,站在某一特定角度进行考查的。从总体上看,上述各种观点都有其合理的成分,但都有失偏颇。实际上,涵盖领域如此广泛、涉及内容如此丰富的竞争法,其目的不可能是单一的。比如,德国的《反对限制竞争法》就明显地揭示了其具有多重目标和作用的特点。依德国学者的见解,德国竞争法至少具有三种功能:一是保障契约自由的法律功能;二是保障市场开放的经济功能;三是保障所得或财富合理分配的社会功能。其他国家竞争法关于立法宗旨的规定也体现了竞争法的作用和目标多重性的特征,如日本《禁止私人垄断及确保公正交易法》第1条规定:"本法的目的是通过禁止私人垄断、不当地限制交易和不公正的交易方法,防止事业支配力的过分集中,排除用结合、协定等方法,对生产、销售、价格和技术等的不当限制以及其他一切对事业活动的不当约束,从而促进公正而自由的竞争,发挥事业者的创造性,繁荣事业者的活动,提高雇佣和国民收入的实际水平,以确保一般消费者的利益和促进国民经济健康的发展。"韩国的《限制垄断及公平交易法》第1条也规定:"本法的宗旨是防止事业者滥用市场支配地位和经济力量的过分集中,限制不正当的共同行为和不公平交易行为,促进公平而自由的竞争,以鼓励创造性的企业活动,保护消费者及推动国民经济的均衡发展。"南斯拉夫的《防止不正当竞争和垄断协议法》第1条规定:"本法规定那些属于统一的南斯拉夫市场上形成和利用垄断地位的不正当竞争和垄断协议的行为,以及防止这种行为的办法。"我国台湾地区"公平交易法"第1条规定:"为维护交易和消费者利益,确保公平竞争,促进经济之安定与繁荣,特制定本法。"我国《反不正当竞争法》第1条规定:"为了促进社会主义市场经济健康发展,鼓励和保护公平竞争,制止不正当竞争行为,保护经营者和消费者的合法权益,制定本法。"我国《反垄断法》第1条规定:"为了预防和制止垄断行为,保护市场公平竞争,提高经济运行效率,维护消费者利益和社会公共利益,促进社会主义市场经济健康发展,制定本法。"可见,各国竞争法的宗旨和作用都不是单一的,而是多元的。价值功能多元是竞争法的重要特征之一,具体可以从以下几个方面来概括竞争法的作用:

1. 鼓励与保护公平竞争。鼓励与保护公平竞争是竞争法的宗旨和基

> 竞争法价值与功能多元,对促进市场经济发展具有重要作用

本任务,它主要通过以下途径来实现这一作用:①创制、完善公平竞争的社会条件。市场经济的发展具有不平衡性,不同国家不同地区以及不同时期的市场经济,由于社会环境、历史文化等的不同而各有特点。这些特点可能有利于市场竞争的开展,也可能不利于市场竞争的开展。因此,立法者总是试图通过竞争立法,扬长避短,不断创新,完善市场竞争条件,以此促进和保护公平竞争。②确立公平竞争的原则和制度。竞争法建立包括主体地位平等、自愿竞争、公平竞争等原则和制度,为具体竞争行为提供模式,以规范、引导竞争者公平竞争,在制度方面为公平竞争提供保障。③保护竞争者的竞争权。一方面,由竞争法明确规定竞争者的正当竞争权,界定竞争权的内容和范围,即予以授权;另一方面,具体规定当竞争者的公平竞争权受到侵犯时的救济措施与制度。

从正面说明竞争法的价值与功能

2. 制裁反竞争行为。竞争法在正面鼓励和保护竞争的同时,还从反面对包括非法垄断、限制竞争行为、不正当竞争行为在内的各种反竞争行为予以制裁和打击,净化公平竞争的外部环境,以充分实现其促进竞争的价值与功能。竞争法明确规定各种反竞争行为的性质、特征、表现形式及法律责任,综合运用民事责任、行政责任、刑事责任三种方法对各种反竞争行为予以严厉打击。同时,还建立了反竞争行为的检查监督制度,从检查监督的体制到检查监督的主体,从检查监督的权限分工到检查监督的方法、程序,都有系统的法律规定,以保障对反竞争行为的全方位控制。

从反面说明竞争法的价值与功能

3. 保护经营者的合法权益。反竞争行为的客观存在,直接增加了正当经营者的竞争风险和成本。尤其是一些具体的不正当竞争行为,如侵犯商业秘密、商业诽谤、假冒注册商标等,往往是不正当竞争行为人直接针对竞争对手实施的侵权行为,常常对竞争对手的合法利益造成严重损害。因此,竞争法制裁、打击各种反竞争行为,以保护经营者的合法利益。

从目的角度论述竞争法的价值与功能

4. 保护消费者的合法利益。许多反竞争行为,在损害其他经营者合法利益的同时,还对消费者的利益造成严重危害。例如,以假冒方式盗用他人商业信誉的不正当竞争行为,会引起消费者的误认、误购;以合同、协议方式联合固定价格的限制竞争行为,会使消费者承担不合理的高价;以搭售或附加来排挤竞争对手的不正当竞争行为,会侵害消费者的自由选择权;等等。因此,竞争法通过对竞争的调控,为消费者提供最大可能、最优质量、最廉价格的消费实惠,以实现对消费者利益的保护。

5. 保护国家和社会公共利益。反竞争行为在损害经营者、消费者个体利益的同时,还严重破坏市场竞争秩序、弱化竞争功能,抑制生产活力和生产效率,损害国家和社会的整体利益。更严重的是,当垄断和限制竞争行为的破坏达到一定程度时,会导致一国市场结构的严重失衡,甚至会动摇一国的经济基础。竞争法正是通过对竞争的有效保护，维护公平的竞争秩序、构建合理的市场结构，促进技术进步和国民经济的稳定增长，以实现对国家和社会整体利益的保护。

四、竞争法与相关法律部门的关系

（一）竞争法与宏观调控法

宏观调控法是指调整在宏观调控过程中发生的经济关系的法律规范的总称。宏观调控法以保持社会整体利益为主旨，以社会总需求与社会总供给为目标，以间接干预为主要手段，以宏观经济关系为调整对象，对经济运行进行系统、整体的调节与控制，是经济法的重要组成部分之一。

在现代市场经济中，竞争规制与宏观调控都是国家为实现其经济社会政策目标而对经济进行干预的手段，因而，竞争法与宏观调控法在实现经济社会政策目标的过程中需要互相配合。一方面，宏观调控法旨在通过规范化的宏观调控，使各种调控手段有效地作用于市场，以实现经济的稳定、协调和发展，而各种调控手段只有以竞争自由而有序的市场作为其微观基础，才可能有效地发挥作用，这就需要用竞争法来规范竞争行为；另一方面，竞争法旨在通过反不正当竞争和反垄断的法律手段，形成和保持竞争自由而有序的市场，以尽可能发挥市场机制的正面效应和限制市场机制的负面效应，而竞争自由而有序的市场只有在稳定增长和均衡协调的宏观经济环境中才可能形成和保持，这就需要用宏观调控法来规范宏观调控行为。

> 二者相辅相成，相互影响、相互促进

竞争法与宏观调控法的区别主要在于：①竞争法直接作用于微观经济领域；宏观调控法则直接作用于宏观经济领域。②竞争法要求以规范化的行政手段作为竞争规制的主要手段；宏观调控法要求以规范化的经济手段作为宏观调控的主要手段。③竞争法的着重点是市场的交易秩序；宏观调控法的着重点是市场供需的均衡。

（二）竞争法与消费者权益保护法

消费者权益保护法是调整在保护消费者权益过程中发生的经济关系的法律规范的总称。它以在保护消费者权益过程中所发生的经济关系为调整对象，以消费者为最重要的主体，以消费者权益为核心保护内容，是经济法的重要部门法。

竞争法与消费者权益保护法之间客观上存在着密切联系，这是因为反竞争行为所侵犯的客体往往不是单一的，而是双重或多重的，它在侵

> 竞争法中的反不正当竞争部分与消费者权益保护法的关系尤为密切，二者在许多方面交叉重合

犯合法经营者权益的同时，总是实质上侵害或最终可能侵害消费者的权益，并且破坏了正常的社会经济秩序。竞争法与消费者权益保护法的紧密联系具体表现在：①两法都保护消费者利益，竞争法的立法宗旨之一就是保护消费者利益，尤其是从竞争法的发展趋势上看，世界范围内的竞争法呈现出越来越强调消费者权益保护的倾向；②两项法律在实体规范上有一些交叉，诸如欺骗性交易、强制交易、分割市场等行为，既受竞争法的调控，又作为侵害消费者权益的行为而为消费者权益保护法所禁止；③在立法形式上也存在着交叉，许多国家的反不正当竞争法中都有维护消费者权益的内容，而有些消费者权益保护法中又包含了制止反竞争行为的条款。

竞争法与消费者权益保护法的区别表现在：①竞争法只是通过对竞争的规制来实现对消费者权益的保护，经营者是竞争关系的直接参加者；而消费者往往是竞争结果的接受者和评判者。②竞争法在着重规制竞争关系的同时，对基于反竞争行为而遭受损害的消费者予以保护；而消费者权益保护法则重在对消费者权益予以充分的揭示和全面的保护，其保护的范围、内容、方法和手段等都较竞争法更为广泛和有力。

(三) 竞争法与产品质量法

产品质量法是调整产品质量监督管理关系和产品质量责任关系的法律规范的总称。它主要包括两方面内容：①确定产品的制造者和销售者对其生产或出售的产品所应承担的责任，如果他们提供的产品存在某种缺陷，致使消费者的人身遭受伤害或使其财产受到损失，则生产或出售这一产品的制造商、批发商乃至零售商都要对该消费者承担赔偿损失的责任。②规定产品质量的监督管理制度，产品质量法的主旨在于保护消费者的利益，维护社会经济秩序，其大多数规定属强制性规范，当事人无权以合同方式排除，因此，其属于经济法的范畴。国外的产品质量立法往往采取分别立法体制，即分别规定产品责任法和产品质量监督管理制度，其中，产品责任法只涉及产品缺陷致人损害的民事责任，不涉及刑事责任和行政责任，更不涉及对产品质量的监督管理机制；而产品质量监督管理制度的立法则不涉及产品质量的民事责任和刑事责任。

> 关于产品质量的立法，有的国家在专门的产品法律中不涉及产品质量监督管理，而只就产品质量责任作出规定，又称产品责任法

竞争法与产品质量法的联系表现为：二者在调整假冒伪劣产品方面出现重合，产品质量法的重要内容之一是"合格质量"与"真实信息"，与竞争法中的擅自使用他人企业名称，盗用他人竞争优势，假冒名优产品，伪造、销售伪劣商品等不正当竞争行为发生重合。

竞争法与产品质量法的区别表现为：对产品质量问题规制的程度不

同，产品质量法以产品质量监督管理与质量责任为重心，不仅全面系统地规定经营者的产品质量义务和责任，还规定产品质量监督管理方面的重要内容；而竞争法则只就通过质量实施不正当竞争行为进行调整。

(四) 竞争法与企业法

企业法是调整企业在设立、组织、活动、终止过程中发生的社会关系的法律规范的总称。企业法的表现形式复杂多样，它可以表现为国家所颁布的有关企业的专门法律，如公司法、合伙企业法等，也可表现在企业法律、法规之外的其他规范性文件之中，如宪法、民法等。

企业是市场上最基本最普遍的竞争主体，因而，竞争法与企业法有一定联系，这主要表现在：①企业法所规定的企业法律资格，即竞争主体法律资格；②企业法所规定的企业设立变更制度，即企业获准进入或选择竞争市场、调整竞争能力的制度；③企业法所规定的企业终止、破产制度，即企业退出竞争市场的制度和被竞争最终淘汰的法律后果；④竞争法中关于禁止垄断组织的规定，即企业组织法规范的组成部分；⑤竞争法中关于限制和禁止非正当竞争的规定，即企业法所规定企业义务的重要内容。

竞争法与企业法的区别表现在：①企业法属于市场主体法，其主题是确立企业的法律地位和规范企业的组织；竞争法属于市场规制法，其主题是规制竞争行为和维护市场秩序。②企业法的私法属性重于公法属性；竞争法则公法属性重于私法属性，甚至可以说基本上属公法。

(五) 竞争法与价格法

价格法是指国家为调整与价格的制定、执行、监督有关的各种经济关系而制定的法律规范的总称。它是国家运用法律进行价格调控的重要手段。完善的价格法律制度，对于加强价格管理、规范价格行为、发挥价格合理配置资源的作用、稳定市场物价总水平、保护消费者和经营者合法权益、促进社会主义市场经济的健康发展等都具有重要意义。

价格行为在一定意义上即价格竞争行为，因而，竞争法与价格法有一定联系。这主要表现在：①价格法所规定的价格行为合法与违法的界限与竞争法所规定的不正当价格竞争行为和价格垄断行为的构成要件之间，既交叉又互补；②价格法所规定的价格管理措施与竞争法所规定的价格竞争规制措施之间，目标、功能、性质都基本相同；③价格法和竞争法各自针对价格规制所作的制度安排，在法学和经济学上都有相同和相通的理论依据。

> 二者主要在规制违法价格行为方面发生交叉重合

竞争法与价格法的区别表现在：①价格法既直接作用于价格水平，又直接作用于价格行为，兼有宏观调控和市场规制法双重性质；而竞争法一般只直接作用于价格行为，仅具有市场规制法性质。②价格法从正反两个方面规范价格行为，并且以正面规范为主；而竞争法只是从反面规范价格行为，即制止各种以价格手段进行不正当竞争的行为。

（六）竞争法和合同法

合同法是调整平等主体间的合同关系的法律规范的总称。它主要规定合同的订立、合同的效力、合同的履行、合同当事人的权利和义务及违约责任等。在市场经济条件下，一切商品的交换过程都是通过缔结和履行合同的方式来进行的，因此，合同关系是市场经济社会最基本的法律关系，合同法是调整市场经济关系的最基本的法律，是民法的组成部分之一。

市场主体在市场交易中进行竞争，也就是说，在竞争中实现交易，因而，在同属于市场行为法的竞争法与合同法之间有一定的联系，这主要表现在：①竞争法和合同法都以交易行为和竞争行为作为规范对象；②都以自愿、平等、公平、诚实信用、公序良俗作为规范市场行为的原则；③都要求市场交易双方在合同运行的各个环节，包括合同的订立、履行、变更、解除等过程中均不得实施不正当竞争行为和垄断行为。

竞争法与合同法的区别主要表现在：①竞争法的主要调整对象是同为供给方或需求方的不同市场主体之间互相争夺市场的关系，即规范市场交易当事人一方的行为；合同法的主要调整对象是供给方与需求方之间的交易关系，规范市场交易当事人双方的行为。②竞争法一般从反面规范市场交易和竞争行为，即对市场交易和竞争中某些行为予以限制或禁止；合同法一般从正面规范市场交易和竞争行为，即允许或要求在市场竞争中实施哪些行为。③竞争法基本上属于公法；合同法基本上属于私法。

> 合同法是从正面引导正当交易，竞争法是从反面禁止不正当交易

（七）竞争法与侵权行为法

侵权行为法是调整有关因侵害他人财产、人身的行为而产生的相关侵权责任关系的法律规范的总和。它主要规定侵权行为的构成要件、归责原则及责任承担方式等，是民法的组成部分之一。

各种反竞争行为是一种特殊的侵权行为，因而，竞争法与侵权行为法在一定意义上是特别法与一般法的关系。根据法律适用上特别法优于一般法、一般法补充特别法的原理，反竞争行为的认定及损害赔偿责任的确定，不仅要优先以竞争法为依据，还应当在竞争法未作规定或者规定不明确的场合以侵权行为法的规定为依据。

> 以侵权行为法为依据制止不正当竞争行为的历史由来已久，可以追溯到1850年的法国

竞争法与侵权行为的区别表现在：侵权行为法作为私法，一般只就侵犯私权方面规定法律责任；竞争法作为公法，则要求依据反竞争行为对公共利益和个人利益所造成的两方面侵害后果来追究法律责任。因而，竞争法关于反竞争行为的法律责任的规定，与侵权行为法相比较有下述主要特点：①对反竞争行为的损害赔偿，规定在特定场合使用法定赔偿标准，甚至允许赔偿额适当高于损害额；②对某些反竞争行为，规定给予没收违法所得、罚款等经济处罚，有的还追究行政责任；③对构成犯罪的反竞争行为，规定追究刑事责任，有的直接规定具体刑罚，处罚力度显然较侵权行为法强得多。

□ 小　结

本章从竞争法体系的结构、立法模式和地位三方面入手，对竞争法的体系进行概括描述，以实现对竞争法的坐标定位。通过竞争法体系结构的学习，我们应当了解竞争法本身是由哪些部分组成的；通过竞争法立法模式的学习，我们应当了解竞争法体系的这些内容是以什么形式表现出来的；通过竞争法地位的学习，我们应当了解具有这些内容和形式的竞争法在一国法律体系及社会经济生活中的位置、重要性以及与相关法律部门的关系等。现将主要内容概括如下：

一、竞争法体系的结构

竞争法体系的结构取决于其调整的内容与范围。一般认为，竞争法的基本内容应包括禁止垄断行为、禁止限制竞争行为、禁止不正当竞争行为、规定竞争规制制度、确定规制竞争活动的程序制度等。因此，竞争法的体系由竞争实体法和竞争规制程序法两部分组成：

1. 竞争实体法。

（1）反垄断实体法。反垄断实体法是指通过规范垄断和限制竞争行为来调整企业和企业联合组织相互间竞争关系的实体法律规范的总和。主要内容包括：确定反垄断法的宗旨、原则与调整范围；确认垄断与非垄断的标准；明确垄断行为和限制竞争行为的表现形式和构成要件；确定非法垄断与限制竞争行为的法律责任；规定反垄断法适用的除外制度；等等。

（2）反不正当竞争实体法。反不正当竞争实体法是指通过控制不正当竞争行为来调整竞争关系的各种实体法律规范的总称。主要内容包括：确立反不正当竞争法的宗旨、原则和范围；确认正当竞争与不正当竞争的标准；明确不正当竞争的表现形式和构成要件；确立不正当竞争的法律责任；等等。

（3）竞争监督管理法。竞争监督管理法是指规定国家监督管理机关在规制竞争中的职责及法律责任的法律规范的总称。主要内容包括：确立竞争监督管理体制，赋予竞争管理部门管理职权，明确各级各地竞争监督管理部门的职责分工及法律责任；规定竞争监督管理的对象、范围及方式；明确竞争监督管理的具体法律依据；确认市场主体在竞争监督管理中的义务及应享有的权利；规定违反竞争监督管理法的法律责任；等等。

2. 竞争规制程序法。竞争规制程序法是指为保证竞争实体法所规定的权利义务关系的实现而制定的各种程序性规范的总和。它包括反垄断程序法、反不正当竞争程序法和竞争监督管理程序法三方面内容。

二、竞争法的立法模式

世界各国和地区主要的竞争立法模式大致可以分为三种：一是分立式立法模式。其将反垄断和反不正当竞争分别单独立法。这种立法模式以德国和日本为代表。二是统一式立法模式。其将反垄断和反不正当竞争合并统一立法。选择这种竞争立法模式的有匈牙利、澳大利亚、前南斯拉夫等国家以及我国台湾地区等。三是综合式立法模式。其将反垄断法和反不正当竞争法分别纳入若干单行法律、法规之中进行综合调整。美国和英国是这方面的典型代表。

竞争立法模式具有共同点，主要表现在：对垄断与不正当竞争均持反对态度；实体法与程序法相结合；专门立法与相关立法相结合；民事责任、行政责任、刑事责任并用；普遍禁止、限制与适用中的除外规定相结合。

竞争立法模式具有差异点，主要表现在：竞争立法的形式灵活、各具特色；竞争立法重心不同；竞争立法内容不同。

我国竞争立法模式的选择，在理论上曾有分立式、统一式和综合调整式三种主张；立法实践中也分别就三种模式进行过不同程度的尝试。我国于1993年9月颁布了《反不正当竞争法》；《反垄断法》已于2007年8月30日由第十届全国人民代表大会常务委员会第二十九次会议通过，并于2008年8月1日施行；2017年11月修改了《反不正当竞争法》，删除了其中关于反垄断的内容。因此，我国的竞争立法采取的是分立模式。

三、竞争法的地位

1. 竞争法在一国法律体系中的位置。竞争法属经济法的范畴，是经济法的组成部分之一。主要理由为：现代经济法起源于国家对竞争的规制，竞争法从一开始便作为经济法的一个组成部分而存在和发展；竞争法具有经济法的典型特征；竞争法从主旨和整体上看，不应归于传统民法或商法，而应归于经济法。

2. 竞争法在经济法中的地位。竞争法是经济法的核心构成部分，在整个经济法体系中占有基础性的、重要的地位，是市场经济条件下调整市场结构、规制市场行为、促进和保护竞争的基本法。

3. 竞争法在社会经济生活中的地位。竞争法价值功能多元化，在促进市场经济发展中发挥重要作用，具体表现在：鼓励与保护公平竞争；制裁反竞争行为；保护经营者的合法权益；保护消费者的合法利益；保护国家和社会公共利益。

4. 竞争法与相关法律部门的关系。竞争法和与其相关的法律部门之间的关系主要表现为联系和区别两个方面。这种联系可能是直接的，也可能是间接的；这种区别或多或少；这些相关的法律部门主要有宏观调控法、消费者权益保护法、产品质量法、企业法、价格法、合同法、侵权行为法等。

□ 练习与思考

一、名词解释

1. 竞争法体系　　2. 垄断行为　　3. 限制竞争行为
4. 不正当竞争行为　5. 反垄断实体法　6. 反不正当竞争实体法
7. 竞争监督管理法　8. 竞争规制程序法　9. 竞争立法模式

二、简答题

1. 竞争法所规制的基本内容有哪些？
2. 竞争法体系的结构由哪几部分组成？
3. 世界各国竞争立法模式有哪些？
4. 各国竞争立法的共同点有哪些？
5. 各国竞争立法的差异有哪些？

三、思考题

1. 为什么说竞争法属于经济法范畴？
2. 如何理解竞争法在经济法中的地位？
3. 如何理解竞争法与消费者权益保护法的关系？

□ 练习与思考答案要点

一、名词解释

1. 竞争法体系是指按照一定的原则和标准对所有竞争法律规范进行分类组合而形成的具有一定结构和内在联系的有机整体。

2. 垄断行为是指经营者以独占或有组织的联合行为等方式，凭借经济优势或行政权力，操纵或支配市场，限制和排斥竞争的行为。

3. 限制竞争行为是指经营者滥用经济优势排挤竞争对手或几个经营者之间以合同协议或其他方式共谋避免竞争或排斥竞争的行为。

4. 不正当竞争行为是指商业活动中与诚实信用、公平交易的商业规则和商业道德相背离的各种行为。

5. 反垄断实体法是指通过规范垄断和限制竞争行为来调整企业和企业联合组织相互间竞争关系的实体法律规范的总和。

6. 反不正当竞争实体法是指通过控制不正当竞争行为来调整竞争关系的各种实体法律规范的总称。

7. 竞争监督管理法是指规定国家监督管理机关在规制竞争中的职责及法律责任的法律规范的总称。

8. 竞争规制程序法是指为保证竞争实体法所规定的权利义务关系的实现而制定的各种程序性规范的总和。

9. 竞争立法模式是指一国在进行竞争立法时所采取的、与调整范围有关的法律类型。

二、简答题

1. 竞争法所规制的基本内容包括：①禁止垄断行为；②禁止限制竞争行为；③禁止不正当竞争行为；④规定竞争规制制度；⑤确定规制竞争活动的程序制度等。

2. 竞争法体系的结构由以下几部分组成：①反垄断实体法；②反不正当竞争实体法；③竞争管理实体法；④竞争规制程序法。

3. 世界各国和地区竞争立法模式大致可以分为三种：①分立式立法模式。即将反垄断和反不正当竞争分别单独立法。这种立法模式以德国和日本为代表。②统一式立法模式。即将反垄断和反不正当竞争合并统一立法。选择这种竞争立法模式的有匈牙利、澳大利亚、前南斯拉夫等。③综合式立法模式。即将反垄断法和反不正当竞争法分别纳入若干单行法律、法规之中进行综合调整。美国和英国是这方面的典型代表。

4. 各国和地区竞争立法的共同点主要表现在：①对垄断与不正当竞争均持反对态度；②实体法与程序法相结合；③专门立法与相关立法相结合；④民事责任、行政责任、刑事责任并用；⑤普遍禁止、限制与适用中的除外规定相结合。

5. 各国竞争立法的差异点主要表现在：①竞争立法的形式灵活、各具特色；②竞争立法重心不同；③竞争立法内容不同。

三、思考题

1. 这是因为：①现代经济法起源于国家对竞争的规制，竞争法从一开始便作为竞争法的一个组成部分而存在和发展；②竞争法具有经济法的典型特征；③竞争法从主旨和整体上，不应归于传统民法和商法，而应归属经济法。

2. 竞争法是经济法的核心构成部分，在整个经济法体系中占有基础性的、重要的地位，是市场经济条件下调整市场结构，规制市场行为，促进和保护竞争的基本法。这是因为：①从产生上讲，现代意义的经济法从来都是以竞争法为核心而逐渐发展起来的；②从内容上讲，竞争法始终是经济法规制的核心和重点，规制竞争及与竞争相关的经济关系的竞争法律规范，构成了经济法律规范的基本内容；③从法的层次上讲，经济法的许多法律、法规大多都着眼于经济生活的某个领域或某个方面，而竞争法则是几乎涉及所有经济领域以及经济生活的各个方面的基本性法律制度。

3. 竞争法与消费者权益保护法既有联系，又有区别。

二者的联系表现在：①都保护消费者利益，竞争法的立法宗旨之一就是保护消费者利益，尤其是从竞争法的发展趋势上看，世界范围内的竞争法呈现出越来越强调消费者权益保护的倾向。②在实体规范上有一些交叉，诸如欺骗性交易、强制交易、分割市场等行为，既受竞争法的调控，又作为侵害消费者权益的行为而受到消费者权益保护法的禁止。③在立法形式上也存在着交叉，许多国家的反不正当竞争法中都有维护消费者权益的内容，而有些消费者权益保护法中又包含了制止反竞争行为的条款。

二者的区别表现在：竞争法只是通过对竞争的规制来实现对消费者权益的保护；而消费者权益保护法则重在对消费者权益予以充分的揭示和全面的保护，其保护的范围、内容、方法和手段等都较竞争法更为广泛和有力。

第四章

各国（地区）竞争法律制度

■ **学习目的和要求通过**

本章学习，要求学生
- 应对各国（地区）竞争法的状况有一个初步的了解，对美国竞争法的主要法律制度有比较准确的把握。
- 掌握：美国反垄断法产生的背景，美国反垄断法的主要内容及其影响。
- 一般了解：各国（地区）竞争法表现出的共性。

第一节 美国竞争法

一、美国竞争法概述

19世纪40年代至60年代，美国经济有了飞速的发展。19世纪60年代末，相继出现了垄断性质的普尔、托拉斯等形式的企业联合。托拉斯在企业联合的结构上比普尔更加稳定，它是由一家企业管理多个受委托管理的企业，从而对某个行业实施垄断经营。第一个托拉斯是1879年成立的洛克菲勒美孚石油公司，随后在其他部门，如铁路部门、棉籽

《谢尔曼法》《克莱顿法》《联邦贸易委员会法》是美国竞争法中三部最重要的单行法规

榨油业、制糖业、炼铝业等行业相继成立了托拉斯，这些垄断组织通过掠夺性手段垄断市场、操纵价格，排挤兼并中小企业，严重损害了消费者利益。为此，1890年，美国第五十一届国会通过了《保护贸易和商业不受非法限制与垄断危害的法案》，又称《谢尔曼法》。但由于《谢尔曼法》规定不够具体，解释伸缩性大，反托拉斯的效果并不理想。1914年，美国国会在总结《谢尔曼法》实施经验的基础上，几乎同时制定了《联邦贸易委员会法》和《克莱顿法》，确定了反托拉斯的专门行政执法机关"联邦贸易委员会"，从而基本形成了美国竞争法律制度。美国反竞争法主要由上述三部基本法律构成，在实施过程中，这三部法律又不断得到补充修改和完善。例如，1936年的《鲁宾逊—帕特曼法》修改了《克莱顿法》中有关价格歧视条款的适用范围。1950年《塞勒—凯弗维尔法》修改了《联邦贸易委员会法》第7条的规定，1980年的《反托拉斯诉讼程序改进法》又对其第7条作了更严格的修改。1962年的《反托拉斯民事诉讼法》、1974年的《反托拉斯诉讼程序和惩罚法》、1975年的《马格里森—莫斯联邦贸易委员会改进法》、1976年的《哈特—斯各特—鲁迪南反托拉斯改进法》、1977年的《禁止对外贿赂法》、1980年的《联邦贸易委员会改进法》等，都对美国竞争法的三个基本法律制度作了修改与完善。

二、美国竞争法的实体规定

美国竞争法以反垄断法为主要内容，反垄断法以"托拉斯行为"来概称各种反竞争行为，因此习惯上称作"反托拉斯法"，这是美国竞争法的一个特色。美国竞争法规定了各种反竞争行为，主要有：

（一）联合限制竞争行为

联合限制竞争行为，是指企业间横向采取各种手段，联合或共谋进行限制竞争、降低竞争程度的行为。《谢尔曼法》第1条就规定，任何以托拉斯或其他任何形式作出的契约、联合或共谋，如被用以限制州际或与外国间的贸易或商业，均属非法。任何人签订上述契约或从事上述联合或共谋，是严重犯罪。

联合限制竞争行为主要有以下几种形式：

1. 固定价格。固定价格，是指企业间为避免价格竞争，通过达成价格协议等形式，共同确定其产品或服务的价格标准的行为。固定价格可以分为横向固定价格行为与纵向固定价格行为。前者是指在产品的某个流转环节上的竞争企业间的固定价格行为；后者是指在产品的各个流转环节上企业间的固定价格行为。固定价格行为可以通过企业间达成某种价格协议的方式直接固定价格;也可以通过彼此控制进入市场的产品的数量,达到间接地控制产品价格的目的。

2. 市场划分。所谓市场划分,是指两个或两个以上的经营者为避免竞争而达成协议,划定彼此销售的区域、顾客及产品的行为。市场划分可以分为划分地域、划分顾客、划分产品等多种方式。

3. 垄断。垄断是联合限制竞争行为的一种特殊形式,是指一个企业在某种产品的市场上有控制和独占的权力,没有其他任何竞争者可以与之相抗衡或竞争。《谢尔曼法》第2条禁止任何人"从事垄断或企图垄断或与他人联合或共谋,以垄断州际贸易或对外贸易"。企业从事旨在获得垄断地位的行为,必须具备两个要件:①企业在某一产品和某一区域的市场上具有垄断力;②企业以违法的手段取得或维持这种垄断力。如果企业通过非法手段获得垄断力,则无论该企业是否行使这种特权,都违反了《谢尔曼法》第2条的规定。但如果垄断力是企业在经营过程中自然形成的,是合法取得的,则必须考察企业是否运用垄断力,如果企业只是通过技术改进、扩大规模或其他经营手段获得效益,则是合法的,不是垄断;但企业具有提高价格、掠夺性买卖、价格歧视或拒绝交易等行为,则构成垄断行为。

(二) 滥用经济优势的行为

滥用经济优势的行为,常见的行为方式有:

1. 限定转售价格。限定转售价格,是指制造商向销售商提供产品时,要求必须按照制造商所限定的价格销售产品的行为。这种行为剥夺了销售商的定价自由权,有可能造成销售商在市场上竞争力的受损。

2. 搭售。搭售是指销售者在销售某一种商品时,违背购买者的意愿,要求其同时购买另一种商品的行为。搭售具有使消费者付出额外的代价才能获得所需产品,使得销售商得以强行销售一些滞销产品,或者以两种价格的产品充一种产品价格,以规避政府关于最高限价的规定等弊端。法律禁止的搭售行为必须具备以下要件:①搭售没有合理的理由,纯粹是为了凭借优势获得不正当利益;②搭售具有反竞争的效果,例如,从事搭售行为的企业在搭售产品的市场上有强大的实力,而且通过搭售可以进一步扩大它在市场上的份额;③搭售行为还必须对企业的营业额有显著的影响,企业营业额的增长与搭售有紧密的联系。

3. 独家交易。独家交易,是指生产特定产品的制造商只允许其经销商经销其一家的产品,而不允许经销其他竞争企业的产品的行为。《克莱顿法》第 3 条规定，任何人进行出租或签订货物销售合同，并以其承租人或买主不得使用或购买其竞争对手的商品为条件，只要其结果可能会实质性地削弱竞争或势必在任何商业行业中形成垄断，就都是违法的。

(三) 价格歧视行为

价格歧视，是指货物的出卖人要求购买同一等级、同一质量货物的不同买受人支付不同的价格。它主要包括两种情况：一种是卖方为挤垮竞争对手而选择特定地区，进行压价销售；另一种是卖方没有正当理由而对交易条件相同的若干买方实行不同的价格等级。《克莱顿法》第 2 条规定，在不同的买主之间实行价格歧视是违法的，只要这种歧视的结果实质上减少了竞争，或者形成对商业的垄断，或伤害、破坏、阻止同那些准许或故意接受该歧视利益的人之间的竞争，或是同他们的顾客之间的竞争。该条还规定，商人在其商业过程中，支付、准许、收取、接受佣金、回扣或其他补偿，故意引诱或接受上述价格歧视等行为都是违法的行为。1936 年的《鲁宾逊—帕特曼法》对价格歧视的主体作出了修改，实施价格歧视的主体也包括买受人。买受人的价格歧视，是指买受人要求出售同一等级、同一质量货物的不同出卖人给予不同的价格。这主要由于在 20 世纪 30 年代，在某些零售业（尤其是食品、杂货方面）出现了许多跨地区的连锁商店，这些连锁商店实行统一进货，从而可以获得较高的折扣，这样损害了一些非连锁的中小零售商的利益，为此制定了《鲁宾逊—帕特曼法》，确立了买受人的价格歧视行为，以保护中小零售商的利益。

(四) 企业兼并行为

兼并是企业扩张最快捷的方式，也是获得垄断地位的重要手段，因此，对企业兼并行为加以管理和控制是美国竞争法的一个重要方面。在美国历史上，曾出现过四次大规模的企业兼并浪潮，企业兼并形式也从单纯的横向兼并演变成纵向兼并及混合兼并。这些大规模的兼并行为催生了更多的垄断企业，有的对社会公共利益产生不良影响，对市场竞争秩序造成不同程度的破坏。关于判断企业兼并是否会形成垄断并削弱竞争活力，美国反托拉斯机构和法院通过长期的反垄断实践总结出一个重要的标准，就是企业所占有的市场份额。只要一个企业的市场份额超过 70%，就会被法院判定为具有垄断性的市场支配力；如果企业的市场份额小于 50%，就不具有这种垄断支配力。为了控制企业兼并，美国竞争法规定了兼并申报制度。1976年《哈特—斯各特—鲁迪南反托拉斯改进法》规定，凡是达到一定规模的公司之间的合并，必须事先向执法机关申报。所谓达到一定规模，是指兼并企业和被兼并企业的净销售额或总资产额分别达到1亿美元和1000万美元。

（五）其他反竞争行为

1. 股份保有。股份保有，是指一个企业不正当地占有另一个企业的股票或资本份额，也可以指两个企业相互间占有对方的股票或资本份额。《克莱顿法》第7条规定，如果股票、资产的占有，或通过投票或代理权的准许而占有股票使用权，实质上减少竞争或旨在形成垄断，则任何人不得直接或间接地占有其他从事商业或影响商业活动的人的股票或资本份额。

2. 董事兼任。禁止任何人同时担任两家或多家公司的董事，防止一个人在两家或多家具有竞争关系的企业之间采取协调行动，消除竞争。

3. 商业贿赂。商业贿赂，是指在商业交易活动中，经营者为了获得交易机会或市场优势，而通过不正当的手段收买客户或其雇员或代理人，以及政府有关部门工作人员的行为。

4. "瓶颈垄断"。"瓶颈垄断"是指限制竞争对手利用特殊设施，而这种特殊设施对于竞争对手的经营活动来说又是至关重要的。例如，铁路公司控制铁路交通工具，不让任何新的竞争者使用，就会构成反竞争行为。

三、关于判断违法行为的两项重要原则

美国法院在适用《谢尔曼法》时，逐渐通过判例确定了两项判断某种行为是否为反竞争行为的重要原则，即"本身违法原则"和"合理原则"。

> 这两项原则对竞争案件的审理产生了深远的影响

"本身违法原则"是指某些反竞争的行为本身就是违法的，不需要再通过对其他因素加以考虑和判断。例如，固定价格、限制产量或划分市场的行为，其本身就是违法行为，企业只要实施了这样的行为，就触犯了竞争法，必然会遭到法院的禁止。

"合理原则"是指某些对竞争的限制比较模糊的行为是否构成违法行为，必须在慎重考察企业行为的意图、行为方式以及行为后果等因素之后，才能作出判断。只有在企业存在谋求垄断的意图，并通过不属于"工业发展的正常方法"实现了目的，造成对竞争的实质性限制的情况下，其行为才构成违法行为，否则就是合理的行为。如何对有关因素加

以判断，则是法官的责任。这种情况下，会造成行政执法部门和法院花费大量的人力物力去获得各种证据，以证明企业行为是否具有违法性，从而有可能降低法律适用的效率。

四、竞争法的适用除外情形

美国竞争法通过一系列"例外法"，如 1918 年的《韦伯—波密伦法》和 1982 年的《出口贸易公司法》对出口中的限制竞争行为，1922 年的《凯普—伏尔斯蒂特法》对农业合作行为，1945 年的《麦克卡兰—费古森法》对保险业的垄断经营行为、对某些特殊经济部门的特定限制竞争行为，均作了一定的豁免。被豁免的特殊经济部门主要有：农业、银行业、保险业以及各种公用事业。被豁免的具有特定内容的行为主要有：工会在法定范围内为促进会员利益而从事的行为；小企业法允许的小企业为研究、开发资源而进行的协调行为；政府批准的为加强与外国企业竞争而进行的企业协调活动；等等。此外，国家行为也受到豁免，在战争时期的特殊情况下，也可能暂时停止执行反托拉斯法等。

第二节 德国竞争法

一、德国竞争法概述

德国竞争法律制度确立于 20 世纪 50 年代，以《反限制竞争法》和《反不正当竞争法》为两大支柱。《反不正当竞争法》制定于 1896 年，1909 年进行了修订，其宗旨在于禁止商业活动中的违反"善良风俗"的行为，因此一开始被视为民法的特别法，是民法上"诚信原则"的具体规定。在社会市场经济理论的主导下，德国走向了自由竞争的经济体制，为此于 1957 年制定了《反限制竞争法》，旨在确保竞争自由，防止限制竞争或垄断，国家有权力对市场加以必要监督。目前，这两部法律作为德国竞争法的基础，在国家经济发展中起着重要的作用。此外，德国还于 1932 年制定了《馈赠法令》，于 1933 年制定了《折扣法》等法律，对《反不正当竞争法》进行补充。

二、德国《反限制竞争法》的主要内容

(一) 关于法的适用的规定

《反限制竞争法》的调整范围是：①任何形式的私营经济活动；②法律无除外规定的国营企业的经济活动。

德国作为欧盟的成员国，欧盟的有关条约具有优先适用的效力，如《欧洲煤钢联营条约》的规定就优先于《反限制竞争法》加以适用。此外，德国的《反限制竞争法》还具有一定的域外效力。限制竞争行为尽管发生在国外，但对国内市场竞争造成影响的，仍然属于该法的适用范围，国外企业的行为有可能影响国内的竞争秩序时，可以适用《反限制竞争法》。

(二) 具体的限制竞争行为

1. 协议限制竞争行为。协议限制竞争行为可分为横向协议限制竞争行为和纵向协议限制竞争行为两种。

(1) 横向协议限制竞争，又称"卡特尔"协议，是指"企业或企业联合组织为达成共同的目的所订立的合同，以及企业联合组织所作出的决议，这些合同和决议通过限制竞争可以影响商品、商品生产或工业服务交易的市场关系"。构成卡特尔的四个要件是：①卡特尔的主体是企业或企业联合组织；②为达成共同目的而订立合同或作出决议；③通过采取限制竞争的行为影响市场关系；④合同或决议与限制竞争、影响市场之间具有关系。常见的卡特尔有：价格协议（包括固定价格的协议、有关价格的构成部分或价格计算方法的协议）；限制生产协议；划分市场协议；投标协议（如约定一些当事人不参与投标）。《反限制竞争法》明令禁止卡特尔，根据民法的规定，卡特尔属于无效合同。同时，卡特尔局有权作出有约束力的决定，禁止履行卡特尔。

(2) 纵向协议限制竞争，是指处于不同生产环节的企业之间达成的限制竞争协议。企业之间就市场上的商品或工业服务所订立的合同，如果合同当事人在其与第三人订立关于所供商品、其他商品或工业服务的合同时，对其在价格构成和交易条件方面的自由予以限制，则该合同无效。对于某些纵向地限制当事人行为自由的行为，例如合同一方当事人限制另一方当事人使用所供商品、其他商品或工业服务的自由（使用限制）；合同一方当事人限制另一方当事人从第三人处取得其他商品或工业服务或向第三人提供商品或工业服务的自由（独家交易）；合同一方

当事人限制另一方当事人向第三人提供所供商品的自由（销售约束）；合同一方当事人责成另一方当事人在购买或取得合同商品或工业服务的同时，还必须接受那些在实质上或商业习惯上与合同商品或工业服务不相称的商品或工业服务。如果上述合同达到了对市场竞争产生严重损害的程度，则卡特尔局可以宣布合同无效。[1]

2. 规避协议限制竞争的行为。如果企业不采取协议方式限制竞争，而是采取非协议而有意通谋达到限制竞争的目的，或者采取对有关企业实施威胁、利诱、胁迫的手段以达到限制其交易自由、消除竞争的目的时，卡特尔局还可以发出禁令，并对违法企业处以罚款。

3. 滥用市场力量。滥用市场力量体现为两种形式，即滥用市场支配地位和对不同企业的歧视。滥用市场支配地位的情形包括：①不公平地阻碍竞争者，对竞争者的经营活动设置障碍；②盘剥购买者或供应者，违法企业作为卖方时，利用自己的市场支配地位盘剥购买者；作为买方时，利用自己的市场支配地位盘剥供应者。此外，对不同企业采取不合理的差别待遇，也为法律所禁止。

4. 煽动抵制。煽动抵制是指某一企业或企业联合会以阻碍或损害他人进行竞争为目的煽动另一企业或企业联合会拒绝与受害企业进行贸易的行为。

5. 兼并。《反限制竞争法》中兼并的具体表现形式是：①至少购进另一企业的很大一部分资产；②购进另一企业的有表决权的股份，从而掌握该企业有表决权资本的25%或50%；③购进另一企业的大多数股份或表决权；④若是多个企业同时或相继购进超过以上限度的股份，也视为参加企业的兼并；⑤各种类型的与企业产权有关的法人协议，特别是集体协商将某企业的利润转让给另一企业或向另一企业出租某个部分的协议；⑥兼任董事；⑦2个以上的企业用其他手段（如汇集表决权协议）联合控制另一企业。

凡符合下列条件之一的兼并，是合法的兼并：①参加兼并的企业年营业额总计少于5亿马克；②年营业额少于400万马克的独立企业自愿并入另一企业；③最高年营业额为5000万马克的独立企业并入年营业额少于10亿马克的另一企业；④经营已达5年以上，年营业额不足1000万马克的企业，因市场影响进行兼并。超过上述标准的兼并，则构成违法兼并，应予以禁止。

---

[1] 参见戴奎生等：《竞争法研究》，中国大百科全书出版社1993年版。

三、德国《反不正当竞争法》的主要内容

(一) 法的适用范围

德国《反不正当竞争法》第 1 条规定:"行为人在商业交易中以竞争为目的而违背善良风俗,可向其请求停止行为和损害赔偿。"因此,《反不正当竞争法》具有广泛的适用性,只要构成违背民法上的"诚信原则"的不正当竞争行为,就受该法调整。

(二) 关于不正当竞争行为的规定

德国《反不正当竞争法》规定并制裁以下几种不正当竞争行为:

1. 在商业交易中以竞争为目的,进行虚假宣传,特别是对商品的性质、来源、制造方法、价格、获奖情况、销售动机或目的、仓储数量等作欺诈性陈述。

2. 将已不属于破产财产的商品,仍按破产财产清算出售予以公告或通告的行为。

3. 在商业交易中以竞争为目的,向消费者发行优惠购货权利证书的行为。但属于一次性优惠购货的,不在此限。

4. 以许诺或一定利益为代价,促使他人作虚假的购买,以达到扩大自己商品宣传和销售目的的行为。

5. 利用广告通过对商品销售数量、商品销售对象以及价格等方面的陈述造成特别优惠的销售条件的行为。

6. 利用广告进行商品价格对比,以示自己的商品比他人价低,或自己现时商品价格比过去低的行为。

7. 正常商业交易之外的特别优惠零售行为。

8. 不符合清仓处理销售条件而对商品作清仓处理销售的行为。但在发生火、水、风暴等不可抗力或实施仓库改建计划的情况下,进行清仓处理销售的,不在此限。

9. 商业交易中,以金钱及其他利益进行贿赂,从事不正当竞争的行为。

10. 以竞争为目的,对他人的经营业务,包括企业信誉、商品声誉以及企业主或领导人进行诋毁、甚至毁谤的行为。

11. 使用与他人姓名、商号及其他专用商业标志相混淆的名称、标志的行为。

12. 侵犯他人商业秘密的行为。

第三节 日本竞争法

一、日本竞争法概述

日本竞争法律制度，主要由《不正当竞争防止法》和《禁止私人垄断和确保公正交易法》（又称《禁止垄断法》）及一系列相关法律、法规共同组成。

日本的反垄断法律制度是在第二次世界大战以后，仿照美国的反托拉斯法建立的。1947年制定了《禁止私人垄断和确保公正交易法》，其后随着社会政治、经济的发展，对该法又作了一系列的修改，并为该法的执行专门设置了公正交易委员会，作为其执法机关。日本的《不正当竞争防止法》制定于1934年，其后经历了一些修改。此外，1982年由日本公正交易委员会颁布的《不公正的交易方法》、1962年颁布的《不当赠品及不正当表示防止法》也是日本竞争法的重要组成部分。

二、日本《不正当竞争防止法》的主要内容

日本的《不正当竞争防止法》规定了下列几种不正当竞争行为：

1. 在该法施行的地区内，使用广为熟知的他人的姓名、商号、商标、商品的容器包装等与他人的商品标记相同或类似的标记，或者销售、周转或出口使用这种标记的商品，而与他人的商品产生混淆的行为。

2. 在该法施行的地区内，使用广为熟知的他人的姓名、商号、商标等与他人营业上的标记相同或类似的标记，而与他人营业上的设施或活动产生混淆的行为。

3. 在商品或商品广告中，以让公众得知的方法在交易文件或通信中标示虚假产地，或者销售、周转或出口作这种标示的商品，而使人对产地产生误解的行为。

4. 在商品或商品广告中，以让公众得知的方法，在交易文件或通信中，用该商品出产、制造或加工地以外的地区，来标示该商品的出产、制造或加工地，因而使人产生误解的行为，或者销售、周转或出口作这种标示的商品的行为。

5. 在商品或商品广告中，使用对其商品的质量、内容、制造方法、用途或数量使人产生误解的标示，或者销售、周转或出口作这种标示的

商品的行为。

6. 陈述损害处于竞争关系的他人营业上的信用的虚假事实，或者散布这种虚假事实的行为。

7. 以窃取、欺诈、胁迫等不正当手段获取营业秘密的行为，或者将以不正当获取行为而获取的营业秘密予以使用或者披露的行为。

1962年的《不当赠品及不正当表示防止法》规定，该法是为了防止在商品和劳务的交易中利用不当的赠品及表示引诱顾客。交易人不得为了引诱顾客而直接或间接地向对方提供物品、金钱及其他经济上的利益。事业者在提供商品或劳务的交易中，不得就其提供的商品或劳务的品质、规格、价格或其他交易条件及其他内容进行比实际上或比与该事业者有竞争关系的事业者提供的商品或劳务明显优良并使一般消费者发生误认的表示。

三、日本《禁止垄断法》的主要内容

日本《禁止垄断法》主要针对私人垄断、不当交易限制和其他一些行为作了禁止性的规定。

1. 私人垄断与不当交易限制。所谓私人垄断，是指事业者单独地或与其他事业者结合或合谋以及采取其他任何方法，排除其他事业者的事业活动或进行支配，从而违反公共利益，在一定的交易领域内实质上限制竞争。所谓不当交易限制，是指事业者以契约、协定及其他任何名义，与其他事业者决定、维持或提高价格或限制数量、技术、产品、设备或交易对方等相互约束或促进其事业活动，从而违反公共利益，在一定交易领域实质上限制竞争。在发生私人垄断和不当交易限制的情况下，公正交易委员会可以命令事业者呈报或停止该行为，或转让其营业的一部分以及为了排除其他违法行为而命令采取必要的措施。但是，因该措施给当事者带来该供给的商品或劳务在供给上需要的费用显著上升，造成事业规模缩小、管理不健全或使国际竞争力难以维持的场合，以及为了恢复该商品或劳务的竞争而值得采取其他措施的场合，不在此限。

2. 事业者团体的特定行为。所谓事业者团体，是指以增进事业者共同利益为主要目的的两个以上的事业者的结合体或联合体。事业者团体不得从事下列行为：①在一定交易领域实质上限制竞争；②签订属于不当交易限制和不公正交易方法的事项为内容的国际协定或国际契约；③在一定事业领域内限制现在或将来的事业者数；④不当限制事业者成员的机能或活动；⑤迫使事业者进行属于不公正交易方法的行为。发生

违法行为时，公正交易委员会可以命令事业团体呈报或停止该行为，或解散该团体以及其他排除该行为的必要措施。

3. 控股公司。控股公司，是指通过占有股份，把支配其他公司的事业活动作为主要事业的公司。《禁止垄断法》对于控股公司一律加以禁止，不得建立控股公司，禁止非控股公司转化为控股公司。

4. 股份保有。股份保有，是指一个公司取得或占有其他公司的股份。《禁止垄断法》第9条限制一般的大型事业公司的股份保有额，第11条限制金融公司的股份保有比率。如果因公司取得或占有国内公司的股份，在一定交易领域实质上限制竞争时，不得取得或占有股份；不得用不公正的交易方法取得或占有国内公司的股份。公司以外者（非公司经济组织或个人）因取得或占有国内公司股份，在一定的交易领域实质上限制竞争时，不得取得或占有股份；也不得用不公正的交易方法取得或占有国内公司的股份。

5. 公司合并与营业转让的限制。国内公司不得从事下列性质的合并：①因这一合并在一定交易领域实质上限制竞争；②这一合并是在用不公正交易方法进行的。此外，国内公司在合并时，必须根据公正交易委员会规则的规定，预先向公正交易委员会呈报。

下列营业转让行为应受到公正交易委员会的监督：①接受其他公司在国内营业的全部或重要部分的转让；②接受其他公司在国内营业的固定资产的全部或重要部分的转让；③租借其他公司在国内营业的全部或重要部分；④接受其他公司在国内营业的全部或重要部分的委托；⑤与其他公司缔结共同负担国内营业上全部盈亏的契约。

6. 干部兼任。公司的干部或从业人员，由于兼任国内公司干部的职务，在一定交易领域实质上限制竞争时，则不得兼任该干部的职务。公司不得通过不公正的交易方法，强制与自己在国内有竞争关系的公司承认自己的干部兼任该公司的干部或从业人员的职务，或自己的从业人员兼任该公司的干部的职务。公司的干部或从业人员在兼任与本公司在国内有竞争关系的国内公司的干部职务，而这些公司中的任何一个公司的总资产额超过20亿元时，必须根据公正交易委员会规则的规定，在兼任该干部职务之日起的30日内，将这一情况呈报公正交易委员会。

1982年，日本公正交易委员会颁布了《不公正的交易方法》，作为对1947年《禁止垄断法》第2条第9款的修正。此次修正，将不公正的交易方法作了进一步的梳理和细化。该法指出，不公正的交易方法包括：共同地拒绝交易，即无正当理由，同与自己有竞争关系的其他人共同拒绝对另一事业者的交易或者限制有关交易的商品的数量或内容；差别对价,即不正当地根据地区或者对方,以差别性对价供给商品或劳务,或者接受此类劳务;交易条件上的差别对待,即不正当地对某事业者就交易的条件或实施,实行有利的或不利的对待;不正当地贱卖或高价购入;欺骗性地或以不正当之利益引诱顾客;搭配出售;附加排他性条件或附加限制条件的交易;优越地位的滥用,即利用自己交易上的地位优越于对方的客观事实,违反正常的商业惯例,不正当地作出下列行为:①对于连续进行交易之对方,使之购入属于该交易的或劳务以外的商品或劳务;②对于连续进行交易之对方,使之为自己提供金钱、劳务及其他经济上的利益;③设定或变更不利于对方的交易条件;④除符合前述行为之外,就交易条件或其实施,给对方以不利。

第四节 俄罗斯竞争法

一、俄罗斯竞争法概述

(一) 立法背景

俄罗斯的竞争法体系形成于苏联解体后的 20 世纪 90 年代。其特点在于俄罗斯竞争法将市场划分为商品市场和金融市场,因此有两部竞争法。一部产生于 20 世纪 90 年代初,当时,苏联通过"休克疗法"和全面私有化的政策消灭了以公有制为基础的社会主义经济制度,建立起适于私法体系运作的私人产权结构,进而通过伸张私人所有权的对世性以排斥公有制体制下以国家干预为核心的所有权制度。对于迫切需要重建私权结构的俄罗斯来说,反垄断立法有助于顺应产权基础的逆变,强化个体价值自由张扬的社会理念。1991 年 3 月 22 日,俄罗斯颁布了《商品市场竞争和限制垄断活动的法律》(以下本节简称《反垄断法》,因其内容虽然包括禁止不正当竞争行为,但是极为概括,分量较轻),这是俄罗斯第一部反垄断方面的法律。另一部产生于 20 世纪 90 年代末,即 1999 年 6 月 23 日公布的《金融市场竞争保护法》。本节主要介绍俄罗斯《反垄断法》。该法自 1991 年实施后,根据俄罗斯政治经济形势的变化,又先后于 1995 年、1998 年、2000 年、2002 年、2005 年进行了五次修改。1995 年修改的主要内容包括:①关于检查经济活动的标准的变化。②在行政性垄断方面,国家禁止地方行政部门干预地方经济活动,地方管理部门不能从被管理的企业中收取费用。1998 年的修改中引入了"卡特尔"概念。2000年的修改侧重于企业合并管制方面,加强了对企业合并过程中企业资金来源的监控,着重监督哪个企业是企业合并后的法人代表,合并资金来源于一个企业还是多个企业。[1] 2002年完善了行政垄断的法律规定,并增加了招投标中的行政垄断的规定。2005年修改的反垄断法细化了反垄断执法机构的职权。

(二)基本结构

2005年修订后的《反垄断法》,共7章29条(因第21条被删除,实为28条)。

第一章总则,开宗明义立法目的是"为预防、限制、排除垄断活动和不公平竞争并促进各类商品市场的发育和有效运行界定组织基础和法律基础"。这种安排(首先明确立法目的)在许多国家的竞争法(反垄断法及反不正当竞争法)中较为常见,因为此类单行法肩负着特别的政策使命。[2] 接着是关于适用范围的规定,从主体范围、客体范围分别加以说明,同时还对不适用的领域予以排除。然后是有关反垄断机构的建立,及对一些基本概念的定义,如商品、互替商品、商品市场、经济实体、竞争、不公平竞争、支配地位等概念。第二章垄断活动,列举了法律所禁止的各种垄断行为,包括滥用市场支配地位的行为、限制竞争的协议(协同行为)、行政性垄断行为。第三章不公平竞争,包括诋毁商誉的行为、虚假宣传行为、不当比较行为、销售侵犯知识产权产品的行为、侵犯商业秘密的行为。第四章规定了联邦反垄断局的任务、职能和权力。第五章规定了政府的特殊管制(对企业合并导致经济力量过度集中的监控)。第六章规定了违反反垄断法的法律责任。第七章则是关于采纳、执行联邦反垄断局(或其地方代表机构)的决定和处理意见的程序及其上诉程序。

由此可见,这是一部广义的竞争法,内容既涉及反垄断,又涉及反

---

[1] 国家经济贸易委员会:"俄罗斯、芬兰、瑞典反垄断立法考察报告",载 http://www.chinamark.net/Display.asp?ArticleId=312,2007年5月2日访问。
[2] 如匈牙利《禁止不正当竞争法》引言:"市场竞争能推动经济效率的基本条件是经济竞争的自由和公平。为维护自由和公平的竞争,就须禁止与之相背离的不正当的市场行为,监督企业主的组织协议,并建立必要的组织机构。与之相应,法律保护经济竞争中的公共利益,保护竞争者的利益,并随着倡导诚实的市场行为保护消费者的利益。为实现上述目的,国会颁布以下法令。"又如,波兰《反垄断法》引言:"为了确保竞争的开展,保护经营者免受垄断行为的损害,保护消费者的利益,特作如下规定。"参见《各国反垄断法汇编》编选组:《各国反垄断法汇编》,人民法院出版社2001年版。

不正当竞争;[1]既包括实体法内容,也包括程序法内容。

二、俄罗斯《反垄断法》的主要内容

(一) 垄断行为

垄断行为在俄罗斯《反垄断法》中是指"经济实体或联邦行政权力机关、俄联邦各部门的行政权力机关和各市政当局从事的与反垄断法规相抵触的行动以及趋向阻止、限制和排除竞争的行为"。可见垄断活动的主体包括经济实体和行政权力机构,因此,俄罗斯《反垄断法》既规制经济性垄断(第5~6条),也规制行政性垄断(第7~9条)。[2]这与立法之时俄罗斯正处于极力期望重建私权结构,对政府干预保有警惕之心的社会转型期的立法背景有着密切关系。

对垄断行为的规制集中规定在俄罗斯《反垄断法》第二章和第五章,可以分为四种类型:滥用市场支配地位的行为,限制竞争协议(协同行为),企业合并导致经济力量过度集中的行为,行政权力机关和市政当局的行政性垄断行为。

1. 滥用市场支配地位。根据俄罗斯《反垄断法》,支配地位是指一个或若干经济实体在市场中拥有排他性地位,使其有机会对有关市场中的一般商品流通条件施加决定性影响,或有可能阻碍其他实体进入这一市场。市场份额超过65%的经济实体如果自己不能举证不占有支配性地位的,视为具有市场支配地位;低于65%的,由反垄断机构举证该实体具有市场支配地位。由此可见,65%的市场份额是衡量一个经济实体市场支配地位的临界值。列举的经济实体滥用市场支配地位的行为有八种:①出于制造或维持商品短缺或抬高价格的目的而从流通市场上撤回商品;②向契约对方强加与契约主题无关的条款或者于对方不利的契约条款;③以不平等条件向契约对方强加歧视性条款;④将搭售作为签约

---

[1] 竞争法的立法模式有三种:①分立式,即对不正当竞争行为和垄断行为分别立法,以德国和日本为代表;②合并式,即将不正当竞争行为和垄断行为合并在同一部法律中规定,以俄罗斯、匈牙利等国家以及我国台湾地区为代表;③综合式,即对不正当竞争行为和垄断行为在立法上不作明确区分,而是以一系列单行法的方式规定,以美国和英国为代表。

[2] 在市场经济发达的国家和地区几乎都是以经济性垄断为反垄断法的规制对象。"经济垄断的实施主体是经营者、经营者的联合体组织或者经营者组成的社会团体。我国台湾地区'公平交易法'明确规定其规范对象为'公司、独资或合伙之工商行号、同业公会、其他提供商品或服务从事交易之人或团体';德国《反限制竞争法》则将'企业和企业联合组织'作为规范对象。英美的《反垄断法》仅使用'人'一词来表述其规范对象。从这些规定来看,反垄断法都是以从事商品生产经营和提供服务的组织和个人为规范对象的。"参见游劝荣主编:《反垄断法比较研究》,人民法院出版社2006年版,第55页。

的条件；⑤妨碍其他经济主体进出市场；⑥违反限价规定；⑦维持垄断性高价或低价；⑧在无害于自身的情况下对有需求的商品减少、停止生产或无正当理由拒绝缔约。

2. 限制竞争的协议。限制竞争的协议有横向协议和纵向协议之分。横向协议，即相互竞争的经济实体之间就共同占有一市场35%以上份额所达成的任何协议（协同行动）。根据俄罗斯《反垄断法》，横向协议如果导致或可能导致对竞争的限制，则这些协议将被依法禁止或视为无效。横向协议的表现形式主要有下列五种：①固定或操纵价格、折扣和加价或收费的协议（固定价格）；②提高、降低或操纵拍卖价或投标价的协议（串通招投标）；③划分市场范围；④限制其他经济实体作为卖方或买方进入市场，或者将他们排除出市场；⑤拒绝与特定卖方或买方缔结契约。纵向协议是指若干非相互竞争的经济实体，其中一个占有支配地位，其他实体是其供应商或者客户，则这些实体之间所达成的协议（协同行动）为纵向协议。这些协议如果导致或可能导致对竞争的限制，将被依法禁止或视为无效。

3. 行政性垄断。禁止行政性垄断是转型国家特有的任务。俄罗斯《反垄断法》第7～9条对行政性垄断作了比较明确具体的规定。行政性垄断，是指行政权力机关和市政当局指向抑制竞争的法令和行为。对于抑制竞争的法令和行为要从两个角度予以规制：①行政机构与经济实体的关系，禁止无法律依据限制经济实体的自主权，或者歧视、偏袒某些经济实体。例如，限制新建企业或限制生产某种产品；阻止企业在联邦境内某些地区的经营活动，即地方封锁；指示企业优惠或优先供应商品给特定消费者；无理由地向特定实体授予好处或特权使其处于优越地位。②行政机构的设置、自身职权的扩张不能以抑制竞争为目的。例如，以制造和销售垄断商品为目的设立行政机关，或者为抑制竞争而进行授权，或者政企联合行为为规范工作人员的行为，俄罗斯《反垄断法》第9条明文禁止权力机关和行政机关的工作人员参与企业的行为，包括自办企业、持有股票、在企业中任职等行为。

行政权力机关和市政当局之间缔结协议或者采取协同行为，如果导致或可能导致抑制竞争或者损害其他经济实体或自然人的利益时，可按照程序将其依法禁止或部分禁止，或宣布其无效。这条规定使得政府行为及政府机构相互之间的协议或者行为受到反垄断法的规制，而不至于面对它们时毫无办法。但是除了联邦反垄断局可以查处，其他组织或者个人能否起诉，尚未见到实例。

与我国关于行政垄断的规定相比，俄罗斯《反垄断法》对于行政性垄断行为的规定更加严格和周密，因此也更具操作性。

4. 企业合并。俄罗斯《反垄断法》授权俄罗斯政府对企业合并导致经济力量过度集中实施特殊管制。具体内容包括反垄断局对商业性组织及其联合体的创建、重组、停业，政府对收购商业性组织法定资本中的股票（股份）及其他活动遵守反垄断法规的行为进行监控的条件和程序；对占有支配地位和其他违反反垄断法规的组织进行强制分解的条件和程序。监控手段有调查、获取信息、接受或者拒绝申请、批准合并、撤销注册、宣布交易无效、强制分解等。同时，给予企业相应的救济权，不服反垄断局的措施或者决定的，可以行使诉权。

（二）不正当竞争行为

与涉及两个章节13个条文规定垄断行为不同，俄罗斯《反垄断法》第三章关于"不公平竞争"的规定仅有1条（即第10条），共5款。列举了该法禁止的五种不公平竞争行为：诋毁商誉的行为、虚假宣传行为、不当比较行为、销售侵犯知识产权产品的行为、侵犯商业秘密的行为。

（三）反垄断执法机构——联邦反垄断局的任务、职能和权力

俄罗斯反垄断执法机构是联邦反垄断局和地方代表机构。俄罗斯《反垄断法》第4条规定，联邦反垄断局负责制定和实施有关培育商品市场和促进竞争，以及预防、限制、排除垄断活动和不公平竞争的国家政策。联邦反垄断局的负责人由俄联邦政府总理提名，俄联邦总统任免。联邦反垄断局可建立地方代表机构，在其权限之内向地方代表机构授权。联邦反垄断局的经费列为联邦预算中的独立科目。可见与其他国家一样，俄罗斯建立了有权威的反垄断执法机构，以确保其独立行使职权，不受其他部门的干预，保证反垄断法能够得到严格和统一的实施。

联邦反垄断局的性质是行政机关，但是集立法权、行政权、司法权于一身，体现在：①准立法权。联邦反垄断局不仅可以向俄联邦政府提供有关完善反垄断法规及其实施的建议，并对有关发挥市场功能的、发展竞争的法律草案和其他正式法令提出评价意见；还可以制定消除生产和贸易中垄断现象的措施，并在实施促进商品市场发展和竞争的措施方面向联邦行政权力机构、俄联邦各部门的行政权力机构和各市政当局提供建议。[1] ②行政权。联邦反垄断局在经济实体创建、重组和停业过程

---

[1] 俄罗斯《关于竞争和在商品市场中限制垄断活动的法律》第11条第2款、第16条，参见《各国反垄断法汇编》编选组：《各国反垄断法汇编》，人民法院出版社2001年版，第601～604页。

中拥有审批权,对影响市场竞争的收购有监管权;同时,对行政权力机关和市政当局发布的违反反垄断法规的法令和行为、经济实体违反反垄断法规的行为具有下达具有约束力指令权和处罚决定权。有权调查取证,以便获得信息,证明经济实体占有支配地位的事实;对违反反垄断法规的行为提出诉讼。[1] ③准司法权。反垄断局有权受理反垄断案件行政管理争端,但不涉及经济纠纷。受理方式有两种:依经济实体、行政权力机关及市政当局的申请或者依职权,[2] 并有权对反垄断法规在执行中的争议进行解释。

(四) 反垄断法的法律责任

对违反俄罗斯《反垄断法》的行为和当事人,该法规定了综合责任,即在需要的时候,违法者应承担民事、行政或者刑事责任。具体又可分为三个层次:

1. 接受反垄断机构的处理,然后由违法者自己采取纠正行动。在违反俄罗斯《反垄断法》的场合,商业性组织和非营利性组织(它们的经营者)及其经理人员、联邦行政权力机构、俄联邦各部门的行政权力机构、各市政当局(它们的官员),以及公民(包括个人企业家),应接受联邦反垄断局的处理决定,立即采取以下措施:停止违法行为、恢复原状、终止或改变契约、与另一经济实体签订契约、废除与法规相抵触的法令、强制分解、将非法利润转交给国库等。这些决定"具有强制性",对拒不执行的,反垄断局有权向经济法庭提起诉讼。

2. 处罚方式及责任形式。联邦反垄断局有权对违反俄罗斯《反垄断法》的经济组织以及直接责任人进行处罚,主要方式是罚金及警告。如该行为给其他经济实体或者个人造成损害的,违法者应依民事法规消除损害,给予补偿。对逾期交纳罚金的,反垄断局有权向一般法庭起诉要求重新实施罚金或者加收滞纳金;如果经营者不服处罚,可以向一般法庭和经济法庭提起诉讼。

俄罗斯《反垄断法》对罚款的规定相对比较细致,而对受损主体的补偿仅仅作了原则性规定,把适用的细节问题交给了俄罗斯民法去完成。这与市场经济较发达国家和地区的反垄断法往往就经营者对垄断和不正当竞争行为的受害人所负赔偿责任的归责原则、是否承担连带责

---

[1] 俄罗斯《关于竞争和在商品市场中限制垄断活动的法律》第12~14条,参见《各国反垄断法汇编》编选组:《各国反垄断法汇编》,人民法院出版社2001年版,第601~603页。
[2] 俄罗斯《关于竞争和在商品市场中限制垄断活动的法律》第29条,参见《各国反垄断法汇编》编选组:《各国反垄断法汇编》,人民法院出版社2001年版,第614页。

任、赔偿金额、诉讼时效、诉讼程序（是否需要前置程序）、管辖法院等作出进一步规定有明显不同。[1] 尤其是惩罚性赔偿的缺乏，不仅不利于惩罚违法者，更不利于对受害人的赔偿，与反垄断立法在先的国家和地区的导向有较大的差别。例如，美国《谢尔曼法》和《克莱顿法》将对受害人的赔偿作为主要的责任方式，并且规定了3倍损害额的惩罚性赔偿；[2] 我国台湾地区的"公平交易法"也有类似规定（见本章第六节）。

3. 个人的责任。对商业性组织和非营利性组织的经理人员、国家各级行政权力机关和市政当局的官员违反反垄断法规的责任，俄罗斯《反垄断法》作了较为明确的规定，即行政责任和刑事责任。表明俄罗斯《反垄断法》采用了双罚制，即组织实体和组织中的责任人员均可能承担法律责任，这与国际社会的立法趋势是基本一致的。

三、俄罗斯《反垄断法》的特点

根据上述介绍分析，可以看出，俄罗斯《反垄断法》具有以下特点：

1. 立法的目的在于顺应转型时期公有制向私有制转变的产权基础的变化，巩固私权结构的建立，排除政府的行政干预，促进各类市场正常发育。

2. 在合并式的竞争法立法模式中，与反不正当竞争行为相比，更加重视反垄断行为。

3. 俄罗斯《反垄断法》原则上适用于所有的垄断行为和政府经济部门，与反经济性垄断相比，更加重视反行政性垄断。

4. 对于违反反垄断法规的行为，注重行政制裁的手段，民事赔偿制度在俄罗斯《反垄断法》中不完善。

5. 设立了权威的联邦反垄断执法机构，以确保其独立行使职权，不受其他部门的干预，保证俄罗斯《反垄断法》能够得到严格和统一的实施。

---

[1] 参见美国《谢尔曼法》第7、8条，《克莱顿法》第4条；德国《反对限制竞争法》第三编第三章"民事纠纷"；日本《禁止私人垄断及确保公正交易法》第七章"损害赔偿"，《不正当竞争防止法》第四章"财产权的保护"；韩国《限制垄断和公平交易法》第十一章"损害赔偿"；我国台湾地区"公平交易法"第五章"损害赔偿"。

[2] 《谢尔曼法》第7条和《克莱顿法》第4条均规定："任何因反托拉斯法所禁止的事项而遭受财产或营业损害的人，可在被告居住的、被发现的或有代理机构的区向美国区法院提起诉讼，不论损害大小，一律给予其损害额的3倍赔偿及诉讼费和合理的律师费。"

第五节　欧盟竞争法[1]

一、欧盟竞争法的渊源

1950年，法国外长罗伯特·舒曼提出一项由欧洲各国联合管理煤炭和钢铁生产的计划，该计划得到了欧洲一些国家的响应；1951年4月18日，法国、联邦德国、荷兰、意大利、比利时和卢森堡等6国在巴黎签署了《欧洲煤炭与钢铁共同体条约》，又称《巴黎条约》，正式成立了欧洲煤钢共同体。这些国家又于1957年3月25日在罗马签署了《欧洲经济共同体条约》和《欧洲原子能共同体条约》（前者简称《欧共体条约》，二者统称为《罗马条约》），其中最重要的是《欧共体条约》，其目的是"决心为欧洲人民未来更为紧密的联盟奠定基础"，并且"其目标是在各成员国之间建立一个全面的经济合作的共同市场"。此后，丹麦、爱尔兰、英国、希腊、西班牙、葡萄牙、奥地利、芬兰、瑞典等国家纷纷加入上述三个共同体。1986年2月，当时的12个成员共同签署了《单一欧洲条约》，明确提出了"将各成员国之间的关系整体推进到欧洲联盟"的宗旨。1992年2月7日，当时的12个成员又于荷兰的马斯特里赫特签订了《欧洲联盟条约》（又称《马斯特里赫特条约》，简称《欧盟条约》），该条约对原《欧共体条约》作了重大的修改和补充，从而使《欧盟条约》取代了原《欧共体条约》。

欧盟竞争法主要包括建立欧共体、欧洲煤钢共同体和欧洲原子能共同体的三个基础条约及附属文件，以及关于修改上述条约或附属文件的条约，根据上述三个条约的规定和授权，由欧盟部长理事会和欧盟委员会制定的各种法律文件，包括法规、指令、决定等。具体来看，欧盟竞争法的法律渊源主要有：

1. 《欧盟条约》及后来对其进行修改补充的有关条约中包含的竞争法的规范，主要指《单一欧洲条约》和《欧洲联盟条约》中对《欧共体条约》修改补充后所形成的竞争法规范。

2. 由欧盟部长理事会和欧盟委员会根据《欧盟条约》的原则制定的关于竞争政策的法规、指令和决定。由欧盟部长理事会制定的法规，具有普遍的约束力；而由欧盟委员会制定的处理决定，则只对涉及的当

---

[1] 本节主要参照阮方民：《欧盟竞争法》，中国政法大学出版社1998年版。

事人具有约束力。

3. 由欧盟各有关机构根据《欧盟条约》的规定代表欧盟对外签署的国际公约中涉及的竞争法规范。

4. 欧盟两级法院[1]对涉及竞争争议案件的审理所作出的判决,以及欧洲法院为解释《欧盟条约》中涉及竞争法规范所作出的预裁。实际上,欧盟两级法院成为对欧盟竞争法规范体系具有最终解释权力的机构。

具有欧盟盟籍的居民或者在欧盟境内注册的企业,在各成员国法院或者仲裁机构可以直接依据欧盟竞争法的规范,主张欧盟竞争法所规定的权利或者要求义务承担者履行义务。这是欧盟竞争法的直接效力原则,是欧洲法院在其一系列判例中所确立起来的。

二、欧盟竞争法中反竞争行为的共同构成要件

欧盟竞争法规定了三类反竞争行为:①企业之间共同实施的反竞争行为;②企业单方实施的反竞争行为;③企业有计划的"聚合"行为。对上述三种反竞争行为来说,其共同的构成要件是:

1. 反竞争行为的主体是企业。欧盟委员会认为,"企业"一词必须从最广义上加以理解,它是指从事诸如生产、销售产品和提供服务等经济或商业活动的一切实体,包括由一个人经营的小店直至大型的工厂商店等。欧盟竞争法学者们认为,对于"企业"一词,很难为其下一个完整的、全面的定义。它可以应用于生产或者制造、分销或代销、零售或者批发、产品或者服务的交换。它可以是持有一个新发明或者专利的个人,还可以是大型的跨国公司。至于它是私有的企业还是公有的企业、公用的企业或者商业的企业,在所不问。企业主要包括以下几种:个体商人、私营公司、由个人所有并控制的多家公司、国营公司、从事经济活动的政府机构、"聚合型"的合资公司、代理商及其被代理商、分包商等。

2. 企业实施了具有扭曲竞争性质的行为。企业实施的行为是否构成对竞争的扭曲,应当考虑以下三个因素:①正常的竞争条件是否发生显著的变化;②企业的商业独立性与经营自主权是否受到损害,即企业的贸易自由是否受到企业之间的各种协议的限制,从而在企业之间消除竞争;③共同市场的统一完整是否受到破坏。

---

[1] 欧盟两级法院指欧盟的司法机构:欧洲初审法院和欧洲法院。参见阮方民:《欧盟竞争法》,中国政法大学出版社1998年版,第14~15页。

3. 在共同市场中具有影响力。对于企业之间共同实施的反竞争行为或企业单独实施的反竞争行为来说，都要求这种企业行为必须造成影响成员国贸易的后果，并且这种后果的程度是显著的；对于"聚合"行为来说，要求聚合行为所引起的企业规模的变化和市场销售额的变化在共同市场内部具有相当大的影响。

三、欧盟竞争法规定的反竞争行为

欧盟竞争法主要规定了三种反竞争行为，它们是限制竞争协议与经营行为、合并与获得控制行为、滥用优势地位行为。

（一）限制竞争协议与经营行为

限制竞争协议与经营行为，是指由若干个企业共同实施的，具有阻止、限制或者扭曲共同市场的竞争的目的或者效果，可能造成影响成员国贸易后果的，达到"显著"程度的反竞争行为。一般称之为"通谋的反竞争经营行为"。

限制竞争协议与经营行为的构成要件是：①若干个企业之间共同或协同实施的经营行为；②具有扭曲共同市场的竞争的目的或者效果；③可能造成影响成员国贸易的后果；④其行为或者结果达到了"显著"的程度。

企业之间的限制竞争协议与经营行为，包括三种形式，即企业之间达成的协议、企业团体的决定和企业之间协同一致的经营行为。常见的扭曲竞争协议与经营行为可以归纳为两类：一类是横向型的协议或经营行为；另一类是纵向型的协议或经营行为。

1. 横向型的协议或经营行为。企业之间通过横向合作或协议，增加他们的市场份额，往往使企业更加容易操纵市场，在横向协议或经营行为中，具有下列情形之一的，就有可能构成反竞争行为：

（1）划分市场。这种协议或经营行为是指相互竞争的企业之间一致同意划出各自独家销售的市场，互不进入对方市场进行竞争；或者划分各自的顾客类型，互不将产品销售给不属于自己的顾客。比较常见的有：竞争者相互不进入对方地域范围的卡特尔协议，竞争者相互独家交易的互惠协议（竞争者之间相互授予对方各自产品在对方地域范围的独家销售权），竞争者之间相互划定产品销售商场的互惠协议，竞争者相互划分顾客的协议。

（2）对第三人进入市场设置障碍。市场内的老企业采取与客户签订长期的独家购销协议或不让新企业成为商会或者同业公会的成员或游说政府制定法律、政策，对新企业进入市场实行严格限制等办法，维持垄断地位。

（3）固定价格。这种协议或经营行为是指企业不是独立地自行决定产品的销售价格或者购买价格，而是与其他竞争者联手制定统一的价格政策，使得顾客只能购买其生产的产品，以保持垄断地位。价格固定协议可以有以下一些表现形式：①供应商之间达成对同一产品实行同一价格的协议；②供应商在同一时间以同一幅度对同种产品提价的协同一致的行动；③供应商对产品销售的折扣、利润额、回扣等实行统一约定的协议；④供应商就某一系列产品提出的统一的价目表，确定"基础价格"，允许当事人依此浮动的协议；等等。

价格固定协议又可分为涉及进出口产品的价格固定协议与不涉及进出口产品的价格固定协议。涉及进出口产品的价格固定协议包括以欧盟为范围的进出口产品价格固定协议和以成员国为范围的进出口产品价格固定协议。对于以欧盟为范围的进出口产品价格固定协议，如果可能产生对欧盟领域内限制竞争影响的，欧盟委员会将根据情况认定其构成反竞争行为。以成员国为范围的进出口产品价格固定协议则均构成反竞争行为，因为这类协议的当事人或者都是某一个成员国的企业，或者是不同成员国的企业。在共同市场内，它们之间具有竞争者的关系，在它们之间达成的就产品进出口价格固定的协议，无疑具有限制竞争的性质。对于不涉及进出口产品的价格固定协议来说，如果由于某一产品的价格在某一成员国受到固定，使得进口商很难将同类产品从其他成员国打入该成员国市场，或者使该成员国的出口商难以将同类产品最终打入其他成员国市场。这样，即使是在不涉及进出口的产品上达成了价格固定协议，也会影响共同市场中成员国之间的贸易，也会构成反竞争行为。

（4）限制产量。为了人为地造成供求关系的失调，致使求大于供，竞争的企业之间通过约定限制产量，使得产品的价格水平显著高于正常水平，以赚取高额利润。限制产量的协议，可以区分为限产的卡特尔协议与调整市场生产结构的限产协议两种。限产的卡特尔协议，是指在同类产品的竞争者之间达成的固定总产量并分配给每个制造商生产配额的协议，这类协议无疑构成反竞争行为。调整市场生产结构的限产协议，也叫"危机协议"，是指由于市场投资过多或者需求量减少，导致生产量严重过剩，有关企业为摆脱长期严重亏损局面而达成的旨在为重构市场结构的限产协议。欧盟委员会认为，这类协议尽管在一定程度上限制了企业之间的竞争，却是企业为恢复赢利所必需的，因而可以给予豁免。

（5）串通投标。投标人在投标前就秘密协定由哪一个企业投出最有效率的标，而其他企业只投无效率的标，从而让约定的企业中标。在该企业中标后，其他企业可以从中分包工程，或者如还有其他工程项目，则约定由其他企业中标，以此造成各企业轮流"中标"等。

（6）交换信息。交换信息是指企业之间就产品的价格或者其他商业敏感信息进行交流的协议或者经营行为。

（7）执行一定的技术标准。企业之间达成的关于执行一定的技术标准的协议可能具有限制技术发展的作用。如果这类协议阻碍了竞争者制造并销售不同品种产品的，或者限制了技术发展的，或者被用来阻止进口产品的，则构成反竞争行为。

（8）共同购买。共同购买的合作协议，尤其是共同购买原材料的协议，是指竞争企业之间常常就共同购买的支付价格或者共同购买的产品数量比例进行统一的约定。欧盟委员会对这类协议均认定其具有反竞争性质，在责令当事人对有些限制进行修改之后，一般均能予以豁免。

2. 纵向型协议或经营行为。纵向型协议或经营行为，是产品买方与卖方就产品的购销所达成的合作或协作协议。纵向型协议或经营行为，如有下列情形之一的，构成反竞争行为：

（1）划定独家销售区域。划定独家销售区域，是指卖方给买方划出一块特定的区域，由买方独家销售，而卖方既不在该区域内直接销售产品，也不在该区域内委托其他经销商间接销售产品。独家分销协议是制造商或者供应商为了转售的目的向一定区域内的分销商提供特定产品的协议。独家分销协议中具有下列情形之一的，可能构成反竞争行为：①竞争者互相委任对方为独家分销商。当竞争者互相委任对方为独家分销商时，这种独家分销协议将可能不具有促进竞争而有利于市场分享的作用。②竞争者企业的年销售额中有一方在1亿以上欧洲货币单位的，其中的任何一方不得委任另一方为独家分销商。③消费者不能从其他渠道获得同类产品的，不得委任独家分销商。如果在一个区域内，只有一种品牌的相关产品，消费者无从选择购买其他同类竞争产品的，就不允许委任独家分销商，否则会造成一种垄断地位。

（2）独家购买协议。独家购买协议，是指一个企业要求另一个企业承诺其长期或不定期只向其购买生产某种产品的所有原材料。主要有以下情形：①同一产品的制造商或者因产品具有类似特性、价格和用途而被使用者视为相关产品的制造商之间，不得互相签订该产品的独家购买协议，以便防止竞争者之间通过互签独家购买协议分享市场或实行垄断价格。②竞争者之间签订了单方独家购买协议，并且双方均达到或超过了 1 亿欧洲货币单位年销售额。③协议有效期限超过 5 年或不定期限。因为独家购买协议有效期限过长或不定期限，则有可能造成供应关系被冻结，新竞争者不能向该经销商供货，从而导致竞争受到严重的妨害。

（3）搭售。搭售是指销售商在出售一种产品时，要求购买者附带购买与该产品无关的另一产品或者接受其他附加条件。搭售并非绝对是反竞争行为，如果搭售的是产品配件，并且市场上只有销售商才供应这种配件时，其搭售就是合理的。

（4）严格地域保护。严格地域保护的常见手段主要有：①出口禁止，是指销售商要求购买商不能将所购买的产品转售给其所在国以外的第三人的约定。还有一种间接的出口禁止手段，即通过不同的产品价格限制产品的出口。制造商或者供应商对于有可能将约定产品出口到他不愿意销往的其他地域的，开出比他愿意将该产品销往的地域分销商购买价更高的产品价格。②妨害平行进口，是指供应商禁止分销商将约定的产品通过第三人再进口到特定的地域范围内。常用的手段有：其一，利用特定商标禁止平行进口，如甲公司生产 A 牌商品，甲公司授权某国分销商乙公司，将其在该国境内分销的 A 牌产品再加注 B 牌商标。这样，由第三国平行进口到该国境内的 A 牌产品，就会因侵害 B 牌商标权构成不正当竞争行为而受到法律禁止，从而为乙公司保持了一种垄断地位。其二，拒绝向平行进口的产品提供产品保证或者售后服务，制造商拒绝向平行进口的产品提供产品保证，或者制造商、分销商规定其只对经授权的分销商销售的产品负责或者提供售后服务。其三，拒绝向有可能或已经将产品出口到其他地域的分销商供货或撤回产品；在产品标签上标明产品只限在一定地域内销售；回购平行进口的产品；对产品的转售价格予以限定或者提出不具有约束性的建议；要求分销商对产品的转售去向向供应商提供信息；在协议中约定购买者将产品限于自用，或者直接销售给消费者而不得转售其他商人，或者直接出口到欧盟以外的国家和地区；等等。

（5）转售价格维持。转售价格维持，是指产品的制造商或分销商在出售产品时，与其购买商约定转售该产品的价格。这种协议或经营行为不仅剥夺了产品购买商自行定价的商业自由权利，还可能人为地导致产品价格过高，损害消费者的利益。

（6）拒售或者拒销。拒售或者拒销产品，是指企业之间就向特定的顾客拒绝销售产品或者拒绝从特定的供应商处购买产品达成的协议或者实施的经营行为。

(二) 合并与获得控制行为

在欧盟竞争法中，合并与获得控制行为被合称为"聚合"，所谓"聚合"，是指两个或者两个以上企业相互合并，或者一个或者多个个人或者企业对其他企业全部或者部分获得控制的行为。"反竞争聚合"的构成要件是：①各自独立的企业或者已经控制了至少一个企业的个人；②实施了合并或者获得对其他企业控制的行为；③具有对共同体的影响力；④与共同市场不相容。

所谓合并，其形式大致有三种：①两个或者两个以上的企业通过协议而实行合并；②一个或者多个企业的股票被其他企业全部收购；③一个或者多个企业的资产被其他企业全部购买。

所谓获得控制，关键要看两个要素：①有关的个人或者企业是否对其他企业拥有所有权、使用权等财产上的权利；②有关的个人或者企业是否对其他企业具有决定性影响。获得控制主要有以下几种形式：①通过拥有全部股份或者资产而单独控制；②通过拥有较少股份而单独控制；③通过拥有相当数量的股份而共同控制；④通过拥有少量股份而共同控制。

在欧盟竞争法中，根据是否对合资企业具有共同控制而把合资企业划分为"聚合型合资企业"与"合作型合资企业"两种。在竞争法上作如此划分的意义在于：具有聚合性质的合资企业改变了市场结构，欧盟有关机构应当对于这种有可能通过确立或增强企业市场优势地位而改变市场竞争结构的行为适用合并法规予以干预。而对于合作型合资企业，由于其具有独立决策权，且处于与投资或收购企业相并列的竞争者的地位，一般发生的是限制或扭曲竞争行为。

合作型合资企业是否构成反竞争行为，应当从以下四个方面进行分析：①该合作型合资企业协议是否限制了协议当事人之间实际的或者潜在的竞争。合资企业的投资方之间，或者合资企业与投资企业之间，是否存在着实际的或者潜在的竞争关系，合资企业协议有无对这种竞争进行协调或者限制。②该合作型合资企业协议是否封闭了第三方进入相关市场的机会。③该合作型合资企业协议是否存在"溢出风险"。所谓"溢出风险"，是指除了在合资企业产品的生产领域里有限制竞争的效果之外，可能这种限制竞争的影响还会扩散到其母公司所从事的其他产品的生产领域。即使其与母公司之间不存在主动的协调行为，也仍然可能减缓其与母公司之间竞争的紧张程度。无论母公司与合资企业是否处于同一产品的相关市场，都可能会发生溢出效应。尤其是在母公司与合资企业处于同一产品市场或者处于上游、下游市场以及邻近市场时，这种效应就更加明显。④该合作型合资企业协议是否属于母公司整个合资企业网络的一部分。由于一系列合资企业都受到共同的母公司的控制和影响，极有可能导致母公司协调各个合资企业之间的竞争行为，从而会出现分享市场或者限制彼此之间竞争的可能性。合资企业协议限制竞争是否达到了显著的程度，主要应当审查以下几个方面的问题：①母公司与合资企业的市场份额，相关市场的市场结构以及特定产品领域内的聚合情况。②母公司所具有的经济、资金能量，以及其所拥有的与其他竞争者相比而言的商业与技术优势。③合资企业与母公司产品是否同一或者相互依赖。④合资企业经营行为与母公司行为有关联的范围及程度。⑤协议中对相关企业之间竞争限制性约定的程度。⑥第三方进入该相关市场竞争受限制的程度。

（三）滥用优势地位行为

1. 基本含义。所谓滥用优势地位行为，是指企业在共同市场内或其相当部分地域内具有优势地位，并且滥用这种地位，因而可能影响成员国之间贸易的行为。其构成要件是：①企业在一定的地域范围内具有优势地位；②实施了滥用这种地位的行为；③可能造成影响成员国之间贸易的结果。

企业的优势地位，是指一个企业在相关市场里具有独立行动而无须考虑其他影响因素的能力，也就是具有影响有效竞争的能力。一般应当按以下步骤分析确定企业是否具有优势地位：①确定相关市场的范围，即确定相关的产品市场和地域市场；②在这个相关市场范围内考察部分情况和企业的市场影响力，查明企业在该相关市场内是否拥有较高的市场份额，以及是否有其他竞争对手威胁企业的优势地位；③证明该相关市场是整个共同体市场或者是其中的相当一部分地域。

2. 滥用优势地位行为主要分为两类：一类是排除型滥用行为，另一类是利用型滥用行为。

（1）排除型滥用行为是针对实际的或者潜在的竞争对手而实施的行为，包括阻止新竞争者进入其具有优势地位的市场和破坏现存市场的竞争格局。主要采用两种方式：①不公平的低价。所谓不公平的低价，也叫"掠夺价"，是指以低于成本的价格销售其产品。在确定是否属于"掠夺价"时，应从两个方面加以判断：其一，产品价格低于平均变动成本的，就是"掠夺价"。所谓变动成本，是指根据产品产量的不同而显示出来的不同成本。而平均变动成本则指的是一定时期内不同的变动成本的平均值。其二，产品价格低于平均总成本，但高于平均变动成本的，如果企业出于排除竞争者的目的，为"掠夺价"；如果企业不具有上述目的，则为正常的竞争价。所谓平均总成本，是指在平均变动成本基础上，再加上一定的管理费用。②拒绝与竞争对手交易。如果企业具有优势地位，它拒绝与其竞争对手交易的行为将被视为滥用优势地位的行为。

(2) 利用型滥用行为是针对特定交易对象所实施的滥用行为，它将影响其客户所处的相关市场的竞争地位，并且，最后也必然会导致损害产品的最终消费者的权益。主要有三种形式：①搭售。搭售是指占有优势地位的企业在销售自己的主产品时要求客户或顾客强行附带购买另一种产品。搭售很容易使在其主产品的相关市场里处于优势地位的企业，在另一种产品的相关市场里，也形成一定的市场影响力。②价格歧视。价格歧视，是指在相同的交易条件下，对不同的地区或不同的客户采取不同的价格，从而有可能置一部分客户于不利的竞争地位。欧盟竞争法还将回扣作为价格歧视的一种形式加以规定，回扣有两种形式：一种是"忠诚回扣"，另一种是"目标回扣"。所谓忠诚回扣，是指制造商或者供应商根据客户购买自己产品的忠诚度而支付不同幅度的回扣。不同的客户，虽然购买同样数量的产品，却不能得到相同的回扣。欧盟委员会认为：其一，如果客户是处于同一层次的竞争者，不同的回扣将会导致获得较低回扣的经销商处于不利的竞争地位。其二，忠诚回扣限制了购买商的购买自由权，因为购买商对于制造商或者供应商已经存在依赖关系，它们较难摆脱这种关系而去购买其他竞争者的同类产品，否则它们会失去一定的回扣，将付出较高的价格去购买新的产品。其三，忠诚回扣还使潜在的竞争者进入市场更加困难。因此，忠诚回扣是一种反竞争行为。所谓目标回扣，是指根据客户购买的产品数量而规定的一定比例的回扣。目标回扣与忠诚回扣的区别在于：后者要根据每个客户从制造商或者供应商处购买其进货量全部或者绝大部分的产品来获得回扣；而目标回扣则是根据每个客户从制造商或者供应商处购买产品的数量来获得回扣。目标回扣大多数是反竞争行为。③不公平的高价。这是指占有优势地位的企业以高于在正常的竞争状况下可能实行的价格来销售其产品，因而使企业获得超额的垄断利润。

此外，反竞争行为还可能有其他表现方式，如通过滥用知识产权实施反竞争行为。滥用知识产权主要有滥用商标权、拒绝授予使用许可和垄断性获得使用许可三种形式。所谓滥用商标权，是指占有优势地位的企业以商标权为武器，抢先注册，阻止自己的竞争者进入自己占有优势地位的市场。这种行为破坏了货物自由流动的欧盟基本原则，也妨害了有效的竞争。所谓拒绝授予使用许可，是指知识产权的所有人，利用自己所拥有的对该知识产权的垄断性占有权，拒绝授予其他竞争对手合理的使用许可，从而排除其他对手的竞争，巩固和加强自己的垄断地位的行为。所谓垄断性获得使用许可，是指占有优势地位的企业通过不正当的手段获得了独占性使用许可，进一步加强了其在相关市场上的垄断地位的行为。

第六节 我国台湾地区的竞争法律制度

一、我国台湾地区的竞争法律制度概述

我国台湾地区于 1991 年 2 月 4 日正式通过并公布了"公平交易法"，对市场上出现的各种垄断、独占和不正当竞争行为加以调整和管理。该规定的执行机关是公平交易委员会。直至 1992 年 2 月 28 日和 1992 年 6 月 24 日，公平交易委员会发布施行"多层次传销管理办法"和"公平交易法施行细则"，我国台湾地区的竞争法律制度才初步建立起来。

二、我国台湾地区的竞争法律制度的主要特点

我国台湾地区的竞争法律制度的主要特点是：

1. 反垄断法与反不正当竞争法合并。"公平交易法"中既有反垄断法的内容，又有反不正当竞争法的内容。这种方式是吸取了各国和地区竞争法实施过程中的经验而作出的选择，反垄断法与反不正当竞争法常常相互交错，对违法企业常常需要两法综合适用，才可达到理想效果。

2. 对垄断和不正当竞争行为采取不同的原则。在垄断法中，采取允许独占存在，但禁止滥用垄断地位；一般允许结合行为，但达到一定规模的结合需申请并经许可；联合行为原则禁止，例外许可。对于不正当竞争行为则采取严格禁止的原则。

3. 反垄断和反不正当竞争统一由一个行政主管机关负责。

4. 规定了惩罚性赔偿原则。对于故意为不公正交易行为而侵害他人利益的，规定了已证明损害之上但不超过 3 倍的赔偿原则，这是对于民事侵权责任的突破。

三、"公平交易法"的主要内容

(一) 独占

所谓独占,是指事业在特定市场处于无竞争状态,或具有压倒性地位,可排除竞争之能力者。两个以上事业,实际上不为价格之竞争,而其全体之对外关系,具有上述情形时,视为独占。独占的事业,不得有下列行为:①以不公平之方法,直接或间接阻碍他事业参与竞争。②对商品价格或服务报酬,为不当之决定、维持或变更。③无正当理由,使交易相对人给予特别优惠。④其他滥用市场地位之行为。

(二) 事业结合

所谓事业结合,是指下列情形之一:①与他事业合并者;②持有或取得他事业之股份或出资额,达到他事业有表决权股份或资本总额1/3以上者;③受让或承租他事业全部或主要部分之营业或财产者;④与他事业经常共同经营或受他事业委托经营者;⑤直接或间接控制他事业之业务经营或人事任免者。

事业结合,有下列情形之一时,应获得公平交易委员会的许可:①事业因结合而使其市场占有率达1/3者;②参与结合之一事业,其市场占有率达1/4者;③参与结合之一事业,其上一会计年度之销售金额,超过公平交易委员会所公告之金额者。市场占有率达1/5之事业,由公平交易委员会定期公告之。

(三) 联合行为

所谓联合行为,是指事业以契约、协议或其他方式之合意,与有竞争关系之他事业共同决定商品或服务之价格,或限制数量、技术、产品、设备、交易对象、交易地区等,相互约束事业活动之行为。原则上禁止联合行为,但符合我国台湾地区"公平交易法"第14条规定的七种情形,则可以得到公平交易委员会的许可。

(四) 不公平竞争

我国台湾地区"公平交易法"对不公平竞争行为规定如下:

1. 事业对于其交易相对人,就供给的商品转售与第三人或第三人再转售时,限制其自由定价,其约定无效。

2. 以损害特定事业为目的,促使他事业对该特定事业断绝供给、购买或其他交易的行为。

3. 无正当理由，对他事业给予差别待遇的行为。

4. 以胁迫、利诱或其他不正当的方法，使竞争者的交易相对人与自己交易的行为。

5. 以胁迫、利诱或其他不正当方法，使他事业不为价格的竞争、参与结合或联合的行为。

6. 以胁迫、利诱或其他不正当方法，获取他事业的产销机密、交易相对人资料或其他有关技术秘密的行为。

7. 以不正当限制交易相对人的事业活动为条件，而与其交易的行为。

8. 以相关大众所共知的他人姓名、商号或公司名称、商标、商品容器、包装、外观或其他显示他人商品的表征，为相同或类似的使用，致与他人商品混淆，或贩卖、运送、输出或输入使用该项表征的商品。

9. 以相关大众所共知的他人姓名、商号或公司名称、标章或其他表示他人营业、服务的表征，为相同或类似的使用，致与他人营业或服务的设施或活动混淆。

10. 于同一商品或同类商品，使用相同或近似于未经注册的外国著名商标，或贩卖、运送、输出、输入使用该项商标的商品。

11. 事业不得在商品或其广告上，或以其他使公众得知的方法，对于商品的价格、数量、品质、内容、制造方法、制造日期、有效期限、使用方法、用途、原产地、制造者、制造地、加工者、加工地等，为虚伪不实或引人错误的表示或表征。

12. 事业不得为竞争的目的，而陈述或散布足以损害他人营业信誉的不实情事。

13. 多层次传销，其参加人如取得佣金、奖金或其他经济利益，主要系基于介绍他人加入，而非基于其所推广或销售商品或劳务的合理市价者，不得为之。

14. 事业不得为其他足以影响交易秩序的欺罔或显失公平的行为。

事业违法致侵害他人权益者，被害人得请示除去或防止违法行为。法院因被害人的请求，如为事业的故意行为，得依侵害情节，酌定损害额以上的赔偿，但不得超过已证明损害额的3倍。

第七节 各国（地区）竞争法律制度评述

综合各国（地区）竞争法律制度，可以从以下几个方面进行评述，以期对各国（地区）竞争法律制度进行横向比较，从中找到某些规律性，并用以指导我国竞争法律制度的建设和完善。

1. 反限制竞争法律制度和反不正当竞争法律制度，以保护中小企业的利益、保护消费者的利益为其宗旨。反不正当竞争法律制度越来越变成保护消费者的法律制度，而与此同时，各国（地区）放松了反限制竞争法律制度的司法力度。现代竞争法以美国《谢尔曼法》的制定为其产生的标志，而在反不正当竞争法方面，德国则走在世界各国的前列，从而开辟了反限制竞争法和反不正当竞争法两个领域。早期的竞争法，都只是为了保护经营者的利益，但随着二十世纪三四十年代的消费者运动的兴起，人们逐渐认识到竞争法还可以保护消费者利益以及社会公共利益，这样就确立了竞争法的三个重要的目的：保护经营者、保护消费者、保护社会公共利益。随着专门的保护消费者利益的法律、法规的出现，竞争法中的反不正当竞争法律制度中的许多条款，日益与消费者保护法律、法规相互接近和融合，其作用和影响日益减少，近年来，德国越来越多的人（甚至包括官方）认为《反不正当竞争法》的功效主要在于保护消费者利益，而对竞争者的保护和对竞争秩序的维护作用已降到次要位置。[1] 自20世纪80年代以来，各国（地区）都放松了对企业间合并的限制，这主要是由于市场竞争已不局限于一国内，而是在国家和地区之间，为了加强本国企业在国际市场上的竞争实力，则有必要放松对本国国内企业间合并的限制，这样就导致了反限制竞争法松弛现象的出现。

2. 竞争法律制度随着社会经济的发展而不断地进行修改和完善，呈现出基本法律与专门法律、法规并行的现象。竞争法律制度在世界各国都呈现出基本法律与专门法律、法规并行的现象，如美国竞争法主要由《谢尔曼法》《克莱顿法》《联邦贸易委员会法》三个基本法律构成，在实施过程中，这三部法律又不断得到补充修改和完善。例如，1936年的《鲁宾逊—帕特曼法》修改了《克莱顿法》中有关价格歧视条款的适用范围。1950年《塞勒—凯弗维尔法》修改了《联邦贸易委员会法》第7条的规定，1980年的《反托拉斯诉讼程序改进法》又对其第7条作了更严格的修改。1962年的《反托拉斯民事诉讼法》、1974年的《反托拉斯诉讼程序和惩罚法》、1975年的《马格里森—莫斯联邦贸易委员会改进法》、1976年的《哈特—斯各特—鲁迪南反托拉斯改进法》、1977年的《禁止对外贿赂法》、1980年的《联邦贸易委员会改进法》等，都对美国反竞争法的三个基本法律制度作了修改和完善。德国竞争法以《反限

---

[1] 国家工商行政管理局条法司：《现代竞争法的理论与实践》，法律出版社1993年版，第56页。

制竞争法》和《反不正当竞争法》为两大支柱；此外，德国于1932年制定了《馈赠法令》，1933年制定了《折扣法》等法律，对《反不正当竞争法》进行了补充。日本竞争法律制度，主要由《不正当竞争防止法》和《关于禁止私人垄断和确保公正交易法》共同组成；此外，1982年由日本公正交易委员会颁布的《不公正的交易方法》、1962年颁布的《不当赠品及不正当表示防止法》，也是日本竞争法的重要组成部分。这些都表明，竞争法律制度是随着经济发展而对其基本法律进行修改，同时再增加一些专门法律、法规，用以调整相关领域的反限制竞争行为和反不正当竞争行为。

3. 各国（地区）竞争法律制度大体可分为反限制竞争和反不正当竞争两个方面的内容。各国（地区）竞争法律制度，均规范了限制竞争和不正当竞争两个方面的内容，此外，还有一些相关制度的建设，如申报审查程序制度、法律责任和执法机关体系等。从实体法上来看，以对限制竞争行为和不正当竞争行为的规范为主。在立法模式上，制定竞争法律制度较早的国家，如美国，其反限制竞争法和反不正当竞争法并没有明确地区分开来，在《谢尔曼法》《克莱顿法》《联邦贸易委员会法》三个基本法律中都有规定，但以反限制竞争法为主。而在竞争法律制度建立较晚的国家（地区），如德国、日本，则已明确区分了反限制竞争法和反不正当竞争法，例如，德国于1909年制定《反不正当竞争法》、1957年制定《反限制竞争法》，日本于1934年颁布《不正当竞争防止法》、1947年颁布《禁止垄断法》。我国台湾地区在1991年制定竞争制度时，则将反限制竞争法律制度和反不正当竞争法律制度统一规定于"公平交易法"之中。转型国家的竞争法一般有较明显的阶段性和针对性，如俄罗斯《反垄断法》，在形式上、结构上看似统一立法模式，在内容上却以反垄断为重，并且强调了对行政性垄断的法律规制。这与转型国家由计划经济向市场经济过渡的需要相吻合。

各国（地区）都对限制竞争行为中的横向协议和纵向协议、垄断、合并和兼并、股份保有和营业控制、滥用市场优势地位等作出了规定，对于不正当竞争行为的类型则更为详尽，如都详细规范了商业贿赂、商业诋毁、虚假宣传和虚假广告、侵犯商业秘密、虚假标示等不正当竞争行为的诸多形式和类型，以便在实践中更明确地加以运用。

4. 在竞争法律制度中区分绝对禁止性行为与相对限制性行为。各国（地区）在竞争法律制度中，都区分了绝对禁止性行为和相对限制性行为。也就是说，对某些反限制竞争行为和不正当竞争行为采取绝对禁止性的规定，而对于某些反限制竞争行为和反不正当竞争行为采取相对限制性行为。例如,美国竞争法采取了"本身违法原则"和"合理原则"两项原则以区别对待不同的反限制竞争行为;欧盟竞争法对于横向的限制竞争协议区分为两种不同类型:一种是"本身恶"的协议,对这种协议绝对禁止;另一种是"任意性"的协议,对这种协议,应当根据协议所处的市场条件进行具体分析,才能认定违法或者不违法;对一些协议采取比较宽容的态度,如对于中小企业为对抗大型企业竞争压力而签订的限制竞争协议,则可以予以豁免。再如,德国竞争法中对于卡特尔的规定,则区分了"通知卡特尔""可驳回的卡特尔""须经批准的卡特尔""危机卡特尔""经济部长可能批准的卡特尔"和"合理化卡特尔"(含一般合理化卡特尔和复杂合理化卡特尔)等几种形式,对这些卡特尔形式,并不是绝对禁止,但其必须达到一定的条件要求,才可能成为合法的卡特尔,而受到批准;否则一律予以禁止。这种立法规定,在很大程度上依赖高超的立法技巧和成熟的司法经验,从而能够把握市场上出现的各种各样的复杂的行为,确保公平的竞争秩序。

5. 各国(地区)竞争法律制度,均规定了专门执法机关进行专门管理或执法。例如,美国竞争法执行机构主要有司法部反托拉斯局、联邦贸易委员会及其他有关机构(如联邦州际商业委员会、联邦民用航空委员会等机构,在法律授权的范围内,配合上述两个机构进行管理);在德国,则由联邦卡特尔局和州卡特尔局作为《反限制竞争法》的执法机关,对于《反不正当竞争法》则采取司法审判和商事调解两个途径加以解决,当事人可以请求由州政府设立商会调解机构调解解决不正当竞争纠纷,也可以向被告营业所或住所地法院起诉。欧盟委员会是实施欧盟竞争法的重要执行机构,此外,欧洲初审法院和欧洲法院在欧盟竞争法中的地位和作用,则主要是通过审判有关竞争纠纷的案件,进一步解释竞争法的基本原则和制度,通过判例的形式弥补竞争法的立法空白而表现出来的;在日本,则由公平交易委员会来管理竞争法律制度的实施。各国(地区)在设立竞争法的专门执法机构之时,也对其权限和职能作出了详尽的规定,同时规定了一系列的申报审批程序,从而形成了实体法和程序法合一、立法和司法相互分立、合理高效的竞争法律制度。

□ 小 结

本章主要阐述了各国(地区)竞争法律制度的基本情况,对于美国、德国、日本、俄罗斯、欧盟和我国台湾地区等竞争法律制度的历史来源、发展及其基本内容进行了介绍。

其主要内容是：

一、美国竞争法

1. 美国竞争法概述。《谢尔曼法》《联邦贸易委员会法》《克莱顿法》是美国反竞争法的基本法律构成，在实施过程中，这三部法律又不断得到补充、修改和完善。
2. 美国竞争法的实体规定。美国竞争法规定了各种反竞争行为，主要有：
(1) 联合限制竞争行为。
(2) 滥用经济优势的行为。
(3) 价格歧视行为。
(4) 企业兼并行为。
(5) 其他反竞争行为。
3. 关于判断违法行为的两项重要原则："本身违法原则"和"合理原则"。
4. 竞争法的适用除外情形。

二、德国竞争法

1. 德国竞争法概述。德国竞争法律制度确立于20世纪50年代，以《反限制竞争法》和《反不正当竞争法》为两大支柱。
2. 德国《反限制竞争法》的主要内容：
(1) 关于法的适用的规定。
(2) 具体的限制竞争行为。
3. 德国《反不正当竞争法》的主要内容：
(1) 法的适用范围。
(2) 关于不正当竞争行为的规定。

三、日本竞争法

1. 日本竞争法概述。日本竞争法律制度，主要由《不正当竞争防止法》和《禁止私人垄断和确保公正交易法》（又称《禁止垄断法》）及一系列相关法律、法规共同组成。
2. 日本《不正当竞争防止法》的主要内容。
3. 日本《禁止垄断法》的主要内容：
(1) 私人垄断与不当交易限制。
(2) 事业者团体的特定行为。
(3) 控股公司。
(4) 股份保有。
(5) 公司合并与营业转让的限制。
(6) 干部兼任。

四、俄罗斯竞争法

1. 俄罗斯竞争法概述。
2. 俄罗斯《反垄断法》的主要内容。
3. 俄罗斯《反垄断法》的特点。

五、欧盟竞争法

1. 欧盟竞争法的渊源。欧盟竞争法主要包括建立欧共体、欧洲煤钢共同体和欧洲原子能共同体等三个基础条约及附属文件,以及关于修改上述条约或附属文件的条约,根据上述三个条约的规定和授权,由欧盟部长理事会和欧盟委员会制定的各种法律文件,包括法规、指令、决定等。

2. 欧盟竞争法中反竞争行为的共同构成要件:
(1) 反竞争行为的主体是企业。
(2) 企业实施了具有扭曲竞争性质的行为。
(3) 在共同市场中具有影响力。

3. 欧盟竞争法主要规定了三种反竞争行为,它们是限制竞争协议与经营行为、合并与获得控制行为、滥用优势地位行为

六、我国台湾地区的竞争法律制度

1. 我国台湾地区的竞争法律制度概述。我国台湾地区的"公平交易法"及其施行细则,是我国台湾地区的竞争法律制度的基本内容。

2. 我国台湾地区的竞争法律制度的主要特点:
(1) 反垄断法与反不正当竞争法合并。
(2) 对垄断和不正当竞争行为采取不同的原则。
(3) 反垄断和反不正当竞争统一由一个行政主管机关负责。
(4) 规定了惩罚性赔偿原则。

3. "公平交易法"的主要内容:
(1) 独占。
(2) 事业结合。
(3) 联合行为。
(4) 不公平竞争。

七、各国(地区)竞争法律制度评述

1. 反限制竞争法和反不正当竞争法,是以保护中小企业的利益、保护消费者的利益为其宗旨。反不正当竞争法越来越变成了保护消费者的法律制度,而放松了反限制竞争法

的司法力度。

2. 竞争法律制度随着社会经济的发展而进行不断的修改和完善，呈现基本法律与专门法律、法规并行的现象。

3. 各国（地区）竞争法律制度大体可分为反限制竞争和反不正当竞争两个方面的内容。

4. 在竞争法律制度中区分绝对禁止性行为与相对限制性行为。

5. 各国（地区）竞争法律制度，均规定了专门执法机关进行专门管理或执法。

□ 练习与思考

一、名词解释

1. 《谢尔曼法》
2. "本身违法原则"

二、简答题

1. 简述美国竞争法律制度三个基本组成部分。
2. 简述德国竞争法律制度两个组成部分。
3. 简述欧盟竞争法的法律渊源。
4. 简述我国台湾地区竞争法律制度的主要特点。
5. 简述俄罗斯反垄断法的特点。

三、思考题

1. 如何理解美国竞争法中的"本身违法原则"和"合理原则"？
2. 如何理解欧盟竞争法中反竞争行为的共同构成要件？

□ 练习与思考答案要点

一、名词解释

1. 《谢尔曼法》：19世纪60年代末，美国相继出现了垄断性质的普尔、托拉斯等形式的企业联合。这些垄断组织通过掠夺性手段垄断市场，操纵价格，排挤兼并中小企业，严重损害了消费者利益。为此，1890年，美国第五十一届国会通过了《谢尔曼法》，以消除托拉斯对社会带来的消极影响。

2. "本身违法原则"：美国法院在适用《谢尔曼法》时，逐渐通过判例确定的一项判断一行为是否为反竞争行为的重要原则，即某些反竞争的行为其本身就是违法的，可以不需要再通过对其他因素加以考虑和判断，而直接认定其为反竞争行为。

二、简答题

1. 1890年通过的《谢尔曼法》、1914年制定的《联邦贸易委员会法》和《克莱顿法》，是美国竞争法律制度三个基本法律构成，在实施过程中，这三部法律又不断得到补充修改和完善。

2. 德国竞争法律制度以《反限制竞争法》和《反不正当竞争法》为两大支柱。《反不正当竞争法》制定于1909年，其宗旨在于禁止商业活动中违反"善良风俗"的行为，因此一开始被视为民法的特别法，是关于民法上"诚信原则"的具体规定。《反限制竞争法》制定于1957年，旨在确保竞争自由，防止限制竞争或垄断，国家有权力对市场加以必要监督。目前，这两部法律作为德国竞争法的基础，在国家经济发展中起着重要的作用。

3. 欧盟竞争法主要包括建立欧共体、欧洲煤钢共同体和欧洲原子能共同体等三个基础条约及附属文件，以及关于修改上述条约或附属文件的条约，根据上述三个条约的规定和授权，由欧盟部长理事会和欧盟委员会制定的各种法律文件，包括法规、指令、决定等。具体来看，欧盟竞争法的法律渊源主要有：①《欧盟条约》及其后来对其进行修改补充的有关条约中包含的竞争法规范，主要指《单一欧洲条约》和《欧洲联盟条约》中对《欧共体条约》修改补充后所形成的竞争法规范。②由欧盟部长理事会和欧盟委员会根据《欧盟条约》的原则制定的关于竞争政策的法规、指令和决定。由欧盟部长理事会制定的法规，具有普遍的约束力；而由欧盟委员会制定的处理决定，则只对涉及的当事人具有约束力。③由欧盟各有关机构根据《欧盟条约》的规定代表欧盟对外签署的国际公约中涉及的竞争法规范。④欧盟两级法院对涉及竞争争议案件的审理所作出的判决，以及欧洲法院为解释《欧盟条约》中涉及竞争法规范所作出的预裁。实际上，欧盟两级法院成为对欧盟竞争法规范体系具有最终解释权力的机构。

4. 我国台湾地区竞争法律制度的主要特点是：①反垄断与反不正当竞争法律制度合并。"公平交易法"中既有反垄断的内容，又有反不正当竞争的内容，合并在一起的方式，是吸取了各国和地区竞争法实施过程中的经验而作出的选择，反垄断与反不正当竞争法律制度常常相互交错，对违法企业常常需要两法综合适用，才可达到理想效果。②对垄断和不正当竞争行为采取不同的原则。在垄断法中，采取允许独占存在，但禁止滥用垄断地位；一般允许结合行为，但达到一定规模的结合需申请并经许可；联合行为原则禁止，例外许可。对于不正当竞争行为则采取严格禁止的原则。③反垄断和反不正当竞争统一由一个行政主管机关负责。④规定了惩罚性赔偿原则。对于故意为不公正交易行为而侵害他人利益的，规定了已证明损害之上但不超过3倍的赔偿原则，这是对于民事侵权责任的突破。

5. 俄罗斯《反垄断法》的特点是：①立法的目的在于顺应转型时期公有制向私有制转变的产权基础的变化，巩固私权结构的建立，排除政府的行政干预，促进各类市场正常发育。②合并式的竞争法立法模式中，与反不正当竞争行为相比，更加重视反垄断行为。

③反垄断法原则上适用于所有的垄断行为和政府经济部门，与反经济性垄断相比，更加重视反行政性垄断。④对于违反反垄断法规的行为，注重行政制裁的手段，民事赔偿制度在反垄断法中不完善。⑤设立了权威的联邦反垄断执法机构，以确保其独立行使职权，不受其他部门的干预，保证反垄断法能够得到严格和统一地实施。

三、思考题

1. 美国法院在适用《谢尔曼法》时，逐渐通过判例确定的两项判断一行为是否为反竞争行为的重要原则，即"本身违法原则"和"合理原则"。

"本身违法原则"是指某些反竞争的行为其本身就是违法的，不需要再通过对其他因素加以考虑和判断。例如，固定价格、限制产量或划分市场的行为，其本身就是违法行为，企业只要实施了这样的行为，就触犯了反竞争法，必然会遭到法院的禁止。

"合理原则"是指某些对竞争的限制比较模糊的行为是否构成违法行为，必须在慎重考察企业行为的意图、行为方式以及行为后果等因素之后，才能作出判断；只有在企业存在谋求垄断的意图，并通过不属于"工业发展的正常方法"实现了目的，造成对竞争的实质性限制的情况下，其行为才构成违法行为，否则就是合理的行为。如何对有关因素加以判断，则是法官的责任。这种情况下，会造成行政执法部门和法院花费大量的人力、物力去获得各种证据，以证明企业行为是否具有违法性，从而有可能降低法律适用的效率。

2. 欧盟竞争法规定了三类反竞争行为：企业之间共同实施的反竞争行为；企业单方实施的反竞争行为；企业有计划的"聚合"行为。对上述三种反竞争行为来说，其共同的构成要件是：①反竞争行为的主体是企业。企业主要包括以下几种：个体商人、私营公司、由个人所有并控制的多家公司、国营公司、从事经济活动的政府机构、"聚合型"的合资公司、代理商及其被代理商、分包商等。②企业实施了具有扭曲竞争性质的行为。企业实施的行为是否构成对竞争的扭曲，应当考虑以下三个因素：其一，正常的竞争条件是否发生显著的变化；其二，企业的商业独立性与经营自主权是否受到损害，即企业的贸易自由是否受到企业之间的各种协议的限制，从而在企业之间消除竞争；其三，共同市场的统一完整是否受到破坏。③在共同市场中具有影响力。对于企业之间共同实施的反竞争行为或企业单独实施的反竞争行为来说，都要求这种企业行为必须造成影响成员国贸易的后果，并且这种后果的程度是显著的；对于"聚合"行为来说，要求聚合行为所引起的企业规模的变化和市场销售额的变化在共同市场内部具有相当大的影响。

第二编
不正当竞争行为

第五章

商业混淆

■学习目的和要求通过

本章学习，要求学生
- 重点掌握：我国《反不正当竞争法》规定的商业混淆行为的表现形式。
- 掌握：擅自使用与他人有一定影响的商品名称、包装、装潢等相同或者近似的标识；擅自使用他人有一定影响的企业名称（包括简称、字号等）、社会组织名称（包括简称等）、姓名（包括笔名、艺名、译名等）；擅自使用他人有一定影响的域名主体部分、网站名称、网页等；其他足以引人误认为是他人商品或者与他人存在特定联系的混淆行为，以及每种行为的法律责任。

第一节 商业混淆的基本理论问题

商业混淆涉及很多理论问题，其中，商业标志的范围有多大和混淆应如何认定是两个基本理论问题。

一、商业标志的范围

在市场经济条件下,商品交易遵循自愿原则。生产者或经营者在激烈的市场竞争中,通过改善产品品质、提高服务质量来赢得市场对其产品的认可,并以商标、名称、包装、装潢、原产地标志等外在表征来标表商品,使自己的商品特定化。这些外在的表征蕴涵了特定声誉或商誉,是生产者或经营者长期智慧劳动的结晶,是诚实经营的结果,同时也是取得并保持其竞争优势、占据市场份额的有力手段。商业混淆行为违背了奉公守法、诚实经营的宗旨,借助别人已有的商业信誉,通过搭别人的"便车"销售自己的商品,鱼目混珠、巧取豪夺别人的劳动成果(特别是智力劳动成果),造成市场的混淆,妨碍市场交易,侵害了其他生产者和经营者的合法权益,最终殃及消费者。正因为商业混淆行为有如此巨大的社会危害性,世界各国的反不正当竞争法均以一定的方式将其作为不正当竞争行为而予以禁止。

> 商业标志是一种无形财产,也是经营者重要的竞争手段

随着我国由计划经济体制向社会主义市场经济体制转变,竞争机制也被引入,自由竞争逐步开展并深入。在市场经济运行过程中,竞争一方面在促进生产力发展与社会经济资源优化配置方面产生积极的作用,另一方面在经济利益的驱动下,出现了以追求高额利润为目的的形形色色的不正当竞争行为。在不正当竞争行为中,最常见的表现形式之一便是以假冒、仿冒甚至剽窃他人智力成果等混淆手段来侵害竞争者的利益,达到排挤竞争对手的目的,例如,冒用他人的商号推销自己的产品,假冒他人的注册商标囤积居奇、低价销售商品等。综观世界各国假冒或仿冒行为涉及的客体,无不集中于商标、商号以及与此密不可分的声誉或商誉、姓名、厂商名称甚至交易风格、货源标记、原产地名称、商品容器、包装、其他表示营业或服务的表征、专利权、著作权等。

2017年修订后的《反不正当竞争法》第6条规定,经营者不得实施下列混淆行为,引人误认为是他人商品或者与他人存在特定联系:①擅自使用与他人有一定影响的商品名称、包装、装潢等相同或者近似的标识;②擅自使用他人有一定影响的企业名称(包括简称、字号等)、社会组织名称(包括简称等)、姓名(包括笔名、艺名、译名等);③擅自使用他人有一定影响的域名主体部分、网站名称、网页等;④其他足以引人误认为是他人商品或者与他人存在特定联系的混淆行为。从《反不正当竞争法》的规定看,被利用从事不正当竞争行为的商业标志主要有如下几种:商品名称、包装、装潢、企业名称(包括简称、字号等)、社会组织名称(包括简称等)、姓名(包括笔名、艺名、译名等)、域名

主体部分、网站名称、网页等。其他商业标志没有规定，这带来的问题就是实践中出现的涉及其他商业标志的案件的定性没有法律依据。以下案例就涉及这一问题：

2003年10月20日，黄某到南京市金鹰国际购物中心"范怡文"专柜为女友买了一件标价3 980元的羽绒服。两天后，黄某以其女友穿这件太大为由要求退货。售货员办理了退货。但没过多久，"范怡文"员工在金鹰购物中心对面的一条巷子里发现了一家名为"羽绒服名衣工作室"的小裁缝店，门口的模特身上穿的一件黑色羽绒服和专柜卖过的那件一模一样，开价是980元，经讨价还价，降到700元。裁缝店的老板恰是几天前来买衣服又退货的黄某。经证实，该款式服装是"范怡文"专柜花了5万元设计费请专业人士设计的新式样。黄某认为，因为自己仿制的服装并没有贴上"范怡文"的品牌，自己这么做并没有什么不对，只是参照而已，做服装时，书上所有的东西都可以参照，商店所有的东西都可以参照。当地执法人员认为，由于黄某仿制的衣服并没有盗用品牌衣服的商标，因此，他的行为没有违反有关商标法规；《反不正当竞争法》中也没有明确的规定，故不违法。地方版权局有关人士认为，由于仿制不是抄袭设计者的产品设计图，且这种设计样式并没有申请专利，故不构成侵犯著作权和专利权。

由于商标的构成要素包括文字、图形，即其构成要素比公司名称、徽记等构成要素丰富，所以构成商业标志权利冲突的范围，一般以商标权为中心产生。对此，目前我国主要是通过《商标法》加以解决。但是，商业标志混淆的范围不限于商标，还包括商标以外的所有能够区分商品和商品来源的标识。

因此，抽象意义上，商业标志混淆应指各商业标志之间及相互之间所导致的他人认识上的错误。作为竞争手段可能发生混淆的商业标志可分为两类：①有关经营者（主体）的标志，包括企业名称、商号、商业徽记、姓名、域名主体部分、网站名称、网页、特殊的设施形态等标志；②产品或服务（客体）的标志，包括商品名称、商品的包装、装潢等。商业标志混淆的具体类型包括：经营主体标志的相互混淆，产品或服务客体标志的相互混淆，主体与客体标志的混淆。

二、混淆的认定

混淆是我国商业标志侵权的主要认定标准。由于它是一种客观情况引起的外部主体的主观认知状态，判定混淆时并不像商标侵权那样仅仅认定行为（客观要件）存在即可，也不像一般民事侵权那样直接认定致害人的主观状态。其特殊性在于非客观性和不特定性。非客观性指混淆的判断不是对外在损失的评价,而是对外部主体主观状态的评价;不特定性指评价主体的发散性。因此,理论上和实践中对混淆的认定需要研究并明晰混淆的状态、主体范围的认定、混淆的内容确定、主体认知状态、认定混淆的方法等问题。

> 混淆的认定包括混淆的状态、主体范围的认定、混淆的内容、主体的认知状态等

1. 混淆的状态。混淆是指经营者擅自使用他人商业标识,或者故意将自己的商品与他人商品相混淆,引人误认为是他人商品或者与他人存在特定联系的不正当竞争行为。混淆的状态包括混淆的事实和混淆的危险两种。对于混淆的事实,依个案情况相对容易判定,但认定结论仅具有个案性,不能由此推定案外人员(他人)是否也会发生认识上的混淆,即无法解决个案中涉及的混淆是否具有混淆普遍性的问题;判定某种商业标志的使用是否存在认识上混淆的危险,由于主体没有进入"法律关系状态",则相对较难,需要采取特殊的方法,即社会调查的方法(下文将详述)。

2. 主体范围的认定。法律上将混淆主体确定为相关公众。所谓相关公众,是指与某类商业标志标示的商品或者服务有关的消费者和与该类商品或者服务的营销有密切关系的其他经营者,即相关公众的范围包括消费者和经营者。而所谓"有密切关系的",是指消费者和经营者的范围是有一定限制的。首先,需与某商品有特定的必然的联系,即该商品特定的消费群体或购买阶层;其次,由于受地域性的限制,相关公众应该确定为该商品销售地区的消费群体或购买阶层。对相关公众地域范围的确定标准与商品知名度的确定标准应是同一的。法律上,将"有密切联系的消费者"称为一般消费者,例如,日本《禁止垄断法》第1条规定:"本法的目的是通过禁止私人垄断、不当地限制交易和不公正的交易方法,防止事业支配力的过度集中……以确保一般消费者的利益和促进国民经济民主、健康地发展。"再如,该法第24条之二中规定:"生产容易识别的同样质量的商品或从事该商品的销售的事业者,在与该商品的销售对方事业者商定该商品的转卖价格(指该对方事业者或买取该对方事业者销售的该商品的销售事业者销售该商品的价格。下同),以维持该价格时所进行的正当行为,不适用本法。但在该行为不当地损害一般消费者的利益时,以及销售该商品的事业者的行为违反该商品生产事业者的意愿时,则不在此限。"一般消费者不是泛泛地包括所有的公民。一般消费者是"在通常状况下购买商品时,施以其通常购买此种商品之注意程度"[1]的人,与其对应的概念是特殊消费者。这种分类不同

> 应当准确理解竞争法上的一般消费者,实际上,它是一个重要的认定违法的标准

---

[1] 朱钰祥:《虚伪不实广告与公平交易法》,台湾三民书局1993年版,第63页。

于营销管理上对消费者的分类，也不同于国际贸易中有关消费者的分类，[1]它是根据主体的认知能力和与产品的接触程度来划分的。特殊消费者指游离于一般消费者之外的两极主体，一类是专业人士——行家；另一类是没有认知能力或认知能力很差的人，或职务业务上不接触该产品的人。例如，一个虚假医疗广告，医生对它的认识和患者本人对它的认识会截然不同，医生很容易揭穿广告的虚假本质；患者由于急于治愈的心理作用，对夸大的广告内容往往信以为真，医生和患者就属于两极主体。

相关公众也包括作为交易相对人的合作者，例如，经营者的上下游企业（合作者）。交易之于生产过程而言，可以分为三种类型：为了生产而交易、为了销售而交易、为了消费而交易。事实上，消费者不是唯一使经营者感兴趣的，企业间的竞争也表现为努力获得客户的青睐。那么，企业从事的反竞争行为会产生对消费者和合作者的双重不利影响。从竞争合作者角度评判反不正当竞争法，该法就是为了在市场上在企业之间建立某种平衡，以保证合作者拥有随时选择供应者的权利。因此，合作者在竞争关系中具有两重性：受害主体和评价标准，同消费者的选择权的形式一样（但内容不同），合作者的选择权充当用以评判某种竞争行为正当与否的标准。对合作者的范围同样也是有限定的，涉嫌侵害者和被侵害者的采购人员，以及与其有利害关系（如母子公司等）的企业，都不能作为相关公众。

就某个需要调查的案件，是否需要同时向消费者和合作者作调查来取得综合的评价，则主要看涉嫌被侵权经营者所处的经济环节。如果该经营者是生产者或批发者，应当同时考查合作者和消费者的认知状况；如果该经营者处于零售环节，则主要考查消费者的认知状况。

3. 混淆内容的确定。混淆的内容，包括与他人有一定影响的商品名称、装潢和包装等商品标识混淆；或者与他人有一定影响的企业名称（包括简称、字号等）、社会组织名称（包括简称等）、姓名（包括笔名、艺名、译名等）、域名主体部分、网站名称、网页等区别经营者身份的标识相混淆。以商号和商品名称为例：从功能上讲，商号是侧重于区别同行业的不同企业，如果将他人的商号作为自己的商品名称并用于同行业的不同企业，可能会引起混淆；商品名称作为区别不同的商品和服务的特殊标志，很多时候也会成为企业所有产品的代名词。如果将他人商品名称登记为同行业的不同企业的商号，也可能引起混淆。因此，

---

[1] 国际竞争中，一些国家采取的贸易壁垒措施实则是将消费者分为本国消费者和外国消费者。

这里的混淆或混淆的可能性包括三方面的内涵：①使相关公众对市场主体产生混淆。例如，广州某市登记注册了"步步高"电子有限责任公司，产品上"步步高"三个字突出使用，使人以为是"步步高"牌电子产品。②使公众对商品或服务的来源产生混淆。例如，雅戈尔服饰有限公司被人在香港恶意注册"雅戈尔服饰（香港）有限公司"，后者于2000年在广州成立了分公司，生产的成人服装和童装在国内销售。③使相关公众对市场主体之间存在着某种关联关系的混淆。

在判断混淆内容时需注意两点：①行为人的某些可能导致混淆的特殊措施不等于已造成相关公众混淆。这种特殊措施包括：特殊的位置安排，特殊的字体、字形、字号选择，特殊颜色处理，等等。例如，将与他人商品名称相同或者相近似的文字作为企业的字号在相同或者类似商品上突出使用，"突出使用"仅仅是行为人行为的一种表现形式，其本身不违法，只有"突出使用"造成混淆的，才构成不正当竞争及侵权。混淆抑制了商业标志的识别功能，是认定商业标志不正当竞争的基本标准。至于实践中出现这样的情况——有的案件法院判令被告停止"突出使用"商号；有的判令被告停止"使用"商号——也不矛盾，判令被告停止"突出使用"商号，是因为（商号）"突出使用"造成了相关公众的混淆；判令被告停止"使用"商号，是因为即便被告没有"突出使用"也造成了相关公众的混淆。因此，只要被告使用商号造成相关公众混淆，即构成商标侵权，是否"突出使用"在所不问。②混淆特指相关公众的主观状态，而不是指行为人的主观状态。行为人使用他人有关商业标志可能出于主观故意，也可能出于非故意。行为人的主观状态不影响相关公众主观认知状态的判断。例如，《关于解决商标与企业名称中若干问题的意见》第7条明确规定，非恶意而引起的商标与企业名称的混淆属于不正当竞争行为。混淆是行为的客观结果，认定混淆是相关公众主观见之于客观的过程，因此，混淆的考查点已经从行为人的身上移开，走向相关公众。

> "突出使用"和混淆之间不是充分条件，更不是充分必要条件

对于行为人的主观状态，依据《反不正当竞争法》的规定，"擅自使用"他人有一定影响的企业名称、包装、装潢的，属于不正当竞争行为。所谓"擅自使用"，是指未经许可而对他人有一定影响商品的名称、包装、装潢作相同或近似使用，其目的在于借助他人已有的信誉推销自己的产品，在竞争激烈的市场中占据一席之地，与有一定影响的商品所有人共同分享经济利益。

> 商业标志的混淆不强调主观状态，这一点类似于商标侵权行为

一个需要探讨的法律问题是："擅自使用"是否反映过错这种主观状态。"擅自"的含义是指没有经过权利人的许可，包括知道权利人而

不去申请许可，也包括不知道权利人而不能申请许可。所以，"擅自使用"并不绝对反映当事人主观上的故意或过失。法律上也不应该以过错为认定商业标志使用不正当竞争行为的要件之一，亦即主观状态不是行为人抗辩的理由。只通过行为人行为的客观表现以及客观事实，就可以认定行为是否构成不正当竞争行为。主观故意只是定性后制裁时的一个考虑因素，而不是定性的决定因素。例如，广州东方塑料模具有限公司从1993年底开始，自行设计生产"猫外形"钟，并用带有与美国鲍斯有限公司在先使用的"GARFIELD"相近似的外包装装潢的纸盒进行包装。这就是借助他人的包装和装潢推销自己的产品的典型表现，其主观故意非常明显。对此，可以加重处罚。

4. 认定相关公众混淆的方法。社会学中为解决某种社会现象或解决某种实际工作问题进行的有目的、有对象的实地考察活动，即调查的方法，可以为判定混淆普遍性和混淆危险所借鉴。具体来讲，就是采取统计调查法。该方法是数学方法在社会学调查中的应用，即运用统计原理和手段收集社会现象的各种数据资料，并对这些资料进行数量分析，从而得出阐明社会现象产生的原因和事态发展的趋势的方法。统计调查法又分为全面调查和抽样调查两种，抽样调查又进一步分为随机抽样和非随机抽样两种。随机抽样又可以分为多种，[1] 就是否造成相关公众混淆这一事实状态的调查来说，宜适用类型抽样法。

类型抽样的要点是先确定抽样样本的总体数额，然后按类型特征分成若干类别，最后进行调查、分析并得出相关结论。这种抽样方法兼顾了不同类型的观测单位，所获取的样本特性基本能够反映事物总体性状。

运用类型抽样调查的过程和环节主要是：①确定抽样样本总额。鉴于不同案件涉及的经营环节及产品特点不同，在选择抽样对象时，应根据产品的特点来选择经营者和消费者为抽样对象。例如，根据服装产品的特点，在抽样对象选择上，女士可适当多于男士；领带产品的混淆判定，抽样对象应当男士多于女士。②认知对象（题目）的设计。应避免人为提示和人为强化受调查者的认知注意力。在调查题目设计上，直入主题，如你购买的××（涉嫌混淆标志）是××（被混淆标志）吗？③认知环节的选择。应选择进入"法律关系"状态的消费者，即选择购买商品后，消费者或经营者的认知状态。④结果分析。可依简单多数原则处理。

---

[1] 包括简单随机抽样法、系统抽样法、多段抽样法、类型抽样法等。

有关知识产权法对解决上述权利冲突作了原则和方法上的规定，但它不是解决商业混淆的唯一标准。我国知识产权法规定的解决上述冲突的方法是确立在先权利原则。有关国家也以在先权利为原则解决相关冲突。根据1992年的《法国知识产权法典》第711-4条的规定，侵犯在先权利的标记不得作为商标，其在先权利包括注册商标或《保护工业产权巴黎公约》第6条之二意义上的驰名商标、公司名称或字号、全国范围内知名的厂商名称或牌匾、受保护的原产地名称、著作权、受保护的工业品外观设计、第三人的人身权（姓氏或肖像权）等。[1] 1996年的德国《商标和其他标志保护法》第12条对在先权利的范围作了规定，包括商标注册人以外的其他人，在注册商标的在先权日之前，依法已经获得了商标权或者已获得了商业标志权，权利人有权禁止在德国领土范围内使用该注册商标，可以撤销该商标的注册。[2] 与法国和德国不同，加拿大《商标和反不正当竞争法》没有使用在先权的概念，而是从反不正当竞争的角度来调整商标权与包括商号权在内的其他权利间的关系，而且以造成混淆作为构成不正当竞争的条件加以调整。

其实，德国和法国在商业标志的关系上都分为两种状态：和谐状态和对抗状态。和谐状态就是相同或近似的商业标志之间共存的状态。根据《法国知识产权法典》第713-6条的规定："就相同和近似的标记，先于商标注册使用的公司名称、厂商名称或牌匾，商标注册人不能妨碍其使用，但是这种使用损害注册人权利的，注册人得要求限制或禁止其使用。"[3]在和谐状态下，不存在在先权利。因此，所谓的在先权，是有条件的、相对的，只有在对抗状态下，在先权利才存在或才存在的必要。这样，在先权利不是与商业标志原权利与生俱来的一种权利形态，而是产生原权利冲突情况下经申请确认的一种寄生性的权利，本质上，它是一种解决冲突的工具。权利不受损害（或有损害危险）的，不存在在先权的问题。这是在先权存在的条件，即认为权利受损害（或有损害危险）。判定权利是否受损害（或有损害危险）的标准又是什么呢？由于发生权利冲突的前提是权利的适用，即意味着商业标志已经通过一定的方式展现出来。就商标而言，商标权之间的冲突不同于商标侵权，后者自始无效，而商标权冲突在被解决之前，各权利是有效的。此外，商标权冲突也不同于单纯的标识侵权，后者情况下，商标标识未与商品

> 知识产权权利间的冲突多以在先权利原则解决，但在反不正当竞争中，商业标志冲突依混淆原则处理

---

[1] 黄晖译："法国知识产权法典"，载郑成思主编：《知识产权文丛》（第3卷），中国政法大学出版社2000年版。
[2] 谢冬伟译："德国商标和其他标志保护法"，载郑成思主编：《知识产权文丛》（第3卷），中国政法大学出版社2000年版。
[3] 黄晖译：《法国知识产权法典》，商务印书馆1999年版，第140页。

结合，未展示于外。这样，德国、法国确定商业标志之间冲突的标准就是在先权标准；而加拿大确定商业标志冲突（包括与商标权之间冲突）的标准是混淆标准。

在先权标准和混淆标准都不适用认定一般民事侵权责任的"四要件"，也不适用认定特殊侵权行为的"三要件"。在此基础上，在先权标准强调合法权利存在的时间，即客观性；而混淆标准强调一般消费者的主观认知状态（具体内容上文已述），即主观性。

客观性标准仅仅是个时间概念，如果没有任何限制，这个标准可能成为专打"出头鸟"的枪。基于此，如德国《商标和其他标志保护法》第15条、法国《知识产权法典》第711-4条都规定了限制性条件，只有在全国范围内知名，且在公众中有被混淆危险的商业标志才能作为在先权利而禁止他人的在后权利存在和适用。限制的条件就是"全国范围内知名"或"公众混淆"，而"全国范围内知名"是"公众混淆"的条件，仅在本地知名，一般也不会发生混淆，或仅能发生个别混淆。因此，在先权的判定最终还是回到了混淆标准这个原点上。

第二节 商业混淆的类型

一、混淆企业名称、社会组织名称和姓名

（一）一般规定

《反不正当竞争法》第6条规定，经营者不得擅自使用他人有一定影响的企业名称（包括简称、字号等）、社会组织名称（包括简称等）、姓名（包括笔名、艺名、译名等），引人误认为是他人商品或者与他人存在特定联系。

企业名称，是用来区分不同的厂商的，即区分不同的生产者和经营者。企业名称由四部分构成，即行政区划名称、字号（商号）、行业和组织形式，通常情况下，这四部分不可分割。企业名称与包装、装潢相比较，其表现方式单一，只能用文字表示，不能使用图案。具有一定影响力的企业名称（包括简称）是企业的无形资产，它一旦在公众中树立了良好的商业信誉，就会对公众产生极大的吸引力，并且不因经营者的更迭而受影响。字号或商号是企业名称的核心部分，它与企业共存亡，如"同仁堂""全聚德"等老商号深深地根植于公众心中，历经数百载

而不衰，显示了企业名称巨大的潜在功能。

社会组织是指人们团体、社会团体、事业单位以及其他从事公益性服务的社会组织等。社会组织虽然不是经营者，但因为其从事的多是公共服务或公益性活动，被社会广泛知晓。近年来，一些经营者为了利用社会组织的影响力，擅自使用社会组织名称从事经营活动，从而使消费者和其他经营者误认为。为此，2017年修订的《反不正当竞争法》禁止经营者擅自使用他人有一定影响力的社会组织名称，包括其简称。

姓名，由姓和名组成，也称名字。人的姓名，是人类为区分个体，给每个个体的特定名称符号，是通过语言文字信息区别人群个体差异的标志。由于有了姓名，人类才能正常有序地交往，因此每个人都有一个属于自己的名字。人名是在语言产生以后才出现的。各个民族对人的命名都有很多习惯。这种习惯受到历史、社会、民族等很多文化因素的制约，一个人的名字通常都有一定的含义。从历史的习俗沿革来看，名有乳名、本名、学名、曾用名、笔名、译名、艺名等之分。姓名权是自然人对于姓名设定、变更和专用的人格权，是法律赋予自然人的权利。自然人有权使用自己的名称，从事个体工商活动和个人合伙作为字号。姓名还包括笔名、艺名和译名。笔名常常是文人墨客在其作品上署的别名笔名，如鲁迅是周树人的名字。艺名，即艺人演出时用的别名，如白玉霜是评剧表演艺术家李慧敏的艺名。译名即翻译过来的名字，如乔丹。

构成擅自使用他人企业名称、社会组织名称和姓名的不正当竞争行为的要件：

1. 被擅自使用的客体是具有一定影响力的企业的名称、社会组织名称或者姓名。这些客体之所以被冒用，是因为他们与为其标表的商品之间存在着特定的联系，一定程度上标示了商品的质量和信誉，能够带来经济利益。

对于企业名称的保护，目前有《民法总则》《侵权责任法》《企业名称登记管理规定》《企业名称登记管理实施办法》。这些法律法规和规章只能对注册登记的企业名称给予保护，未经注册登记的企业名称则不能据此得到保护。现实中，被擅自使用的企业名称不限于已登记注册的企业名称，因此，对具有一定影响力的企业名称的保护便责无旁贷地落在《反不正当竞争法》的项下。所以，《反不正当竞争法》对该类客体的保护范围应作广义解释，对于企业名称，不论注册登记与否，均予以保护；对于自然人的姓名，只要具有商业价值，有被他人冒用的可能，也同样给予保护。

2. 擅自使用行为引起消费者的误认。擅自使用他人企业的名称或他人的姓名，是因为这些名称或姓名已经具有了一定的市场知名度，在公众心目中已享有了较高的信誉和商誉，由其所标表的商品也因此得到了市场的认可，该商品的价值和声誉由此得以提高。对于拥有这样名称的企业和自然人来说，这是一笔无形资产，它可以给其拥有者带来丰厚的利益回报。也正是因为如此，冒用者对这样的名称或姓名趋之若鹜，其动机不过是将自己的商品与他人的商品相混同，张冠李戴，引起市场混淆，使公众将其商品误认为是标有知名企业名称或姓名的他人的商品，搭他人的"便车"，推销自己的商品。

3. 客观上实施了使用他人企业名称、社会组织名称或姓名的行为。根据《反不正当竞争法》的规定，"擅自使用"他人的企业名称或者姓名，引起误认的，构成不正当竞争行为。而"擅自使用"通常理解为在未经他人许可的情况下，自作主张，将他人的企业名称或姓名冠以自己的商品之上。

（二）字号（商号）与商标的混淆

字号是企业名称的核心部分，反映了企业名称的最大特征和实质性内容，对于企业树立和维护自己的形象及信誉具有重要意义。从法律的本意来讲，保护名称专用权，其实质和核心为保护字号。目前我国保护企业名称的法律制度尚不具体，除《民法总则》作了极为笼统的规定之外，只有2000年1月1日开始施行的由原国家工商行政管理总局颁布的《企业名称登记管理实施办法》（2004年7月1日修订）。该实施办法第5条规定："工商行政管理机关对企业名称实行分级登记管理。国家工商行政管理总局主管全国企业名称登记管理工作，并负责核准下列企业名称：①冠以'中国''中华''全国''国家''国际'等字样的；②在名称中间使用'中国''中华''全国''国家'等字样的；③不含行政区划的。地方工商行政管理局负责核准前款规定以外的下列企业名称：①冠以同级行政区划的；②符合本办法第12条的含有同级行政区划的。国家工商行政管理总局授予外商投资企业核准登记权的工商行政管理局按本办法核准外商投资企业名称。"

> 商号混淆的核心是商号中的字号的混淆

1. 商标与商号搭便车使用造成混淆的三种情形。

（1）将他人商号作为商标使用，即商标搭商号的"便车"。不是所有的"车"都值得"搭"，通常被搭的"便车"一般都是有名的商业标志。商标搭商号的"便车"能够成行，一定是因为商号具有良好的信誉和声誉。我国很多中华老字号就属于这类商号。"朱鸿兴"是以面食为主要服务内容的江苏苏州老字号的餐饮企业，主打产品包括面、小笼包、馄饨等，但其只在餐饮服务类别上注册了"朱鸿兴"商标，未在相关产品（如冷冻食品）上予以注册。后来，冷冻食品类别上的"朱鸿兴"商标被他人抢注，并使用在冷冻水饺、馄饨、小笼包等一系列产品上。对此，普通消费者很难辨别冷冻食品上的"朱鸿兴"商标和作为中华老字号的"朱鸿兴"商标的关系。[1] 此外，实践中还有通过在境外或者我国港、澳、台地区注册一个公司，公司名称中包含他人知名商标的字样，而后在境内进行相同产品的生产与销售。例如，雅戈尔服饰有限公司被人在香港恶意注册为"雅戈尔服饰（香港）有限公司"，后者于2000年在广州成立了分公司，生产成人服装和童装在国内销售。[2]

（2）将他人的商标作为商号使用，即商号搭商标的"便车"。这里的商标多为驰名商标；同时，多数情形下，商号所有人所经营的商品或服务与该驰名商标附着使用的商品或服务不相同、也不类似。香格里拉国际饭店管理有限公司诉连云港市明珠香格里拉大酒店有限公司商标侵权一案，被告连云港市明珠香格里拉大酒店有限公司作为与原告从事同一经营竞业者具有明显攀附、搭乘他人商标的故意，从而造成相关公众混淆与误认。[3]

> 商标与商号的混淆最为常见。不同商业标志间混淆的基本原因是"搭便车"

（3）商标和商号的交叉使用，即将他人的本不相同的企业名称中的商号和商标，分别注册为自己的商标和登记为商号。比如，上海惠工缝纫机厂的"惠工"商号和"海菱"商标，被上海海菱缝纫机设备有限公司将该商标用于企业名称的商号，又在商品上将上海惠工缝纫机厂的商号"惠工"注册为商标。[4]

2. 商号和商标冲突产生的原因。

（1）相互冲突的商业标志都属于无形财产，都是重要的竞争手段。现代竞争条件下，不同产品（服务）之间的质量、售后服务比较形成的

---

[1] 江苏省苏州市中级人民法院民三庭："老字号面临的权利冲突及其保护"，载《人民司法》2004年第10期。

[2] 郑黎、崔砺金："'傍名牌'，经济领域的怪胎"，载《观察与思考》2002年第12期。

[3] 原告香格里拉国际饭店管理有限公司于1989年在英属维尔京群岛根据国际商业公司法注册成立，其英文名称为"Shangri-La International Hotel Management Limited"。1994年10月7日、1995年2月14日分别在中国注册了"SHANGRI-LA"英文商标及"香格里拉"中文商标，核定使用于第42类旅馆、餐馆及旅馆膳食预订服务，提供集会、会议及展览会设施等服务项目上。在法国、德国、澳大利亚、新加坡和我国北京、上海、深圳、南京、青岛等大中城市及香港、澳门等地区都设有香格里拉酒店或商贸饭店，并已注册"SHANGRI-LA"英文商标及"香格里拉"中文商标。被告连云港市明珠香格里拉大酒店有限公司于2003年5月28日在沿海开放城市连云港市登记成立，经营范围为制售中、西餐。该大酒店在经营中在其酒店外墙招牌、路及其酒店内的房价卡、信笺等服务工具上均使用及标注中文"明珠香格里拉大酒店"及英文"Shangri-la Mingzhu"字样作为其服务标识。原告认为被告在其企业名称及经营中擅自使用与原告注册商标相同的文字，使人误认为被告与原告存在特定的联系，是其在连云港的连锁企业。故请求法院判令被告停止侵犯原告的商标专用权并赔偿其经济损失等。参见江苏省连云港市中级人民法院（2005）连知初字第7号民事判决书。

[4] 宿迟主编：《商标与商号的权利冲突问题研究》，中国人民公安大学出版社2003年版，第108页。

竞争优势，需要通过一定的载体表示出来，而商标和商号是消费者最容易接触到的载体。在使用功能上，都能起到标示产品来源和质量的作用，对广大的消费者而言，可以降低搜寻成本。对企业而言，利用商标和商号扩大产品（服务）的影响最为直接、有效。

（2）商标权和商号权的权利保护范围不同。商标权的排他性建立在商标标识和核定使用的类别商品上，换言之，商标有类别的限制，超出核定使用的商品类别和作他种性质的使用，则为商标权的排他性所力不能及。商标侵权应在"相同或近似"条件下具备双重对应关系：商标——商标；商品——商品，即要求"形"（即标识之形）的对应和"类"（产品之类）的对应，这是一个判断商标侵权的基本原则。法律对驰名商标给予的特殊保护，通常只是跨"类"的保护，在"形"上，仍符合上述对应关系。驰名商标的反淡化措施也是在"商标——商标"关系内。2003年最高人民法院颁布的《关于审理商标民事纠纷案件适用法律若干问题的解释》中规定也表明了这一点，"复制、模仿、翻译他人注册的驰名商标或其主要部分在不相同或不类似商品上作为商标使用，误导公众，致使该驰名商标注册人的利益可能受到损害的"，构成驰名商标侵权。若将他人的注册商标作商标功能范围之外的方式利用时，因背离了上述"双重对应"原则，不构成商标侵权。商号权也具有排他性和排他性的例外，根据有关企业名称登记管理的法律规定，商号的保护范围仅限于其登记机关的辖区，超出辖区范围使用相同的商号，则属商号权排他性的例外。

<aside>已有的法律制度保护范围不同，成为商标与商号混淆的制度原因</aside>

（3）经营者刻意利用商标和商号的功能混淆商品的信息。一般情况下，商标的使用和商号的使用不会发生混淆，甚至在认识上，消费者会形成某种特殊的、固定的对应关系，例如，人们见到"康师傅"就自然联想到天津顶新食品公司，见到方便面也可能自然而然地想起"康师傅"，人们对商标或商号的观念是自然形成的，人们通常不会刻意去区分商标与商号的功能和法律性质有何不同。正因为这种"自然观"使经营者刻意制造的某些假象常常可以以假乱真，造成消费者的混淆。所谓刻意制造假象，通常表现为"突出使用"或"扩展使用"。前者指突出与驰名商标或知名商号相同或近似的文字或文字书写形式。后者指通过减缩或省略文字使用的文字与驰名商标或知名商号相同或近似，例如，在天津市全兴体育用品厂诉四川全兴足球俱乐部等侵犯商标权案中，四川全兴足球俱乐部在纪念足球上使用了"全兴""四川全兴"字样。[1]

---

[1] 汤茂仁："知名商号在先使用的特别保护——全兴体育用品厂诉全兴足球俱乐部、某运动器具厂商标侵权纠纷案"，载谭筱清：《知识产权权利冲突的理论与判解研究》，苏州大学出版社2004年版。

需要进一步说明的是,商标与商号的"互换"使用并不必然构成不正当竞争行为,构成不正当竞争行为需达到上述"混淆"的条件。

3. 商号与商标的权利冲突的解决原则和方法。关于商号与商标的权利冲突的解决原则和方法,有关国家的法律作出了不同的规定,这些规定涉及与在后商标权冲突的在先权利的范围、商号和商标的法律地位、在先权利的构成条件等相关法律问题。

(1) 我国现行有关法律对商标与商号之间的冲突的解决方法,具体可归纳为如下几种情况:

第一,单纯的在先权原则。即不考虑商业标志的社会影响及社会效果等限制条件,突出强调形成权利的时间。《商标法》第32条规定:"申请商标注册不得损害他人现有的在先权利,也不得以不正当手段抢先注册他人已经使用并有一定影响的商标。"此条前部内容就是无限制的在先权利。

第二,禁止使用原则。根据2017年修订的《反不正当竞争法》第6条和第18条规定,经营者不得擅自使用他人有一定影响的企业名称(包括简称、字号等)。经营者登记的企业名称违反规定的,应当及时办理名称变更登记;名称变更前,由原企业登记机关以统一社会信用代码代替其名称。

第三,混淆中商标侵权原则。《最高人民法院关于审理商标民事纠纷案件适用法律若干问题的解释》第1条第1项规定,"将与他人注册商标相同或者相近似的文字作为企业的字号在相同或者类似商品上突出使用,容易使相关公众产生误认的",构成商标侵权。侵权原则确立了注册商标为中心的权利结果状态。这里侵权原则的适用没有考虑企业字号的声誉、注册商标的知名程度和商标注册与企业字号登记的时间。

可以看出,立法机关、行政执法机关和司法机关对商标与商号冲突的处理原则并不一致。单纯的在先权利原则对与他人合法的在先权利发生冲突的在后权利、商标与商号信誉的强弱、侵权人的主观状态、混淆误认的判断等都没有明确具体的标准,实践中,这个原则将很难具体运用。混淆中的商标侵权原则则过分强调了对于传统知识产权的保护,相对来说,法律规定得较为明晰。但是,随着客观形势发展而出现的新的权利客体形态没有被关注。因此,笔者认为,商标与商号的冲突的结果是损害公共利益,这一客观结果的影响已经超出了商标权人和商号权人的无形财产价值关注的范围。依据诚实信用和维护公平竞争的宗旨,禁止欺骗及误导公众是解决商标权与商号权冲突的直接目的,在此基础上,应坚持混淆中的在先权原则。这也符合《保护工业产权巴黎公约》

规定的精神,"凡在工商业活动中违反诚实经营的竞争行为即构成不正当竞争的行为","采用任何手段对竞争对方的企业、商品或工商业活动造成混乱的一切行为"和"在经营商业中利用谎言损害竞争对手的企业、商品或工商业活动的信誉的行为"[1]都应予以禁止。

在确定在先权时,商号权的两个特殊性不能忽视:一是商号权排他的地域性;二是商号权的人身权属性。商号权的产生基于注册,商号独立注册后即可在其辖区内享有专用权。此种情形下,商号权人仅因行政注册登记这一形式要件而在其登记辖区内享有专用权。企业商号权的效力范围因为限定于登记地域内,带有很强的人身属性。商号权作为在先权行使对相同或近似商标的排他权时,商号权的上述两个属性需要异化出一定的新内容。具体而言,登记后的商号需要所有人在产品质量、售后服务、广告投入、公益事业等方面作出积极的努力,使商号在全国范围内享有较高知名度。商号知名度的增强的过程,是其对相同或近似商标的对抗能力增强的过程。只有当其在相关公众中的知名度或影响力积聚到一定程度时,才能产生足以与商标专用权相抗衡的效力。至于并非在全国知名或驰名的商号,如经合法登记注册在先的,因其仅在一定的辖区内享有专用权,无法对抗商标权的效力,也不能产生在先的"权利",但基于行政授权的合法性和公信力,以及公平诚信原则,应允许其主体在注册登记或知名的地域范围内享有继续使用该商号的权利。

可以看出,在先权不是唯一的解决商标和商号冲突的原则。解决这种冲突的标准主要是两者同时使用是否造成相关公众混淆、误认,或者有混淆、误认之虞。

(2) 强制性调整还是任意性调整的选择。对造成混淆的商标与商号的使用,法律应当采取强制性调整还是任意性调整,是一个值得探讨的问题。

我国有关法律、法规对"驰名商标作企业名称使用"行为的定性曾经几度摇摆,最终跳出了"侵权"的范畴,走向了"可变更、可撤销"的任意性调整。这种变化值得注意,其合理性值得探讨。

1996年颁布的《驰名商标认定和管理暂行规定》中,将与驰名商标相同或近似的文字作为企业名称一部分使用,且可能引起公众误认的行为,视为侵犯商标专有权的行为。1998年修订的《驰名商标认定和管理暂行规定》将上述行为定性为驰名商标淡化的违法行为,并提供了两种违法纠正机制:"自驰名商标认定之日起,他人将与该驰名商标相同或

我国相关规定的变化其合理性值得探讨

---

[1] 《保护工业产权巴黎公约》第10条之二。

者近似的文字作为企业名称一部分使用，且可能引起公众误认的，工商行政管理机关不予核准登记；已经登记的，驰名商标注册人可以自知道或者应当知道之日起 2 年内，请求工商行政管理机关予以撤销。"（第 10 条）2003 年再次修订的《驰名商标认定和保护规定》时进一步弱化了行为的违法性认定，该规定第 13 条规定："当事人认为他人将其驰名商标作为企业名称登记，可能欺骗公众或者对公众造成误解的，可以向企业名称登记主管机关申请撤销该企业名称登记，企业名称登记主管机关应当依照《企业名称登记管理规定》处理。"[1]因取消了行政机关的直接控制而使原来的本身违法行为成为效力待定行为。这种变动也反映了违反"双重对应"的行为予以侵权定性的不协调及难度。三个不同的法律版本留下了"侵权行为——违法行为——效力待定行为"的定性强弱变动的轨迹，既说明了对"商标作企业名称使用"行为的认识不统一；也清楚地表明了最终定性偏离原初认为的"侵权行为"越来越远，不将其定为"侵权行为"的认识越来越明显。2014 年 7 月，原国家工商行政管理总局对《驰名商标认定和保护规定》再次修订时，删除了原来的第 13 条内容，即当事人认为他人将其驰名商标作为企业名称登记，可能欺骗公众或者对公众造成误解的，不再适用该规定。

二、混淆商品名称、包装、装潢

（一）一般性规定

同商标一样，商品的名称、包装、装潢也是商品的外部特征，尤其是那些具有一定影响力的商品所特有的名称、包装、装潢更是具有区别商品来源、标表不同商品、增强消费者所要识别商品的显著性的作用。在一定程度上，商品的名称、包装、装潢也是生产者或经营者声誉或商誉的反映，同样凝聚着生产者或经营者智力劳动的结晶。这些年来，随着商标法实施的深入、打击假冒商标力度的加大，公然盗用他人注册商标的侵权行为已大大减少，侵权者更主要的是通过打"擦边球"的策略获取不当利益。常打的"擦边球"是在自己生产或者销售的商品上使用类似于他人有一定影响的商品特有的名称、包装、装潢。

商品名称、包装、装潢混淆涉及两个基本问题，即具有一定影响力的商品的认定和相同及近似的判定。

---

[1] 现行《商标法实施条例》第 53 条作出了与此相同的规定。

具有一定影响力的商品即知名商品，是指在市场上具有一定知名度，为相关公众所知悉的商品。判断商品是否知名或具有一定影响力，需要在相关公众中予以考察，结合商品销售地区、时间、信誉、广告宣传量的多少等因素认定。一般而言，区分商品来源的主要是商标，商标的知名度越高，其所标示的商品的知名度也越高，商标是判断知名商品的主要参照因素。知名商品的认定不同于驰名商标，也不同于名优商品，它不是经由某个组织、通过某种程序评定出来的，也不属于荣誉称号，实践中由行政执法机关在查处违法行为时对个案予以认定，它是执法者行使自由裁量权的结果，不具有普遍性。因此，在认定知名商品时，必须接受知名商品有全国性和地方性的区别，承认商品知名度的地域限制，才能有效保护生产者和经营者的合法利益。我国《反不正当竞争法》及相关的配套规章并未就商品知名度的地域范围作出明确规定，而我国的现实情况又是地域辽阔，经济发展不平衡，人们的消费习惯和消费心理不同，因而表现出不同的消费偏好，加之市场发育不成熟，如果以全国范围为地域性标准，不符合我国的国情，并且在实践中确实存在这样的情况，在某一地区非常受欢迎、非常有市场的商品，在其他地区并非如此。承认商品知名度的地域限制，才能有效保护生产者和经营者的合法利益，打击违法行为，这是对《反不正当竞争法》立法本意的正确诠释。

> 认定知名商品，要承认地域限制。并非全国知名的商品才算"知名"

对于仿冒人对他人商品的名称、包装、装潢作相同使用的认定比较容易，而对近似使用的认定则较为抽象。对此，1995年国家工商行政管理局颁布的《关于禁止仿冒知名商品特有的名称、包装、装潢的不正当竞争行为的若干规定》第5条指出："对使用与知名商品近似的名称、包装、装潢，可以根据主要部分和整体印象相近，一般购买者施以普通注意力会发生误认等综合分析认定。一般购买者已经发生误认或者混淆的，可以认定为近似。"由此可知，判断近似时，应该从以下几个方面把握：①客观方面。其一，就仿冒商品与被仿冒商品名称、包装、装潢的主要部分和整体设计、整体构图进行比较，只要主要部分和整体形象雷同，即使细枝末节有所差异，也不影响对近似的认定；其二，对仿冒商品与被仿冒商品名称、包装、装潢作隔时、异地比较。近似与相同的根本区别在于其含载的信息或内容有局部的差异，将名称、包装、装潢雷同的两个商品放在一起对比，这种差异尚属明显，但若将仿冒商品与被仿冒商品在不同的时间、不同的地点进行观察，这种差异即很难发现，此时即可判定为近似。②主观方面。消费者只要尽到一个普通购买者应有的注意义务即可。这里的购买者非指某个购买者或所有购买者，因而这种认识能力不是以某个购买者基于其自身的智力、身体状况、技能、物质条件等所具有的认识能力作为标准,同样也不是以所有购买者都能识别为标准,而是依据与某种商品有特定购买关系的一个消费群体普遍具有的认识能力或称之为"中等认识能力"为判断标准,只要消费者尽了一个普通购买者应有的注意义务后,仍发生混淆或误认,即可判定为近似。

此外,认定仿冒知名商品特有的名称、包装、装潢的不正当竞争行为还需注意以下方面:

1. 使用的单独性与联合性。经营者在非相同、非类似商品上,擅自将他人知名商品特有的名称、包装、装潢作相同或者近似的使用,造成或者足以造成混淆或者误认的,亦违反《反不正当竞争法》第2条的规定。这里的使用包括擅自将知名商品特有的名称、包装、装潢三者同时作相同或者近似使用,或者将其中之一作相同或者近似使用。

2. 范围包括服务业。服务中,对服务起到美化和识别作用的装饰设计、装修风格,属于餐饮服务的装潢。经营者擅自将他人知名餐饮服务特有的装饰、装修风格作相同或近似使用,造成或足以造成市场混淆或者误认的行为,构成不正当竞争行为。因为《反不正当竞争法》第2条第3款明确规定,该法所称"商品"包括"服务"。

3. 特殊情况下享有抗辩权。知名商品特有的包装、装潢是《反不正当竞争法》保护的一项重要权利,对其应当按照使用在先的原则予以认定和保护。经营者擅自将他人知名商品特有的包装、装潢作相同或者近似使用,并取得外观设计专利的行为,侵害他人知名商品特有的包装、装潢的在先使用权,造成或者足以造成购买者误认或者混淆的,构成不正当竞争行为。

(二) 专门性规定

上述具有一定影响力的商品名称、包装、装潢的一般性条件解决的是共性问题,在此基础上,法律针对每种权利客体进行特殊的法律调整,即名称、包装、装潢的另一个层次的问题是个性问题。

1. 关于商品名称的法律调整。商品名称,有通用名称与特有名称之分。通用名称是某类商品所共同具有或使用的名称,它可以将一类商品与另一类商品区分开来,如"葡萄"酒、"水果"糖等,这些已经成为本行业的通用名称;特有名称是与一般名称对应的商品名称,按照国家工商总局制定的《关于禁止仿冒知名商品特有的名称、包装、装潢的不正当竞争行为的若干规定》第3条第3款规定:"本规定所称知名商品特有的名称，是指知名商品独有的与通用名称有显著区别的商品名称。但该名称已经作为商标注册的除外。"

一般而言，法律对商品名称的调整采取的方法是任意性调整，即只要不违背公序良俗，使用商品名称就是自由的。法律对于商品名称的保护则是有条件的，法律所保护的商品名称应具备两个条件：①知名商品的名称。知名商品，是指在市场上具有一定知名度，为相关公众所知悉的商品。通常知名度和产品的行销地域、产品的广告传播范围分不开，但某种知名的商品并不严格统一要求全国范围内知名或广告信息扩展全国，可以存在地区性的知名商品。②特有名称。特有是指商品名称、包装、装潢非为相关商品所通用，并具有显著的区别性特征。特有名称强调的是显著性、可区别性，通常依据名称的艺术性、亲近感等因素判断。

> 在商品名称的保护上，"具有一定影响力"或"知名"和"特有"是两个条件，缺一不可

特殊情况下，商品名称的法律调整是强制性调整。本质上，商品名称只是一个区别相同或近似商品的符号。特有名称的显著性高于通用名称，从而使得特有名称可以承载产品的性能、历史、价值等特殊要素，因而具有财产性。特有名称在竞争关系中一般只拥有防御性功能。但当特有名称充当掩盖价格和产品性能的工具时，该特有名称就成了具有攻击性的矛，其矛头上带有欺诈的恶性。此时的名称就应该实行强制性调整。

例如，药品的商品名称就属于该类特有名称。药品技术性强，其使用的涉及面广、针对性要求高，这些特点使药品功能在销售中的作用大大提高。药品商品名称既可以表达药品的功能，也可以被用来混淆药品的功能。新名称常常成为缺乏专业知识的消费者心中新功能的直接表述，如果任意使用药品的商品名称，消费者将深陷"名称—功能"这个不完全对称的关系中，真伪难辨。

我国早在1991年就对药品名称进行了规范，卫生部药政管理局发布的《关于药品名称管理问题的函》〔卫药政发（91）第143号〕中明确指出，中华人民共和国药典、卫生部部颁药品标准（包括卫生部批准的新药标准）和省、自治区、直辖市药品标准收载的药品名称，即为法定药品名称（通用名称），不得作为商标或商品名注册；药品使用专用商品名，应在申报新药时一并提出。药品生产单位可凭卫生部"新药生产申请批件"，向工商行政管理部门申请注册。

目前，关于药品名称的法律规制，主要体现在以下方面：

（1）药品商品名称命名原则要求：①由汉字组成，不得使用图形、字母、数字、符号等标志。②不得使用《中华人民共和国商标法》规定

不得使用的文字。③不得使用以下文字：扩大或者暗示药品疗效的；表示治疗部位的；直接表示药品的剂型、质量、原料、功能、用途及其他特点的；直接表示使用对象特点的；涉及药理学、解剖学、生理学、病理学或者治疗学的；使用国际非专利药名（INN）的中文译名及其主要字词的；引用与药品通用名称音似或者形似的；引用药品习用名称或者曾用名称的；与他人使用的商品名称相同或者相似的；人名、地名、药品生产企业名称或者其他有特定含义的词汇。

药品名称属于强制性调整的范围，包括命名、使用和宣传中的运用药品名称都要遵守一定的限制性规定。

（2）广告宣传中的药品名称使用。①药品商品名称不得单独进行广告宣传。在文字广告以及电视广告的画面中，使用药品商品名称的，必须同时出现药品通用名称。②不得以产品注册商标代替药品名称进行宣传（经批准的作为药品商品名称使用的文字型注册商标除外）。在药品广告中宣传注册商标的，必须同时使用药品通用名称。③在文字广告以及电视广告的画面中，药品商品名称的字体以单字面积计，不得大于药品通用名称所用字体的1/2，药品通用名称的字体和颜色必须清晰可辨；产品文字型注册商标的字体以单字面积计不得大于通用名称所用字体的1/4。④药品广告宣传中不得单独使用商品名称，也不得使用未经批准作为商品名称使用的文字型商标。2015年4月，全国人大常委会对《广告法》进行修订，第15条第1款规定，麻醉药品、精神药品、医疗用毒性药品、放射性药品等特殊药品，药品类易制毒化学品，以及戒毒治疗的药品、医疗器械和治疗方法，不得作广告。除此之外的处方药，只能在国务院卫生行政部门和国务院药品监督管理部门共同指定的医学、药学专业刊物上作广告。所以，与此前相比，药品广告的范围受到严格规制。

（3）药品商品名称在药品上使用的限制。药品必须使用通用名称，药品商品名称不得有夸大宣传、暗示疗效的作用，应当符合《药品商品名称命名原则》的规定，并得到国家食品药品监督管理局批准后方可使用。药品商品名称的使用范围应严格按照《药品注册管理办法》的规定，除具有新的化学结构、新的活性成分的药物、持有化合物专利的药品外，其他品种一律不得使用商品名称。同一药品生产企业生产的同一药品，成分相同但剂型或规格不同的，应当使用同一商品名称。

2. 关于包装的法律调整。包装是指为识别商品以及方便携带、储运而使用在商品上的辅助物和容器。

在日常生活中，我们对于包装的理解非常宽泛，泛指一切盛装和保护产品的容器和包装物,而《反不正当竞争法》中所表明的包装的范围要窄于此,只有那些在一定程度上显现了商品的特征、为消费者识别商品提供了一定参照标准的包装,才是反不正当竞争法保护的对象。现实中常会遇到这样一种情况,有些商标注册人将其注册商标用烤花形式直接烤印在装饮料的瓶子上,如"可口可乐""雪碧""津美乐"等,该商标无法从瓶体上剥离。而一些饮料生产企业大量收购消费者遗弃的上述各类玻璃瓶后加贴自己的标签再灌装饮料出售,这些标签上有的有自己的商标,有的仅有企业名称或商品名称,其中有些标签覆盖了他人的注册商标图样,有的是部分覆盖,有的则没有覆盖。不管怎样,这都是擅自使用他人包装的行为。

3. 关于装潢的法律调整。装潢是指"为识别与美化商品而在商品或者其包装上附加的文字、图案、色彩及其排列组合"。[1]装潢附加于商品包装之上,成为商品的组成部分,或者与包装一起成为商品的附着物。在大多数情况下,商品装潢所含载的信息量要远远大于商标,因此其更易吸引消费者的注意力,所以,仿冒商品装潢给消费者造成混淆的严重性不容低估。例如,广东省某市某电器商店应其客户要求,从某个体户手中购进100个仿冒"SHURE"商标麦克风特有的装潢的"K&K"的麦克风,准备进行销售。"K&K"是"SHURE"商标特有的装潢,只要一看到"K&K",人们自然会联想到其与"SHURE"商标所标示的商品的关系。因此,仿冒知名商品特有的装潢是不正当竞争行为的一种重要表现。即便是客户的要求,在其违反法律规定时,经营者不能为赚钱而损害他人合法权益。否则,必将受到法律的追究。

三、混淆域名主体部分、网站名称和网页

(一)域名、网站名称和网页概述

域名(Domain name),又称网址,是由一串用点分隔的名字组成的Internet上某一台计算机或计算机组的名称,是连接到因特网上的计算机的数字化地址,在互联网上代表着入网申请者的身份。域名具有三种特性:①识别性,其产生的基础是为了在因特网上区别各个不同的计算机用户。②唯一性,由于域名的命名具有一定的规范性,同时它又与IP地址等价,所以具有高度的精确性。从技术保障上,域名具有唯一性,且属于全球唯一性,每个域名在全球范围内都是独一无二的,这是域名标

---

[1] 参见《关于禁止仿冒知名商品特有的名称、包装、装潢的不正当竞争行为的若干规定》第3条第5款的规定。

识性的根本保障。③排他性，因为具有唯一性，相应的就产生了排他性，包括技术上和法律上的排他。一旦获得注册，就排斥此后其他相同域名的注册。

域名可以分为不同的级别，常见的是顶级域名、二级域名。顶级域名又分为两类：①国家顶级域名（national top-level domain names, nTLDs），例如，中国的国家顶级域名是".cn"，俄罗斯的国家顶级域名是".ru"；②国际顶级域名（international top-level domain names, iTDLs），包括".com"".net"".gov"等。二级域名是指顶级域名之下的域名，在国际顶级域名下，它是指域名注册人的网上名称。在国家顶级域名下，它是表示注册行业类别的符号，如".gov"".org"等。我国的域名注册管理机构是国务院信息化办公室，中国互联网信息中心作为其日常办事机构，负责管理和运行中国顶级域名".cn"。按照我国相关法律规范，域名注册申请人必须是依法登记并能够独立承担责任的组织，公民个人不能申请域名。注册域名可以变更或撤销，但禁止转让或买卖。[1]

> 当域名成为一种无形财产时，域名的不正当竞争行为也就开始了

网站名称（WEBSITE NAME）类似于电视台的名称，网站名称一般出现在网站首页上，起到区别网站的作用。在国外，网站名称与域名有时重合，在中国，由于网站名称一般是中文，而域名不能使用汉字，两者虽然可能存在对应关系，但并不完全重合。

为了规范网站名称注册登记秩序，保护网站所有者的合法权益，网站名称注册实施全国统一注册。网站所有者即网站域名的所有者。注册网站名称是指网站所有者通过网站名称注册程序，领取《网站名称注册证书》后所获得的网站名称。注册网站名称申请人是在中国境内依法登记注册的法人和其他合法组织，以及能够承担民事责任的公民个人。网站运营是指注册主管机关能够通过申请人提供的域名查找到标有注册网站名称的该网站主页。网站所有者应当申请对其网站名称注册。每个网站最多可以申请3个注册网站名称。网站所有者对其所注册网站名称享有专有权，任何单位和个人不得擅自在其所拥有的网站上使用与他人注册网站名称相同的名称。注册主管机关有权纠正已经注册登记的不适宜的注册网站名称。对于已经注册登记的不适宜的注册网站名称，任何单位和个人可以申请注册主管机关予以纠正。

注册网站名称可由汉字、英文字母、数字或其组合构成。注册网站名称不得含有以下内容和文字：①有损于国家、社会公共利益的；②可能对公众造成欺骗或者使公众误解的；③有害于社会主义道德风尚或者

---

[1] 参见《中国互联网域名注册暂行管理办法》第6、24条。

有其他不良影响的；④其他具有特殊意义的不宜使用的名称。注册网站名称含有以下内容的，需向注册主管机关提交有关证明材料：①政党名称、党政军机关名称、群众组织名称、社会团体名称；②国际组织名称；③驰名商标的文字部分；④其他法律、法规有规定的。

网页是构成网站的基本元素，是承载各种网站应用的平台。网站就是由网页组成的。网站如果只有域名和虚拟主机而没有制作任何网页，他人仍无法访问。网页是一个包含 HTML 标签的纯文本文件，它可以存放在某一台计算机中，是万维网中的一页，是超文本标记语言格式（标准通用标记语言的一个应用，文件扩展名为 .html 或 .htm）。网页通常用图像档来提供图画。网页要通过网页浏览器来阅读。

域名、网站名称和网页在早先的发展过程中仅用于计算机联网和网上通讯联系的方便，并未用作企业的识别。由于域名、网站名称和网页是网上唯一具有识别性的标志，使得其已被广泛地用作一种商业符号，具备了相当的经济价值。且随着经济的高速发展，这种无形资产高度增值，已成为企业的重要识别标志和形象标志。一些政府国际采购业务中，经常把是否有独立的网络系统作为采购其产品的条件。实践中，一些企业已经认识到了域名、网站名称和网页对企业形象和声誉的积极影响，将以自己的企业名称或者其拥有的注册商标作为自己的域名使用。域名（主要是主体部分）、网站名称、网页和商标等其他商业标志已成为企业的一种重要的无形资产。

（二）与域名、网站名称和网页有关的不正当竞争行为

网络经济下，有些经营者正是看到了域名和其他网络标识的价值，围绕域名展开了一系列不正当竞争。为此，2017 年修订的《反不正当竞争法》专门对此进行了规范，其中第 6 条规定，经营者不得擅自使用他人有一定影响的域名主体部分、网站名称、网页等，引人误认为是他人商品或者与他人存在特定联系。

在网络标识混淆中，最突出的是域名抢注。域名注册实行"先申请先注册"的原则，可由企业自行办理，也可委托其他代理机构办理或 ISP 办理。注册机关在受理网络域名注册申请的过程中并不进行实质的审查，仅进行形式上的审查，这就为后来域名的不正当竞争埋下隐患。

对抢注他人注册商标为域名的行为应该如何认定。2003 年颁布的《最高人民法院关于审理商标民事纠纷案件适用法律若干问题的解释》，将抢注他人注册商标为域名的行为认定为商标侵权行为。我们认为值得商榷。

一般而言，商标专有权是以核准注册的商标和核定使用的商品为限。若超出这个范围，在非相同或非近似的商品上使用他人的注册商标，或者将他人的注册商标用于商标以外的用途，不应视为商标侵权。商标侵权的基本构成要件，是商标相同或近似，及商标附着的商品相同或类似。如果仅商标相同或近似，而各自附着使用的商品不相同、不类似，则不构成商标侵权。商标侵权应在"相同或近似"条件下具备双重对应关系（上文已述）。法律对驰名商标给予的特殊保护，通常只是跨"类"的保护，在"形"上，仍符合上述对应关系。驰名商标的反淡化措施也是在"商标—商标"关系内发生的争议。

域名是用户进入因特网的关卡，它仅仅是一种由单纯的字母、数字及符号组成的"符号"，本身不具有像商标那样的显著性和美术性特征。抢注的域名不但很难与注册商标的文字或图形相同或相近似，该域名使用的行为也不是商标法意义上的"在同一种商品或类似商品上"的使用行为。因此，将他人的注册商标抢注为域名，也不可能构成对他人注册商标专用权的侵犯。

我国司法实践中，法院多将是否"使用"作为认定商标侵权和不正当竞争行为的关键要素。北京市第二中级人民法院在审理"英特艾基系统有限公司诉北京国网信息有限公司因抢注域名引起的不正当竞争纠纷案"时，引用《反不正当竞争法》第2条第1款的规定，提出的理由是：被告国网公司虽在该注册域名内设置了语音论坛的主页，但并未按照其所设置主页的目的进行实际使用；且经查证被告国网公司还注册了大量与其他具有一定知名度的商标相同的域名，该大量域名均未被积极使用。被告国网公司作为网络信息咨询的服务者，注册了大量的域名而不积极使用，其待价而沽的非善意注册行为的主观动机十分明显。故被告国网公司的行为违反了公平竞争、诚实信用的基本原则，构成了不正当竞争。

《最高人民法院关于审理涉及计算机网络域名民事纠纷案件适用法律若干问题的解释》第4条规定，构成使用域名的侵权行为或不正当竞争行为应具备以下四个要件："①原告请求保护的民事权益合法有效；②被告域名或其主要部分构成对原告驰名商标的复制、模仿、翻译或音译；或者与原告的注册商标、域名等相同或近似，足以造成相关公众的误认；③被告对该域名或其主要部分不享有权益，也无注册、使用该域名的正当理由；④被告对该域名的注册、使用具有恶意。"

实际上，是否实际使用不是区分商标侵权行为和商标不正当竞争行为的严格界限。以上述案例为基础，北京国网信息有限公司将英特艾基系统有限公司的"IKEA"驰名商标作为域名注册，易误导广大消费者认为该域名的注册人也是"IKEA"驰名商标的所有人或者与该驰名商标权人有着某种合作关系，进而误认为在该域名内可以查询到"IKEA"商标相关商品的情况，提高了被告国网公司网站的访问率。而这恰恰是因为被告国网公司上述使用方式客观上利用了附着于该驰名商标上的良好商誉，并且利用了因特网上域名使用的唯一性，使得该驰名商标所有权人在因特网上行使该驰名商标权受到妨碍。如果被告实际使用该域名，同样会造成误认和访问率的增加，应认定为不正当竞争行为。本质上，抢注他人注册商标为域名是一种搭借他人商业信誉的违反诚信原则的行为，使用或未使用都应当构成商标不正当竞争行为。在此，反不正当竞争法超越了商标法的限制，进行兜底保护。正如我国台湾地区学者指出的，刁顽之徒辄以诡秘欺诈之手段剽取他人商业信誉，非仅及于商标本身，亦且扩张至商品之包装、容器、色彩、标签以及广告等，诚非一般商标所能克服厥尽，必有赖于反不正当竞争法始能收其宏效。[1]

美国是通过对现有商标法的修订来调整将他人的注册商标抢注为域名纠纷的。美国国会于1999年11月29日通过了《反域名抢注消费者保护法》，该法规定任何人带有从他人商标蕴含的商誉中牟利的恶意目的，注册、交易或使用与商标或另一个作为商标保护的名字完全相同、非常相似或淡化的域名，商标持有人可以对域名注册人提起诉讼。该法同时规定，商标所有人可以表明域名注册人有从商标所有人商标获利的不良企图，非穷尽性地列举了9种可确定被告存在恶意目的的因素。但法案并不适用于如果域名注册人并不知道另一人在使用这一名称，或者注册人注册该域名的目的并没有怀着不良企图要从商标的商誉中牟利的情形。该保护法特别限定了注册人和注册机构在毫无恶意的情况下侵犯某一商标的域名责任。根据规定，域名注册人可以对抗明知并且实质上错误地向域名注册人或域名注册机构提出注册人的域名侵犯商标的商标所有人，注册人可以获得免于禁令和货币赔偿。

美国《反域名抢注消费者保护法》生效后，Sport's 商标持有人 Sportsman's Market 公司认为 Sportsman's Farm 将其注册商标 Sport's 抢注为域名的行为淡化了其注册商标。法院受理后，依据《联邦商标淡化法》确认 Sport's 商标为驰名商标，并认为被告使用 www.Sport's.com 销售圣诞树及阻止原告将其注册商标用为域名的行为淡化了 Sport's 商标，判决被告停止使用其抢注的域名，同时驳回了原告的赔偿主张。双方当事人

---

[1] 曾陈明汝：《专利商标法选论》，台湾大学丛书编委会编辑1977年版，第159页。

不服提出上诉。上诉法院法官适用已生效的《反域名抢注消费者保护法》认为，Sport's 一词具有内在的识别性，被告对争诉域名的使用构成与 Sport's 商标的混淆性相似；同时认为，被告公司是在诉讼开始后才使用该抢注的域名的，其具有明显的主观恶意。上诉法院最后维持了原判决，驳回了对原告的赔偿主张，法官认为，新法案中关于法定赔偿金的规定并不适用于法案生效前已注册的域名。

在 Kaplan 案中，被告 Primeton Reviev Inc 公司以其竞争对手原告 Stanley H. Kaplan Education Center 公司的名称 Kaplan 申请登记了域名，并在网上登载两家公司服务优劣的广告。原告以不公平竞争等为由提起仲裁，世界知识产权组织所设立的仲裁机关的美国仲裁员裁决认为，被告 Primeton Reviev Inc 公司因用 Kaplan 作为域名从事不正当竞争，而被责令放弃 Kaplan.com 的域名。美国 Domaincollection 公司注册了域名 Campyahoo.com，Yahoo 公司认为 Domaincollection 公司注册的域名与其注册商标极容易产生混淆和误认，构成了对其不正当的竞争行为，因而提起仲裁。美国仲裁员 David Plant 认为，根据证据证明，Domaincollection 公司虽然注册了域名 Campyahoo.com，但其从未使用过。因而可以得出结论，它登记域名 Campyahoo.com 的目的就是用来交易的，是打算用 Yahoo 这一驰名商标获取利益。因此，仲裁裁定将域名 Campyahoo.com 转给 Yahoo 公司拥有。

由于域名具有潜在的商业价值，有些恶意竞争者将他人已具有一定价值的商业标识、域名抢注为相同或近似的域名，或为己用或高价卖出，搭知名商品的"便车"，以谋求不正当利益。最常见的是将他人企业名称、名人的姓名或国际组织名称抢注为域名。网络是开放的、虚拟的，在网络环境下，消费者的防卫心理受到了蒙蔽，加之信息的不对称，使其往往过分相信、依赖网络，这也就给那些不正当经营者以可乘之机，他们恶意抢注某些知名品牌、名人姓名、企业名称等作为域名，混淆、引诱、误导消费者访问该网页以攫取不正当商业利益。这类行为有的已经偏离了"竞争"的内容，应当被认定为不正当经营行为，作为不正当竞争行为的扩展。

此外，盗用、模仿、篡改他人具有一定影响的域名、网站名称和网页也构成不正当竞争行为。

四、其他混淆行为

商品名称、包装、装潢等相同或者近似的标识、企业名称、社会组织名称、姓名、域名主体部分、网站名称、网页是迄今为止我们发现的几种商业混淆行为。但实践中还可能有其他类型的混淆行为尚未被发现，另外，随着科技的进步和经济发展，今后很可能出现新的混淆行为。为此，《反不正当竞争法》第6条第4项专门设置了概括性条款，即只要经营者实施其他足以引人误认为是他人商品或者与他人存在特定联系的混淆行为的，就构成商业混淆。所以，即便不属于上述商业混淆范畴，但经营者的行为只要足以引人误认为是他人商品或者与他人存在特定联系的，就应当予以处罚。

第三节　商业混淆行为的法律责任

商业混淆是一种典型的不正当竞争，既破坏了市场竞争秩序，又侵犯了众多消费者的权益，还损害了商业标志权利人的权益，因此具有多重危害性。为此，《反不正当竞争法》规定了经营者实施商业混淆行为的法律责任。

一、行政处罚

经营者违反法律规定实施混淆行为的，监督检查部门可以作出以下处罚：

1. 责令停止违法行为。
2. 没收违法商品。
3. 罚款。违法经营额5万元以上的，可以并处违法经营额5倍以下的罚款；没有违法经营额或者违法经营额不足5万元的，可以并处25万元以下的罚款。
4. 吊销营业执照。混淆行为情节严重的，监督检查部门应当依法吊销营业执照。

二、民事责任

根据《反不正当竞争法》第17条的规定，经营者实施商业混淆行为，致使其他经营者的合法权益受到不正当竞争行为损害的，可以向人民法院提起诉讼。因不正当竞争行为受到损害的经营者的赔偿数额，按照其因被侵权所受到的实际损失确定；实际损失难以计算的，按照侵权人因侵权所获得的利益确定。权利人因被侵权所受到的实际损失、侵权人因侵权所获得的利益难以确定的，由人民法院根据侵权行为的情节判决给予权利人300万元以下的赔偿。赔偿数额还应当包括经营者为制止侵权行为所支付的合理开支。

三、混淆企业名称的特殊责任

经营者擅自使用经营者登记的企业名称，引人误认为是他人商品或者与他人存在特定联系的，除了监督检查机关依法予以处罚和承担民事赔偿责任外，根据《反不正当竞争法》第18条第2款的规定，还应当及时办理名称变更登记；名称变更前，由原企业登记机关以统一社会信用代码代替其名称。

□ 小　结

一、商业标志混淆的基本问题

商业混淆包括混淆的商业标志的范围和混淆的认定。

作为竞争手段可能发生混淆的商业标志可分为两类：①有关经营者（主体）的标志，包括企业名称（包括简称、字号）商号、商业徽记、特殊的设施形态的标志；②产品或服务（客体）的标志，包括商品名称、商品的包装、装潢、外观设计样式、原产地标志等。商业混淆的具体类型包括：经营主体标志的相互混淆、产品或服务客体标志的相互混淆、主体与客体标志的混淆。被混淆的对象通常具有一定的市场影响力。混淆的具体方式主要是擅自使用。

混淆主体是相关公众。混淆的内容，包括商品功能、用途、生产部门、销售渠道、消费对象等方面使相关公众认为其与另一商品存在特定联系、容易造成认识上错误；或在服务的目的、内容、方式、对象等方面使相关公众认为其与另一服务存在特定联系、容易造成认识错误。认定相关公众混淆的方法应采用调查的方法。

二、商品名称、包装、装潢的混淆

名称、包装、装潢混淆涉及两个基本问题，即知名商品的认定和相同及近似的判定。

知名商品是指在市场上具有一定知名度，为相关公众所知悉的商品。判断商品是否知名，需要在相关公众中予以考察，结合商品销售地区、时间、信誉、广告宣传量的多少等因素认定。国家工商行政管理局颁布的《关于禁止仿冒知名商品特有的名称、包装、装潢的不正当竞争行为的若干规定》第5条规定："对使用与知名商品近似的名称、包装、装潢，可以根据主要部分和整体印象相近，一般购买者施以普通注意力会发生误认等综合分析认定。一般购买者已经发生误认或者混淆的，可以认定为近似。"

三、与他人域名主体部分、网站名称和网页混淆

网络经济下，有些经营者正是看到了域名和其他网络标识的价值，围绕域名展开了一

系列不正当竞争。为此，2017年修订的《反不正当竞争法》专门对此进行了规范，其中第6条规定，经营者不得擅自使用他人有一定影响的域名主体部分、网站名称、网页等，引人误认为是他人商品或者与他人存在特定联系。在网络标识混淆中，最突出的是域名抢注。

四、其他混淆行为

商品名称、包装、装潢等相同或者近似的标识、企业名称、社会组织名称、姓名、域名主体部分、网站名称、网页是迄今为止我们发现的几种商业混淆行为。但实践中还可能有其他类型的混淆行为未被发现，另外随着科技的进步和经济发展，今后很可能出现新的混淆行为。

五、商业混淆行为的法律责任

对于实施商业混淆行为的，市场监督管理机关可以作出下列处罚：①责令停止违法行为；②没收违法商品；③罚款；④吊销营业执照。经营者实施混淆行为给他人造成损害的，应当依法承担民事责任。

□ 练习与思考

一、名词解释

1. 认证标志　　　　2. 名优标志　　　　3. 原产地名称

二、简答题

1. 我国《反不正当竞争法》中规定的假冒或混淆行为有哪些？
2. 认定具有一定影响力或知名商品的参照因素有哪些？
3. 混淆的主体如何确定？
4. 擅自对他人知名商品的名称、包装、装潢作相同或近似使用应承担的法律责任是什么？

三、案例分析

原告南宁正大畜牧有限公司（以下简称正大公司）是于1991年5月2日经南宁市工商行政管理局核准注册成立的中外合资企业，主要经营饲料及饲料添加剂等的制造、购销。其所生产的产品销售遍及周边省份和广西境内的各地、市、乡、村。原告生产的产品已为广大消费者所熟知，曾荣获多种荣誉称号，1995年至1998年连续获得全国最大500家外商投资企业，2000年度获全国外商投资企业"双爱双评"活动先进单位。在广西和全国已是一家知名企业。原告在其生产、销售的"151猪浓缩料"产品上使用的包装袋，包装、装潢上使用的"南宁正大畜牧有限公司""正大集团""南宁正大"和方圆象图案、猪头图案及泰文文字及上述要素的排列组合为其装潢所特有。

被告南宁神旺饲料有限公司（以下简称神旺公司）是于2000年3月28日经邕宁县工商行政管理局核准注册成立的有限责任公司，经营范围：饲料销售，饲料原材料购销、生产。2002年4月8日，广西壮族自治区工商行政管理局因被告涉嫌生产假冒原告的"正大"饲料而到被告处进行检查，在被告处查获了与原告生产的"151猪浓缩料"名称、包装、装潢相同的编织袋，其中5公斤装的628个，20公斤装的4个，40公斤装的580个，并查获了印有原告名称的"南宁正大"印模2块。[1]

问题：

1. 本案商品是否属于具有市场影响力的判定要素有哪些？
2. 本案涉及的是产品名称侵权还是商品的包装、装潢侵权？
3. 认定本案的核心要件是什么？

□ 练习与思考答案要点

一、名词解释

1. 认证标志，即产品质量认证标志，是指经国际或国内权威的质量认证机构认证合格后，对符合认证要求的企业颁发认证书，并允许其按规定使用的标志。

2. 名优标志是优质产品的荣誉标记，通常是由有关的组织或部门颁发的。名优标志分为两级，一级是国家级的，有金质奖牌、银质奖牌两种；另一级是部级、省级的，其标志为国家技术监督局统一规定的"优"字标志图案。国家优质产品标志的图案样式由国家技术监督局统一规定。

3. 原产地名称是标于商品之上的用于表明商品来源于特定的国家或地区的一种标记，其实质为地理标记。

二、简答题

1. 我国《反不正当竞争法》第6条规定了4种假冒或混淆行为：①擅自使用与他人有一定影响的商品名称、包装、装潢等相同或者近似的标识；②擅自使用他人有一定影响的企业名称（包括简称、字号等）、社会组织名称（包括简称等）、姓名（包括笔名、艺名、译名等）；③擅自使用他人有一定影响的域名主体部分、网站名称、网页等；④其他足以引人误认为是他人商品或者与他人存在特定联系的混淆行为。

2. 认定具有一定影响力或知名商品时可参照下列因素：商标的知名度；地域范围的界定；相关公众范围的确定。

---

[1] 本案选自广西壮族自治区高级人民法院民事判决书（2003）桂民三终字第1号。

3. 混淆的主体主要指相关公众，即与某类商业标志商品或者服务有关的消费者和与该类商品或者服务的营销有密切关系的其他经营者。相关公众的范围包括消费者和经营者。而所谓"有密切关系的"，是指消费者和经营者的范围是有一定限制的。首先，需与某商品有特定的必然的联系，即该商品特定的消费群体或购买阶层；其次，由于受地域性的限制，相关公众应该确定为是指该商品销售地区的消费群体或购买阶层。

一般消费者是"在通常状况下购买商品时，施以其通常购买此种商品之注意程度"[1]的人，与其对应的概念是特殊消费者。就某个需要调查的案件，是否需要同时向消费者和合作者作调查来取得综合的评价，则主要看涉嫌被侵权经营者所处的经济环节。如果该经营者是生产者或批发者，应当同时考查合作者和消费者的认知状况；如果该经营者处于零售环节，则主要考查消费者的认知状况即可。

4. 擅自对他人知名商品的名称、包装、装潢作相同或近似使用的，监督检查部门应当责令停止违法行为，没收违法商品，可以根据情节处以。罚款违法经营额5万元以上的，可以并处违法经营额5倍以下的罚款；没有违法经营额或者违法经营额不足5万元的，可以并处25万元以下的罚款。情节严重的，可以吊销营业执照。经营者的合法权益受到不正当竞争行为损害的，可以向人民法院提起诉讼。因不正当竞争行为受到损害的经营者的赔偿数额，按照其因被侵权所受到的实际损失确定；实际损失难以计算的，按照侵权人因侵权所获得的利益确定。权利人因被侵权所受到的实际损失、侵权人因侵权所获得的利益难以确定的，由人民法院根据侵权行为的情节判决给予权利人300万元以下的赔偿。赔偿数额还应当包括经营者为制止侵权行为所支付的合理开支。

三、案例分析

1. 具有一定影响力或知名商品是指在市场上具有一定知名度，为相关公众所知悉的商品。原告曾荣获地方及国家授予的多种荣誉称号，在广西和全国已是一家知名的饲料生产企业。其生产的产品销售遍及周边省份和广西的各地、市、乡、村，已为广大消费者所熟知，因而为知名商品。

2. 具有一定影响力或知名商品特有的名称、包装、装潢，是指其商品名称、包装、装潢非为相关商品所通用，并具有显著的区别性特征。"151猪浓缩料"应为商品通用名称，该案不是产品名称侵权。

原告商品的包装、装潢如"南宁正大畜牧有限公司""正大集团""南宁正大"和方圆象图案、猪头图案及泰文文字及上述要素的组合在长期的使用中，已形成其商品的特有包装、装潢，与其他同类商品的包装、装潢相比具有显著的区别性特征，属于知名商品特有的包装、装潢，应受法律保护。被告为了获取更大的利润，采取不正当的手段，仿冒了原告的知名商品"151猪浓缩料"特有的包装、装潢并使用。

---

[1] 朱钰祥：《虚伪不实广告与公平交易法》，台湾三民书局1993年版，第63页。

3. 上述被告使用的包装、装潢足以造成购买者误认误购，这种行为既损害了消费者的合法权益，造成市场混乱，也损害了作为生产同类知名商品的原告的合法权益，在一定程度上造成原告的知名商品的销售量减少，使原告遭受经济损失，被告的行为违反了诚实信用原则和公认的商业道德，构成了不正当竞争。

第六章

商业贿赂

■学习目的和要求

通过本章学习，要求学生
- 重点掌握：我国《反不正当竞争法》规定的商业贿赂的类型和构成条件。
- 掌握："账外暗中"在界定商业贿赂行为中的特殊作用；回扣和折扣的区别。
- 理解：为竞争目的的赠与与附条件民事法律行为的区别。

第一节 商业贿赂的概念和构成

一、商业贿赂的概念

在我国，商业贿赂这个术语并不是来源于《反不正当竞争法》，也不是直接来源于《刑法》，而是间接来源于贿赂这个概念的内涵扩展，它是从刑法贿赂罪中分离出来并独立使用的一个术语。最早直接使用商业贿赂这个概念的，是1996年原国家工商局制定的《关于禁止商业贿赂行为的暂行规定》（以下简称《暂行规定》）。

> 贿赂有广义和狭义之分，竞争法中的商业贿赂有特定的含义

通常界定贿赂罪时,都是以主体性质为标准的,但界定商业贿赂时,则是以目的为中心的,由此产生了商业贿赂和贿赂罪的交叉。如果以竞争为目的向国家工作人员行贿,达到一定数额,构成行贿罪,也构成商业行贿;对方当事人构成受贿罪或单位受贿罪,也构成商业受贿。例如,《联合国反腐败公约》将所有贿赂行为的受贿主体分为三类:①贿赂本国公职人员;②贿赂外国公职人员或者国际公共组织官员;③贿赂私营部门内的人员,这里的贿赂包括商业贿赂。但在处理时,刑罚吸收一般违法责任。

由此,商业贿赂有广义和狭义两种解释。狭义的商业贿赂是指竞争法意义上的商业贿赂。《布莱克法律词典》对商业贿赂的定义,是秘密收买对方代理人或雇员以在商业竞争中取得优势。《暂行规定》第2条界定的商业贿赂为:"……经营者为销售或者购买商品而采用财物或者其他手段贿赂对方单位或个人的行为……"广义的商业贿赂包括《刑法》贿赂罪中涉及的商业贿赂。

二、商业贿赂的构成

商业贿赂与一般不正当竞争行为在构成上有相同之处,也有自己独特之处。商业贿赂行为需要从主体、客体、目的、手段方面进行分析。

根据2017年修订的《反不正当竞争法》第7条的规定,经营者不得采用财物或者其他手段贿赂下列单位或者个人,以谋取交易机会或者竞争优势:①交易相对方的工作人员;②受交易相对方委托办理相关事务的单位或者个人;③利用职权或者影响力影响交易的单位或者个人。《暂行规定》第2条规定的商业贿赂的行贿主体和受贿主体也是经营者。实际上,商业贿赂主体并非仅限于经营者。

(一) 一般主体

商业贿赂的主体可以分为一般主体和特殊主体。

一般主体即经营者,是指从事销售或者购买商品活动的企业或个体经营者。商业贿赂发生于竞争领域,其基本主体应是在竞争领域从事活动的人。这里的企业包括所有类型的按其权利能力有资格从事经营活动的组织——法人、非法人组织。按其性质不属于企业但从事经营活动的组织不属于一般商业贿赂主体。这里的个体经营者是指能够以自己的名义承担法律责任的公民个体。《暂行规定》第3条规定:"经营者的职工采用商业贿赂手段为经营者销售或者购买商品的行为,应当认定为经营者的行为。"这里显然将个体与组织的关系简单处理了。个人属于组织

> 对商业贿赂主体的理解不能仅仅局限于"经营者",即不能从主体上来界定,而应当从客体即行为的性质上来界定

内的人员，应分情况认定。如果作为行贿主体的经营者为企业或其股东、董事、经理、业务主办人员等，在这里，个体就不是行贿主体，个人商业行贿为组织吸收；当股东、董事、经理、业务主办人员作为主体接受贿赂时，其行为可能被认定为个人行为，即行为不被组织吸收。例如，收受贿赂未如实入账的，个人是商业贿赂主体。

值得一提的是，《反不正当竞争法》第7条和《暂行规定》都将商业贿赂主体表述为"对方单位或者个人"。由于行贿和受贿如硬币之两面，商业贿赂主体不可能仅为"对方单位或者个人"。公司贿赂罪包含了两种对应性质犯罪行为：公司、企业人员受贿（罪）——对公司、企业人员行贿（罪）、受贿（罪）；也包括一种非对应性质的贿赂犯罪：单位受贿罪。不正当竞争行为并不严格比照刑法罪名划分违法行为，单位行贿——单位受贿、个人行贿——个人受贿都存在。

结合上述，商业贿赂的一般主体包括三种情况：

1. 交易相对方的工作人员，包括法人的法定代表人、其他经济组织的代表人或代理人。例如，甲公司为向乙公司推销产品，分别向乙公司的董事长及经办人赠送桑塔纳轿车。

2. 受交易相对方委托办理相关事务的单位或者个人。

3. 利用职权或者影响力影响交易的单位或者个人。例如，对方单位或个人的家属或子女为他人推销产品或服务提供便利而收受财物的，也应属于商业贿赂。

经营者的工作人员进行贿赂的，应当认定为经营者的行为；但是，经营者有证据证明该工作人员的行为与为经营者谋取交易机会或者竞争优势无关的除外。

例如，特殊商业贿赂主体具体还应当包括公益法人及其人员、政府机关及其人员、中介机构或人员等。

1. 公益法人及其人员。这里的公益法人是指不以营利为目的社团法人，包括以科学、学术、慈善、宗教等事业为目的的法人。

现今，公益法人的身份具有两重性。这些不以营利为目的社团法人在权利能力的范围内都可以不同方式从事经营活动，包括营利性活动。在经营过程中，涉及资源的配置，一般经营者所采用的不正当竞争手段公益法人同样可能采用。因此，对公益法人的不正当竞争行为的认定，不能从主体性质出发，而应该从行为出发。公益法人只要从事本职范围内的经营性行为的，都应当按照《反不正当竞争法》的规定依法查处。例如，研究会从事营利性培训工作、医院进行药品采购、慈善机构购买办公用品等。原国家工商行政管理总局专门就非营利性医疗机构是否属于《反不正当竞争法》规范主体的问题作答复（工商法字〔2001〕第248号）：无论是营利性医疗机构，还是非营利性医疗机构，只要购买药品或者其他医疗用品中收受回扣的，都应当按照《反不正当竞争法》的规定依法查处。因此其都属于《反不正当竞争法》规范的主体。

当然，需区分经营性活动和营利性活动这两个概念。公益法人是不以营利为目的社团法人，但不是不从事经营性活动。开展其业务活动需要采购物品，采购中就会面对两个以上的物品经营者，即介入竞争关系。介入竞争关系就可能从事不正当竞争行为。除了采购物品外，这类组织还可能利用自己的特殊身份为他人牟取交易机会。例如，研究会非法收受保险公司给予的"劳务费"为其成员办理相关人寿保险。

> 公益法人或政府机关都可能成为商业贿赂的主体

现以医疗机构为例，分析其发生商业贿赂的可能情形。医疗机构的商业贿赂行为可以发生在药品采购、医用设备采购、医用耗材采购、工程建设等过程中。医疗机构的商业贿赂行为大致有：①医疗机构的领导及有关工作人员，在药品、医用设备、医用耗材等采购活动中，收受生产、经营企业及其经销人员以各种名义给予的财物或回扣的行为；②医疗机构的医务人员，在临床诊疗活动中，收受药品、医用设备、医用耗材等生产、经营企业或经销人员以各种名义给予的财物或提成的行为；③医疗机构接受药品、医用设备、医用耗材等生产、经营企业或经销人员以各种名义给予的财物，不按照行政事业财务会计制度规定明确如实记载、私设小金库、用于少数人私分的行为；④医疗卫生机构有关人员在基建工程、物资采购、医院转制、招标等活动中，收受有关人员以各种名义给予的财物的行为；⑤医院代理推销保险并收取保险公司劳务费的行为。

2. 政府机关及其人员。政府机关及其工作人员的商业贿赂是指政府机关及其工作人员在政府采购和工程招标等活动中，收受有关企业和经销人员以各种名义给予的财物的行为。

> 政府机关工作人员的商业贿赂行为和受贿罪竞合，后者吸收前者

政府机关工作人员的商业贿赂行为具有两重性：①违反党纪的行为。治理商业贿赂是维护市场经济秩序的必然要求，是反对腐败的重要内容。②违法犯罪行为。一般情况下，为竞争目的收受他人财物的，构成商业贿赂违法行为；情节严重的，构成受贿罪。

政府机关及其工作人员的商业贿赂根据其发生的环节不同，可以分为采购中的商业贿赂和职权中的商业贿赂两种。前者是所有政府机关及其工作人员中都可能发生的商业贿赂；后者是利用职权配置资源过程中发生的商业贿赂。相比较而言，后者的危害性更大。因为这些资源的配置具有公益性，与人民群众切身利益密切相关、与市场经济秩序的维护

紧密相连。例如，发生在公共工程建设、土地出让、产权交易、医药购销、资源开发等领域的商业贿赂行为。

3. 中介机构或人员也能成为商业贿赂行为的主体。市场中介组织，按其职能可以划分为市场服务性中介组织、市场监督性中介组织和市场自律性中介组织。

市场服务性中介组织，是指为经济组织的市场行为提供服务，同时减轻政府负担的中介机构，主要有两类：①政府成立的各类市场，如技术交易市场、各类商品交易市场等；②专业性的市场服务性中介组织，如会计师事务所、审计事务所、资产评估事务所等。第一类市场中介主体为经营者提供供需直接见面的机会，减少交易环节，即其掌握的充分的信息可以使其成为资源配置的优势主体，进而成为商业受贿主体。第二类中介组织提供与市场交易有关的财务、资信等专门性服务，具有营利性的一面，其业务具有竞争性，可能通过商业贿赂等不正当的方法获取业务。

市场监督性中介组织，是指审查和评价市场主体的经济行为，监督其按照公平、公正、公开的原则进行市场竞争的中介机构，如质量检测中心、计量检测中心、商品检验中心、消费者保护协会等。这些中介机构因承担一些本应由政府承担的行政性事务，一般不作为行贿主体，但可能成为受贿主体。

市场自律性中介组织，是指以生产的产品或从事的经济行为的领域为依托而成立的各种商会和行业协会等中介机构。其职能主要是依据市场规则，结合本行业的特点，制定本行业的会规、行规或公约，约束本行业成员的市场行为，进行自我管理、集体自律。在为成员分配资源时，其可能成为受贿主体；在为全体成员争取利益时，也可能成为行贿主体。

竞争法律制度比较完善的国家，在竞争法中往往对商业行贿主体不作限制。这意味着，任何人都可能成为商业行贿的主体。例如，德国《反不正当竞争法》第12条第1款规定："在商业交易中，以竞争为目的，向商业企业的职员或受托人提供、允诺或给予某种利益，以使其在采购商品或服务时以不正当方式优待自己或某个第三人的，处1年以下监禁或罚金。"该条中商业行贿的主体包括自然人、法人、非法人组织。在美国，有关商业贿赂的禁止性规定主要体现在反托拉斯法中，因美国反托拉斯法将其适用对象界定为"人"，故对商业贿赂主体的规定也非常概括。另外，美国《标准刑法典》第224条第8款对商业贿赂的定义，也表明了主体的宽泛性：①一个人如果索要、接受或同意接受任何利益，并且本着故意违反或同意违反其作为以下人员所应该承担的忠实义务则构成轻罪：一是合伙人、代理人或雇员；二是受信托人、监护人或其他受托人；三是律师、医生、会计、鉴定人、其他职业顾问或信息提供者；四是高级职员、董事、经理或其他直接参与法人或非法人组织的事务管理的参与者；五是仲裁员或其他应保持公正的判决者或调停人。②一个人如果就其从事的业务需要就商品或服务向公众作出公正的选择、鉴定或评论，而他故意索要、接受或同意接受任何利益而影响其选择、鉴定或评论，则其行为构成轻罪。显然，美国对商业贿赂的法律规定不是从主体来界定的，是依行为来界定的，而从事这些行为的主体几乎包括所有的人。

综上所述，商业贿赂的具体主体可以是参与商业活动的任何单位、个人，包括企业、事业单位、个体经营者、机关及其人员等，商业贿赂的主体应该是参与并影响商业活动的所有商业行为主体。社会问责国际制定的《商业反贿赂守则》所界定的贿赂是：在企业的商业活动中给予任何人或从任何人那里接受任何礼物、借款、费用、报酬或其他好处，以促使发生那些不诚实、非法或背信的行为。[1]

（二）商业贿赂的目的

商业贿赂的目的包括两方面：获取交易机会，推销自己的产品或服务；以更优惠的条件推销商品或服务。

交易机会直接来源于企业信誉、产品性能和服务质量，这是竞争力的根基。商业贿赂在一定程度上排斥企业信誉、产品性能和服务质量的竞争，实质上是排斥有竞争力的竞争者获取商业机会。在已经取得商业机会的情况下，进行商业贿赂的目的是以更优惠的条件推销商品或服务。如果买方是行贿者，"更优惠的条件"表现为低价，这导致组织利益被个人截留；如果卖方是行贿者，"更优惠的条件"表现为产品更高的价格，个人利益上升时导致组织成本加大。

（三）商业贿赂的手段

我国法律把经营者贿赂对方单位或者个人的手段规定为两类：①给付财产性利益，包括现金和实物如经营者假借促销费、宣传费、赞助

---

[1] 社会问责国际是一家成立于1997年的非政府和非营利性组织。它致力于通过开发和推广自愿性标准，同时辅之以独立的验证和公开报告，来改善世界各地的工作场所和社区。该概念参见清华大学廉政与治理研究中心译：《商业反贿赂守则》，中国方正出版社2005年版，第1页。

费、科研费、劳务费、咨询费、佣金等名义，或者以报销各种费用等方式，给付对方单位或者个人以现金或实物。②给付非财产性利益。如为对方单位中的有关人员提供国内外各种名义的旅游、考察，甚至性贿赂等。《联合国反腐败公约》中对此使用的是给予或者索取、收受"不正当好处"，从字面理解，其涵盖面非常广，上列财产性利益和非财产性利益，甚至其他类型的各种贿赂方式都包括在内。

<aside>商业贿赂的手段有很多，基本上可以分为两类：给付财产性利益和非财产性利益</aside>

实践中，有几种变异的贿赂形式值得重视：①为推销产品或服务支付的没有发生活动的项目费用。宣传费、广告费、商业赞助等，应是对宣传行为、广告行为及其他具体商业行为所支出的费用。如果未发生宣传、广告等相应的具体商业行为，却假借宣传费、广告费、商业赞助等名义，以合同、补充协议等形式公开收受或给付对方单位或个人除正常商品价款或服务费用以外的其他经济利益，即构成商业贿赂。②有些貌似合法的劳务费用，因其具有不正当竞争的效果，也构成非法手段。例如，医院以给付"介绍费""处方费"等各种名目的费用为手段，诱使其他医院医生介绍病人到本院做 CT 检查或者其他检查的行为，这种行为不仅损害医疗服务秩序，而且极易增加公费医疗、劳保医疗单位及患者的负担，构成《反不正当竞争法》第 8 条和《暂行规定》所禁止的不正当竞争行为。

另外，值得探讨的是，财物的支付状况对定性的影响。理论上，支付可分为预先支付、约定支付、事后支付。我国《反不正当竞争法》对一般商业贿赂的财物支付状况的规定语焉不详，回扣型商业贿赂的财物支付要求是"给予"，即支付既遂。回扣一般是在商品交易关系确定的同时约定的，也有在交易关系确定后为维持或再争取交易而约定的。但不论哪种情况，如果双方没有发生商品购销关系，即使事先约定了，最终也不会给予回扣，按现行法律，也就不构成回扣。或许这一规定来源于《刑法》的相关规定，我国《刑法》第 389 条第 1、2 款规定："为谋取不正当利益，给予国家工作人员以财物的，是行贿罪。在经济往来中，违反国家规定，给予国家工作人员以财物，数额较大的，或者违反国家规定，给予国家工作人员以各种名义的回扣、手续费的，以行贿论处。"可以看出，行贿罪的认定标准为实质给予财物，这与有关国际公约或有关国家立法不相一致。《联合国反腐败公约》第 16 条规定直接或间接向公职人员、外国公职人员或者国际公共组织官员许诺给予、提议给予不正当好处即为行贿。德国《反不正当竞争法》第 12 条（贿赂职员）也规定了既遂之外的其他形式：①在营业中将竞争目的对某企业的职员或其受托人提出，允诺或给予好处，而要求自己或第三者以不公正

<aside>国外立法上，允诺给付也构成商业贿赂，但目前我国法律对此未明确规定</aside>

的方式在货物或劳务方面中选,应处以 1 年以下徒刑或罚金。②企业的职员、受托人在营业中为保证以不公正的方式在竞争中挑选某人的货物或劳务而要求、接受允诺或接受好处的,给予同样的惩罚。在合同法上,允诺有合同成立的效果;在反不正当竞争法上,允诺可能成为排挤竞争对手的手段。与合同法不同之处在于,这种允诺执行不是通过合同制裁来维护,而是通过未来交易机会扣减的威胁来保证执行的。因此,只要证明"允诺——接受允诺——排斥竞争对手"之间存在因果关系,这种期待利益也构成贿赂的手段。

第二节 商业贿赂的类型

商业贿赂渗透到商业活动的各个领域,从产品销售到服务行业,如广告、保险、旅游等,甚至教育、政府采购等领域也充斥着各种名目的非法回扣、折扣等。法律上的商业贿赂包括一般商业贿赂和回扣型商业贿赂。商业贿赂一般都以秘密方式进行,具有很大的隐蔽性,有些贿赂方式与合法的商品促销行为又具有很大的相似性。所以,在认定商业贿赂时,需要厘清其与相关概念的关系。

一、商业贿赂的分类

商业贿赂在法律上和理论上有不同的分类。法律上的分类指法律规范上的划分。我国《反不正当竞争法》第 7 条规定,经营者不得采用财物或者其他手段贿赂交易相对方的工作人员、受交易相对方委托办理相关事务的单位或者个人、利用职权或者影响力影响交易的单位或者个人,以谋取交易机会或者竞争优势。经营者在交易活动中,可以以明示方式向交易相对方支付折扣,或者向中间人支付佣金。经营者向交易相对方支付折扣、向中间人支付佣金的,应当如实入账。接受折扣、佣金的经营者也应当如实入账。根据上述规定,商业贿赂分两种类型:①一般商业贿赂;②回扣型商业贿赂。

理论上,可以根据不同的标准对商业贿赂进行划分。由于行贿和受贿相互依存,为了表述方便,现以受贿为中心进行分类。

根据财物是给予交易对方还是给予第三人,可以分为直接受贿和间接受贿。社会问责国际制定的《商业反贿赂守则》采用了这种划分方法。直接受贿是指能够为交易人提供交易机会的单位或个人直接收受财物或接受其他条件的受贿。间接贿赂又称斡旋受贿,是指中间人接受请托，为使委托人获得交易机会、推销产品或服务，而向对方给予财物或其他报酬条件的受贿。划分直接受贿和间接受贿的意义在于：充分认识商业贿赂的本质，为识别各种变异的商业贿赂提供理论依据。

根据对方的组织性不同，可以分为单位受贿和个人受贿。单位受贿是单位接受他人财物和其他条件为其提供交易机会或优惠的交易条件，排挤竞争对手的行为。划分单位受贿和个人受贿的意义在于：在受贿这种违法行为中，单位和个人是独立的，从属于单位的个人的受贿行为与单位无直接关系。

根据主体的性质不同，可以分为经营者受贿和非经营者受贿。划分经营者受贿和非经营者受贿的意义在于：确定受贿行为的基本主体和特殊主体，同时提示商业受贿主体不限于经营者。

二、一般商业贿赂

一般商业贿赂是经营者采用财物或者其他手段进行贿赂以获得交易机会和竞争优势。

商业贿赂中的财物是指现金和实物，包括经营者为销售或者购买商品，假借促销费、宣传费、赞助费、科研费、劳务费、咨询费、佣金等名义，或者以报销各种费用等方式，给付对方单位或者个人的财物。

商业贿赂其他手段，是指提供国内外各种名义的旅游、考察等给付财物以外的其他利益的手段。

一般商业贿赂和赠与（附赠）的关系也不同。附赠即附带赠送，是指在商品交易和商业服务关系中，经营者向对方附带无偿地赠与一定数量的金钱或实物的行为。经营者在商品交易中不得向对方单位或者个人附赠现金或者物品，否则，视为商业贿赂行为。但按照商业惯例赠送小额广告礼品的除外。商业贿赂常以赠与方式出现，但往往附条件，所以需要分清附条件的赠与和商业贿赂之间的界限。例如，甲市第三制药厂与乙市某医院签订了一份药品购销合同和补充合同。补充合同中规定，医院若在1年内从第三制药厂采购各种药品总价值达80万元，制药厂提供一辆富康两厢轿车给医院使用1年；若购买药品价值达120万元，该轿车就归医院所有，后医院购买药品达125万元，取得了轿车所有权，并如实入账。形式上，该合同属于"主合同+附条件从合同"。实质上，附条件合同的实施是在行使商业贿赂，即先以使用权行贿，后以所有权行贿。

广义上的捐赠，是指以赠与合同形式进行的捐赠以及赠与人为了特定公益事业、公共目的或其他特定目的，将其财产无偿给予他人的行

> 附赠一般是合法的，商业贿赂中的赠予则是假借附赠的形式从事的违法行为

为。换言之，广义上的捐赠包含了两个方面的内容，即可以直接适用赠与合同规定的捐赠与不直接适用赠与合同规定的捐赠。依《合同法》第185条的规定，赠与合同是赠与人将自己的财产无偿地给予受赠人，受赠人表示接受赠与的合同。从这一法律条款可以看出，赠与合同的一个明显特征是赠与行为的无偿性。由于收受款、物的关系发生在有着经常商业业务往来的医药营销公司和医院之间，所以有充分的理由认为他们之间的款、物送受关系不是无偿的。那么，这些行为是否属于附条件的赠与合同呢？也不属于。《合同法》第190条规定了附条件赠与合同的形式，即受赠人于接受赠与后负担一定义务的赠与。这种赠与要求所附的条件不得具有不利涉他性，也不得侵害公共利益。这是合同生效的前提条件，也是附条件合同应当遵守的价值底线。美国《罗宾逊—帕特曼反价格歧视法》第2条第1款规定：“商人在其商业过程中，在国内对同一品质、数量、等级的商品，通过给予买者比其竞争者更高的折价回扣、补贴、广告劳务费故意进行歧视，或为了破坏竞争、消灭竞争者，以低于其竞争者的价格出售，或以不合理的低价出售，是非法的。”如果所附的条件是排除其他竞争者的竞争机会，即属于非法赠与。

上述赠与具有不利涉他性和公共利益危害性。从竞争对手的角度讲，已构成对其他竞争对手的排挤；从保护消费者权益的角度看，赠与将成本增加到产品价格上并转嫁给了消费者。

由此可以看出，商业贿赂行为与附赠的区别表现为：

1. 所有的商业贿赂行为都是违法行为；而附赠不一定都是违法行为。有两种附赠行为是合法的：①经营者向消费者的附赠；②经营者之间按照商业惯例赠送小额广告礼品。

2. 作为违法行为的附赠的对象一定是对方经营者；而商业贿赂的对象不仅包括对方经营者，还包括对方单位的个人和与交易相关的第三人。

3. 附赠的表现形式是现金或实物；而商业贿赂的表现形式除了上述两种方式外，还包括其他手段。

4. 经营者之间的附赠对交易对方一般是一视同仁的，附赠的赠品是向不特定的交易相对人提供的，不管是谁，只要与其进行交易，就能得到赠品，而且同等条件的交易者得到的赠品性质与数量一样，没有差别；而商业贿赂一般只对其少数客户进行贿赂，而且每个客户贿赂的金额一般也是不同的。

三、折扣、佣金与商业贿赂

商业经营中，允许经营者在合理的限度内给予对方经营者以一定形式的优惠,常用的优惠方式是折扣;此外,佣金、劳务费等也是实际生活中常常用来酬谢提供交易机会的人的方式。这些方式是否构成商业贿赂,不能以当事人的理解或者宣传为准,而应该根据其实质进行判断。

(一)折扣

所谓折扣,俗称打折,是指经营者在销售商品时,以明示并如实入账的方式给予对方的价格优惠,包括支付价款时对价款总额按一定比例即时予以扣除和支付价款总额后再按一定比例予以退还两种形式。

我国现行法律不禁止打折销售,但是必须遵守一定的条件,即经营者销售商品,可以以明示方式给予对方折扣。经营者给予对方折扣的,必须如实入账;经营者或者其他单位接受折扣的,必须如实入账。所谓明示和入账,是指根据合同约定的金额和支付方式,在依法设立的反映其生产经营活动或者行政事业经费收支的财务账上按照财务会计制度规定明确如实记载。

按照折扣针对的对象不同,可以分为商品折扣和现金折扣。商品折扣是指从商品价目单上规定的价格中扣减一定数额的折扣方式;现金折扣是指债权人对在一定期限内早日偿还现金债务而给予债务人的一种扣减金额方式。

按照折扣给予对象的不同,可以分为经销折扣和消费折扣。经销折扣是指供货商和经销商价款总额按一定比例的货款优惠;消费折扣是经销商给消费者的折扣。

由于消费者处于劣势,相比经销折扣,消费折扣可以衍生出诸多不正当竞争行为,例如,虚假返券折扣、虚构折扣、虚假积分折扣等。消费折扣是零售商促销方式的一种。现行法律要求,零售商开展促销活动时,应当在经营场所的显著位置明示促销内容,包括促销原因、促销方式、促销规则、促销期限、促销商品的范围,以及相关限制性条件等。对不参加促销活动的柜台或商品,应当明示,并不得宣称全场促销;明示例外商品、含有限制性条件、附加条件的促销规则时,其文字、图片应当醒目明确。零售商开展促销活动后在明示期限内不得变更促销内容,因不可抗力而导致的变更除外。零售商开展促销活动应当明码标价,价签价目齐全、标价内容真实明确、字迹清晰、货签对位、标识醒目,不得在标价之外加价出售商品,不得收取任何未予明示的费用。零售商开展促销活动,不得利用虚构原价打折或者使人误解的标价形式或

> 折扣表现为合同中的条款,具有合法性;回扣则体现了行贿者与受贿者之间的主观恶意,具有违法性

价格手段欺骗、诱导消费者购买商品。零售商开展积分优惠卡促销活动的，应当事先明示获得积分的方式、积分有效时间、可以获得的购物优惠等相关内容。消费者办理积分优惠卡后，零售商不得变更已明示的前款事项，增加消费者权益的变更除外。

为了保障对消费者折扣落到实处，零售商开展促销活动应当建立健全内部价格管理档案，如实、准确、完整记录促销活动前、促销活动中的价格资料，妥善保存并依法接受监督检查。

（二）佣金

佣金，是指经营者在市场交易中给予的为其提供服务的具有合法经营资格的中间人的劳务报酬。佣金的法律特征是：佣金支付关系发生在经营者与中间人之间；中间人具有合法的中介资格；佣金的支付方式必须是公开的；佣金是合法的劳务报酬。我国《反不正当竞争法》第7条规定，经营者销售或者购买商品，可以以明示方式给中间人佣金。经营者给中间人佣金的，必须如实入账；中间人接受佣金的，必须如实入账。

可见，佣金有可能成为变相的商业贿赂金。根据法律规定和法学原理，判断其合法与非法的界限和标准是：

1. 佣金是劳务报酬。中间人只有付出了劳动，才能得到劳务报酬。没有付出劳动或付出劳动具有违法性而取得的报酬都不是佣金。美国《罗宾逊—帕特曼反价格歧视法》第1条（c）也强调这一点："商人在其商业过程中，支付、准许、收取、接受佣金、回扣或其他补偿是非法的，但对同商品购销相关的，提供给另一方当事人或代理机构，或代表人，或其他中间机构的劳务除外。这里的其他中间机构是事实上代表或服从于该交易另一方的直接、间接控制，而不是受准许支付回扣或支付回扣一方所控制。"

2. 支付佣金条件同等。美国《罗宾逊—帕特曼反价格歧视法》第1条（d）规定："商人在其商业过程中，除依据同等条件对所有商品销售中竞争性的其他顾客支付佣金外，对因产品的加工、处理、销售相关的劳务是由某顾客提供或通过该顾客提供的，而支付佣金或签订支付佣金合同是非法的。"

法律中虽规定了如实入账，但如实入账并不是判定佣金合法与否的唯一依据，法律所要求的如实入账本质的含义是入账纳税。

第三节 商业贿赂行为的法律责任

一、民事责任的探讨

法律规制商业贿赂行为虽然以维护社会公共利益为主要目的，但并不排斥对直接受到侵害的"其他经营者"的权利进行保护。我国《反不正当竞争法》第 17 条规定："经营者违反本法规定，给他人造成损害的，应当依法承担民事责任。经营者的合法权益受到不正当竞争行为损害的，可以向人民法院提起诉讼。因不正当竞争行为受到损害的经营者的赔偿数额，按照其因被侵权所受到的实际损失确定；实际损失难以计算的，按照侵权人因侵权所获得的利益确定。赔偿数额还应当包括经营者为制止侵权行为所支付的合理开支……"这一规定适用于所有的不正当竞争行为，也应当包括商业贿赂行为。但是，如何追究商业贿赂行为的民事责任，目前，《最高人民法院关于审理不正当竞争民事案件应用法律若干问题的解释》并没有作出解释，实践中对于商业贿赂行为还很难追究行为人的民事责任。

> 谁是商业贿赂行为的直接受害主体难以确认，所以承担民事责任存在制度上的障碍

事实上，商业贿赂行为的民事责任问题值得探讨，理由在于：①如何确定原告。商业贿赂所发生的损害并不直接及于某一特定的经营者，而是一个不确定的群体，受害人的不确定性使追究民事责任的法律程序难以启动。②如何确定被告。被告是行贿人还是受贿人，或者既是行贿人又是受贿人？③如何确定损害的范围。受害人因贿赂行为而遭受的经营损失，是一个颇为复杂的技术问题。④如何举证。对于一个市场行为的调查，没有国家权力作后盾是难以介入的，如果国家行政机关帮助受害人进行民事赔偿的取证工作，成本太高。目前，在商业贿赂的民事责任方面，可借鉴的国外的立法并不很多。

正是因为商业贿赂行为民事责任在执行中的复杂性，我国《反不正当竞争法》第 17 条关于所有不正当竞争行为的民事责任的规定，对于商业贿赂行为并不具有实质上的规范意义。

二、行政责任

我国《反不正当竞争法》第 19 条规定："经营者违反本法第 7 条规定贿赂他人的，由监督检查部门没收违法所得，处 10 万元以上 300 万元以下的罚款。情节严重的，吊销营业执照。"当前对于商业贿赂行为行

政责任比较详细的规定，体现在《暂行规定》中，其主要方式包括罚款和没收非法所得。此外，《反不正当竞争法》第 26 条还规定："经营者违反本法规定从事不正当竞争，受到行政处罚的，由监督检查部门记入信用记录，并依照有关法律、行政法规的规定予以公示。"

三、刑事责任

为了规制商业贿赂，维护竞争秩序，保护消费者和经营者权益，对于情节严重的商业贿赂行为，《刑法》还规定了刑事责任。《刑法》第 163 条规定："公司、企业或者其他单位的工作人员利用职务上的便利，索取他人财物或者非法收受他人财物，为他人谋取利益，数额较大的，处 5 年以下有期徒刑或者拘役；数额巨大的，处 5 年以上有期徒刑，可以并处没收财产。公司、企业或者其他单位的工作人员在经济往来中，利用职务上的便利，违反国家规定，收受各种名义的回扣、手续费，归个人所有的，依照前款的规定处罚。国有公司、企业或者其他国有单位中从事公务的人员和国有公司、企业或者其他国有单位委派到非国有公司、企业以及其他单位从事公务的人员有前两款行为的，依照本法第 385 条、第 386 条的规定定罪处罚。"

《刑法》第 164 条规定："为谋取不正当利益，给予公司、企业或者其他单位的工作人员以财物，数额较大的，处 3 年以下有期徒刑或者拘役，并处罚金；数额巨大的，处 3 年以上 10 年以下有期徒刑，并处罚金。为谋取不正当商业利益，给予外国公职人员或者国际公共组织官员以财物的，依照前款的规定处罚。单位犯前两款罪的，对单位判处罚金，并对其直接负责的主管人员和其他直接责任人员，依照第 1 款的规定处罚。行贿人在被追诉前主动交待行贿行为的，可以减轻处罚或者免除处罚。"

□ 小　结

一、商业贿赂的概念和构成

商业贿赂有广义和狭义两种解释。狭义的商业贿赂是指违反竞争法意义上的商业贿赂。《布莱克法律词典》对商业贿赂的定义是秘密收买对方代理人或雇员以在商业竞争中取得优势。我国《暂行规定》第 2 条界定的商业贿赂为经营者为销售或者购买商品而采用财物或者其他手段贿赂对方单位或个人的行为。

根据我国《反不正当竞争法》第 2 条的规定，不正当竞争行为的主体是经营者。另根据国家工商行政管理局《暂行规定》第2条，我国现行法律规定的商业贿赂的行贿主体和受贿主体也是经营者。商业贿赂的主体可以分为一般主体和特殊主体。商业贿赂的目的包括两方面：获取交易机会，推销自己的产品或服务；以更优惠的条件推销商品或服务。商业贿赂的手段包括两类：①给付财产性利益，包括现金和实物如经营者假借促销费、宣传费、赞助费、科研费、劳务费、咨询费、佣金等名义，或者以报销各种费用等方式，给付对方单位或者个人以现金或实物；②给付非财产性利益，如为对方单位中的有关人员提供国内外各种名义的旅游、考察，甚至性贿赂等。

二、商业贿赂的类型

商业贿赂分为一般商业贿赂和回扣型商业贿赂。二者的区别如下：

1. 支付贿赂款的来源不同。用来支付回扣的是一定比例的商品价款，是商品价款的一部分；用来进行一般商业贿赂的款物不是商品价款的一部分，而是商品价款之外的其他款物。

2. 款物给付的方向不同。回扣是卖方退给买方的；而一般商业贿赂不仅包括卖方给买方单位或个人，还包括买方给卖方的，如某种紧缺商品。

3. 对账外暗中的要求不同。账外暗中是回扣的构成要件，但不是一般商业贿赂的构成要件；一般商业贿赂不论公开还是暗中、账内账外，只要以获取交易机会为目的，给付财物的，就成立。

三、折扣和佣金

所谓折扣，即商品购销中的让利，是指经营者在销售商品时，以明示并如实入账的方式给予对方的价格优惠，包括支付价款时对价款总额按一定比例即时予以扣除和支付价款总额后再按一定比例予以退还两种形式。

佣金，是指经营者在市场交易中给予为其提供服务的具有合法经营资格中间人的劳务报酬。

四、商业贿赂行为的法律责任

我国《反不正当竞争法》第17条关于所有不正当竞争行为的民事责任的规定，对于商业贿赂行为并不具有实质上的规范意义。商业贿赂行为的行政责任主要包括罚款和没收非法所得两种方式。根据《反不正当竞争法》第31条的规定，商业贿赂行为构成犯罪的，依法应当追究刑事责任。

☐ 练习与思考

一、名词解释

1. 回扣　　　　　　2. 折扣　　　　　　3. 佣金

二、简答题

1. 简述一般商业贿赂和回扣型商业贿赂的区别。
2. 简述商业贿赂行为与附赠的区别。
3. 简述佣金的特点。

三、案例分析

大仓公司与荣利达公司均在乌鲁木齐市成立果品批发市场，大仓公司为吸引水果批发经营户在其水果批发市场批发经营水果，在经营户入场和进货时，除与经营户签订相关协议外，还给予进入市场经营的经营户一定数额的现金。另查，部分在该水果批发市场经营的经营户原在荣利达公司的蔬菜水果批发市场经营。2004年1月，荣立达公司向法院提起诉讼，要求大仓公司立即停止其不正当竞争行为，并赔偿损失。

一审判决认定被告构成回扣型商业贿赂的不正当竞争行为。

大仓公司不服原审判决，上诉称：根据《反不正当竞争法》的规定，商业贿赂系指在账外暗中给予对方单位或者个人回扣的行为。上诉人从未暗中给予回扣的行为，而是按照各市场惯例以减免租金、补贴等方式吸引规模性经营户入场，并根据水果市场的特殊情况明示给予每车进货相应的折扣以鼓励经营户多进多销、繁荣市场，且上述补贴和折扣上诉人均已如实入账。据此，上诉人的行为并不违反法律规定，也不构成不正当竞争。[1]

问题：1. 如何理解"账外暗中"？

2. 大仓公司提供的会计账册仅有款项的支出，而没有记载收受方的名称和相应的收款凭证是否构成不正当竞争行为？

□ 练习与思考答案要点

一、名词解释

1. 回扣是指经营者销售商品时在账外暗中以现金、实物或者其他方式退给对方单位或者个人的一定比例的商品价款。

2. 所谓折扣，即商品购销中的让利，是指经营者在销售商品时，以明示并如实入账的方式给予对方的价格优惠，包括支付价款时对价款总额按一定比例即时予以扣除和支付价款总额后再按一定比例予以退还两种形式。

3. 佣金是指经营者在市场交易中给予为其提供服务的具有合法经营资格中间人的劳务报酬。佣金的法律特征是：佣金支付关系发生在经营者与中间人之间、中间人具有合法的中介资格、佣金的支付方式必须是公开的、佣金是合法的劳务报酬。

---

[1] 新疆维吾尔自治区高级人民法院（2005）新民三终字第23号民事判决书。

二、简答题

1. 一般商业贿赂是回扣型商业贿赂的补充。一般商业贿赂与回扣型商业贿赂的区别如下：

（1）支付贿赂款的来源不同。用来支付回扣的是一定比例的商品价款，是商品价款的一部分；用来进行一般商业贿赂的款物不是商品价款的一部分，而是商品价款之外的其他款物。

（2）款物给付的方向不同。回扣是卖方退给买方的；而一般商业贿赂不仅包括卖方给买方单位或个人，还包括买方给卖方的，如某种紧缺商品。

（3）对账外暗中的要求不同。账外暗中是回扣的构成要件，但不是一般商业贿赂的构成要件；一般商业贿赂不论公开还是暗中、账内账外，只要以获取交易机会为目的给付财物的，就成立。

2. 商业贿赂行为与附赠的区别表现为：

（1）所有的商业贿赂行为都是违法行为；而附赠不一定都是违法行为。以下两种附赠行为是合法的：①经营者向消费者的附赠；②经营者之间按照商业惯例赠送小额广告礼品。

（2）作为违法行为的附赠的对象一定是对方经营者；而商业贿赂的对象不仅包括对方经营者，还包括对方单位的个人或与交易相关的第三人。

（3）附赠的表现形式是现金或实物；而商业贿赂的表现形式除了上述两种方式外，还包括其他手段。

（4）经营者之间的附赠对交易对方一般是一视同仁的；附赠的赠品是向不特定的交易相对人提供的，不管是谁，只要与其进行交易，就能得到赠品；而商业贿赂一般只对其少数客户进行贿赂，而且每个客户贿赂的金额一般也是不同的。

3. 佣金的法律特征：①佣金支付关系发生在经营者与中间人之间；②中间人具有合法的中介资格；③佣金的支付方式必须是公开的；④佣金是合法的劳务报酬。

三、案例分析

1. 理解账外暗中时应把握以下几点：①"账外"和"暗中"不能割裂，是一个法律条件，而不是两个法律条件。②"账"理解为正式的财务账，而不是流水账、小金库账、账外账、笔记本账等。③"暗中"是表示收取的财物未在凭证上反映，而不是收取财物时的非公开状态。④完整、规范地入账。

2. 大仓公司为吸引果品经营户进入其市场经营果品批发，在经营户入场和进货时给予进入市场经营的经营户一定数额的现金，虽然大仓公司称该行为是公开和明示且已如实入账的，但大仓公司提供的会计账册仅有款项的支出，而没有记载收受方的名称和相应的收款凭证，也不能证明账册上记载的款项就是发放给经营户的补贴款，不符合《会计法》关于"保证会计资料合法、真实、准确、完整"的规定，不属于《反不正当竞争法》第7条规定的如实入账，违背了商业交易习惯和市场交易的基本原则，扰乱了正常的市场竞争秩序，已构成不正当竞争。

第七章

虚假宣传

> ■ 学习目的和要求
>
> 通过本章学习，要求学生
> - 重点掌握：虚假宣传的认定条件和法律责任分配。
> - 掌握：虚假宣传的法律特征；虚假宣传的形式和内容；广告管理的中心任务；广告代言的限制。
> - 探讨：广告代言人法律责任的构建。

第一节 虚假宣传行为概述

一、虚假宣传的概念和法律特征

虚假宣传，是指经营者在商业活动中利用广告或者其他方法对商品或者服务散布与实际内容不相符的信息，导致客户或消费者误解的行为。虚假宣传行为违反诚实信用原则，违反公认的商业准则，影响面广、危害性大。我国《反不正当竞争法》第8条规定："经营者不得对其商品的性能、功能、质量、销售状况、用户评价、曾获荣誉等作虚假或者引人误解的商业宣传，欺骗、误导消费者。经营者不得通过组织虚假交易等方式，帮助其他经营者进行虚假或者引人误解的商业宣传。"

虚假宣传行为区别于虚假表示行为，也有别于商业诋毁行为。虚假宣传行为具有以下法律特征：

1. 宣传所提供的信息是虚假的信息。现代社会，对商品和服务进行宣传是最普通的营销战略，通过宣传，一方面，使消费者迅捷地了解有关商品或服务的信息，并依此作出是否购买的判断；另一方面，可以树立企业的品牌形象，增加企业的知名度，在生产经营中获取更大的竞争优势。如果经营者向社会提供虚假信息，必然会误导消费者，侵害消费者的合法权益。

2. 虚假宣传的性质是不正当竞争。竞争是市场经济有效运行的前提和基础，也是决定市场主体命运的重要因素。正当的竞争是通过不断改进技术、降低成本、开发新产品和新市场等方式实现合法的竞争，它要求每一个竞争参与者都必须按照市场规则，以诚实守信的原则行事，偏离了这些原则和规则，必然走向不正当竞争。经营者在宣传产品方面进行不正当竞争是很容易实现的，因为随着科技的现代化，生产工艺日益复杂，产品的种类纷繁多样，消费者对产品的性能、质量等不可能有足够的知识，有关产品信息的来源主要依靠商品上的标注、广告等，经营者提供虚假的信息，会使消费者作出错误的判断。在市场容量既定的前提下，依靠虚假信息赢得竞争优势或获取利润，势必使其他竞争者的竞争态势减弱或利润减少，损害其他竞争者的合法权益。

3. 虚假宣传的直接受害者是消费者和同业竞争者。广告是最常用的虚假宣传的手段，因广告多在公共媒体上出现，消费者基于对公共媒体的信任而充分相信广告的内容并按照广告实施购买行为。广告的形式有多种，比较广告和贬低广告最容易被利用来进行虚假宣传，比较广告和贬低广告影射的主体是同业竞争者。比较广告与虚假广告的区别在于：比较广告只要符合真实性和限制性并遵循正当竞争的原则，就是合法广告。比较广告和贬低广告如果出现下列情形之一，则属于虚假广告：①以自己商品或服务的长处与竞争对手商品或者服务的非关键短处相比；②不说明比较内容只表现结果；③违背事实、片面扩大，无根据地引用最高级形容词；④对比性诋毁等。例如，某商贸有限公司在其筹办拟定6月开张营业的电脑百脑汇资讯广场的招商广告活动中，在穿行于北京中关村地区的三趟公交汽车320路、332路、302路车体上悬挂广告牌，用醒目的字体宣称："现在买电脑，马上后悔""NOVA百脑汇资讯广场5月惊喜价！"这一广告宣传引起中关村众多电脑商家的强烈反应，15家电脑经销商联手指控该商贸有限公司，称"百脑汇"的宣传是误导消费者的虚假广告，吸引消费者去"百脑汇"买电脑而不是对电脑行

常用来进行虚假宣传的是广告

情进行纵向比较。在该案中，该商贸有限公司使用与客观事实相悖的虚假广告用语，误导消费者，从而使其他经营者的消费者群体在购买决策上产生困惑，甚至产生对其他经营者的商品的排斥心理，构成了不正当竞争。

二、虚假宣传的认定

虚假宣传是高度模糊的词汇，其中心内容是"虚假"的内涵。虚假宣传的一般条件可以归纳为以下三个方面：

1. 宣传的内容与客观事实相悖。突出的表现是已有的科研成果证明了某种事实或现象，但由于知识普及不够或认识上的原因，消费者无法识别宣传中违背科学知识的虚假内容。例如，科学证实，人的身高主要取决于遗传因素，但后天因素也不可忽视；身高后天增长和年龄有一定的关系。有些增高产品的广告中宣称适用于35岁以下的人士，这显然违背了人体生长发育的规律，具有虚假性。另外，对缺乏研究数据和统计支持的结论的宣传也属于虚假宣传。一些宣传表述的突出性特点往往很难被同行业者证实，消费者更难以确证，也给执法者认定这种宣传是否合法带来一定的难度。例如，"××药品，首次采用独家创新的'ZXZ微化配比聚密工艺'，对精选的原料进行药物颗粒微化、精确量化配比以及聚合技术处理，提纯、提取出独有的强效作用成分'优密盐酸溴已新'和'多维地龙稀解酚'。首次运用世界最新的'一解三清疗法'中西药完美的配合，迅速清除导致呼吸顽疾的病理产物——异化酸糖，疏通气管，修复黏膜，消炎镇咳，激活免疫系统，彻底根治呼吸系统顽疾。重建呼吸免疫屏障，彻底杜绝复发"。这里需要证明的是"首次"的真实性和"彻底杜绝复发"的真实性。一般而言，同一种药品适用中因体质不同，效果也不同，所谓的"有效"，实际是指临床试验有效，上述"首次"和"彻底杜绝复发"没有相应事实证据或临床试验结果支持就属于虚假宣传。

还有一种表现是标示内容和实际内容不相符，且相差的数额背离宣传的正面效应。天地行公司于2003年9月10日与上海金智富房地产开发有限公司签订"天宝华庭商务楼"代理合同后，自行制作了"天宝华庭"房产广告的设计稿，并通过上海华晓广告传播有限公司（以下简称华晓公司）等广告中介公司进行代理，分别在《新闻晨报》和《新民晚报》上予以发布。《新民晚报》上的"天宝华庭"房产广告语中称：（楼盘至）"外滩与四川路均在2公里半径内"。上海市测绘产品质量监督检验站出具的检验报告表明，"天宝华庭"房产广告中曲阳医院的地理位置标示与实际不符,"天宝华庭"楼盘与外滩的最近直线距离为3.39公里。

各种形式的广告说明实际上表明的是经营者的一种主张,它是向消费者介绍可以检验的商品(或服务)信息。检验信息的正确与否决定广告的合法性,一些通过夸张的手法使消费者只产生正面的印象,而反面含义被掩盖的广告就有虚假广告的嫌疑。《中华人民共和国广告法》(以下简称《广告法》)严格要求广告说明应当真实、准确、清楚、明白。广告说明应当与商品或服务的内容相一致,判定虚假广告的标准之一就是看二者是否一致。如果经检验证明广告说明与商品(或服务)的实际状况不符,就可以将该广告认定为虚假广告。例如,在发布商品销售广告中,声称"本商场所有某某类商品××元起价",但是如果消费者实际去购买商品时,被告知这样的商品已经售完(通常称之为诱饵广告)。

有些广告有明显的不实或违法之处,如广告词带有"最好""最佳"等字样。而有些广告说明则不能直观判定出来,例如,广告说明的内容含有表示功效的保证,这种保证是否科学,则需要经过鉴定。在一般情况下,应由请求停止侵害或损害赔偿的起诉人举证。当然,也有些广告说明的真实性以上述方式无法判明或者对广告涉及的技术问题不了解,消费者可以提出认定虚假广告的请求,或损害赔偿的请求,在抗辩过程中由经营者提出反证。如SK-Ⅱ化妆品代言广告中声称"用了SK-Ⅱ,肌肤年轻12年",需要有科学验证这个数据是真实的。

> 虚假宣传的基本含义是证明广告说明与事实不符,但要有证据证明

广告说明与商品实际不符的情形还包括:①广告说明中的商品实际不能出售;②广告说明中的商品仅仅限于少数几件,即限量供应而未言明;③有一定的销售期限而未言明,例如,早上9点至9点半销售。

2. 将科学上未有定论的观点、现象等当作定论的事实用于商品宣传的,这是对宣传进行"质"上的评价。往往新的标准出台之前,一些新概念被商家炒作,成为竞争中的卖点。例如,"高清"电视、"双倍高清"电视、"健康"电视、"环保"冰箱等。再如,一些疾病尚不能为现代医学破解,针对病人的求医心切,常出现虚假广告。海南省工人疗养院在发布医疗广告中称,"×××主任是全国著名鼻炎名医、英国世界传统医学会国际会员,他的综合双重合剂疗法,采用近百种稀有奇效的动、植物药、胆汁药、矿物药及微量元素组合,在医学研究上取得重大突破,得到海内外专家学者的一致认可和肯定",同时该广告词表示给予鼻炎患者治愈的承诺。大部分病人在接受治疗后,未能依约治愈鼻炎,合法权益受到损害,而该疗养院亦未能证明上述有关事实存在,具有明显的欺诈性,属发布虚假广告。

3. 以歧义性语言或者其他引人误解的方式进行商品宣传的。广告依靠的是双重的信息——语言和图像,初级广告只是鉴定的口号加示意图,是从广告发布者的角度来散发信息的,正如有学者所言的,"20世纪初,广告是高喊着口号、展开可战旗冲向市场的"。[1] 现代广告发生的最大变化就是强调信息接受者对语言和画面的感知,因此,传统口号变成了幽默和发人深省的语句。歧义性语言传导的信息只能使消费者认识错误,例如,某产品广告:"你的选择是高明(某电影演员的姓名)的选择。"但以明显的夸张方式宣传商品,没有歧义性,不足以造成相关公众误解的,不属于引人误解的虚假宣传行为。再如,商业企业为推销某种产品在广告中使用"唯一经销商"的用语,如与事实不符,属于虚假广告。同时由于其在广告中所称的"唯一经销商"违背事实而在消费者中形成误导,容易使消费者对其他企业经销该产品的合法性产生误解,从而贬低了其他企业的商业信誉。

三、虚假宣传的形式

"虚假标示行为"与"虚假宣传行为"二者之间关系密切。从法条的规定上看,它们的区别在于两点:①二者的行为主体范围不同。虚假标示行为的主体是商品经营者和服务者;而虚假宣传的行为主体,除商品经营者和服务者外,还包括广告经营者。②导致引人误解后果的载体不同。虚假标示是直接表示在商品上或者商品的包装上;而虚假宣传则是通过广告或其他形式实现的。但是,相比之下,二者的相同之处更为明显:①二者的法律性质相同,都是为了对商品质量等作引人误解的虚假表示。无论是广告的形式,还是商品本身所承载的有关内容,都是表明商品的有关信息,其目的均是使消费者了解商品,激发购买欲望。②表示的内容相同,都包括了商品的性能、功能、质量以及曾获荣誉等方面的宣传。按照相同性质的行为应当作相同归纳的逻辑规则,二者应当合并在一起。事实上,很多国家在法律制度的安排上,是将二者合并在一起的。《保护工业产权巴黎公约》也采用概括的方式规定有关引人误解的商品表示:"在商业经营中,对商品的性质、制造方法、特点、用途的适合性或数量使用误导公众的表示或说法。"[2]

一般而言,虚假宣传是通过广告或者其他形式实现的。虚假宣传与假冒行为的主要区别是前者以广告或者其他宣传形式,后者以假冒他人

---

[1] [法] 热拉尔·拉尼奥著,林文译:《广告社会学》,商务印书馆1998年版,第77页。
[2] 《保护工业产权巴黎公约》第10条之二(三)3。

商业标识形式进行不正当竞争。

1. 经营者利用广告进行虚假宣传。广告的含义有多种，按照《布莱克法律辞典》的解释，广告是通过某种旨在吸引公众注意的方式所发出的告示，是一种通过传单、报纸、电视、广播向公众或者有关的个人传播的信息。我国《广告法》中所称的广告，是指商品经营者或者服务提供者通过一定媒介和形式直接或者间接地介绍自己所推销的商品或者服务的商业广告。广告的基本功能是传递信息，同时广告所传递的信息不同于一般的商品信息，它带有劝诱性，诱导人们的思想和行为接近其推销的目标。通过广告宣传，可以引起人们的注意和兴趣，使人们处于潜在状态的需求被唤醒形成现实的需求，因此，广告还有诱导和说服的功能。为了追求诱导和说服的效果，广告主或广告经营者就可能采用夸大宣传的方式发布信息，欺诈消费者，这样就形成了虚假宣传广告。

比较广告是最常用来进行虚假宣传的广告形式。《最高人民法院关于审理不正当竞争民事案件应用法律若干问题的解释》（2007年2月1日起施行）第8条规定："经营者具有下列行为之一，足以造成相关公众误解的，可以认定为反不正当竞争法第9条第1款（《反不正当竞争法》2017年修订第8条——作者注）规定的引人误解的虚假宣传行为：①对商品作片面的宣传或对比的……"这里所言的虚假宣传的形式就是利用比较广告，比较广告的基本含义是广告主将自己的公司、产品或者服务与同业竞争者或其产品或者服务进行某一方面的比较而发布的广告。比较广告的目的是在对比或比较中凸显其产品或服务优于竞争对手的产品或服务。

按照不同的标准，比较广告可分为以下几类：①按广告是否明确提及竞争对手名称，可分为直接比较广告、间接比较广告；②按对竞争对手的态度不同，可分为抛弃性比较广告、攀附性比较广告；③按比较内容是否具有客观基础，可分为客观性比较广告、主观性比较广告。

并不是所有的违法比较广告都属于虚假广告。虚假广告的判定标准是宣传内容与客观事实不相符，包括夸大、违背事实等。上述类型的比较广告只有在具备"虚假"内容时才涉嫌虚假宣传。有的比较广告不涉及宣传内容与客观事实的关系，例如，"购买惠普，连想，连想都不要想！"这是贬低性（违法）比较广告，使用模糊语言毁坏竞争对手的产品信誉，它的目的是强行排挤竞争者的产品，而不是使消费者混淆，也不涉及内容虚假的问题。

2. 经营者利用其他方法进行虚假宣传。其他方法是指广告以外的方法，具体有哪些，竞争法则未作明确规定，一些地方性法规作了具体的解释，概括起来，包括以下几种：

> 其他非法的虚假宣传比广告形式的虚假宣传更具有隐蔽性，误导性更强

（1）通过员工虚假交易方式进行虚假宣传，俗称"托儿"。通常是经营者通过内部员工参与或雇佣他人充当"托儿"，假造购买气氛或劝诱其他购买者购买商品。它利用了人们习惯中的从众心理，骗取信任，从而实现宣传商品的目的。《反不正当竞争法》第8条第2款对此专门规定："经营者不得通过组织虚假交易等方式，帮助其他经营者进行虚假或者引人误解的商业宣传。"

（2）作引人误解的虚假的现场演示或示例说明。通过范例的演示，能够直观地反映商品的特质，消费者能直接对照，判断并购买。但是，示例多是经过特殊加工的，在一些方面夸大其词。例如，某药品宣传称："患者××于1976年秋，因淋雨过度受凉、咳嗽、吐黄痰量大，有腥味，导致支气管炎伴肺炎，住院一个月。后反复发作，病史二十多年，上下楼气喘厉害，不好出气，不能平卧，干咳，严重影响病人日常生活。后确诊为慢性支气管哮喘伴肺气肿、肺大泡，曾就诊于解放军301、304医院，效果都不明显。去年在部队服役的儿子带回解放军中医药研究院研制的'哮喘灵胶囊'，经服一个月，哮喘好转，咳止喘平，身体有力。后又邮寄了3个疗程，咳、喘、痰已全部消除，而且能接触一切油漆家具，从此告别了过敏性哮喘，品味了健康人生，现停药7个月，哮喘没有复发，一切正常。"

（3）在经营场所对商品作虚假的文字标注、说明或者解释。例如，对非知名生产者的产品说成是知名生产者的产品；非纯羊毛制品说成纯羊毛制品。如果是在产品或包装上作虚假标注，则构成假冒行为，例如，劲霸服装只有夹克依据《中国名牌产品管理办法》被授予中国名牌称号，其他产品并未授予名牌称号，但经营者在裤子、衬衫等产品上都标注为"中国名牌"。如果其在经营场所未加区分进行所谓"名牌"宣传，则构成虚假宣传。

（4）通过张贴、散发、邮寄虚假的产品说明书和其他宣传材料进行虚假宣传。曾发生这样一个案件：广州星冠涂料厂在其生产的"星冠牌"聚酯漆上标有"星冠涂料实业有限公司"字样，并在随货发往各地销售部的报价表上擅自印有"中外合资星冠涂料实业有限公司"字样。至1996年4月，该厂发往济南清河企业集团第二实业公司建材经营部该种产品582箱，货款共计34万元。经查"星冠涂料实业有限公司"并未在工商行政管理机关登记。工商行政管理机关认为，该厂的上述行为

构成了《反不正当竞争法》第 9 条第 1 款（2017 年修订后的第 8 条）规定的虚假宣传行为，依法责令停止虚假宣传行为，罚款 3 万元。[1]

（5）利用大众传播媒体作虚假的宣传报道。虚假的宣传报道不是以广告的形式，而是以播放新闻、采访、发表文章、纪实文学等形式进行。它不是无偿性的新闻报道，因为经营者往往通过支付钱物作为代价，它是一种变相的广告。人们都知道广告是一种商业性行为，商业广告的内容及形式来自于生产经营者和广告经营者，广告接受者直接感知的是生产经营者传来的信息，这其中难免有生产者和广告经营者为了自身利益而夸大的成分。利用传媒作虚假宣传报道的隐蔽性比一般广告要强，因为从直觉上新闻、采访等形式只是叙述真实的事件，不具有商业目的。按照《广告法》第 14 条的规定，广告应当具有可识别性，能够使消费者辨明其为广告。大众传播媒介不得以新闻报道形式变相发布广告。通过大众传播媒介发布的广告应当有广告标记，以与其他非广告信息相区别，不得使消费者产生误解。以新闻报道形式发布的广告包括：①在广告版面不标明"广告"标记，而使用"专版""专题""企业形象"等非广告标记；②以通讯、评论、消息、人物专访、专家访谈、纪实报道、报告文学、专家咨询、科普宣传等形式发布广告；③在新闻报道中标明企业、事业单位的详细地址、邮编、电话、电子信箱等联系方式方法。

（6）利用网络虚假宣传。因特网作为一种新兴的传播媒介，其方便、快捷、廉价和不受地域限制的特点，越来越受到商家的重视。许多经营者通过网络宣传扩大了自身信誉及产品的声誉，取得了良好的效果。这一特点也被不少经营者利用，进行虚假宣传。

四、虚假宣传的内容

一般广告宣传或者其他形式的商业宣传多围绕有关商品或服务方面的信息。根据 2017 年修订的《反不正当竞争法》第 8 条的规定，虚假宣传主要包括经营者对其商品的性能、功能、质量、销售状况、用户评价、曾获荣誉等方面的内容。

> 虚假宣传的内容无法一一列举，主要包括商品的用途、功能、原料、来源、价格、历史渊源

1. 商品的性能和功能。商品性能是指产品具有适合用户要求的物理、化学或技术特性，如强度、化学成分、纯度、功率、转速等。通常所说的商品性能，实际上是指商品的功能和质量两个方面。功能是构成竞争力的首要要素。用户购买某个商品，首先是购买它的功能，也就是

---

[1] 孔祥俊：《反不正当竞争法的适用与完善》，法律出版社 1998 年版，第 220 页。

实现其所需要的某种行为的能力。商品功能是指这个商品所具有的特定职能，即功用或用途，简言之，是指该商品能够做什么或能够提供什么功效。消费者购买商品因为其具有某种功能。比如，计算机上网和处理文字的功能，电视机有传送电视节目供人们收看的功能，自行车具有代步出行功能等。

  虚假广告为了欺骗和误导消费者购买其商品，经常把商品的特征大加美化，夸大商品的性能或功能，使经过美化的商品容易受到消费者的青睐。不同产品夸大性能和功能的含义不同，汽车厂商故意夸大其百公里耗油低的性能，是为了满足消费者对于节油的需求；医疗广告夸大功能，主要是在广告中保证或者变相保证治愈各种疑难疾病；化妆品和美容服务广告夸大功能，主要是对化妆品的效用或者性能等作虚假宣传，利用他人名义保证或者以暗示方法使人误解其效用的宣传，宣传化妆品的治疗作用或者使用医疗术语，误导消费者，对美容服务的效果进行虚假夸大宣传；药品广告夸大功能、保证疗效，主要是未经审批擅自发布和篡改审批内容发布药品广告，在广告中对药品的适应症或者功能主治、治疗效果进行夸大宣传或者做出承诺，广告中含有药品说明书以外的学术理论、观点等内容；保健食品广告宣传治疗作用或者夸大功能，主要是在广告中把保健食品混同为药品，宣传治疗作用或者使用易与药品相混淆的用语，超出核准的保健功能范围，宣传未经核准的功能。

  2. 商品的质量。质量是指商品能实现其功能的程度和在使用期内功能的保持性。商品质量是由各种要素所组成的，这些要素亦被称为商品所具有的特征和特性。不同的商品具有不同的特征和特性，其总和便构成了商品质量的内涵。商品质量要求反映了商品的特性和特性满足顾客和其他相关方要求的能力。这些质量要求可以转化成具有具体指标的特征和特性，通常包括使用性能、安全、可用性、可靠性、可维修性、经济性和环境等几个方面。其中，经营者在质量方面的虚假宣传包括以下几个方面：

  （1）商品的原料。商品的原料决定商品的质量，消费者在购买商品时，首先需要了解原料是什么，各种原料的比例；例如，是同一种原料构成的，是天然的还是人造的，等等。虚假广告采用的手法多种多样，比如，当商品由两种原料混合制成，广告便以天然原料来招揽顾客；有时原料明明是人造的，而广告却故意加上一个美名来掩盖低档原料，例如，在商品上加上"纯""原装""东方""巴黎"等。为了保护消费者的利益，法律应当禁止使用那些假冒原料的附加名称或易被混淆的商品名称。

(2) 商品的来源。标示商品的制造地（或称货源标记），或说明提供服务的企业所在地，它关系到商品（或服务）给消费者的印象，是广告中不可缺少的内容。在我国有众多的世界知名的货源标记，如西湖龙井、苏绣、景德镇瓷器、贵州茅台等。货源标记是用来表示商品来源的标志，它通常是由名称、用语或符号所构成，用以表示该商品来自哪个国家或地区，便于消费者选购商品。除此之外，货源标记向顾客提供了该产品具有的某种特定的质量保证，有利于树立该地区企业的整体商业信誉。

> 商品的来源指产地，产地应包括制造地和原产地

商品（或服务）来源作为广告宣传内容之一，主要是从地理上表示商品（或服务）的出处，它对于驰名商品尤其重要。按照广告表示的方式的不同，可分为直接产地广告和间接产地广告，凡是明确表示一个特定的地理概念的广告称为直接产地广告；如果广告里没有明确表示一个特定的地理概念，但在交易中消费者通过其他特征仍然可以知道有关商品的产地，这种广告即称为间接产地广告。直接产地广告和间接产地广告都关系到商品的声誉，所以，不正当竞争者常常假冒优质商品的产地做广告来诈欺消费者。有些劣质商品虽然没有假冒他人的商标而不受商标法的禁止，但却假冒名牌商品的产地来迷惑消费者，在这种情况下就需要反不正当竞争法来禁止这种欺诈行为。

对商品（或服务）来源作欺诈广告的行为是必须加以禁止的。对产地作欺诈的广告可能影响消费者选择商品的意向，侵害消费者的知情权。消费者很可能由于广告的错误引导而把劣质商品误认为驰名商品。现今世界各国，都已经认识到保护原产地名称和货源标记的重要性，都采取一定的保护手段。保护的方法主要有：国内立法；加入国际条约或签订双边条约。

(3) 企业的历史渊源及规模。例如：在广告中给商店冠以"百年老店"的称号，但实际只有数十年历史；产品上市只有几年，却言称产品历史悠久、闻名中外；规模甚小的合伙企业却以"公司集团"的名义向消费者作产品宣传。如果"商场"和"中心"之类名称不符合实际规模，那么这种广告无疑是欺诈广告。

(4) 所获荣誉。经营者所获荣誉是国家、国际组织或其他公认的社会组织对经营者及其产品的肯定和褒奖以及积极评价。例如，名优标志、博览会金奖等。

3. 商品的价格。在广告中，任意变换商品的价格，借以招徕顾客，损害消费者的利益，其花样可谓千奇百怪。为了吸引顾客，竞争者通过广告把商品（或服务）宣传得完美无缺但他们不标价格，不愿把令人生畏的价格（或收费）暴露出来；有时即便他们在广告中标上价格，也往往标上

> 价格变动对消费者的购买行为的影响最敏感，价格上的虚假宣传也最常见

"引诱价格"而已。这种引诱价格形式很多，比如：表面上告示降价，但实际上价格未变或略有降低；有的广告虽然以降低价格来招徕顾客，但实际商品的次要部分降了一些，主要部分未降低，甚至主要部分比原来还要高。引诱价格与特价不同，特价是实际上的降价，而引诱价格仅在表面上降价。标有引诱价格的广告便是虚假广告，对于这样的带有欺诈性的广告，《反不正当竞争法》是绝对禁止的。同时，为了防止商品价格（或服务收费）上的不正当行为，有关法律对价格规定了一些基本原则。《零售商促销行为管理办法》第6条规定："零售商促销活动的广告和其他宣传，其内容应当真实、合法、清晰、易懂，不得使用含糊、易引起误解的语言、文字、图片或影像。不得以保留最终解释权为由，损害消费者的合法权益。"第11条规定："零售商开展促销活动，不得利用虚构原价打折或者使人误解的标价形式或价格手段欺骗、诱导消费者购买商品。"

在标示降价商品的价格时，应同时写上原价和新价，并在原价上打"×"表示废止，废止的价格表示必须保留一定时间。因庆祝活动而需要酬宾是许可的，在广告中可标示降价的百分比，但降价幅度不能超过法定的百分比。由于法定降价比例有限，所以广告一般不能写有"大降价""赔血本"之类的广告词，否则应该视为欺诈。在广告中作价格比较是许可的，但要求以制造厂商的建议价为比较对象，而且应当说明该建议价格虽由制造厂商建议，但不受任何约束。[1] 此外，在广告中要求商品的售价与真实的建议价格作比较，否则视为欺诈广告。

除了上述内容以外，虚假宣传还会涉及有关营业活动的其他情况，如企业在市场上的地位和等级、企业领导的经营能力和经营方式等。

第二节 虚假宣传的法律责任

一、一般规定

《反不正当竞争法》第20条第1款规定，经营者违反规定对其商品作虚假或者引人误解的商业宣传，或者通过组织虚假交易等方式帮助其他经营者进行虚假或者引人误解的商业宣传的，由监督检查部门责令停止违法行为，处20万元以上100万元以下的罚款；情节严重的，处100万元以上200万元以下的罚款，可以吊销营业执照。这是关于虚假宣传

---

[1] 戴奎生、邵建东、陈立虎：《竞争法研究》，中国大百科全书出版社1993年版，第194页。

的主要法律责任形式。另外,根据《反不正当竞争法》第 26 条的规定,监督检查部门应将因从事虚假宣传行为受到行政处罚记入信用记录,并依照有关法律、行政法规的规定予以公示。

二、虚假广告的法律责任

结合上文论述及实践中的情况,虚假宣传的主要形式是广告,换言之,虚假广告是虚假宣传的主要类型。为此,《反不正当竞争法》第 20 条第 2 款专门规定:"经营者违反本法第 8 条规定,属于发布虚假广告的,依照《中华人民共和国广告法》的规定处罚。"因此,虚假广告是虚假宣传责任的重点,我们需要重点探讨虚假广告的法律责任问题。

(一) 广告法律制度的中心问题

虚假广告是一个复杂的社会关系和法律关系。在这种关系中,涉及多个关系主体。在多个法律主体中,可以分为受害主体和致害主体,也存在受害主体和致害主体之间的中介主体。广告法律制度的核心是保护受害人、制裁致害人,法律制度的完善程度体现在对受害人利益的保障程度上。

广告法是调整广告主、广告经营者、广告发布者从事广告活动的法律规范的总称。广告主,是指为推销商品或者提供服务,自行或者委托他人设计、制作、发布广告的法人、其他组织或者个人。广告经营者,是指受委托提供广告设计、制作、代理服务的法人、其他组织或者个人。广告发布者,是指为广告主或者广告主委托的广告经营者发布广告的法人或者其他组织。实际上,广告关系中,除了上述主体的关系外,还存在其他主体关系,即广告形象代言人和广告主的关系、消费者关系、国家广告监管关系。

> 广告法是以保护消费者为中心的法律。相关制度都是以此展开的

我们对广告法的定位必须有正确的认识,它不是为赋予广告主体的权利而制定的;相反,它主要是用来约束广告主体的行为的。或者说,这样一部法律是为了规范广告活动,保护消费者的合法权益,维护社会经济秩序的法律。由于广告这种信息传播模式具有"一对多"(即商家和消费者)的特殊性,且商家具有追求利润最大化的本性,就很可能利用消费者达到其目的。因此,在广告关系中,应该有消费者关系;在广告法律关系中,消费者利益保护的程度是广告效应的直接体现。

消费者利益保护是广告法律制度的中心,其他法律关系都围绕该中心展开。

1. 广告管理的目的是维护消费者利益和经济秩序。目前广告管理有

两个层次：①广告发布业务管理。广播电台、电视台、报刊出版单位的广告业务，应当由其专门从事广告业务的机构办理，并依法办理兼营广告的登记。②广告内容审查。发布医疗、药品、医疗器械、农药、兽药和保健食品广告，以及法律、行政法规规定应当进行审查的其他广告，应当在发布前由有关部门（以下简称广告审查机关）对广告内容进行审查；未经审查，不得发布。

2. 虚假广告的法律责任体现了对受害消费者的救济。现行《广告法》建立了三种对消费者的赔偿责任：广告主的虚假广告法律责任，广告经营者和广告发布者的虚假广告责任，广告代言人、荐证人的法律责任。发布虚假广告，欺骗和误导消费者，使购买商品或者接受服务的消费者的合法权益受到损害的，由广告主依法承担民事责任；广告经营者、广告发布者明知或者应知广告虚假仍设计、制作、发布的，应当依法承担连带责任。广告经营者、广告发布者不能提供广告主的真实名称、地址的，消费者可以要求广告经营者、广告发布者先行赔偿。社会团体或者其他组织在虚假广告中向消费者推荐商品或者服务，使消费者的合法权益受到损害的，应当依法承担连带责任。

3. 广告主、广告经营者和广告发布者之间的关系具有限制性，其限制的理由也是为保护消费者利益。广告主和广告经营者是委托关系，这种委托关系是附条件的，只有条件具备委托关系才成立。所附限制条件的目的是防止出现虚假广告，如广告主委托他人设计、制作、发布广告，应当具有或者提供真实、合法、有效的下列证明文件：营业执照以及其他生产、经营资格的证明文件；市场监督管理机构对广告中有关商品质量内容出具的证明文件；确认广告内容真实性的其他证明文件。广告发布者与广告主的关系是发布广告关系，发布广告之前，广告发布者负有审查广告内容的义务，以保证广告的真实性。广告发布者依据法律、行政法规查验有关证明文件，核实广告内容，对内容不实或者证明文件不全的广告，广告发布者不得发布。

上述有关管理职责和法律配置制度的设计提供了对消费者利益的保护基本方面，但仍有不足。有关问题仍需要进一步探讨。

广告主是广告的发起者和最主要的决定者，应当承担主要责任。广告业发展初期，广告内容和形式都很简单，广告作用有限，由此产生的责任一般由广告主自己承担即可。而现在广告主仍是初始动力，没有广告主，就不可能有其后的一系列广告行为。[1]但是，仅对消费者赔偿是

---

[1] 赵敏：《企业广告管理法律实务》，群众出版社2005年版，第5页。

否就实现了法律调整的全部目的,这一问题值得探讨。如何做到既起到惩戒作用,又能够消除虚假广告对消费者的消极影响,美国联邦贸易委员会（FTC）采用的对类型虚假广告"矫正"的管理办法值得借鉴。如果虚假广告的刊播因种种原因给消费者的印象极为深刻,即使停止刊播,其影响也难以消除的,FTC可以责令广告主在同一广告媒体上,花费同样或相近的广告费用,对原有广告进行矫正,且矫正广告的刊播时间至少一年,以改变消费者已形成的观念。[1]另外,再退回到问题的原点,如果广告主发布了虚假广告,广告主逃之夭夭,受害者的损失能得到赔付吗?可能代替广告主承担责任的就是广告经营者和广告发布者。

广告经营者是连接广告主与广告发布者之间的纽带,其承担法律责任的法理基础是:广告经营者熟悉广告业务,清楚相关的法律规定。广告发布者承担法理责任的基础是:其掌握着最终的决定步骤——广告的发布权,广告一经发布即会对社会产生重大影响,因而,广告发布者有义务对发布的广告在职责范围内进行全面的审核。但是,广告经营者和广告发布者承担责任是有条件的,法律规定两类条件:①法定条件,即明知或者应知,或者不能提供广告主的真实名称、地址的。②案件类型条件,即"不能提供广告主真实名称、地址"的认定,是确定民事责任的前提条件,在一般情况下,仅适用于司法机关的民事裁决,不作为行政处罚的依据。[2]如果广告主发布虚假广告,广告经营者、广告发布者非明知,亦非应知,能提供广告主的真实名称、地址,而广告主逃之夭夭,那么谁来为消费者利益买单呢?我国法律中规定的另一个责任主体是社会团体和其他组织,但它（们）承担责任更具有偶然性,其条件是"在虚假广告中向消费者推荐商品或服务"。如果广告主发布虚假广告,广告经营者、广告发布者非明知,亦非应知,能提供广告主的真实名称、地址,而广告主逃之夭夭,且有关社会团体没有推荐商品或服务,那么,再没有谁出来赔付消费者的损失了。由此,这些责任主体在接续承担消费者利益损失时因条件的差异致使造成了责任缝隙,这个漏洞应该弥补。

（二）广告代言的法律限制及法律责任的构建

1. 广告代言的法律限制。代言人是广告法律关系中的特殊主体,他受广告主之托,将广告主推销的商品或者服务通过自己的形象、声音、动作等传达给受众,使消费者因为他的代言对特定商品或者服务产生强

---

[1] 赵敏:《企业广告管理法律实务》,群众出版社2005年版,第276页。
[2] 参见原国家工商行政管理局《关于〈广告法〉执行中有关问题的答复》（工商广字〔1998〕第21号）。

烈印象，并最终影响其消费决策。广告代言需要有法律限制。

（1）禁止以专家和消费者名义进行广告宣传。专家代表专业权威，以权威的名义发布广告会产生一种错误的诱导，因为专家的专业知识使之更能作出正确的判断，进行更合理的行为选择。受到诱导的顾客，心理上对专家产生依赖感和对产品的不自觉的忠实感，这时他已不愿意对其他经营者提供的同类商品或服务作出独立、自主的比较。而以消费者的名义发布的广告，具有直接误导的效果，因为产品和服务是为消费者提供的，消费者在没有使用的情况下就发出赞誉之词，本质上是在传播一种谎言，而谎言重复一千遍会变成真理，这便是广告的神奇功效。

药品、医疗器械广告，医疗广告，食品广告等特殊商品、服务的广告，均与广大消费者的安全健康等切身利益密切相关，也是在广告法律中国家严格管理的主要对象。《广告法》规定，药品、医疗器械、保健食品广告不得利用广告代言人作推荐、证明。农药、兽药、饲料和饲料添加剂广告，教育、培训广告，农作物种子、林木种子、草种子、种畜禽、水产苗种和种养殖广告，不得利用科研单位、学术机构、技术推广机构、行业协会或者专业人士、用户的名义或者形象作推荐、证明。

（2）广告不得使用国家机关和国家机关工作人员的名义，药品广告不得含有军队单位或者军队人员的名义、形象，不得利用军队装备、设施从事药品广告宣传。

值得一提的是，以古代皇帝的身份代言广告是否涉嫌违法？和上述专家及权威机构不同，古代皇帝形象散发的"权威"已经很弱了。作为艺术加工形象的皇帝向人们传达两种信息：历史悠久和品质上层。只要皇帝形象或言辞所表白的历史与产品的历史相当，并所表明的品质不是"最佳、最优"的，该信息不涉嫌违法。例如，某广告称"××（产品）我（清朝某皇帝）爷爷的爷爷说好"，只要证明该产品的历史溯源于清朝年间即可。

2. 广告代言人法律责任的构建。广告形象代言人可以分为公众代言人和一般代言人。公众代言人来源于"公众人物"，由于公众人物和一般人之间很难划一条清晰的界限，使得两种代言人之间也没有明确的区分标准。实际生活中，广告代言人多以体育明星、影视明星、知名模特、广告明星为主。

按照我国现行《广告法》，形象代言人不是广告法主体。对虚假广告不承担法律责任。但是，"亿霖""藏秘排油"等类案件发生后，广告形象代言人是否承担责任及承担什么责任的问题开始热议起来。一种意见认为，虚假广告的代言人只受道德谴责；第二种意见认为，代言人应

2015年修订后的《广告法》增加了广告代言人法律责任的规定

当和广告主、广告经营者共同承担连带责任；还有一种观点认为，广告代言人应承担社会责任。"道德谴责"论反映了对现行广告法责任配置的无奈和妥协；"连带责任"论流露出的是痛恨之余的某种理性的希望；社会责任论反映了在法律和道德之间两难选择。

我们认为，虚假广告代言人仅承担道德责任是不够的。因为：

（1）代言人的影响力会影响消费者的消费倾向。每个代言人都有自己独特的风格，这种被抽象的风格在广告中通过产品特性或服务特色表达出来，于是，便产生了产品（包括服务，下同）和代言人之间的亲和力。公众代言人的追随者往往通过购买代言产品或接受服务表达对崇拜者的敬仰和亲近，代言人实则成了消费者和代言产品的特别推荐人。之所以称为"特别"，是因为一部分人在坚定地跟随代言人的行为动向，代言人不必"发号施令"，只需自言自语发出喜好某种产品或服务的信号，该种产品或服务就立刻成为代言人和追随者之间心里交流的工具。换言之，公众代言人身外包围着一批忠实的追随者并很容易转化为代言产品的消费者，形成了"知名度平移"现象。实践经验表明，经常有人在广告被宣布为虚假广告后言称："就是看着××代言我才购买的"，反映的就是追随者的上述行动逻辑。

（2）代言人的风险与收益不一致。风险与收益相一致是经济秩序稳定的基本条件，法律对社会经济关系的调整绝大多数是因为利益失衡，即权利主体不负义务或负担少量义务。广告代言人的风险和收益不相称：①代言费和表演劳动付出之间的非对称。受播放时间的约束及费用考虑，广告时长通常被控制在一定范围内；另外，广告本身的思想性和艺术性决定了单位时间内付出的劳动量比纯粹艺术表演要少。但是，单位时间的收益却远远高于其他艺术行为。②影响（责任）的非对称性。选择广告代言多不是因为代言行为中艺术表现力高低而被选中，而是代言人的社会公知度。现有法律关系只确认了广告主和代言人的委托合同关系，而不是广告法律关系。委托合同履行完毕后，代言人便退出了这个法律关系，代言合同被孤立化。实际上，代言人的广告影响才刚刚开始。代言人的履行合同行为会在较长时间内持续地向社会公众渗透，因此，委托合同并不应当被孤立，其后续影响使得该合同具有涉他性。由此，代言人表演完毕并获得巨大收益后便"躲进小楼成一统，管他春夏与秋冬"，在虚假广告的情形下，其利益与风险关系是不对称的，法律应当矫正这种不平衡。

（3）名人广告对虚假广告往往起到推波助澜的作用。如"亿霖"广告违法收入上亿元，广告代言人收入300万元。很多消费者都是基于该广告代言人的诚实形象而投资的。试想如果"亿霖"广告不是通过代言人发布的，而是该公司经理亲自发布，其"收益"也会达到如此规模吗？在这个意义上，明星代言人代言的虚假广告的社会后果远远大于一般代言人。易言之，代言人的社会影响越大，违法广告带来消极社会后果越大。由于广告主的违规成本相对小，代言人的违规成本更小（一定时期信誉的减损），因此加重了虚假广告的泛滥。这告诉我们，市场经济并不是靠简单的诚信道德维持，关键在于用更为严格的法律责任对当事人进行约束，包括对代言人的代言行为进行约束。

与追随者的执着不相对应，代言人往往对自己代言中的行为和形象有他种理解，即认为代言就是"传话""代人讲话"；由代言出发的匹配形象如同戏剧中的表演一样，是一种纯粹的艺术行为；代言是一种艺术表现形式，尽管其艺术含量有多有少，但这不影响其属于艺术的范畴。究竟如何评价作为艺术家的代言者的代言行为，这涉及艺术能否与法律沟通及沟通的渠道如何开启的问题。其实，艺术是通过心理感受来表达思想的，绝对正确的模仿并非艺术及艺术的目的。艺术的辩证哲学告诉我们，形象或思想是通过作者和表演者的否定之否定后展现出来的。所以，即便从艺术本身来讲，代言，不是传话，要反映代言人的真实意思。代言广告一旦变为虚假广告后，由于它扰乱了社会经济秩序，人们在诅咒甚至追诉广告主和广告经营者行为的同时，也会拷问代言行为的诚实与信用。那么，从法律上讲，代言就不是演戏或背台词，而是表达内心感受，需要秉持诚实与信用这个法律红线。

虚假广告的代言人应当承担相应的法律责任，其中主要是"逆有限责任"。逆有限责任的基本含义是广告代言人以其获得的代言收入为限对虚假广告的受害人或社会公众承担责任。逆有限责任需要从以下几方面理解：

（1）逆有限责任的归责原则是无过错责任原则。这一归责原则是由代言人的特殊地位决定的。代言人在签订和履行代言合同时无法预见和控制广告成为虚假广告的风险，要求代言人首先亲自使用产品既不现实也同样不能控制风险，因为一些被夸大的广告内容不会在短期试用中显现出来；另外一些产品属于非"查验品"，如农用机械，代言人也无法试用；还有一些广告是基于资格而作的宣传，依宣传开展营业，如"亿霖"广告。无过错责任不考虑代言人对代言产品的感知程度，从广告虚假这个事实出发，简化法律责任认定要素，利于对受害人损害的赔偿。

（2）逆有限责任是广告代言人的法律责任底线，但不是所有虚假广告代言人的唯一责任形式。如果代言中有"保证""绝对"等字眼的，

> 代言人仅承担道德责任是不够的

代言人应承担更重的法律责任，如设定惩罚性赔偿，其数额为代言费的一定倍数。例如，"胡师傅无油烟锅"广告中称"由紫砂和锰钛合金制造，保证无油烟"。无国家标准和行业标准，只有企业标准。无油烟锅的锅底厚度一般为4毫米左右，普通锅则通常小于2毫米。因为这些字眼对消费者的吸引力更大，成为虚假广告后贻害更深，承担惩罚性责任是对这部分扩大后果的回应。

（3）非知名广告演员代言同样需承担"逆有限责任"。虽然非名人的社会影响力和公信力不如知名演员，但是，凭借公共媒体的烘托，他们的形象更贴近消费者，对于消费经历的叙述也更能引发消费者的共鸣。在这种情况下，他们就不只发挥工具的作用了。商家设计、制作、发布这种广告所利用的，是他们的消费经验中有利于商家利益、有利于产品销售的那一部分。这种主观之于客观的经验使他们的"演出"也许没有很强的说服力，却有相当的感染力；这些经验也许不是正确的，却是相当真实的。社会大众做出判断时有很大一部分依据正是来自这种贴近于自己的消费经验。可能出现这样的情况：出演者确实是消费者、使用者，（由于个人体质的原因）使用效果尚可，但虚假广告不是凭主观感受而是依客观事实判断的。在此情况下，同样需要承担"逆有限责任"。

（4）间接代言人也应承担逆有限责任。对于一般代言人搭借名人代言的（第三代言人代言），如果第三代言人获得广告收入，其也应承担逆有限责任。例如，某广告采用某希望小学的学生给某知名电影明星的一封信的形式，信的内容是："××阿姨，您寄给我们希望小学的'盖中盖'口服液，现在同学们都在喝……"而实际上，该希望小学并未得到过××的馈赠。

总之，逆有限责任将风险责任内在化，能比道德责任更有效地对代言人行为进行约束。在被确认为虚假广告且广告主和广告经营者不足以赔偿或他们逃之夭夭的情况下，还有利于对消费者利益的保护。2015年4月，全国人民代表大会常务委员会对《广告法》进行了修订，增加了广告代言人的责任规定。《广告法》第56条第2款规定："关系消费者生命健康的商品或者服务的虚假广告，造成消费者损害的，其广告经营者、广告发布者、广告代言人应当与广告主承担连带责任。"第3款规定："前款规定以外的商品或者服务的虚假广告，造成消费者损害的，其广告经营者、广告发布者、广告代言人，明知或者应知广告虚假仍设计、制作、代理、发布或者作推荐、证明的，应当与广告主承担连带责任。"目前广告代言人的责任还主要限于民事责任，没有行政和刑事责任。

□ 小　结

一、虚假宣传行为的概念和法律特征

虚假宣传，是指在商业活动中经营者利用广告或者其他方法对商品或者服务作出与实际内容不相符的虚假信息，导致客户或消费者误解的行为。

虚假宣传行为具有以下法律特征：①宣传所提供的信息是虚假的信息；②虚假宣传的性质是不正当竞争；③虚假宣传的直接受害者是消费者和同业竞争者。

虚假宣传的一般条件可以归纳为以下三个方面：①宣传的内容与客观事实相悖；②将科学上未有定论的观点、现象等当作定论的事实用于商品宣传的；③以歧义性语言或者其他引人误解的方式进行商品宣传的。

二、虚假宣传的形式和内容

虚假宣传是通过广告或者其他形式实现的。其他方法通常包括以下形式：①通过员工虚假交易方式进行虚假宣传；②作引人误解的虚假的现场演示或示例说明；③在经营场所对商品作虚假的文字标注、说明或者解释；④通过张贴、散发、邮寄虚假的产品说明书和其他宣传材料进行虚假宣传；⑤利用大众传播媒体作虚假的宣传报道；⑥利用网络虚假宣传。

广告宣传或者其他形式的商业宣传多围绕有关商品或服务方面的信息，集中体现在对商品的性能、功能、质量、销售状况、用户评价、曾获荣誉等方面。

三、虚假广告的法律责任

现行《广告法》建立了三种对消费者的赔偿责任：广告主的虚假广告法律责任，广告经营者和广告发布者的虚假广告责任，广告代言人的法律责任。发布虚假广告，欺骗和误导消费者，使购买商品或者接受服务的消费者的合法权益受到损害的，由广告主依法承担民事责任。广告经营者、广告发布者明知或者应知广告虚假仍设计、制作、发布的，应当依法承担连带责任；广告经营者、广告发布者不能提供广告主的真实名称、地址的，应当承担全部民事责任。关系消费者生命健康的商品或者服务的虚假广告，造成消费者损害的，其广告经营者、广告发布者、广告代言人应当与广告主承担连带责任；其他商品或者服务的虚假广告，造成消费者损害的，其广告经营者、广告发布者、广告代言人，明知或者应知广告虚假仍设计、制作、代理、发布或者作推荐、证明的，应当与广告主承担连带责任。

广告形象代言人是否承担责任及承担什么责任的问题值得探讨。

□ 练习与思考

一、名词解释

1. 虚假宣传　　　2. 广告经营者　　　3. 广告发布者

二、简答题

1. 虚假宣传的认定条件是什么？
2. 简述虚假标示行为和虚假宣传行为的关系。
3. 简述建立广告代言人法律责任的合理性。

三、案例分析

原告上海爱琪熙埃服装有限公司系中外合资有限责任公司，经营范围包括销售服装鞋帽等。被告上海安徒生儿童用品有限公司系中外合资有限责任公司，经营范围为设计、开发、生产服饰品及相关配套系列产品，销售自产产品，拥有"安徒生"注册商标。

2006年5月10日，原告在上海市零陵路518号举行"安徒生"品牌儿童服装展示会。当地执法部门接到举报，依法对原告展示会存在的"安徒生""国际知名品牌"等不规范表述予以指出和规范，但未作出行政处罚。此后，被告在其网站上发布《郑重声明》称："上海爱琪熙埃服装有限公司2006年5月10日在上海零陵路×××号××宾馆召开'爱琪熙埃安徒生品牌推广会暨06秋冬童装订货会'，用上海爱琪熙埃服装有限公司作为'安徒生'品牌宣传自身，混淆'爱琪熙埃'等同'安徒生'，以误导消费者。上海市徐汇区工商分局责令其立即停止对安徒生品牌的侵权行为，限两小时内把全场'安徒生'品牌所有文字清除干净。上海爱琪熙埃服装有限公司严重侵害了本法定企业的'安徒生'名称权。"原告发现被告刊登的声明后，就该声明内容向被告提出了异议，要求删除不恰当的表述。此后，原告又多次与被告交涉，未果。原告认为，被告的上述行为给原告造成重大经济损失。

问题：

1. 原、被告是否是竞争关系？
2. 被告行为侵害的客体？
3. 被告行为属于什么类型的不正当竞争行为？

□ 练习与思考答案要点

一、名词解释

1. 虚假宣传，是指在商业活动中经营者利用广告或者其他方法对商品或者服务作出与实际内容不相符的虚假信息，导致客户或消费者误解的行为。

2. 广告经营者，是指受委托提供广告设计、制作、代理服务的法人、其他经济组织或者个人。

3. 广告发布者，是指为广告主或者广告主委托的广告经营者发布广告的法人或者其他经济组织。

二、简答题

1. 虚假宣传的一般条件可以归纳为以下三个方面：①宣传的内容与客观事实相悖；②将科学上未定论的观点、现象等当作定论的事实用于商品宣传的；③以歧义性语言或者其他引人误解的方式进行商品宣传的。

2. "虚假标示行为"与"虚假宣传行为"二者之间关系密切。从法条的规定上看，它们的区别在于两点：①二者的行为主体范围不同。虚假标示行为的主体是商品经营者和服务者；而虚假宣传的行为主体，除商品经营者和服务者外，还包括广告的经营者。②导致引人误解后果的载体不同。虚假标示是直接表示在商品上或者商品的包装上；而虚假宣传则是通过广告或其他形式实现的。但是，相比之下，二者的相同之处更为明显：①二者的法律性质相同，都是为了对商品质量等作引人误解的虚假表示。无论是广告的形式，还是商品本身所承载的有关内容，都是表明商品的有关信息，其目的均是使消费者了解商品，激发购买欲望。②表示的内容相同。都是对商品的质量、制作成分、性能用途、生产者、有效期限、产地等方面予以表示。

3. 广告代言人责任的合理性在于：①代言人的影响力会影响消费者的消费倾向。②代言人的风险与收益不一致。风险与收益相一致是经济秩序稳定的基本条件，法律对社会经济关系的调整绝大多数是因为利益失衡，即权利主体不负义务或负担少量义务。③在现行《广告法》对虚假广告的处罚并不能起到直接威慑作用的前提下，名人广告对虚假广告往往起到推波助澜的作用。可以借鉴康梦达契约中风险—责任机制，建立广告代言人的责任制度，即代言人对虚假广告承担有限责任。由于承担责任的资产的流向不同，区别于康梦达投资人（出资人）的有限责任，广告代言人（财产获得者）的有限责任可以称为"逆有限责任"。

三、案例分析

1. 原、被告各自经核准的经营范围中均包含销售服装鞋帽或服饰品及相关配套系列产品，应当认定原、被告双方为同业竞争者。

2. 作为同业竞争者，在市场交易中应当遵循自愿、平等、公平、诚实信用的原则，遵守公认的商业道德。被告不得捏造、散布虚伪事实，损害竞争对手的商业信誉、商品声誉。

3. 可以认定工商行政管理机关曾派员到原告商品展示会现场进行检查，对该展示会上存在的"安徒生""国际知名品牌"等不规范表述予以指出和规范,但未作出行政处罚。据此,被告在网站上发布《郑重声明》的内容虽然具有一定的事实基础,但其中关于工商行政管理机关"责令上海爱琪熙埃服装有限公司立即停止对安徒生品牌的侵权行为"等部分内容,夸大了原告该行为的违法性质,属于虚假宣传,被告对该行为主观上有过错,客观上给原告造成不良影响,构成对原告的不正当竞争。

第八章

侵犯商业秘密

■ **学习目的和要求**

通过本章学习，要求学生
- 重点掌握：商业秘密的概念；侵犯商业秘密行为的表现形式。
- 掌握：侵犯商业秘密行为的法律责任；对国外商业秘密法律制度也应该有基本了解。

第一节 商业秘密立法的起源与发展

一、国外商业秘密立法

商业秘密保护作为专门的法律制度，产生于工业革命以后。19 世纪后期，以内燃机和电力为标志的技术革命使资本主义国家的生产力提高到一个新的水平。技术对生产力的推动作用日益显著，随着技术在商业领域中的财产性不断加强，一些特殊产品的配方拥有者不愿意将配方泄露出去，以维持其经营上的特殊性和经济利益的相对稳定性，由此产生了商业秘密技术和商业秘密保护立法。

早期的商业秘密保护发生在英国和美国。英国工业革命早于其他国家，其是对保护商业秘密立法最早的国家之一。早在 18 世纪，英国就以判例形式保护商业秘密，比较典型的判例是 1851 年的 "*Morison v. Moat*" 案，该案原告发明了一种药品，并把该发明告诉了其合伙人，即被告。双方合同约定，被告不得将此发明告诉任何人。合伙关系结束后，被告将上述发明告诉了自己的儿子，并且被告的儿子对该发明进行了利用。法院受理此案后，根据衡平法，认定被告之子应停止使用该发明。

<aside>这与商业秘密被尊崇为一种财产有直接关系</aside>

美国早期的商业秘密案例发生在 1837 年，原告与被告达成协议，由被告向原告转让制作巧克力的工厂，其中包括制作巧克力的一般市场技术和秘密配方，后来，被告改变主意，只同意转让工厂和一般的生产技术。原告要求被告按约履行，法院支持了该要求。

另一个比较著名的案例，是 1892 年的 *Eastrman Co. v. Reichenbach* 案。原告 Eastrman 于 1889 年开始销售相机和胶片、相纸等，被告是原告雇佣的一位化工专业高级技术人才，任务是开发新产品，与公司签订有保密合同。在受雇期间，被告自行设立公司，其经营范围与原告处于竞争领域。法庭禁止被告利用因受雇期间的职务关系而接触的原告的商业秘密。被告辩护强调，他贡献给雇主的技术并非商业秘密，因为"对于社会上具有科学头脑的人来说，这些成果是意料之中的事"。法庭没有同意这种说法，指出被告受雇期间将公知的成分，以独特的方式混合成新产品，产生了新效果。这种产品的产权由于雇佣关系，属于雇主（即原告），原告因该配方获得巨大竞争优势。由于原告认识到保守该配方可以给其带来源源不断的财富，便积极采取保密措施，例如，在市场上购买原材料是以第三人名义进行，竞争者不能发现原料的来源，也不能揭开原告的商业秘密。法院据此作出判决，认定原告的商业秘密具有竞争价值，其财产权不能被他人（包括雇员）侵犯。[1]

大陆法系国家商业秘密保护立法比较早的是德国。1909 年德国实施的《反不正当竞争法》规定，雇员故意泄露工业或者商业秘密，处以 5 年以下徒刑并可处罚金；如果雇员将商业秘密传到国外，处 5 年以上徒刑。

第二次世界大战以后，以日本和德国为首的战败国为了恢复被战争破坏的经济，加大了对技术的开发投入，花费了大量的人力、物力。但是，由于保密意识不强，科技成果不断流失到他国，开发者造成了无法

---

[1] 张玉瑞：《商业秘密法学》，中国法制出版社 1999 年版，第 7 页。

估量的损失。由此，各国加强了对商业秘密的法律保护。20世纪50年代以来，随着国际交往的增强，商业秘密已经发展成为一个国际性的问题，商业秘密在国际上得到广泛的承认，形成了若干关于商业秘密的基本原则和制度。20世纪60年代，国际商会首先将商业秘密作为工业产权加以规定；世界知识产权组织在其成立公约中，也将商业秘密包含在知识产权中；1991年关税与贸易总协定的《与贸易有关的知识产权协议》对商业秘密（该协议称之为未公开信息）作了专门的规定，进一步完善了保护商业秘密的基本规则。

二、我国商业秘密的法律保护

改革开放以来，随着市场经济体制的逐步建立，市场主体的不断健全，一些技术性的信息成为能够带来利益的重要因素。只是在商业秘密这一法律概念出现之前，对具有商业秘密性质的财产权益的保护，体现在对专有技术的法律保护上。第一次将专有技术在法律上予以规定，是1983年9月20日国务院发布的《中外合资经营企业法实施条例》，该条例第25条规定，合营者可以用专有技术出资。之后，1985年国务院发布的《技术引进合同管理条例》及其实施细则又对专有技术作了进一步规定。但是，专有技术和商业秘密毕竟不是同一个概念，商业秘密不仅仅指专有技术，还包括其他具有实用性的经营信息等。上述有关专有技术的法律保护，主要是从技术的角度进行规范的，还不是直接对商业秘密的保护。

> 我国商业秘密保护在《反不正当竞争法》颁布以前零星地分散在有关法律制度中

商业秘密作为一个法律术语，最早出现在1991年4月9日修改颁布的《中华人民共和国民事诉讼法》（已被修改），该法第66条规定："证据应当在法庭上出示，并由当事人相互质证。对涉及国家机密、商业秘密和个人隐私的证据应当保密……"因该法属程序性的法律，法条本身未对商业秘密作进一步的解释。《最高人民法院关于适用〈中华人民共和国民事诉讼法〉若干问题的意见》第154条对商业秘密界定为："主要是指技术秘密、商业情报及信息等，如生产工艺、配方、贸易联系、购销渠道等当事人不愿公开的工商业秘密。"这种列举式的定义方式，并没有将商业秘密的本质特征表述周全。但是，商业秘密作为一种法律概念的地位已经确立。

基于我国经济发展的实际需要，并随着改革开放的深入和对外经济交往的加深，商业秘密的内容及法律性质逐渐清晰，保护商业秘密的法律制度也日趋完善。在这个过程中，中、美两国政府有关知识产权的谈判对保护商业秘密的法律出台起了直接推动作用。

1991年4月12日，中、美两国政府签订了《关于延长和修改两国政府科学技术合作协定的协议》附件一，其第三章规定："在本协定下提供或生产的信息被及时确认为商业秘密的情况下，各方及其参加合作者应当根据所适用的法律、法规和行政管理对其进行保护。符合下列条件的信息应当确认为商业秘密：拥有该信息的人可以从中获得经济利益或者据此取得对非拥有者的竞争优势，该信息是非公知的或者不能从其他公开渠道获得；该信息的拥有者未曾在没有保密义务安排的情况下将其提供给他人。"这一双边协定将商业秘密的要件或者说内涵引进我国的法律之中。

1992年1月17日，中美两国政府签订了《关于保护知识产权的谅解备忘录》，其第4条规定："①为确保根据保护工业产权巴黎公约第10条之二的规定有效地防止不正当竞争，中国政府将制止他人未经商业秘密所有人同意以违反诚实商业惯例的方式披露、获得或使用其商业秘密，包括第三方知道或理应知道其获得这种信息的过程中有此种行为的情况下获得、使用或披露商业秘密。②只要符合保护条件，商业秘密的保护应持续下去。③中国政府的主管部门将于1993年7月1日前向立法机关提交提供本条规定保护水平的议案，并将尽最大努力于1994年1月1日前使该议案通过并实施。"此后不久颁布的《反不正当竞争法》对商业秘密的定义、侵犯商业秘密的行为类型都作出了规定。至此，我国竞争法上的商业秘密保护制度正式确立。此后，国家工商行政管理局于1995年11月25日发布实施了《关于禁止侵犯商业秘密行为的若干规定》，许多地方性法规对于《反不正当竞争法》所规定的商业秘密制度进行了细化。1997年3月修订的《刑法》专门规定了侵犯商业秘密罪。至此，我国有关商业秘密的法律规定日趋健全和完善。

1997年3月14日修订的《刑法》第219条规定了侵犯商业秘密罪，该条对行为类型的规定以及商业秘密的界定与《反不正当竞争法》的规定完全相同。该法的实施，加大了严厉制裁侵犯商业秘密行为、保护商业秘密的力度。

三、商业秘密法律保护的基础

产业革命以来，知识和信息成为社会生产的最重要的因素，随着经济竞争的加剧，竞争和较量的成败在很大程度上也取决于这些因素。商业秘密作为信息的一个组成部分，在工业竞争中发挥的作用日益彰显，其价值性不断得到提升。商业秘密已经成为一种无形的财富，一种企业发展不可缺少的重要经济资源。

> 商业秘密的财产性是法律保护商业秘密的基础

商业秘密的财产性为商业秘密法律保护提供了理论基础。商业秘密财产权理论最初在 1868 年的 *Peabidy v. Norfolka* 案中运用。[1] 该案原告发明了一种新型机器和使用该机器的新生产方法，后来雇佣被告从事化学技术工作，在雇佣合同中，被告答应不将该机器和生产方法泄露给他人。被告在工作 2 年后离开原告，继而违反合同，将保密内容泄露给他人，同时被告自己也开始制造同样机器。法庭判决原告胜诉，公认的看法是：判决书将商业秘密权主要作为财产权对待。财产权理论在以后美国法院的审判理论中，被不断发扬光大。"对制造工艺方面的发明或者发现，无论是否构成专利的保护对象，权利人对其进行保密，这种做法固然对公众或对善意获得有关知识的人没有独占权，但是权利人毕竟有某种财产，衡平法院将禁止他人违反所承担的合同或者保密义务，擅自使用或者向第三方披露。"[2]

基于商业秘密的财产性，大多数国家都给商业秘密以法律保护。虽然商业秘密未取得像专利技术、商标权、著作权的优越地位，但很多国家都承认商业秘密的合法持有人享有一定的排他权利，并以合同法、反不正当竞争法或专门的技术秘密法等加以保护。

大多数国家都是通过制定《反不正当竞争法》来保护商业秘密，个别国家用特别法来调整。美国以合同法、侵权行为法、统一商业秘密法及刑法对商业秘密持有人所掌握的有关信息进行保护。在美国，除个别的判决外，法院一向承认雇佣协议以外的合同中保护商业秘密条款的有效性。美国的法律制度中，私权的法律保护十分发达，在保障个人财产权益同时，通常不得限制他人的权利。在商业秘密的私权保护上，允许雇主与雇员通过协议达到商业秘密的封闭性。对雇佣协议中设定保护商业秘密的义务性规定，只要雇主能证明该规定的目的是保护其利益所必需的，效力可以延伸至退休或离任的雇员。合同法保护商业秘密的局限性在于合同的约束力仅及于当事人，而对合同之外的人则无能为力，还需借助其他法律进行补救。美国《侵权行为法重述》第 757 条规定，未经允许，泄露或使用他人营业秘密，而有下列情形之一的，应对该他人负有责任：以不正当方法获得或以违背对他人保密责任方式泄露；取得秘密时已被告知其为秘密且其泄露是错误所致。由于各州在商业秘密的司法判决上很不平衡，为了更好地保护商业秘密，1979 年美国统一州法委员会批准了《统一商业秘密法》，对商业秘密的保护更加具体、完整。

---

[1] 张玉瑞：《商业秘密法学》，中国法制出版社 1999 年版，第 304 页。
[2] 张玉瑞：《商业秘密法学》，中国法制出版社 1999 年版，第 304 页。

20 世纪，商业秘密的保护已经成为国际性的问题，有关国际组织相继制定了一些国际公约对商业秘密进行国际保护。20 世纪 60 年代，国际商会草拟《专有技术保护标准条款草案》；1964 年保护知识产权联合国际事务局草拟了《发展中国家发明示范法》，其中涉及有关商业秘密的保护条款，该法第 53 条规定，使用或应用工业技术的制造方法或知识，如果未经出版物刊载或未对大众公开，并且发现这类制造方法或知识的人已经采取必要方法，保护其秘密的，这类制造方法及知识应受到保护，以避免受第三人非法使用、泄露或传播；1991 年关税与贸易总协定中的知识产权协议——《与贸易有关的知识产权协议》对商业秘密作了专门的规定，使商业秘密法律保护的影响进一步扩大。

第二节 商业秘密的界定及范围

一、商业秘密的界定方式

商业秘密的含义涉及内涵和外延。综观各国和有关国际公约之规定，对商业秘密的界定方式可以概括为三种：①概括式；②列举式；③概括加列举式。

（一）概括式

概括式即用揭示内涵的方式来确定商业秘密的外延的立法方法。

日本 1993 年修订的《反不正当竞争法》第 1 条将商业秘密认定为："作为秘密管理的生产方法、销售方法以及其他对经营活动有用的技术上或经营上未被公知的信息。"世界贸易组织《与贸易有关的知识产权协议》将商业秘密作为知识产权的重要客体，要求成员国承担保护义务。该协议使用了"未公开信息"（Undisclosed Information）一词，但并未直接给出"未公开信息"的定义，而是提出了其必须符合的三个条件：①该信息是秘密；②该信息因其秘密性而具有商业价值；③合法掌握该信息的人采取了合理措施对其保密。显然，知识产权协议只是使用了不同的称谓而已，未公开的信息实际上就是商业秘密。1996 年世界知识产权组织公布了一部《反不正当竞争保护的示范法》，该法使用"秘密信息"（Secret Information）一词规定了商业秘密的保护，其第 6 条从秘密信息应符合的条件方面界定了这一概念的含义。所述条件完全以《与贸易有关的知识产权协议》为依据。

英国的商业秘密法律保护没有美国发达。英国没有关于商业秘密的制定法，商业秘密的保护主要体现于判例之中。英国的商业秘密保护是建立在信任违反（breach of confidence）的基础之上的。在英国法上，要想在所提起的信任违反的民事诉讼中胜诉，必须满足三个条件：①信息必须是秘密的；②在存在信任义务的情形下，信息被披露；③该信息必须存在实际的或者可预期的未经授权的使用或披露。

英国是合同法律制度发达的老牌资本主义国家，合同法理论在商业秘密诉讼中经常被引用。这种理论基于商业秘密案件中有关的诉讼双方经常存在着保守秘密的合同关系（如雇员与雇主之间存在的雇用合同和保密合同关系）。所以，在英国，有关商业秘密的案件经常被作为一种违反合同义务的案件来处理。

不同国家的相关法律规定以及国际组织文件对商业秘密的表述虽不尽相同，但却都不约而同地围绕着商业秘密的构成要件及外延范围进行界定。这一现象提醒我们，对商业秘密的分析应当建立在准确地把握构成该事物的要件和特征的基础上。

一般来说，商业秘密应具备的要件包括：秘密性、价值性、可保密性。

1. 秘密性。秘密性是指有关信息不为其所属领域的相关人员普遍知悉和容易获得，是与"公知技术"或"公知信息"相对应的概念。公有领域的信息属于任何人都可以享有的财富，不能为某人或某几个人所独占，商业秘密则与此相反，具有非公知性。是否公知，主要看是否可以通过正当的手段获得该信息，不能仅仅从字面进行扩大的解释，应当从信息的状态角度进行解释，指明判定的客观标准才能真正把握其要义。

> 概括式立法的核心内容是概括要素，一般而言，一项秘密信息是从秘密性、实用性与价值性、可保密性来判定是否属于商业秘密的

在具体信息的判断上，可以采用排除法来认定相关信息的秘密性。具有下列情形之一的，可以认定有关信息的秘密性：

（1）未在公开发行的出版物上公开发表。在专利法上也要求发明创造具有新颖性，商业秘密的秘密性与专利技术的新颖性有很大的区别，前者是相对的新颖性，后者是绝对的新颖性。商业秘密包括商业信息、技术秘密和高精度技术秘密。就经营信息、业务渠道、产品价格等商业信息而言，只要不为外人知晓，其新颖性便存在；就工艺流程、生产诀窍等技术秘密而言，只要该技术与已有公知技术有不同之处，且不是纯手艺、规格尺度的改变或等同性的改变，也应该认定其具有新颖性。[1] 出版物包括正式出版的书籍、报纸、杂志、专利文献以及其他形式的出

---

[1] 戴建志、陈旭主编：《知识产权损害赔偿研究》，法律出版社1997年版，第132页。

版物，如手稿、打印材料、录音、录像等。通过上述形式将商业秘密的内容公布于众，第三人可以依据"公知信息"合法使用，即使形成与商业秘密权利人同业竞争的态势，造成权利人盈利下降，权利人也不能要求第三人损害赔偿，而只能向信息的公布人（出版人）要求损害赔偿。因此，失去信息的新颖性，就意味着商业秘密丧失秘密性，丧失秘密性就意味着丧失价值性。

对公开出版物与非公开出版物应有一个鉴定标准，一些行业内出版物注上"非公开出版"，但实际上在该行业内很容易得到或购买到，这样的出版物应视为公开出版物，属于公开发表。另有一些为技术鉴定、评审成果等而准备的资料，由于是为一个具体的技术目的而在一个相对狭小的范围内公开，应不属于公开发表。还有一些非法出版物客观上已经造成公开，由于非法出版物在出版署没有真实而确切的出版号，其销售基本上不通过主渠道而是通过地下渠道，最后由小书贩、书报摊等销售，阅读人通过阅览、研究而获取他人的商业秘密，法律上认为其还是不正当手段的行为。在司法实践中，非法出版物一般被认为不属于"公开发表过"的情形。[1]

尚需明确的一个问题是：专利法中新颖性的公开标准，强调的是形式公开，即要求"在申请日前，没有同样的发明或实用新型在国内外出版物上公开发表过、在国内公开使用过或者以其他方式为公众所知"。申请日前公开的技术可以是技术的全部内容，也可以是非成熟技术或者仅仅是技术要点，公开这些内容都会使技术丧失新颖性，在商业秘密的保护中，如果公开的仅仅是某些技术要点，仅凭这些技术要点并不能形成同业竞争，则商业秘密未丧失秘密性。但是，公开的信息如果具有可实施性，则该商业秘密丧失秘密性。

关于商业秘密的秘密性是否像专利的新颖性一样具有地域性的问题，有人根据我国的特殊国情，认为应当考虑地域性，因为我国不同地区经济文化、科学技术的发展并不平衡，有的发达地区的已知技术可能在某些落后地区是先进的，或者某些国外的已知技术诀窍，被我国企业引进后，在我国仍然具有秘密性。事实上，商业秘密的秘密性与否，不在于商业秘密所包含的信息是否先进，在某一地区是否具有实用性，而在于信息的价值性，如果作为秘密的信息已然公开，其所占有的信息的价值可能不会立刻全部丧失殆尽，但是，信息的潜在的价值已经丧失。因此，商业秘密的秘密性，不应该存在地域性障碍，只要作为商业秘密

---

[1] 孙鸥：《商业秘密概述及诉讼保护》，知识产权出版社2000年版，第44页。

的信息已经公开,且他人可以从公知的渠道获取该信息,权利人就失去公力救济的可能性。

(2) 未以其他方式为公众所知悉。其他方式包括以口头、报告、讲演、电台、电视台等形式将商业秘密公之于众。如果仅是对特定的人公开,或者是对负有保密义务的人公开,或者是将发明创造的内容向无行为能力的、对其内容难以理解的人进行讲解,则不构成公开。对口头公开有一个认定界限,不能简单地认为只要说出来了,就是公开了,而是要看公开的内容是否清晰、完整、详细,只有达到本专业的技术人员听后便能实施这一要求,才能认为是公开。

> 商业秘密的新颖性不同于专利技术所要求的新颖性

商业秘密的秘密性是否像专利的新颖性一样要求"未被公开使用",回答是否定的。因为专利技术的新颖性要求该发明创造或实用新型在申请专利之前是不存在的,在当时的历史条件下是前所未有的新产品、新物质或新技术、新方法。判断其新旧的标准是以现有技术为参照,因而这一标准是客观的,只要现有技术中未包含该发明或实用新型的技术核心,就可以认为该技术具有了新颖性。通过公开实施使一般技术人员能够了解和掌握该发明创造内容的,属于一种技术公开的方式,将使其丧失新颖性。而商业秘密的秘密性主要强调信息本身的状态,有关含有商业秘密的新产品销售、使用、实物展出等被视为商业秘密信息的转化形态,而不是技术形态本身,因此,使用公开不是商业秘密丧失秘密性的一种形式。

(3) 非公知信息或非可直接获得的信息。国家工商行政管理局在《关于禁止侵犯商业秘密行为的若干规定》第2条第2款中对"不为公众所知悉"的界定是"该信息是不能从公开渠道直接获取的"。所谓"直接获取",是指该信息为其所属技术或者经济领域的人的一般常识或者行业惯例;该信息仅涉及产品的尺寸、结构、材料、部件的简单组合等内容,进入市场后相关公众通过观察产品即可直接获得。

2. 价值性。价值性是指商业秘密运用到实践中,可以给权利人带来经济上的利益。商业秘密对其控制人必须客观上有用,而不是主观上有用。客观有用性表现为商业秘密能为控制人带来现实的经济利益、形成竞争优势,即有益性。商业秘密应用于实践能够产生积极的经济效果和社会效果,如提高了设备性能、改良了工艺、提高了产品质量、保持了独特的品质、降低了能耗、减少了环境污染、改善了劳动环境、提供了新产品等,违反国家法律、社会公德或者妨害公共利益的技术信息是不能被称为商业秘密的。

商业秘密价值的形式有多种,可以包括:①现实的价值,其已经依靠商业秘密形成竞争优势或带来现实的经济利益；②潜在的价值，现在没有但将来会显现的竞争优势和预期利益；③长期价值，其信息的实用性具有长久的生命力，例如，开发出某种现今世界领先的新技术，这种技术代表了今后5年的技术发展趋势；④短期价值，其信息的实用性只具有临时性或应急性，如招投标中的标底及标书内容作为商业秘密，这种信息就是具有短期价值的信息。实用性与价值性是密切相关的，没有实用性的商业秘密，其价值性自然体现不出来。实用性要求商业秘密不能只具有单纯的理论价值，而是要求其能够转化为现实的生产力，能够解决实际问题。判断实用性的标准是可实施性，可实施性要求商业秘密必须能够在产业上使用，所属技术领域的技术人员或管理领域的管理人员能够依据技术资料或管理资料实现该商业秘密。因此，商业秘密应是一套完整的技术方案，可以付诸实施。可实施性只是强调某一商业秘密具有在产业上应用的可能性，而并不要求商业秘密已经在产业上实际制造或使用。

3. 可保密性。可保密性是指权利人为防止信息泄漏所采取的与其商业价值等具体情况相适应的合理保护措施。

对商业秘密的保护要求权利人采取合理的保密措施，其法律机理在于表明权利人对商业秘密的态度。采取合理的保密措施维护商业秘密，宣示了权利人对相关信息的要求，有关人员应当尊重和维护相应的保密措施。如果没有表明对技术信息或管理信息的保密态度，权利人会被认为放弃了商业秘密。商业秘密是控制者的一项权利，对其是否加以保护和保护多久，控制者享有选择权。但是，如果追究他人侵权责任、要求损害赔偿，其前提条件必须是控制人采取了一定的管理措施，亦即表明权利人对相关信息的非意愿公开的态度，也可以说，这是请求他人损害赔偿的前提条件。如同在专利法中，专利权人欲获得法律对专利的持续保护，就必须以一定的行为表明其对专利维护的态度，如按期缴纳专利维持费。

> 商业秘密的几个构成要件是一个整体，在判断某种信息是否属于商业秘密时缺一不可

关于"经权利人采取保密措施"，原国家工商行政管理局的解释是："只要权利人提出了保密要求，商业秘密权利人的职工或与商业秘密权利人有业务关系的他人知道或应该知道存在商业秘密，即为权利人采取了合理的保密措施，职工或他人就对权利人承担保密义务。"[1]应当根据所涉及信息载体的特性、权利人保密的意愿、保密措施的可识别程

---

[1] 原国家工商行政管理总局（已撤销）工商公字〔1998〕第109号《国家工商行政管理局关于商业秘密构成要件问题的答复》。

度、他人通过正当方式获得的难易程度等因素，认定权利人是否采取了保密措施。具有下列情形之一，在正常情况下足以防止涉密信息泄漏的，应当认定权利人采取了保密措施：①限定涉密信息的知悉范围，只对必须知悉的相关人员告知其内容；②对于涉密信息载体采取加锁等防范措施；③在涉密信息的载体上标有保密标志；④对于涉密信息采用密码或者代码等；⑤签订保密协议；⑥对于涉密的机器、厂房、车间等场所限制来访者或者提出保密要求；⑦确保信息秘密的其他合理措施。

另外，保护商业秘密的措施从广义上还包括制定保密的规章制度、单方面提出保密要求和订立保密合同。企业可以通过制定内部规章，确定企业劳动关系当事人的权利和义务，内部劳动规则具有准法规的性质，其效力范围及于全体职工；单方面提出保密要求，即企业一方以书面形式或口头形式要求有关技术人员或商业秘密的知情者保守商业秘密；订立保密合同是最常用、最灵活的保密措施，其灵活性体现在合同约束的主体可以是企业的在职职工、解除劳动合同后的原企业的职工、与企业有业务关系的第三人等。但保密措施是识别商业秘密、确认权利的一个重要条件，达不到这个形式要求，有关信息将不被保护。

有关地方性法规对保密措施也做了进一步解释，例如，《深圳经济特区企业技术秘密保护条例》第4条规定："本条例所称的保密措施是：①合法拥有技术秘密的企业与因业务上必要知悉该秘密的员工或业务相关人已签有保密协议，或者提出书面的保密要求并已明确告知有关员工及业务相关人；②合法拥有技术秘密的企业已经对该秘密的存放、使用、转移各环节采取了有效的控管措施。"《珠海市企业技术秘密保护条例》第4条规定："本条例所称保密措施是：①企业对技术秘密明确划定密级和范围；②企业与知悉或者可能知悉技术秘密的员工及有关人员签订了保密协议，或者提出书面的保密要求并经签名确认；③企业对技术秘密的存放、使用、转移等采取了合理、有效的管理办法和控制手段。"除了上述所列举的保密措施外，企业还可以实施其他保密措施，如主动实施保密行为、制定保密制度、采取保密技术、采用适当的设施和装置等。

应当强调的是，采取保密措施这个条件仅指保密行为，而不是保密的结果。因为要求权利人采取牢不可破的保密措施实际上是不现实的，权利人只要表明已经采取保护措施即可，包括权利人仅仅提出保密要求。从相对人的角度讲，只要相对人知道或应当知道权利人已采取了相应的保密措施，相对人应就此止步，而不能再行非法获取或披露、使用，否则，即构成商业秘密侵权。

（二）列举式

德国以反不正当竞争法保护商业秘密，但没有一个明确的定义。司法实践中，被法院认定为商业秘密的客体形式有：顾客名单、保险公司的代理人名录、年度财务报表、模型、价格计算方法、合同文本、合同条款（前期谈判的结果、支付条件）、招投标材料、草图、技术诀窍、制造程序及其涉及的化学流程、化学配方、计算材料、组织销售的材料、广告方法、在媒体上刊登之广告委托书、营销方案、计算机程序。[1]

可以看出，列举事项在内容上基本上可以用技术信息和经营信息概括。

（三）概括加列举式

美国《统一商业秘密法》给商业秘密的界定是：特定的信息，包括配方、模式、编辑产品、程序、设计、方法、技术或工艺等。这些信息：①因并不为公众所周知，无法由他人通过正当手段轻易获知，因而具有实际或潜在的独立经济价值；②是在特定情势下已尽合理保密努力的对象。[2]

我国台湾地区1996年"营业秘密法"将营业秘密定义为任何可以在生产、销售或经营中使用的方法、技巧、工序、配方、软件、设计或其他信息。[3]概括性的要求是：不得被营业秘密所在地领域的一般人所知晓；必须因其秘密性而具备实际的或潜在的经济价值；权利人必须采取合理措施来保持秘密性。

我国《反不正当竞争法》对商业秘密的界定是围绕秘密性、价值性、可保密性来设计和展开的。该法第9条第3款规定："本法所称的商业秘密，是指不为公众所知悉、具有商业价值并经权利人采取相应保密措施的技术信息和经营信息。"关于"技术信息和经营信息"的范围，原国家工商行政管理总局《国家工商行政管理局关于禁止侵犯商业秘密行为的若干规定》第2条第5款规定，技术信息和经营信息包括设计、程序、产品配方、制作工艺、制作方法、管理诀窍、客户名单、货源情报、产销策略、招投标中的标底及标书内容等信息。一些地方性法规也作出了大致相同的列举。《深圳经济特区企业技术秘密保护条例》第5条规定："本条例所称的技术和技术信息，包括以物理的、化学的、生

> 比较而言，概括加列举式有利于正确理解和准确把握商业秘密的范围

---

[1] 转引自邵建东：《德国反不正当竞争法研究》，中国人民大学出版社2001年版，第300~301页。
[2] 参见美国《统一商业秘密法》第1条。
[3] 参见我国台湾地区"营业秘密法"第2条。

物的或其他形式的载体所表现的设计、工艺、数据、配方、诀窍等形式。"《珠海市企业技术秘密保护条例》第3条第1款规定:"本条例所称技术秘密,是指……非专利技术及技术信息,包括以物理的、化学的、生物的或其他形式的载体所表现的设计、工艺及流程、数据、配方、诀窍等。"

二、商业秘密权的特殊性

商业秘密权的性质和商业秘密本身的特点密不可分,并通过商业秘密法律关系的特殊性表现出来。

(一) 商业秘密法律关系的特点

商业秘密法律关系具有特殊性,它既不同于其他如知识产权等无形财产权法律关系,也不同于有形财产权法律关系。其特殊性表现为:

1. 所有权主体的多元性。民法有一物一权原则和制度,它确立了有形物的所有权绝对性;传统的知识产权一项权利也只有一方主体,工业产权的在先申请原则促成了这种所有权主体的一元性特征。委托开发或合作开发技术共同申请专利的,属于共有,在所有权上仍是一个。这样,物权和知识产权具有严格的排他性。而商业秘密所有权不限于"一物一权",可以同时存在两个或两个以上所有权,即主体具有多元性,权利具有相对的排他性。通过自主开发取得或以反向工程方式获得的商业秘密,开发人和获取人都可以成为所有人。

2. 权利客体的扩散性。传统的知识产权的客体都是确定的,其范围是明确的,著作权法保护的客体按作品所反映的内容大体分为文学作品、艺术作品和科学作品三类,其必须以一定的脱离人脑的载体形式表现出来;专利权的客体是发明、实用新型和外观设计;商标权的客体包括文字、图形、字母、数字、三维标志和颜色组合。商业秘密的外延是技术信息和经营信息,而技术信息和经营信息各自都有丰富的外延。加之这种信息不固定载体形式,它可能以一定的物质载体表现出来,也可能存在于科技人员或经营管理人员的头脑中,表现为活化或人格化的秘密形态。[1]另外,商业秘密的认定标准相对抽象,且标准的内容多可以自我实现。逻辑上,概念的内涵越丰富,外延越小;反之,外延越大。商业秘密的认定标准中,除了秘密性外,其他标准的客观性都较弱,内涵具有不确定性,这决定了外延的扩散性。

> 理解商业秘密法律关系的特点,才能准确把握商业秘密权的特性

---

[1] 吕鹤云等:《商业秘密法论》,湖北人民出版社2000年版,第61页。

3. 法律保护期限的不确定性。知识产权都有一定的保护期限，其期限可以分为两种：①不能由权利人主导的有限保护期，即著作权、专利权；②可以由权利人主导的有限保护期，即商标权。权利人主导的有限保护期是一种变相的无限期限，但其得以维持是有条件的，需要以权利人提出申请并付出一定的财产为代价。商业秘密权没有固定的保护期限，其存续的时间不为法律所预先确定，保护期限的长短取决于权利人的主观愿望和保密措施的严密程度，无需财产对价。只要一项商业秘密不被泄密，且仍有经济价值，就能无限期地得到法律的保护。

4. 权利丧失的高风险性。相对而言，商业秘密保护的起点较低，创造商业秘密较容易，但同时，权利丧失的风险也很大。法律保护的商业秘密权有一个基础条件，即符合权利存在的标准。这个基础时有破裂或被冲击而发生动摇的危险。例如，权利人本身采取了保密措施，但措施不到位，使信息扩散；或者信息被窃取，而第三人不知是商业秘密而使用、传播，则该商业秘密就面临"见光死"的危险。另外，由于商业秘密权不具有绝对的排他性，他人构思出同样的商业秘密或通过反向工程取得的商业秘密传播到社会也会使该商业秘密丧失秘密性。总之，商业秘密权利丧失的危险来自多方面，既包括权利人本身，也包括与之有交易关系的当事人，还包括第三人，这些风险不都是权利人所能控制的。相比较而言，商业秘密包含的信息具有流动性，而专利所辖的信息具有凝固性；商业秘密的维护的任务是控制信息流动，专利保护的任务是强化这种凝固信息的硬度。

(二) 商业秘密权的性质

商业秘密权是一种什么样的权利，目前的法学界还没有统一的定论。对商业秘密的分析既要依据商业秘密本身的特点，也要结合商业秘密法律关系的特殊性，不能简单套用传统权利类型来定性。

法学界对商业秘密权是否是一种财产权颇有争议，认为是财产权的分为绝对财产权说和相对财产权说：绝对财产权说认为，商业秘密在性质上与知识产权相同，都是人类知识活动的结果，是一种财产权，可以成为信托、继承、遗赠、课税的对象；相对财产权说认为，由于商业秘密不具有独占性，不属于物权或准物权，但商业秘密的保护多基于契约，是否构成不正当竞争行为也多是根据行为人的主观状况及确保交易安全的需要，故应为相对的债权。[1]

> 传统思维判断某项权利时，大多都以物权、债权为入口，但对于商业秘密而言，这种判断前提是否合适值得探讨

---

[1] 孔祥俊：《反不正当竞争法的适用与完善》，法律出版社1998年版，第421页。

反对商业秘密权是财产权的人认为，商业秘密权与财产权有如下不同：①权利性质不同。财产权是对世权，权利人一旦拥有了财产，该财产就不能再为他人所有，或者说同一财产上不能同时存在两个所有权。商业秘密权不是对世权，商业秘密权人拥有了该商业秘密，同样的商业秘密仍然可为他人所有，或者说商业秘密权没有排他性，他人对同样的商业秘密还可拥有同样权利。②侵权后果不同。有形财产被侵占、盗窃，会使权利人丧失该财产，无法继续获得任何收入。而商业秘密被侵占、盗窃，权利人不全部丧失财产利益。有形财产的所有人丧失的是所有权，商业秘密权人丧失的可能是利益，且可能是部分利益。

也有人认为，商业秘密权属于无形财产权，是知识产权体系中一个新的分支。[1]知识产权是人们对自己智力活动中创造的成果和经营管理活动中的标记、信誉依法所享有的权利。智力劳动所创造的一切智力成果都可以成为知识产权保护的对象，在这个意义上，商业秘密完全符合知识产权的保护范围。对商业秘密中的技术信息属于人类智力成果，似乎争议不大，但有些人对经营信息是否含有人类的智力劳动持有疑义。作为商业秘密的经营信息，如特殊客户名单、价格中的折扣、独特的经营管理方法等，同样凝聚着人类的智力成果。至于知识产权所具有的其他几个法律特征同商业秘密权如何匹配、论证，只能作一种特殊解释。知识产权所具有的独占性及排他性，只是商业秘密地域性呈现出的另一种特点。商业秘密不具备绝对的独占性和排他性，仅有相对的排他性。至于地域性，商业秘密的地域性可以理解为竞争市场地域性，如在甲地为公知技术的，在乙地并非公知，如果采取了相应的保密措施以及符合商业秘密构成条件，仍可以在乙地成为商业秘密。而知识产权的时间性之于商业秘密，在商标续展的情况下，二者的权利状态基本上是相同的。个别特点的不一致并不妨碍它成为知识产权所保护的一种权利。

反对商业秘密权是知识产权的，以商业秘密不具有或不完全具有公认的知识产权特征为主要论据。强调必须由法律确定，像著作权、专利权，都是基于著作权法和专利权法的规定而产生的。而商业秘密不过是处于秘密状态下的技术或者信息的组合，如果这种信息的组合不符合法律保护的范围或资格，就无法取得法律上的保护，除非另有法律依据，而契约正是商业秘密获得法律保护的根据。"从动产到不动产，甚至从著作权到专利权的意义上来说，商业秘密并不是财产，因为它不是那种

---

[1] 张今：《知识产权新视野》，中国政法大学出版社2000年版，第41页。

由占有对其使用或者受益享有（或多或少的）排他性权利的东西。"[1]
不管财产权说还是准财产权说，他们都承认，商业秘密的保护来自于竞争法，而不是财产法。知识产权说也不否认，商业秘密可以同时为多个主体所使用，而不会因各个主体的使用而使该项知识产权自身遭受损耗和灭失。如果商业秘密权不符合知识产权的主要特征，它就应当属于别种权利。

商业秘密权是一种信息权。我国学者在 20 世纪末就提出了知识产权是信息产权。我国学者郑成思认为，知识产权的客体是无形的智力创造性成果，它是可以脱离所有者而存在的一种无形的信息。[2]在这一点上，商业秘密权和知识产权具有相同的属性，以至于某些学者对二者不进行划分或无法将两者分开。[3]上文已述，商业秘密权明显不适应知识产权的"三性"，另外，知识产权属于公开的信息，而商业秘密属于不公开信息，由此决定了二者在信息权这一大属性中属于两个不同的范畴，不能强行将商业秘密权划归知识产权。

进一步而言，商业秘密权属于企业秘密信息权。《与贸易有关的知识产权协议》并不存在商业秘密的概念，第二部分第七节使用的是"Undisclosed Information"（未被披露过的信息），以区别于专利、商标、作品等公开的信息。TRIPs 协议的这个概念恰恰是在揭示商业秘密权的特性的基础上选择使用的。信息权也是个非常宽泛的概念，从权利（力）主体的类型上，可以分为企业信息权、国家信息权、个人信息权；依据权利内容的不同，可以将其分为绝对排他性信息权和相对排他性信息权；按照信息的公开与否，可以将其分为公开信息权和秘密信息权。

商业秘密权属于企业信息权、相对排他性信息权、秘密信息权。其中，秘密信息权是这种权利的基本属性和核心特征。相比之下，相对排他性信息权只是商业秘密权的特征之一，不具有唯一性，例如，企业商号权也具有相对排他性，被许可人持有的排他性知识产权也具有相对排他性。与商标权、专利权、版权、商号权、域名权等权利相比较，商业秘密权是非公开的，由此引申出的本质特性在于：前述诸多权利一般必须经过专门的法律程序确认才能得到国家法律的特别保护，即其存在以国家机关的许可或确认行为为前提，或者说，权利是以公信力来维护的；而商业秘密权主要是由商业秘密信息的持有者采取保护措施来维护

商业秘密权属于秘密信息权，这是区别于与其最邻近的知识产权的性质

---

[1] [美]威廉·M.兰德斯、理查德·A.波斯纳著，金海军译：《知识产权法的经济结构》，北京大学出版社 2005 年版，第 451 页。
[2] 参见郑成思：《知识产权法》，法律出版社 1997 年版，第 11 页。
[3] 这两个领域是否是种属关系，则需进一步探讨。

其权利的，正常情况下，这种权利的维护主要是自力救济，特殊情况下，权利被侵害并由权利人主张时，才依赖公力救济。

第三节 商业秘密的法律调整

一、调整规范

各国对商业秘密的法律保护可以分为基本法调整和特别法调整。所谓基本法，即对商业秘密的基本方面进行调整的法律；所谓基本方面，包括商业秘密的界定、表现形式、侵害商业秘密的行为。基本法体现为反不正当竞争法或商业秘密法，德国、日本、韩国等和我国台湾地区都以"反不正当竞争法"调整；[1]美国制定《统一商业秘密法》和《美国反不正当竞争法重述（第三版）》，专门规定了侵占他人商业利益的问题。特别法是指具体规定商业秘密某一方面或某种法律责任的法律。例如，民法、合同法、劳动法、公司法、刑法中都有商业秘密相关规定；美国1996年《反经济间谍法》规定了侵犯商业秘密罪，相对于《统一商业秘密法》和《美国反不正当竞争法重述》而言，它属于特别法。

> 对商业秘密的法律调整具有多元性

对商业秘密的这种调整，可以称为多元法律调整。商业秘密呈现多元调整状态的原因主要是：

1. 商业秘密涉及多种需要法律调整的关系。以经营者为中心，涉及商业秘密的关系包括：①经营者与交易对方的关系。在交易过程中，交易人可能知悉经营者的商业秘密，对于所接触的商业秘密应当如何处理需要法律调整。②经营者和有关监督机关的关系。监督机关对由于职务原因所了解、得到经营者的商业秘密应当如何处理，需要法律调整。③经营者和其内部人员，尤其是开发和知悉商业秘密的人员（包括技术人员、高管人员）的关系需要法律调整。④经营者和竞争者的关系。竞争者以何种手段获得的商业秘密是被容忍的、合理的，需要一种明确的标准，同样需要法律调整。

对上述不同的关系，需以不同的法律调整方法进行相应的调整：

（1）经营者与交易对方在交易中涉及的商业秘密和监督机关依据职权获取的商业秘密只是一种临时的占有，不能享有使用权、收益权和处分权，因此，应该用强制性规范、禁止性规范来调整这类关系。

---

[1] 我国台湾地区1996年1月的"营业秘密法"属于"公平交易法"的一部分。

（2）经营者和其内部人员（尤其是开发和知悉商业秘密的人员）的关系是劳动关系，依劳动法调整。劳动法所调整的涉及商业秘密的关系又包括两种情况：制定和执行日常保护商业秘密的具体措施；劳动者流动时对商业秘密的特殊保护措施。前者属于在职期间的劳动力的管理，一般通过企业内部规章即可实现；后者具有涉他性，只有通过法律来平衡这种关系才能实现长久的公正。劳动者（也包括高管劳动者）的人格化的商业秘密作为其技能的一部分，无法从主体中彻底分离出来，限制持有人继续使用该商业秘密可能限制劳动技能或创新能力，对劳动者长远发展是不利的；但如果对劳动者掌握的原单位的商业秘密不加任何限制，在该商业秘密形成是利用了原单位的物质条件的情况下，对原单位也是不公平的。所以，这种关系的处理原则应当建立在既要保护劳动者——弱者，也不能忽略经营者利益的基础上。有关国家的法律采取了授权和强制相结合的调整方式，即是否约束拟流动的劳动者使用掌握的商业秘密，由劳动者和其所属的企业之间协商解决；如果协议约束劳动者限制使用其掌握的商业秘密，不得超过一定的时间（有的规定2年，如英国；我国目前规定是3年，《劳动合同法》规定为2年）；同时，作为对价，企业应当给劳动者以一定的补偿（具体补偿多少，由协商确定）。这些内容统归竞业禁止的范畴，下文将述。

（3）经营者和竞争者的关系。商业秘密权人往往是经营者，商业秘密法或反不正当竞争法以保护享有商业秘密权的经营者为中心来约束竞争者的侵害行为。

2. 不同的法律所调整的商业秘密关系的内容不同。商业秘密本身具有财产的属性（这不等于说商业秘密权属于财产权），侵犯了他人的商业秘密也就是侵犯了权利人的财产利益。在没有制定基本法的国家或地区，侵害商业秘密依照民事侵权行为来认定和处理，商业秘密的法律关系属于民事法律关系。但是，民法对商业秘密的调整主要是从静态的角度、积极的角度保护这种特殊的权益。在民法保护中，商业秘密权利人比照物权的模式安排其权利义务结构，即权利人享有占有、使用、收益和处分的权利，他人负有对商业秘密不作为的义务。非法获取使用他人商业秘密的侵权行为，在追究民事责任时，也援引民事侵权的有关条件和处罚措施来保护商业秘密。

不同法律对商业秘密的调整重心不一样

由于商业秘密的"见光死"特性，必须设置避光保护机制。用合同法、劳动法、公司法、税法等法律来规范所确立的避光保护只是相对于职权和业务过程中的避光保护，即管理者和合作者之间的避光保护；而对于经营过程中之于竞争者的避光保护设施，需要竞争法来构建。前者着眼于"知悉人"不得泄密的义务；后者着眼于"他人"的不作为义务，即不得以此为竞争手段，包括不得非法获取、使用或者出售。

　　进一步而言，反不正当竞争法是以动态的方法限制他人不当获取及处分商业秘密的行为。具体而言包括：①确定获取信息手段正当性与非正当性标准。盗窃、利诱、胁迫等手段属于非法手段；这些明确列举之外的手段，一般为合法手段，例如，对公开产品或信息作出的发现或分析。②获得的商业秘密的可处分性与不可处分性的界限。上述非法手段获得商业秘密后，禁止披露、使用或者允许他人使用其所掌握的商业秘密；合法手段获得的商业秘密可以处分。③第三人获得商业秘密和处分商业秘密行为的正当性与非正当性。第三人明知或者应知行为人持有的商业秘密属于违法行为，仍然获取、使用或者披露他人的商业秘密，视为侵犯商业秘密。

　　3. 商业秘密的私人利益和公共利益的协调。①劳动者的劳动权、企业的经营权之间的冲突和协调。人才的自由流动是社会进步的标志，是市场经济的必然规律，市场经济越是发达，人才的流动就越为社会所接受。《宪法》和《劳动法》中规定劳动者的劳动权是人的最基本权利之一，劳动者有权在法律允许的范围内自由选择其职业和就业场所。若强令雇员离职后不得到与原雇主有竞争关系的企业谋职，无疑将削弱其谋生能力，减少其再就业机会。过分强调保护商业秘密，限制了劳动者的自由择业权、再就业权等劳动权，它在一定程度上妨碍了人才的自由流动，还抑制了整个社会的自由竞争。由此我们看到，通过签订有关竞业禁止的协议，调整雇员与雇主间在雇员离职后对待商业秘密的处理条款，平衡相互间的利益关系就显得尤为迫切和重要。②经营者的私人利益与社会道德之间关系的协调。经营者持有的商业秘密是一种竞争手段，也是一种重要的财产。企业职工或企业的高管有保守商业秘密的义务，如《公司法》中规定的高管忠实义务和竞业禁止义务等都涉及商业秘密。商业秘密从根本属性上来说是私权。无论法律用什么手段来调整这一权利，无论将它归入哪一类，无论由谁来主管，也无论设置什么司法机构来保证权利的实现，都不能否认其私权属性的一面。但商业秘密的法律调整，不仅仅是对商业秘密权利人合法利益的保护和雇佣关系利益的协调，更为深远的意义在于：维护商业道德；维护公平有序的竞争环境。商业道德要求人们以自己的投资或者劳动换取利益，不容许不劳而获、非法攫取他人的劳动成果；同时，商业道德还要求人们在经济活动中互相信赖、诚实信用，违反诚实信用原则以及公认的商业道德的不公平竞争是法律所不容许的。而公平有序的竞争环境更是市场经济内在价值的体现，如果法律不能有效地对商业秘密进行保护，势必影响到公平、有序的竞争秩序，破坏正常的市场经济的运行。

二、侵害商业秘密行为的判断标准与行为类型

商业秘密侵害行为是商业秘密法律制度的核心，它涉及侵害行为的认定、侵害行为的类型和侵害行为的例外。

<small>不是所有的不正当竞争行为都要求主观上有过错</small>

（一）侵害商业秘密行为的判断标准

关于侵害商业秘密的主体，我国《反不正当竞争法》第2条和第9条规定的主体是经营者，似乎意味着侵害商业秘密的主体也是经营者，但实际上，主体并不局限于经营者。美国《统一商业秘密法》（1985年）第1条规定的主体为"人"，包括自然人、公司、商业信托、合伙、联合、合资、政府、政府分支机关和代理机构，或其他法律或商务实体。[1] 由于侵害商业秘密行为不限于自己使用，披露或允许他人使用也构成权利侵害，获取商业秘密的人如不是经营者，披露或允许他人使用其掌握或获取的商业秘密的，属于侵权。这里，自然人或政府机关（人员）等都可能成为实施主体。

非法获取或使用商业秘密行为的认定不同于其他不正当竞争行为，在构成上部分适用民事侵权行为的构成要件：①行为人实施违法行为。行为人实施的违法行为包括手段和结果，手段主要是盗窃、利诱、胁迫、贿赂、通过黑客、间谍活动等，明确列举全部手段是不可能的，各国在法律条文的表述上都附加"其他手段"，其他手段依据一般的商业道德标准来判断；行为的结果包括获取、披露和使用。②行为人主观上有过错。过错是构成侵犯商业秘密行为的条件之一，指行为人在主观上对自己的行为及其所造成的损害有过错。这里的主观状态根据上述不同的关系，有不同的类型：对于竞争者窃取商业秘密的，其主观状态应为明知或应知；对于职务或业务行为获得商业秘密而实施侵犯商业秘密行为的，其主观状态应推定为明知或应知；对于第三人违法获得或使用商业秘密行为的主观状态也是明知或应知。与民事侵权行为有所不同的是，商业秘密侵害行为并不要求存在损害事实，在这一点上，形同知识产权侵权行为。其共同的机理在于：侵害行为所造成的财产损失可能一时反映不出来，如果将其作为一个认定违法的必备要件，则是对行为可规制性的放任，进而减轻了处罚的范围和力度。既然不存在损害事实这

---

[1] 该法条转引自唐海滨主编：《美国是如何保护商业秘密的》，法律出版社1999年版，第133页。

一条件，也就不存在另一个民事侵权行为的要件——损害事实与侵权行为之间有因果关系。由此，认定侵犯商业秘密的行为不能单纯从利益受损角度评定，只要求主观状态和客观行为即可。

(二) 侵犯商业秘密行为的类型

1. 不当获取商业秘密的行为。商业秘密具有财产性，获取商业秘密在一定意义上使获取者拥有了竞争机会或财产增值的可能性，商业秘密的权利人面临市场份额下降、营业客户减少、产品销量不足等威胁，即他人运用商业秘密带来的财产增加或潜在的财产价值增长。另外，商业秘密具有易获取性和实用性，获取的商业秘密可以马上在生产、经营中得到应用，即获取者将商业秘密转手再用于生产经营的成本很小。因此，违反权利人的意愿获取商业秘密的行为，即使获取者并未实际将之用于生产经营，行为本身也已经构成反不正当竞争法意义上的侵害行为。商业秘密的易获取性源于商业秘密传播的无形性，一旦被他人不正当获取，其扩散迅速并不留痕迹。在某些情况下，仅仅掌握他人的商业秘密成果，就可以使侵权人的科研、生产、经营少走大量的弯路，获取巨大的竞争优势。

侵害商业秘密行为所凭借的手段有多种，各国调整商业秘密的法律规定的手段可以分为两类：基本手段和其他手段。我国法律规定的基本手段包括盗窃、利诱、胁迫；美国《统一商业秘密法》规定的基本手段包括盗窃、贿赂、虚假陈述。

(1) 盗窃手段。所谓盗窃手段，是指运用秘密窃取的方法获得并占有权利人的商业秘密。秘密窃取要求获取的是商业秘密，其载体的表现形式有多种多样，既可以是将载有商业秘密的文件窃取，也可以是将原件复制，还可以是将商业秘密的内容以其他方式记录下来。不管采取什么方式，只要实施了秘密窃取他人商业秘密的行为，都属于盗窃商业秘密。

> 披露包括向特定的人披露和向非特定的人披露

(2) 利诱手段。所谓利诱手段，是指以给付物质利益或其他好处的手段诱使他人告知其商业秘密的行为。利诱手段的特点，是以一定的物质利益或其他手段为对价，使商业秘密的掌握者泄露秘密给利诱者。利诱手段强调获得商业秘密这一结果，仅仅以贿赂方式提出获取商业秘密的表示，并不视为竞争法上的利诱方式的不正当获取。

(3) 胁迫手段。所谓胁迫手段，是指以损害他人财产或伤害其人身以及带来精神损害相要挟，迫使他人违反其真实意思表示而告知商业秘密。胁迫手段要求用以作为胁迫的内容必须在事实上能够成立，即具有可实施性,如若商业秘密的权利人不告知其商业秘密,胁迫人实现其所言会给权利人带来相应的损害结果。

(4) 其他手段。其他手段,是指采用盗窃、利诱、胁迫手段以外的不正当方法获取他人商业秘密的行为。获取商业秘密的手段,除上述三种以外,还有很多形式,例如,通过电子手段进行间谍活动,偷偷地下迷魂药或通过灌酒使知悉商业秘密的人说出商业秘密等。

2. 不当披露、使用商业秘密行为。即我国《反不正当竞争法》第 9 条第 1 款第 2 项规定的"披露、使用或者允许他人使用以前项手段获取的权利人的商业秘密"的行为。

(1) 不当披露行为。不当披露行为,是指商业秘密的获取人将商业秘密向他人扩散,从而使商业秘密公开的行为。向他人扩散有多种形式,包括向特定的人泄露,以及向不特定的人(社会公众)泄露。构成不当披露行为的要件主要是非法获取并披露,不管这些特定的人是否为商业秘密权利人的竞争对象,以及这些人是否得到了商业秘密并用于生产经营。之所以不考虑是否给权利人造成损害或形成潜在的危害,原因在于该商业秘密本来就是通过不正当的手段获取的,披露行为当然是违背权利人的意思。向不特定的人披露之所以成为侵害行为,是因为该行为将导致信息由秘密状态变为公开,权利人持有信息的价值将丧失。

(2) 使用行为。这里的使用行为,是指以不正当手段获取商业秘密的人,直接将商业秘密用于自己的生产经营或自己参与的生产经营中。通常,以不正当手段获取商业秘密并自己使用的人是商业秘密权利人的竞争者,其使用行为可能造成商业秘密权利人财产利益的下降,也可能造成信誉的损失。现以案例说明:原告日本恒山装饰品株式会社是专门从事邮寄装饰品的公司,主要销售的产品包括进口书法、绘画、大理石美术雕刻品等。被告富石川从公司成立时起就受雇于原告,雇佣期限为 5 年。后富石川成为公司的经理。雇佣合同期满后,被告未续期,而是另行组建了一个与原告竞争的公司。被告在雇佣关系存续的最后阶段,利用其身份从公司窃取了邮购者名单。被告多次发函推销与原告相同的产品,但服务极差,很多顾客寄出现金后不能及时收到货物。顾客由于只熟悉原告公司,很多人误认为被告发出的订单是原告公司新的形式的订单。被告使用客户名单的直接结果是使原告公司失去了大量的客户,产品销量锐减,不仅造成了直接的经济损失,也损害了原告公司的商业信誉。

法院审理认为,原告公司的邮购者名单构成商业秘密。原告的商品是具有一定欣赏品位的家庭装饰品,特殊的购买方式要求公司保持稳定的销售群体,邮购者名单是原告公司业务命脉之所在。为提高销售效率,公司投入大量资金,并形成了两级产品销售网络。同时,公司对数万张客户卡片进行了保密性处理。被告的行为属于侵权。[1]

(3) 允许他人使用。允许他人使用的行为,是指获取商业秘密的人以一定的方式将商业秘密提供给第三人使用,一定的方式包括有偿方式和无偿方式。

3. 合法持有但违反义务或要求的不正当行为。上述行为在我国法律上的体现是《反不正当竞争法》第9条第1款第3项规定的"违反约定或者违反权利人有关保守商业秘密的要求,披露、使用或者允许他人使用其所掌握的商业秘密"的行为。（在这一点上,商业秘密的保护会发生法律责任的竞合）

这种行为具有如下表征:①商业秘密侵害行为扩大到非竞争关系人,包括合作者和管理者等。侵权人所掌握的商业秘密是通过正当的手段或者途径合法取得的。商业秘密不可能是绝对秘密,只能是相对秘密。权利人因生产经营的需要,将商业秘密交付给技术人员、销售人员或与其交易的对方当事人、国家税收管理人员等,这些人员便是通过合法的手段取得商业秘密。权利人对内部人员的商业秘密自我保护,是通过一系列内部管理措施进行,例如,对知悉商业秘密的人员设定防范措施,包括内部监控、信息管理措施、职工训练及离职处理等。至于外部人员,法律规定了职务义务,包括交易人的职业义务和管理人员的职务义务,而且这种义务具有延展性,合同履行完毕或管理事项完成之后这种义务仍然存在。②体现了法律的竞合。对于外部义务人而言,商业秘密的持有人负有约定的保密义务或需遵循保密要求。约定保密义务是通过合同法确定下来的,保密要求是由相关管理法规确定的,如《税收征收管理法》,约定保密义务体现为法定性。违反约定的义务或者权利人的在前保密要求,使用或披露商业秘密,既是违约行为,也是侵权行为或职业违法行为。

4. 第三人恶意获取、使用或披露行为。恶意在民法上的含义是明知或应知。在我国法律条文中多使用的是故意和过失,明知表明的主观状态应是故意;应知表明的主观状态是应当知道而不知道,即过失。我国《反不正当竞争法》第9条第2款规定:"第三人明知或者应知商业秘密权利人的员工、前员工或者其他单位、个人实施前款所列违法行为,仍获取、披露、使用或者允许他人使用该商业秘密的,视为侵犯商业秘密。""应知",指一个有理智的人从其掌握的信息可以推论出该事实;

---

[1] 商业秘密法制丛书编委会编:《商业秘密法制现状分析及案例》,中国法制出版社1995年版,第96页。

或一个有理智的人在特定情势下会产生疑问，对于疑问其以合理的智力和注意力，将会知道该事实。[1] 构成第三人违法行为有两个要件：①主观上"明知或应知"；②客观上实施了"获取、使用或者允许他人使用该商业秘密的"的违法行为。

现举一例来说明：华泰油漆有限公司是一家生产油漆的企业，2002年开发研究出房屋外墙用油漆的工艺。王某是该公司的开发部门的助理实验员，在公司的内部管理条例中，有"未经许可不得向他人披露技术资料"条款。其后王某离开华泰公司，进入了一家与华泰公司竞争的通航公司，在技术开发部门工作。通航公司曾努力若干年，试图开发与华泰公司相同的工艺，一直未获成功。该公司知道王某是该工艺的主要技术人员，安排其继续开发。王某进入通航公司开发部门一个月以后，提交了与华泰公司油漆相同工艺流程的报告，通航公司马上实施了该工艺。法院认定通航公司知道或有理由知道王某的行为是未经许可披露商业秘密。

这里的通航公司就是恶意获取商业秘密的第三人。原国家科学技术委员会（现科学家技术部）曾经颁布《关于加强科技人员流动中技术秘密管理的若干意见》，该意见第8条规定："……用人单位在科技人员或有关人员调入本单位时，应当主动了解该人员在原单位所承担的保密义务和竞业限制义务，并自觉尊重上述协议。明知该人员承担原单位保密义务或者竞业限制义务，并以获取有关技术秘密为目的故意聘用的，应当承担相应的法律责任。"

三、侵害商业秘密的例外

技术创造只有建立在信息共享的基础上才能避免重复性劳动。商业秘密是以人为阻止信息的传播来维持其权利状态的，在这个意义上，商业秘密是一种守旧的观念，而专利是一种创新观念。专利排斥重复性劳动，商业秘密不贬低重复性劳动。对因未公开信息和未表彰的信息权而导致的重复性的劳动成果应当给予充分的尊重，由此产生了侵害商业秘密的例外。

> 商业秘密保护的例外是基于对重复性的劳动成果给予的充分的尊重

（一）他人独立研制出相同或者相似的商业秘密

反不正当竞争法禁止偷窃、胁迫等侵害行为，即禁止以上述手段获得并形成与权利人共存的相同或类似的信息状态。独立取得的商业秘密

---

[1] 张玉瑞：《商业秘密法学》，中国法制出版社1999年版，第543页。

也被称为竞合的商业秘密，是指生产经营者各自独立地开发、获得与他人已有的商业秘密相同或者相类似的秘密技术；或多个主体同时获得相同或相近的商业秘密技术。开发者对其与他人相同或近似的商业秘密负有举证的义务，只有在证明该商业秘密属于独立开发的情况下，开发者才能享有竞合的商业秘密权。可供举证的材料包括研发时的一系列原始数据资料、商业秘密保密协议等，一般只能以物证来证明，不适于人证。

独立开发可能基于单位内部的物质条件或资料，也可能根据公知常识或公开的文献，公开的文献包括专利文献、专业期刊、科技杂志、学术论著等。例如，A公司对自己的先进技术没有以申请专利的方式在专利文献上公开，而是把它作为商业秘密保密起来。B公司为了打破A公司在技术上的垄断，广泛查找各种与之相关的文献，在国外的一期杂志上查到了与这种技术相近的基础性的生产工艺，并结合自己的经验，开发出了与A公司相同的商业秘密技术。

经营者独立开发并获得相应成果——商业秘密权，同著作权的保护前提是一样的。著作权要求形式与内容的统一，仅有特定的思想内容，而无表现形式或者表现出来的东西无思想内容都不能获得著作权，即著作权上形式和内容两者缺一不可；商业秘密也同样要求内容与形式的统一，只有包含实用性内容的信息才能具备经济性和价值性，只有将这种信息运用于实践才能产生效用，其载体可能以一定的形式固化，也可能是一种体系化的思想付诸实践，如特殊的管理方法。有所不同的是，商业秘密权无权干涉独立复制思想和载体，而著作权允许复制思想，但不允许复制表达形式。

(二) 通过反向工程获取的商业秘密

反向工程，也称还原工程，是指通过技术手段对从公开渠道取得的产品进行拆卸、测绘、分析等而将该产品中的有关技术信息还原复制出来的方法。

反向工程属于技术模仿，其优点是模仿人可以减少技术研究与开发的投入，降低成本，规避因巨额投资带来的风险；其不足在于允许模仿的技术范围有限，对专利技术不适用反向工程，另外，模仿出来的技术至多达到被模仿技术的水平，具有被动性。

经反向工程获取技术的合法性理由，主要不是当事人付出了卸载技术的劳动，而是取得的信息具有公共性，即含有商业秘密的产品行销于世，只要产品公开销售，即意味着允许他人以反向工程的方法获取该产

> 反向工程仅针对商业秘密，对于专利技术不适用反向工程

品中的商业秘密。另一个辅助性的理由是反向工程往往也夹杂着一定的技术创新。

反向工程增加了商业秘密权的不确定性,但禁止反向工程将进一步增加其不确定性,因为很难区分开自我创造和反向工程,即使能够区分,恐怕也会大大增加司法成本。所以,反向工程带来的商业秘密权的不确定性应该依当事人决策和增加法律严格条件来消减。

就当事人决策来说,某一种技术信息是否以商业秘密形式维护其价值,要评估该种技术被反向工程的成本。如果反向工程的成本很高,会自动阻止他人搭便车;如果反向工程成本很低,当事人应当选择申请专利。

就反向工程获得商业秘密的合法性条件而言:①解剖对象是合法取得的。通常对购买的产品实施反向工程,即对具有所有权的产品实施商业秘密反向工程无异议。对承租或借用的产品实施反向工程,是否能够获得商业秘密则有争议。有人认为,商业秘密权只能随同所有权存在而产生。承租产品的所有权属于出租人,产品中所含的商业秘密也同样属于出租人,他人不得开拆、分解、窥视。出租人与承租人要在合同中明确规定这样的条款,这时实施反向工程便属违法行为。[1] 其实,合法取得产品是个广义的概念,不仅包括所有权,也包括使用权。在对产品享有使用权的情况下,如果没有和产品所有权人签订允许反向工程合同就实施反向工程,侵害的是产品所有权,不应该涉及商业秘密权属的问题。因此,也不能用民法中的原物与孳息的理论追本溯源来确认所有权。②解剖的过程真实且有据可查。反向工程取得的商业秘密属于后商业秘密权,其权利取得除了具备真实的解剖过程外,还需要对反向工程过程进行详细的文字记录或摄像,以保存充分证据,证实商业秘密权并对抗先商业秘密权。另外,证据还需表明,解剖取得了研究结果,即通过反向工程确实取得了某商业秘密。无证据证明取得结果的反向工程可能属于掩盖商业秘密侵害行为,即当事人以不正当手段知悉了他人的商业秘密之后,又以反向工程为由主张获取行为合法的,不予支持。因此,如果没有证据证明后商业秘密确实是通过解剖产品而获得的,将推定该商业秘密是通过不正当手段获取的。③反向工程不适用于限定技术。除了专利不适用反向工程外,一些特殊的技术也被禁止反向工程,如美国《数字千年著作权法》第二章禁止为便于对有著作权的录音作品进行电子复制的加密措施实施反向工程。

---

[1] 吕鹤云等:《商业秘密法论》,湖北人民出版社2000年版,第98页。

(三) 转让、授权或善意当事人获取的商业秘密

商业秘密的财产性使得该种信息权可以原始取得，也可以继受取得。继受取得如继承、转让、赠与，此外，授权许可他人使用也是获得商业秘密权的一种重要方式。授权许可一般有一定的时间限制，不过，由于商业秘密的特殊性，被许可人将商业秘密运用于生产经营后，对于到期的商业秘密的使用情况往往很难控制。即使被许可人停止了商业秘密的使用，其以低成本通过反向工程很容易将商业秘密复制出来，所以，商业秘密权的许可相当于转让。

> 商业秘密法上的善意和恶意的判断不完全等同于动产物权的善意和恶意制度

动产物权善意取得制度不完全适用于商业秘密的取得。善意取得是以第三人主观心理状态来判断其权利是否受法律保护。在物权公示原则的指导下，公示的无形财产不适用善意取得，商业秘密不公示，在一定程度上可以适用善意取得。确立商业秘密的善意取得制度有利于维护商业秘密权的稳定和社会关系的稳定。

恶意和善意的分界线是"注意"，在一个有正常心智与正常法律观念的人足够注意的情况下，即为善意。民法理论上，善意的判断有积极观念说和消极观念说，前者指当事人主观上将让与人视为所有人；后者指在不知或无法知道让与人是无处分权人。前者在实践中很难证明，通常采用消极观念为认定指标。第三人不知也无法得知让与人的商业秘密属于盗窃、利诱、胁迫方式获取的，其受让的心理状态是善意的。动产善意取得中，判断"不知"或"无法知道"的外在标准是受让人支付了合理的对价，但对于商业秘密而言，其比商标、专利更难以评估作价，受让人接受何种价格才属"合理"成了一个模糊的标准。通常意义上的"过于低廉"在这里不是产品的市场价值和转让价格的比较，而是同行技术人员对某商业秘密的主观价格评定和转让价格之间的比较。

事实上，还存在善意取得权利中止的情况。善意受让人在取得商业秘密后得知该商业秘密属于转让人无权处分，仍然使用或披露该商业秘密的，其行为就构成侵害商业秘密。第三人在接到商业秘密权利人有关商业秘密事实的通知后，商业秘密权中止，或者与商业秘密权利人签订商业秘密使用合同以复效，或者彻底终止商业秘密权。在此情况下，善意受让人是否承担责任？理论上，有人提出，从促进生产力的发展角度出发，对于在善意第三人"得知"之前已经支付了对价；或者对商业秘密进行了其他投资的；或者为了使用商业秘密已经对厂房、设备进行了实质性改造；或者了结了其他业务以便在此基础上开展新的业务的，善

意第三人的责任应得以免除。[1]这种提法值得商榷,与动产善意取得相比较,商业秘密的善意取得的标准平添了许多主观性色彩。"投资转化"带来的问题是,增加了新的判断难度——何为"实质性改造";另外,在这一标准不明确的情况下,易使"投资"成为非法行为合法化的疏通管道。因此,笔者以为,在此种情况下,在惩罚违法者行为的前提下,照顾权利人的利益和投资人的利益关系可以通过签订合同,确立投资人享有对该受让商业秘密的所有权,并给予商业秘密权利人以合理的对价;如果不能达成协议,则由司法机关按照商业秘密在权利人市场经营中的效用确立合理的对价;如善意受让人不愿意支付对价接受该商业秘密,则其对持有的商业秘密不享有任何权利,还应负有保密义务。在这里,"投资"是善意受让人取得商业秘密的基本条件,而不是充分条件。

四、商业秘密竞业禁止

竞业禁止原本是指公司等经济实体的雇员在任职期间不得从事与本公司相竞争的业务活动,以防损害公司利益。在离职之后是否受其限制,各国法律规定的方式有别,但价值取向大致相同,即以对雇主的损害大于对雇员的损害为条件。[2]我国在《反不正当竞争法》和《劳动法》中没有规定竞业禁止条款,2005年修订后的《公司法》第149条规定了竞业禁止,但主体限于董事、经理等高管人员,不包括一般劳动者。2007年颁布的《劳动合同法》第24条规定了"竞业限制",其约束的主体限于用人单位的高级管理人员、高级技术人员和其他负有保密义务的人员,这个主体范围的规定明显比公司法规定的范围大。理论上,竞业禁止的主体应包括一切知悉商业秘密的人。

竞业禁止在简单商品经济条件下并不存在。随着劳动技能的知识化,知识的商品化产生了竞业禁止的问题。商业秘密的竞业禁止是一般竞业禁止的深化,其"禁止"的内容复合化为劳动技能和专有知识。也正是由于内容的复合化,使商业秘密的竞业禁止有别于单一化的竞业禁止,进而形成了特殊的法律基础和法律调整结构。

竞业禁止最初针对劳动力的使用,表现为劳动时间,实际的争议是劳动态度或创业精神。其假定劳动者的劳动最佳状态是不可延续的和不可转移的,分出一定时间从事相竞争的经营会使本单位的工作无法达到最佳状态。如一个娴熟的雇员在闲暇时间为其雇主的直接竞争者工

---

[1] 蔡勇:"论我国商业秘密的法律保护",苏州大学2003年硕士学位论文。
[2] 参见谢铭洋等:《营业秘密法解读》,中国政法大学出版社2003年版,第79~83页。

作,并安排同事做相同的工作,机密资料没有传递给竞争者也没有为其所用,但法院还是会认为不妥,会禁止他们在业余时间从事该职业。[1]这种限制建立在劳动力依附于资本的基础之上,劳动者不能独立支配劳动力。新的理论建立在竞业与损失的关系上,若竞业给所在公司造成损失的,则应禁止。这种禁止建立在代理理论的基础上,从代理人不得与其所代理的委托人交易中衍生出代理人不得与委托人竞争。在竞业禁止的代理理论适用中,公司董事、经理从一般劳动者中分离出来。但公司董事、经理的行为毕竟和一般民事代理不同,其代理受集体意志而不受统一的意志支配,集体意志是民主意志。这就形成了董事、经理竞业禁止的自治性调整——章程中规定免除竞业禁止义务的,章程的规定优于法律规定。

商业秘密加入竞业禁止关系以后,限制对象的范围便扩大了,限制的内容及方式也发生了一定的变化。限制对象概括为所有知悉商业秘密的劳动者,包括内部人员和外部主体,如果限制的对象是高管人员,则发生双重限制,即保守商业秘密和职务竞业禁止。因此,保守商业秘密的主体覆盖面最广。[2]对于外部主体,通常将保守商业秘密设定为法定义务。在雇主对雇员处于优势的情形下,应避免雇主即商业秘密的权利人借助竞业禁止协议不合理地限制雇员的劳动权和就业自主权,侵害雇员的合法权益。同时又应积极发挥竞业禁止协议在保护商业秘密中的规范和调节作用。由于涉及经营权和劳动权内部冲突及经营权和竞争权的外部冲突,劳动者保守商业秘密的义务兼容了对劳动权的维护和对经营者利益的保护。劳动权包括劳动就业权和劳动报酬权,限制劳动权就限制了劳动就业权和劳动报酬权。在涉及商业秘密的劳动力流动中,劳动权的限制采取了"意定中的法定""法定中的意定"方法,对是否附加商业秘密义务,由劳动者和用人单位协商确定;对协商确定劳动者负有保守商业秘密义务的,用人单位应当提供一定的劳动报酬补偿;未提供报酬的,视为劳动者不负担保密义务;保密义务的时间由双方协商确定,但有法定最长的时间。对商业秘密竞业禁止的法律调整既有强制性调整,也有任意性调整

这样,商业秘密竞业禁止的核心内容就体现为四个方面:

1. 竞业禁止协议中的时间期限。竞业禁止限制竞争时间越长,雇员(义务人)的损失可能越大,甚至会变相剥夺雇员的生存、家计的维持

---

[1] 何美欢:《公众公司及其股权证券》,北京大学出版社1999年版,第433页。
[2] 是否包括高级管理人员、管理人员、技术开发人员、技术人员、市场销售人员、会计人员、秘书等,并没有明确的法定范围,只能根据企业的情况,由当事人协商确定,但这些主体都是可能的义务主体。

和择业自由，同时也会造成人力资源的浪费，所以对时间的考虑应该十分慎重。对限制多长的时间是合理的，不能完全由当事人意定，也不适于完全法定。根据多数国家的法律规定和司法判例，一般限制时间为 2 年至 3 年。我国有关部门规章规定为不超过 3 年，[1]《劳动合同法》第 24 条规定为不超过 2 年。

2. 竞业禁止协议的地域限制。不同行业和产品都有相应的市场，商业秘密的竞业禁止的地域范围应以竞争法中的相关市场为地域范围。在时间上，确定企业现在的业务拓展地域为竞争范围，不能扩大到企业将来可能展开的区域；在行业上，根据行业特点划定地域范围，例如，餐饮业一般以地区为相关市场。

3. 竞业禁止协议的具体领域限制。领域限制是商业秘密竞业禁止的必备条款，领域限制模糊，合同无效；领域限制不合理，合同亦无效，例如，禁止雇员在离职后 2 年内，从事任何与本公司现在和将来的经营活动相冲突的行为。领域限制一般采用以下方式：①规定某种技术领域。对离职后的雇员不得从事该技术领域的行为加以规定，这样就可以在一定的限制范围内起到禁止目的。②规定产品的领域。对生产的产品种类加以限制，这一做法范围非常清晰，易于发现违约、侵权。在同一产品中，技术的级别、档次也可以进一步限制。例如，在一起案例中，雇主与雇员约定，后者在离开公司 2 年之内，不得从事有关印刷电路板的工作。③规定服务项目。如果商业秘密与有形产品无关，而与某种服务有关，可以禁止从事具体服务项目。④规定行为。例如，在因经营信息产生的限制协议中，有关限制可以是禁止引诱雇员跳槽；禁止与现在的雇员进行交易；禁止建立竞争公司等。在对行为直接进行限制时，限制范围也是越窄越被认为合理、有效。[2]

4. 给予义务人补偿。依据公平原则，雇主运用竞业禁止条款限制雇员离职后的活动时，应给予雇员合理的经济补偿费。确定合理补偿时应参考员工的收入状况，并综合考虑商业秘密在企业中的作用、禁止时间的长短等因素。为了避免不公平补偿现象的出现，法律应将补偿额强制化、固定化。例如规定，年补偿费不得低于该雇员离职前 1 年报酬总额的 1/2。

---

[1] 劳动和社会保障部（已撤销）《关于企业职工流动若干问题的通知》第 2 条规定，用人单位可规定掌握商业秘密的职工在终止或解除劳动合同后的一定期限内（不超过 3 年），不得到生产同类产品或者经营同类业务且有竞争关系的用人单位任职，但用人单位应当给予该职工一定数额的经济补偿。

[2] 张玉瑞：《商业秘密法学》，中国法制出版社 1999 年版，第 438 页。

第四节 侵犯商业秘密行为的法律责任

由于商业秘密既关系私人权利,又涉及市场竞争秩序和社会公共利益,所以,法律给予了广泛保护,侵犯商业秘密的法律责任涉及民法、经济法和刑法等法律。

一、侵犯商业秘密应承担的民事责任

(一)违约责任

《合同法》第92条规定了合同后契约义务,即"合同的权利义务终止后,当事人应当遵循诚实信用原则,根据交易习惯履行通知、协助、保密等义务"。《合同法》第350~352条规定,技术转让合同的受让人应当按照约定的范围和期限,对让与人提供的技术中尚未公开的秘密部分,承担保密义务。使用技术秘密超越约定的范围的,违反约定擅自许可第三人使用该项技术秘密的,应当停止违约行为,承担违约责任;违反约定的保密义务的,应当承担违约责任。《深圳经济特区企业技术秘密保护条例》将技术保密义务分为保密协议和竞业限制协议,保密协议是指企业与因业务往来需要知悉技术秘密的业务相关人或企业技术秘密合法受让人签订的承担保密义务的协议;竞业限制协议是指企业与员工约定从离开该企业后的一定期限内,不得在生产同类且有竞争关系的产品的其他企业内任职,企业则向该员工支付一定数额的补偿费的协议,竞业限制的期限最长不得超过3年。

> 权利人保护商业秘密的主要形式是合同,违约责任和违约赔偿是承担责任的主要方式

违反合同的责任,应当按照合同约定承担违约责任。违约人虽然没有造成权利人损失,但合同约定需支付违约金的,仍应支付。如已造成权利人损失的,合同已约定了损失的赔偿额,应依合同约定;如没约定,可根据损失赔偿。

(二)侵权责任

侵犯商业秘密的民事责任,同一般民事责任的构成要件不完全相同。根据《反不正当竞争法》第17条的规定,经营者违反法律规定实施不正当竞争行为,给他人造成损害的,应当依法承担民事责任。因不正当竞争行为受到损害的经营者的赔偿数额,按照其因被侵权所受到的实际损失确定;实际损失难以计算的,按照侵权人因侵权所获得的利益

确定。赔偿数额还应当包括经营者为制止侵权行为所支付的合理开支。经营者违反第6条、第9条规定，即侵犯他人商业秘密的，权利人因被侵权所受到的实际损失、侵权人因侵权所获得的利益难以确定的，由人民法院根据侵权行为的情节判决给予权利人300万元以下的赔偿。

除赔偿责任外，侵犯商业秘密承担侵权责任的方式还有：停止侵害、排除妨碍、消除危险、消除影响等。与一般侵权责任承担方式有所不同的是，因商业秘密具有财产权性质，对侵犯人身权的补救方法不适用侵犯商业秘密权，如恢复名誉、赔礼道歉、精神损害赔偿等。

二、侵犯商业秘密应承担的行政责任

根据我国《反不正当竞争法》的规定，侵犯商业秘密行为除了承担赔偿责任外，反不正当竞争机构还应当依法予以处罚。

1. 责令停止违法行为。责令停止违法行为包括的内容不仅仅是责令停止侵犯商业秘密，还应当包括责令侵权人改正或者限期改正。单纯的责令停止不是行政处罚，只是一种象征处罚的补救措施。责令停止的全部内容应当包括责令停止的同时，要求改正，即要求侵权人以作为或不作为的形式终止违法行为。与单纯的责令停止违法行为相比较，责令当事人改正或者限期改正违法行为的目的在于，要求违法当事人对造成的损失予以补救，使不法状态恢复为合法状态。关于作为或不作为的内容，按照《关于禁止侵犯商业秘密行为的若干规定》第7条的规定，侵权人将载有商业秘密的图纸、软件及其他有关资料返还权利人；侵权人销毁适用权利人商业秘密生产的、流入市场将会造成商业秘密公开的产品。

2. 罚款。《反不正当竞争法》第21条规定，经营者违反《反不正当竞争法》第9条规定侵犯商业秘密的，由监督检查部门责令停止违法行为，处10万元以上50万元以下的罚款；情节严重的，处50万元以上300万元以下的罚款。具体罚款数额，应当根据侵权人侵犯商业秘密的具体情节来决定，包括侵犯的商业秘密经济价值的大小、造成侵害后果的严重程度、侵权人是否采取了补救措施等。

三、侵犯商业秘密的刑事责任

《刑法》第219条规定了侵犯商业秘密罪，即"有下列侵犯商业秘密行为之一，给商业秘密的权利人造成重大损失的，处3年以下有期徒刑或者拘役，并处或者单处罚金；造成特别严重后果的，处3年以上7年以下有期徒刑，并处罚金……"《刑法》具体列举了三种侵犯商业秘

> 《刑法》中规定的犯罪行为与《反不正当竞争法》的规定相同，只是要求情节严重

密行为：①以盗窃、利诱、胁迫或者其他不正当手段获取权利人的商业秘密。实施这一行为的人，一般是享有商业秘密的权利人的竞争对手；"其他不正当手段"，包括以高薪聘请挖人才、以重金收买知悉秘密的人等，这里"挖人才"的目的是获取他人的商业秘密，不是单纯的高薪聘请人才。②披露、使用或者允许他人使用以前项手段获取权利人的商业秘密。"披露"是指向他人泄漏行为人以盗窃、利诱、胁迫或者其他不正当手段获取他人商业秘密的行为；"使用"是指自己使用。③违反约定或者违反权利人有关保守商业秘密的要求，披露、使用或者允许他人使用其所掌握的商业秘密。这主要是指行为人所掌握的商业秘密是合法获取的，但是违反了与权利人之间的约定或者违反权利人有关保守商业秘密的要求，向第三人违约披露、使用或者允许第三人使用其所获取的商业秘密。实施这一行为的，有可能是与拥有商业秘密的企业订立许可使用合同的一方当事人；也可能是本企业技术人员，因工作关系获取商业秘密，但擅自告诉他人或自己使用、允许他人使用。

《刑法》第219条第2款是关于第三人侵犯商业秘密的规定。根据这一规定，第三人自己虽未直接实施上述侵权行为，但如果明知或者应知具有上述三种侵犯商业秘密的行为，仍然从那里获取他人商业秘密或使用或者披露他人商业秘密的，以侵犯商业秘密论。由于第三人不是非法获取商业秘密的直接责任人，因此，第三人主观上必须是明知，才构成犯罪。

《刑法》中规定的商业秘密的概念及形式与《反不正当竞争法》中的规定相同。立法具统一性，便于严格执法；将刑事制裁引入商业秘密保护领域，反映出社会对商业秘密权利的重视，表明立法者对一些情节严重的侵犯商业秘密行为，加强惩罚和威慑侵权人的决心。

□ 小　结

一、商业秘密立法的起源与发展

早期的商业秘密保护源于英国和美国。英国工业革命早于其他国家，其也是对保护商业秘密立法最早的国家之一。我国第一次将专有技术在法律上予以规定，是在1983年9月20日国务院发布的《中外合资经营企业法实施条例》，该条例第25条规定，合营者可以用专有技术出资。商业秘密作为一个法律术语，最早出现在1991年4月9日修改颁布的《民事诉讼法》（现已修正），该法第66条规定："证据应当在法庭上出示，并由当事人相互质证。对涉及国家机密、商业秘密和个人隐私的证据应当保密……"

二、商业秘密的界定

商业秘密，是指不为公众所知悉、能为权利人带来经济利益、具有实用性并经权利人采取保密措施的技术信息和经营信息。

对商业秘密的界定方式可以概括为三种：①概括式；②列举式；③概括加列举式。概括式界定商业秘密的要件包括：秘密性、价值性、可保密性。

三、商业秘密权的特殊性

商业秘密权的特殊性表现在：①所有权主体的多元性；②权利客体的扩散性；③法律保护期限的不确定性；④权利丧失的高风险性。

商业秘密权是否是一种财产权颇有争议，分为绝对财产权说和相对财产权说。绝对财产权说认为，商业秘密权在性质上与知识产权相同，都是人类知识活动的结果，是一种财产权，可以成为信托、继承、遗赠、课税的对象。也有人认为商业秘密权是知识产权。

商业秘密权应属于企业信息权、相对排他性信息权、秘密信息权。其中，秘密信息权是这种权利的基本属性和核心特征。

四、侵害商业秘密的行为

1. 以盗窃、利诱、胁迫或者其他不正当手段获取权利人的商业秘密。
2. 披露、使用或者允许他人使用以前项手段获取的权利人的商业秘密。
3. 违反约定或者违反权利人有关保守商业秘密的要求，披露、使用或者允许他人使用其所掌握的商业秘密。
4. 第三人明知或者应知商业秘密权利人的员工、前员工或者其他单位、个人实施上述所列违法行为，仍获取、披露、使用或者允许他人使用该商业秘密的，视为侵犯商业秘密。

侵害商业秘密的例外包括：①他人独立研制出相同或者相似的商业秘密；②通过反向工程获取的商业秘密；③转让、授权或善意当事人获取的商业秘密。

五、侵犯商业秘密行为的法律责任

侵犯商业秘密行为的民事法律责任是违约责任和侵权责任。侵犯商业秘密行为的行政责任是责令停止违法行为和罚款。《刑法》第219条规定了侵犯商业秘密犯罪，"有下列侵犯商业秘密行为之一，给商业秘密的权利人造成重大损失的，处3年以下有期徒刑或者拘役，并处或者单处罚金；造成特别严重后果的，处3年以上7年以下有期徒刑，并处罚金"。

□ 练习与思考

一、名词解释

1. 商业秘密　　2. 商业秘密的秘密性　　3. 反向工程

二、简答题

1. 简述商业秘密的特性。
2. 简述商业秘密法律关系的特点。
3. 侵犯商业秘密的行为有哪些？
4. 侵犯商业秘密的民事责任有哪些？
5. 简述侵犯商业秘密的例外。

三、案例分析

2003年11月29日，临近下班时间，在扬州市扬农化工股份有限公司（以下简称扬农公司）的实验室里，突然有人发现放在烘干机上的一种重要实验样品不翼而飞了。这个样品是扬农公司花4年时间研发出来的，而且仅有不到200克。一旦丢失，扬农公司正在进行的新产品开发不得不中止。

接到扬农公司的报案后，扬州市公安局广陵分局很快介入调查。经过审讯，内部职工周某很快交代了全部盗窃事实，原来他偷窃的远远不止这些样品，而且参与盗窃还有张某。张某曾是扬农公司的车间操作工，由于嫌工作辛苦，2003年7月份辞职，经过一段时间的奔波，都没有找到合适的工作。但是，他产生了一个邪念：出卖扬农公司的商业秘密。张某掌握着扬农公司一种产品的技术流程资料，在网上寻找到了一家地处常州金坛市的化工企业，该企业所生产的产品跟扬农公司有许多相同之处。张某以2万元的价格将资料卖给了该公司，并答应继续盗窃扬农公司的其他商业秘密。周某成了张某实施新计划的合作伙伴。

周某曾在盗窃试验样品之前将相关试验资料从电脑上拷贝下来并将软盘交给了张某，化工企业的张总表示，只要张某能够负责把这些新产品的所有资料全部搞到手，并保证试验取得成功，付给他至少50万元费用，可以先付20万，剩下的以后再付。为此，周某实施了上述第二次盗窃。

问题：

1. 张某已经离职，其行为是否构成侵害商业秘密？
2. 周某的行为是否构成侵害商业秘密？
3. 常州金坛市的化工企业的购买行为构成侵犯商业秘密的条件是什么？

□ 练习与思考答案要点

一、名词解释

1. 商业秘密，是指不为公众所知悉、能为权利人带来经济利益、具有实用性并经权利人采取保密措施的技术信息和经营信息。

2. 秘密性是指有关信息不为其所属领域的相关人员普遍知悉和容易获得，是与"公知技术"或"公知信息"相对应的概念。公有领域的信息属于任何人都可以享有的财富，不能为某人或某几个人所独占。商业秘密则与此相反，具有非公知性。是否公知，主要看是否可以通过正当的手段获得该信息。不能仅仅从字面作扩大的解释，应当从信息的状态角度进行解释，指明判定的客观标准才能真正把握其要义。

3. 反向工程，也称还原工程，是指通过技术手段对从公开渠道取得的产品进行拆卸、测绘、分析等而将该产品中的有关技术信息还原复制出来的方法。

二、简答题

1. 秘密性、价值性、可保密性。具有下列情形之一的，可以认定有关信息的秘密性：①未在公开发行的出版物上公开发表；②未以其他方式为公众所知悉；③非共知信息或非可直接获得的信息。价值性是指有关信息具有现实的或者潜在的商业价值，能为权利人带来竞争优势。可保密性指权利人为防止信息泄漏所采取的与其商业价值等具体情况相适应的合理保护措施。

2. 商业秘密法律关系具有特殊性，表现为：

（1）所有权主体的多元性。商业秘密所有权不限于"一物一权"，可以同时存在两个或两个以上所有权，即主体具有多元性，权利具有相对的排他性。通过自主开发取得或以反向工程方式获得的商业秘密，开发人或获取人都可以成为所有人。

（2）权利客体的扩散性。商业秘密的认定标准相对抽象，且标准的内容多可以自我实现。逻辑上，概念的内涵越丰富，外延越小；反之，外延越大。商业秘密的认定标准中，除了秘密性外，其他标准的客观性都较弱，内涵具有不确定性，这决定了外延的扩散性。

（3）法律保护期限的不确定性。商业秘密权没有固定的保护期限，其存续的时间不为法律所预先确定，保护期限的长短取决于权利人的主观愿望和保密措施的严密程度，无需财产对价。只要一项商业秘密不被泄密，且仍有经济价值，就能无限期地得到法律的保护。

（4）权利丧失的高风险性。相对而言，商业秘密保护的起点较低，创造商业秘密较容易，但同时，权利丧失的风险也很大。法律保护的商业秘密权有一个基础条件，即符合权利存在的标准。这个基础时时有破裂或被冲击而发生动摇的危险，如权利人本身采取了保密措施，但措施不到位，使信息扩散或者被窃取，而第三人不知是商业秘密而使用、传播,则该商业秘密就面临"见光死"的危险。另外,由于商业秘密权不具有绝对的排他性,他人构思出同样的商业秘密或通过反向工程取得的商业秘密传播到社会也会使该商业秘密丧失秘密性。

3. 侵犯商业秘密的行为表现如下:①以盗窃、利诱、胁迫或者其他不正当手段获取权利人的商业秘密;②披露、使用或者允许他人使用以前项手段获取权利人的商业秘密;③违反约定或者违反权利人有关保守商业秘密的要求,披露、使用或者允许他人使用其所掌握的商业秘密。④第三人明知或者应知上述所列违法行为,获取、使用或披露他人的商业秘密,视为侵犯商业秘密。

4. 民事责任主要有:

(1) 违约责任。使用技术秘密超越约定的范围的,违反约定擅自许可第三人使用该项技术秘密的,应当停止违约行为,承担违约责任;违反约定的保密义务的,应当承担违约责任。违约人虽然没有造成权利人损失,但合同约定需支付违约金的仍应支付。如已造成权利人损失的,合同已约定了损失的赔偿额应依合同约定;如没约定,可根据损失赔偿。

(2) 侵权责任。承担侵权责任的方式有:停止侵害、排除妨碍、消除危险、消除影响等。

5. 侵害商业秘密的例外包括:他人独立研制出相同或者相似的商业秘密;通过反向工程获取的商业秘密;转让、授权或善意当事人获取的商业秘密。

三、案例分析

1. 张某的行为属于不当披露、使用商业秘密行为。属于我国《反不正当竞争法》第9条第1款第2项规定的"披露、使用或者允许他人使用以前项手段获取的权利人的商业秘密"的行为。披露、允许他人使用的行为包括有偿方式和无偿方式。本案中是有偿方式。

2. 周某的行为属于不当获取商业秘密的行为,其手段为盗窃。所谓盗窃手段,是指运用秘密窃取的方法获得并占有权利人的商业秘密。秘密窃取要求获取的是商业秘密的实质内容,其载体的表现形式有多种多样,既可以是将载有商业秘密的文件窃取,也可以是将原件复制,还可以是将商业秘密的内容以其他方式记录下来。

3. 常州金坛市的化工企业的行为属于我国《反不正当竞争法》第9条第2款规定的行为:"第三人明知或者应知前款所列违法行为,获取、使用或披露他人的商业秘密,视为侵犯商业秘密。"构成第三人违法行为有两个要件:主观上"明知或应知";客观上实施了"获取、使用或披露行为"这一违法行为。"应知",指一个有理智的人从其掌握的信息可以推论出该事实;或一个有理智的人在特定情势下会产生疑问,对于疑问其以合理的智力和注意力,将会知道该事实。

第九章

不正当有奖销售

■学习目的和要求

通过本章学习,要求学生
- 重点掌握:有奖销售的违法性原因。
- 掌握:不正当有奖销售的范围;不正当有奖销售行为的类型。

第一节 有奖销售的概念和违法性原因

一、有奖销售的概念

有奖销售,是指经营者销售商品或者提供服务时,附带性地向购买者提供物品、金钱或者其他经济利益的行为。包括奖励所有购买者的附赠式有奖销售和奖励部分购买者的抽奖式有奖销售。

有奖销售通常以广告的形式让一定范围内的消费者周知,针对的对象不特定,是一种促销活动,这与有些隐蔽的促销活动(如回扣)等相区别。有奖销售作为一种促销手段,具有积极意义:它可以增加产品的销售量,加速经营者的资金周转,提高经济效益,巩固经营者的市场地位；同时也激发了消费者的消费欲望，活跃市场，促进消费增长。

有奖销售存在三重法律关系：经营者与消费者之间的购销活动形成了买卖合同关系；经营者向消费者提供赠品又形成赠与合同关系；经营者和竞争者之间形成了竞争关系。其中，第一种关系相对于第二种关系是主法律关系，第二种关系是从法律关系。这与折扣、回扣等促销手段不同，它们本身只是买卖合同的条款之一，不能构成一种新的法律关系。

有奖销售可以分为附赠式有奖销售和抽奖式有奖销售。附赠式有奖销售是指对满足一定条件的消费者，一视同仁地提供赠品，其特点是赠品的获得具有确定性；抽奖式有奖销售是以抽号、摇奖、对号码的方式决定购买者是否中奖，这种有奖销售方式的特点是只向部分而不是全部购买者提供商品，决定中奖的方式是射幸的，具有任意性和偶然性。

二、不正当有奖销售的概念及其危害

不正当有奖销售是指采用有奖的方式和手段，利用顾客的投机心理，扩大市场占有率、排斥其他竞争对手的行为。其具体表现形式多种多样，详见本章第二节的论述。

不正当有奖销售会助长不公平竞争，扰乱市场秩序。同时它助长消费者的投机心理，刺激消费者盲目消费，并易忽略产品的质量和服务水平。因此，不正当有奖销售被纳入反不正当竞争法的规制范围，由国家公权力进行干预。

如同商业贿赂一样，形式上交易人之间的金钱或物品的给予并不能仅仅理解为当事人的自治行为，这种行为具有涉他性。当有奖销售成为经营者排挤竞争对手的工具时，行为具有不利涉他性。

具有不利涉他性的有奖销售就是不正当有奖销售行为。不利涉他性表现在以下方面：

> 有奖销售具有违法性的原因是具有不利涉他性

1. 破坏正常竞争秩序。市场中存在优胜劣汰的法则，高质量的产品、服务以及良好的营销战略是经营者站稳脚跟的法宝。不正当有奖销售是竞争的一种畸形，它使经营者的注意力转移到不择手段地吸引消费者上，达到取得竞争优势的目的，而不是通过改良技术、改进服务争取消费者。这种行为促使市场正常资源配置功能的失调，竞争机制运转不良，必须予以规制。

2. 侵害消费者的知情权。用谎称中奖或者故意让内定人员中奖的欺骗方式进行有奖销售或利用有奖销售的手段推销质次价高的商品，经营者实施的这类有奖销售行为违背了公平竞争原则和诚实信用原则。

3. 不当剥夺其他经营者的交易机会。经营者有权通过给予消费者额外的利益争取交易机会，但如果经营者以偶然的财产所得来吸引消费者，忽视了在产品和服务上下功夫，经营者之间的竞争就演变成了财力的比拼，所以，过高的偶然财产所得的有奖销售行为将妨害其他经营者的正常营业活动，应该认定其行为是不正当的。而且，不正当有奖销售是以营利为目的，有奖销售的成本会被列入销售总成本，最终由消费者承担。非以营利为目的的有奖销售，如经政府或有关部门依法批准的有奖募捐及其他彩票发售活动，不属于不正当有奖销售的范围。

基于不正当有奖销售的危害性，世界上大多数国家都对其作了相关规定，甚至有的国家还为此专门立法，如日本1962年颁布的《不正当赠品及不当表示防止法》、德国1932年颁布的《附赠法》。但是总体上各国都不禁止有奖销售，只是对有奖销售加以限制。

德国竞争法允许经营者在销售过程中附带赠送小额的物品，并且只能用来做广告，上面还应有永久性、明显的广告标记，所赠金额不得超过销售商品价值的3%。同时德国禁止商业往来中带有"奖励""免费""馈赠"等词语的广告宣传。

日本《不当赠品及不当表示防止法》第1条明确规定其宗旨是："防止在商品和劳务的交易中利用不当的赠品及表示引诱顾客，而根据关于禁止垄断及确保公正交易的法律（1947年法律54号）规定的特例，为确保公正的竞争和保护一般消费者的利益制定。"日本竞争法允许通过附赠式有奖销售和抽奖式有奖销售销售商品和服务，但法律对有奖销售行为也有严格的限制。《不当赠品及不当表示防止法》规定，公平交易委员会有权根据有关情况，对赠品的价款最高额、总额、赠品种类、提供方法等作出限制，或禁止提供赠品，以防止不当地引诱顾客。

法国允许经营者在销售商品时赠送价值不大的广告用品，但对赠送奖品的范围和数额进行了限制。经营者用于有奖销售的奖品需要有明确广告标识，且不易擦洗；奖品的数额不得超过一定的比例；奖品必须与销售的商品属于同一种类。法国禁止经营者在销售商品时采取免费、即付或定期付款的方式向消费者赠送赠品。

三、相近概念辨析

不正当有奖销售行为与商业贿赂行为、经营者的折扣让利行为、广告性赠与行为有一定的相近性，但又有所不同。

（一）不正当有奖销售与商业贿赂

商业贿赂是我国《反不正当竞争法》所规制的不正当竞争行为的一种。它是指经营者利用财务或其他手段购买或销售商品的行为。商业贿赂也是经营者获取竞争优势，获得更多商业利益的手段，它也违背了诚实信用的原则和扰乱了公平竞争的秩序。

1. 商业贿赂与不正当有奖销售的相同点表现在：①目的相同，都是为了促成交易相对方与自己达成交易。②手段相同，都是通过给予对方额外的好处。有奖销售中经营者提供的利益是附带性的，商业贿赂提供的财物也是从属性的，都是为了达到一定的目的。③后果相同，都限制了其他经营者的竞争，危害社会秩序，损害了消费者的利益。

2. 商业贿赂与不正当有奖销售的区别在于：

（1）主体不同。商业贿赂的主体是交易的双方，包括为了销售商品而提供贿赂和购买商品进行贿赂，双方分别成为行贿人和受贿人；不正当有奖销售的行为主体只能是经营者，是经营者为了促销而单方面采取的措施。

（2）给付额外利益的形式不同。商业贿赂的手段主要是财务手段和其他手段，即直接以现金行贿，或者向对方提供旅游机会、为对方调动工作等；不正当有奖销售中经营者通常采用提供赠品或奖品的方式，较少直接向消费者提供现金。

（3）行为发生的时间不同。商业贿赂发生在经营者销售和购买商品的过程中；不正当有奖销售发生在经营者销售商品和提供服务的过程中。

（4）行为的方式不同。商业贿赂最主要的特点是账外暗中进行，它是秘密无偿地向交易对方或相关当事人提供额外的利益，收买交易对方或相关当事人，获得交易机会；不正当有奖销售都是公开地进行，作出向满足一定条件的所有消费者提供额外利益的表示。我国《反不正当竞争法》第10条列举了不正当有奖销售的种类：所设奖的种类、兑奖条件、奖金金额或者奖品等有奖销售信息不明确，影响兑奖；谎称有奖或故意让内定人员中奖；抽奖式有奖销售，最高奖的金额超过5万元的。

（二）不正当有奖销售与折扣行为

折扣是经营者通过对商品或服务打折，削减商品或服务的正常价格吸引消费者优先选择购买其商品或服务的正常促销行为。折扣后的商品或服务比原来价格低，易使消费者产生物超所值之感，从而优先选择有折扣的商品或服务。目前的折扣形式很多,包括现金折扣、数量折扣、现金返还等。折扣也是通过给予消费者一定的利益而吸引消费者,这与不正当有奖销售的目的相同。两者的区别在于:①行为性质不同。折扣只要在法律允许的限度之内即是合法的,通常是一种正常促销的行为;不正当有奖销售是不正当竞争行为,为法律所禁止。②给付额外利益的形式不同。折扣是通过削减商品的正常价格让利于消费者;不正当有奖销售通过向全部消费者提供赠品或抽奖方式让部分消费者获利的方式实现促销。

（三）不正当有奖销售行为与广告性赠与

广告性赠与是经营者为了增强商誉或打开某种产品的销路向消费者提供价格低廉的商品的行为。它与不正当有奖销售的共同之处在于:都是通过向消费者提供一定的利益争取交易机会。它们的主要区别在于:①行为发生的时间不同。广告性赠与可以发生在商品销售过程之中,也可以发生在销售过程之外;不正当有奖销售发生在经营者销售商品的过程之中。②目的不完全相同。广告性赠与通常发生在商家成立之初,希望树立商誉或形象,或者为某种新产品打开销路,是一种长远性销售手段,且赠与的利益一般较小,是合法行为。③行为的性质不同。广告性赠与可以从属于买卖合同,也可以独立地存在;不正当有奖销售中的赠与是依赖于买卖合同的。

第二节 不正当有奖销售行为

经营者举办有奖销售,应当向购买者明示其所设奖的种类、中奖概率、奖金金额、奖品种类、兑奖时间和方式等事项。属于非现场即时开奖的抽奖式有奖销售,告知事项还应当包括开奖的时间、地点、方式和通知中奖者的时间、方式。经营者对已经向公众明示的这些事项不得变更。

经营者实施不正当有奖销售的手段很多。根据我国《反不正当竞争法》和《关于禁止有奖销售活动中不正当竞争行为的若干规定》,不正当有奖销售包括欺骗性有奖销售和不当抽奖式有奖销售,各自涉及的领域很广泛。

> 不正当有奖销售包括欺骗性有奖销售和不当抽奖式有奖销售

一、欺骗性有奖销售

欺骗性有奖销售,是指经营者隐瞒事实真相或者发布有奖的虚假信息,引诱消费者与其交易,但无法得到所称"奖励"的活动。经营者从事欺骗性有奖销售是违背诚信原则的行为,它破坏了市场的信用体系,因此被反不正当竞争法所规制。我国法律规定的欺骗性有奖销售行为包括以下几种:

1. 对所设奖的种类、兑奖条件、奖金金额或者奖品等有奖销售信息不明确,影响兑奖。这种行为的主要特点是:经营者故意对中奖种类、兑奖条件、奖金金额等有奖销售信息作出含糊其辞的表示,使消费者很难实际获得奖品。例如,某商业活动中,主办者给予的奖品是往返巴黎的机票,在出票时主办方告知只能获奖者本人享受该机票,但这一点当事人事先并未被告知。这种兑奖条件被限制处分权,消费者不可能实现其奖品目的。因此,根据《反不正当竞争法》第10条第1项规定,经营者进行有奖销售不得存在所设奖的种类、兑奖条件、奖金金额或者奖品等有奖销售信息不明确,影响兑奖的情形。

2. 谎称有奖销售或者采取不正当手段故意让内定人员中奖。这种不正当销售的行为适用于抽奖式有奖销售,形式比较隐蔽,也因此常被经营者采用。这种行为的主要特点是经营者对外宣称有奖,而事实上奖品并不存在,或者经营者会在设奖商品上作出某种标记,告知内定人员抽取,或者在摇奖过程中弄虚作假,让内定人员中奖。这种有奖销售表面上看设有奖项,是让利于消费者的行为,但由于经营者操纵了抽奖的过程,消费者根本不可能中奖,因此与谎称有奖没有实质的区别。但由于操纵抽奖的过程比较隐蔽,甚至经营者会聘请公证机关进行公证以增强公信力,因此很难确定其是否实施了此种不正当有奖销售行为。一般的判断标准有两个:①是否由事先安排好的人员中奖,通常经营者会安排自己的职工或者亲属;②这种中奖行为是否是经营者操纵的结果。

3. 故意将设有中奖标志的商品、奖券不投放市场或者不与商品、奖券同时投放市场;故意将带有不同奖金金额或者奖品标志的商品、奖券按不同时间投放市场。虽然此种情况下奖品与奖券是属实的,但消费者的中奖概率却不平等。经营者为了防止大奖被抽走后,消费者失去继续交易的热情,往往将奖品、奖券分批投放或留置到最后投放。这使得某一时段的消费者丧失了中奖机会,而其他时段消费者中奖尤其是中大奖的概率很高。商家的这种有奖销售手段也是愚弄消费者的行为。

二、抽奖式有奖销售

抽奖式有奖销售具有偶然性和随机性。它在很多国家被禁止，有的国家虽然允许但严格限制。我国限制高额的有奖销售。根据《反不正当竞争法》第10条第3项的规定，抽奖式的有奖销售，最高奖的金额不得超过5万元。高额有奖销售已经偏离了正常竞争的范畴，它刺激了消费者的投机心理，使消费者不再关心商品的质量、性价比、实用性，而是为了大奖而购买商品，诱使消费购买意向的扭曲，甚至导致市场反映出的供需信息虚假。同时，这种行为挫伤了依靠提高产品和服务质量取得竞争优势的商家的积极性，助长了不诚信之风气。高额有奖销售往往是大商家的促销手段，中小商家无力也无法与之抗衡，这可能导致中小商家最终被排挤出市场，形成大商家的市场垄断。

抽奖式有奖销售的种类很多，根据《国家工商行政管理局关于抽奖式有奖销售认定及国家工商行政管理局对〈反不正当竞争法〉具体应用解释权问题的答复》（工商公字〔1998〕第143号）的规定，凡以抽签、摇号等带有偶然性的方法决定购买者是否中奖的，均属于抽奖方式。具体的判断方法就是：凡以偶然性的方式决定参与人是否中奖的有奖销售，均属于抽奖式有奖销售。偶然性的方式是指具有不确定性的方式，即是否中奖只是一种可能性，既可能中奖，也可能不中奖，是否中奖不能由参与人完全控制。

例如，在证券经营者实施的以投资收益率或者利润率等高低确定部分投资者是否中奖的各种奖赛、比赛等活动中，各个投资者获取的投资收益率或者利润率等以及由此决定的能否中奖，取决于多种主客观因素，均不能完全以投资者的主观愿望、努力和能力为转移，投资者能否中奖具有偶然性和不确定性，因此，此类奖赛活动属于抽奖式有奖销售。此类抽奖式有奖销售若最高奖的金额超过5万元的，属于不正当竞争行为。

再如，营利性保龄球场馆举办的以一定的得分来决定消费者是否中奖的有奖销售活动，属于以带有偶然性的方式决定消费者是否中奖的抽奖式的有奖销售。举办此类有奖销售活动，凡最高奖的金额超过5万元的，均构成不正当竞争行为。

高额有奖销售破坏了竞争秩序，甚至可能成为商家推销劣质商品的手段，我国法律禁止利用有奖销售手段推销质次价高的商品的行为。这种行为存在于抽奖式有奖销售和附赠式有奖销售之中。消费者购买同类商品往往被提供赠品或有其他优惠措施的商家吸引，一方面容易忽视产品、服务的质量，另一方面易违背真实意愿购买本来不需要的东西，这为商家推销质次价高的商品提供了机会。利用有奖销售手段推销质次价高的商品的重点在商品上，这类商品的质量与价格不相符，品质低于价格，有奖销售相当于变相涨价，严重损害了消费者利益。

第三节　不正当有奖销售的法律责任

一、不正当有奖销售的民事责任

根据《反不正当竞争法》第 17 条第 1、3 款的规定："经营者违反本法规定，给他人造成损害的，应当依法承担民事责任。""因不正当竞争行为受到损害的经营者的赔偿数额，按照其因被侵权所受到的实际损失确定；实际损失难以计算的，按照侵权人因侵权所获得的利益确定。赔偿数额还应当包括经营者为制止侵权行为所支付的合理开支。"因有奖销售行为而受到侵害的购买者，可以根据《关于禁止有奖销售活动中不正当竞争行为的若干规定》请求损害赔偿。

虽然《反不正当竞争法》第 17 条为所有不正当竞争行为规定了民事责任，但现实中由于损害责任的界定比较复杂，受害消费者通常很难通过诉讼途径获得救济。因此，规定受害者的停止侵害请求权，排除妨害请求权，有利于消费者在不同阶段及时得到救济。

二、不正当有奖销售的行政责任和刑事责任

《反不正当竞争法》第 22 条规定："经营者违反本法第 10 条规定进行有奖销售的，由监督检查部门责令停止违法行为，处 5 万元以上 50 万元以下的罚款。"这是对经营者承担的行政责任的规定。

反不正当竞争法对不正当有奖销售行为的实施者规定了刑事责任：①谎称有奖，情节严重的，可以以诈骗罪追究刑事责任；②利用有奖销售推销质次价高的商品，如果该商品因质量问题致人损害，情节严重的可依据产品质量法追究刑事责任。

□ 小　结

一、有奖销售的概念和违法性原因

有奖销售，是指经营者销售商品或者提供服务，附带性地向购买者提供物品、金钱或

者其他经济上的利益的行为,包括奖励所有购买者的附赠式有奖销售和奖励部分购买者的抽奖式有奖销售。

不正当有奖销售不同于商业贿赂行为,不正当有奖销售也不同于折扣行为。另外,不正当有奖销售行为与广告性赠与也有区别。

具有不利涉他性的有奖销售就是不正当有奖销售行为。不利涉他性表现在以下方面:①破坏正常竞争秩序;②侵害消费者的知情权;③不当剥夺其他经营者的交易机会。

二、不正当有奖销售行为

欺骗性有奖销售行为包括以下几种:①所设奖的种类、兑奖条件、奖金金额或者奖品等有奖销售信息不明确,影响兑奖;②采用谎称有奖销售或者故意让内定人员中奖的欺骗方式进行有奖销售;③故意将设有中奖标志的商品、奖券不投放市场或者不与商品、奖券同时投放市场,故意将带有不同奖金金额或者奖品标志的商品、奖券按不同时间投放市场;④其他欺骗性有奖销售行为。抽奖式的有奖销售,凡最高奖的金额超过5万元的,均构成不正当竞争行为。

三、不正当有奖销售的法律责任

给被侵害的经营者造成损害的,应当承担损害赔偿责任,被侵害的经营者的损失难以计算的,赔偿额为侵权人在侵权期间因侵权所获得的利润,并应当承担被侵害的经营者因调查该经营者侵害其合法权益的不正当竞争行为所支付的合理费用。

监督检查部门对不正当有奖销售应当责令其停止违法行为,可以根据情节处以1万元以上10万元以下的罚款,情节严重的可以吊销营业执照。

对不正当有奖销售行为的实施者的刑事责任有两种:①谎称有奖,情节严重的,可以以诈骗罪追究刑事责任;②利用有奖销售推销质次价高的商品,如果该商品因质量问题致人损害,情节严重的可依据产品质量法追究刑事责任。

□ 练习与思考

一、名词解释

1. 有奖销售　　2. 欺骗性有奖销售

二、简答题

1. 不正当有奖销售与商业贿赂行为的关系是什么?
2. 有奖销售的违法性理由是什么?
3. 我国规定的欺骗性有奖销售行为有哪几种?
4. 简述有奖销售的种类。

5. 简述不正当有奖销售行为与广告性赠与的区别。

□ 练习与思考答案要点

一、名词解释

1. 有奖销售，是指经营者销售商品或者提供服务，附带性地向购买者提供物品、金钱或者其他经济上的利益的行为，包括奖励所有购买者的附赠式有奖销售和奖励部分购买者的抽奖式有奖销售。

2. 欺骗性有奖销售是指经营者隐瞒事实真相或者发布有奖的虚假信息，引诱消费者与其交易，但无法得到所称"奖励"的活动。

二、简答题

1. 商业贿赂与不正当有奖销售的相同点表现在：①目的相同，都是为了促成交易相对方与自己达成交易。②手段相同，都是通过给予对方额外的好处。有奖销售中经营者提供的利益是附带性的，商业贿赂提供的财务也是从属的，是为了达到一定的目的。③后果相同，都限制了其他经营者的竞争，危害社会秩序，损害了消费者的利益。

商业贿赂与不正当有奖销售的区别在于：

（1）主体不同。商业贿赂的主体是交易的双方，包括为了销售商品而提供贿赂和购买商品进行贿赂，双方分别成为行贿人和受贿人；不正当有奖销售的行为主体只能是经营者，是经营者为了促销而单方面采取的措施。

（2）给付额外利益的形式不同。商业贿赂的手段主要是财务手段和其他手段，即直接以现金行贿，或者向对方提供旅游机会，为对方调动工作等；不正当有奖销售中经营者通常采用提供赠品或奖品的方式，较少直接向消费者提供现金。

（3）行为发生的时间不同。商业贿赂发生在经营者销售和购买商品的过程中；不正当有奖销售发生在经营者销售商品和提供服务的过程中。

（4）行为的方式不同。商业贿赂最主要的特点是账外暗中进行，它是秘密无偿地向交易对方或相关当事人提供额外的利益，收买交易对方或相关当事人，获得交易机会；不正当有奖销售都是公开地进行，作出向满足一定条件的所有消费者提供额外利益的表示。

2. 具有不利涉他性的有奖销售就是不正当有奖销售行为。不利涉他性表现在以下方面：①破坏正常竞争秩序；②侵害消费者的知情权；③不当剥夺经营者的交易机会。

3. 欺骗性有奖销售包括：①谎称有奖销售或者对设奖的种类、中奖概率、最高奖金额、总金额、品种、种类、数量、质量、提供方法等作虚假不实的表示；②采取不正当手段故意让内定人员中奖；③故意将设有中奖标志的商品、奖券不投放市场或者不与商品、奖券同时投放市场，故意将带有不同奖金金额或者奖品标志的商品、奖券按不同时间投放市场；④其他欺骗性有奖销售行为；⑤被限制处分权或不可能实现其价值的奖品。

4. 有奖销售包括附赠式有奖销售和抽签式有奖销售。附赠式有奖销售的特点是对于达到统一购买水平的购买者均给予相同的奖励，但奖品或奖金价值较小。凡以抽签、摇号等带有偶然性的方法决定购买者是否中奖的，均属于抽奖式有奖销售方式。

5. 广告性赠与与不正当有奖销售的共同之处在于都是通过向消费者提供一定的利益争取交易机会。它们的主要区别在于：广告性赠与既可发生在销售过程之外，也可发生在销售过程中，赠与的性质既可以是从属于买卖关系，也可以单独存在。不正当有奖销售行为发生在产品销售过程之中，是一种吸引消费者的短期销售行为，其中的赠与关系依赖于买卖关系的成立。

第十章

商业诋毁

> **■学习目的和要求**
>
> 通过本章学习,要求学生
> - 重点掌握:商业诋毁侵害的客体。
> - 掌握:商业诋毁的认定标准和商业诋毁的手段;商业诋毁的法律责任。

第一节 规制商业诋毁的法律基础

一、商业诋毁侵害的客体及法律规制

商业诋毁行为,又称商业诽谤行为,是指从事生产、经营活动的市场主体为了占领市场,针对同类竞争对手,故意编造、传播虚假信息或者误导性信息,损害他人商业信誉和商品声誉,以削弱其市场竞争能力,从而使自己在市场竞争中取得优势地位的行为。我国法律将商业诋毁的客体表述为商业信誉和商品声誉,《巴黎公约》表述为工业活动的信誉。其实,它们所指商誉的内容应该没有差别。商业诋毁侵害的是经营者的商誉。

商誉的内容以财产性利益为主，兼具有人格属性。商誉是经营者在市场竞争中通过长期的诚实经营和创造性劳动逐步获得消费者信任、投资者认可和社会认同而形成的一种无形资产。良好的商誉使企业能够长期稳定健康发展，为企业开拓市场和巩固市场优势地位奠定基础，使经营者在竞争中处于有利地位。不良的商誉往往会使企业经营活动受阻，产品销售不畅，失去交易伙伴，丧失交易机会，甚至使企业陷入瘫痪，倒闭破产。

> 商业诋毁侵害的是竞争对手的商业信誉和商品声誉。其基本方法是捏造和散布虚假的事实

商誉的载体种类丰富。商誉本身没有实体形态，它依附于特定经营者并通过其生产经营的产品和服务的商标、商品名称、包装、装潢、企业名称、商业道德、商品质量、服务质量、资信、价格等以及其他商业性标记，它显示出经营者的整体素质，为社会公众的客观评价提供指引。这些商誉的表现形态相互配合，密切联系，处于一个完整的动态的统一体中，共同反映和构筑经济主体的商誉。

有所不同的是，德国《反不正当竞争法》第14条规定所涉及的客体除了商誉外，还包括企业主或领导人的信誉，即领导人的名誉。商誉和名誉是有区别的：①商誉权的主体必须是经营者；而名誉权的主体是自然人。②商誉是对主体的商业道德水平和有关商业活动方面的行为方式的社会评价；名誉是对主体一般道德水平和职业活动的行为方式的社会评价。③商誉虽然与主体人格性不可分离，但完全可以通过评估方式相对量化为具有财产性的价值；名誉是一种具体人格权，当受到侵害时，体现为精神损害，无法量化损害的价值，精神损害的物质赔偿具有抚慰性质，不具有与损害相当的对价性。④商誉的实现方式有两种：通过价值内化的方式获得超值利润，以及通过评估转让实现其价值转换；名誉则只能在自己使用中实现名誉感。

各国之所以突破传统的侵权行为法，将商业诋毁纳入竞争法，是由其对市场竞争机制的破坏性作用决定的。经济竞争是相同或相似产品（服务）的提供者利益上的一种对峙行为，这种利益对峙是以市场为场所、顾客为媒介展开的。顾客是商业活动的根本要素，竞争者的一切经济活动都是围绕着发展和保持对顾客的注意力和吸引力为取向的，顾客具有检验竞争优劣的恒定价值，竞争者赢得了顾客就是赢得了竞争。

顾客何以能对商家形成注意力和吸引力？最原始的方式就是身体力行，把个人的感知建立在直接体会的经验上，通过实践来感知企业及其产品，得出好与坏的结论，进而指导未来的行为取向。而一旦形成某种认知，便会具有相应的稳定性，赋予这种评价某种制度结构，即所谓的"路径依赖性"。但是，个人最大限度的体验始终是非常有限的，随着科

学技术的发展,由于缺乏必要的知识传授和信息支撑,这种体验甚至会变得十分盲目。为此,竞争者商业吸引力的形成必须建立在相应的信息沟通和交流的基础上,竞争者必须将其产品及其活动传递给顾客,尤其是产品的质量、性能、成分、技术状况等不为一般公众所知的方面,通过外显性载体传达给顾客,为其所感受。竞争者提供的信息越全面和真实,顾客得出的评价也就越客观,以此为基础进行的竞争也就越具有检验优劣的公平性。

商业诋毁在本质上是一种虚假或误导性的信息行为。由于信息的不对称,不法商人可以通过对信息的干扰去影响顾客的注意力。在商业诋毁的情形中,诋毁者的虚假或误导性信息干扰了消费者信息获得的全面性和真实性,这些经过诋毁者主观筛选、被赋予特定"意义"的信息,消费者是不可能进行全面甄别的,在此基础上的评价,必然会产生偏向性和消极的结果。

从消费行为看,这种消极评价会产生"首因效应",顾客对企业及其产品的认知往往是从某个具体的、局部的最初信息入手的,并由此产生心理定势,影响未来的行为取向;顾客对企业形象的评价也是感性的,新近发生的事件或最新的认知往往又影响顾客新的评价,产生"近因效应";同时,一些倾向性态度或看法又会影响顾客对事物的整体态度,出现"光环效应";错误感知的顾客还会将信息作为"经验"再扩散到其亲朋好友,进而又出现"联动效应",使其他的顾客形成偏见。商业诋毁破坏了竞争者正常的人际交往和社会关系,通过丑化,淡化经营者的形象,转移顾客的注意力,进而将其排除在公共关系的视野之外。良好的商业关系形成困难,毁损却十分容易,而修复和挽回的代价高昂。"符号经济"的兴起,拉近了交易的时间、距离和空间,使诋毁信息的破坏力更强,威力更大。

商业诋毁的破坏力还不只及于竞争者,它也直接损害消费者,甚至破坏整个竞争机制。商业诋毁引发的各种效应,会侵蚀人们的信任心理,降低消费者与经营者的亲密关系和信任感。在信息时代,消费者主要是凭借企业提供的信号挑选产品或服务。如果一个社会的信息严重失真,误导和诋毁充斥市场,消费者面临的风险和不确定性增加,搜寻成本增加,在此情况下,消费者唯一理性的做法是退出市场,减少消费,当大量的消费者如此时,就会引起市场冷清,交易受阻。

世界上最早的反不正当竞争法——德国《反不正当竞争法》,在1909年修改时规定了商业诋毁的内容并沿用至今:①对他人的营利业务、企业主或领导人本人、他人的商品或工业给付恶意主张或散布构成损害商事企业的违背真实的事实者,应被科以最高为1年之徒刑或罚款。②在商事企业中,上述事实由职员或受任人主张或散布时,如果企业主对行为知情,除对职员或责任人处罚外,还可以处罚企业主。

大多数国家都将商业诋毁作为一种不正当竞争行为来看待,以竞争法来规制。我国《反不正当竞争法》第11条规定:"经营者不得编造、传播虚假信息或者误导性信息,损害竞争对手的商业信誉、商品声誉。"日本1975年修订后的《不正当竞争法》第1条所列举的不正当竞争行为包括"陈述虚假事实,妨害有竞争关系的他人在营业上的信用或者散布这种虚假事实的行为",并在第1条第2项规定,损害他人营业信誉的行为,法院有权根据受害人的请求,命令侵权人采取必要措施补偿损失,赔偿损失或恢复信誉。南斯拉夫1974年《防止不正当竞争和垄断协议法》第8条第2款规定,商业诽谤是指"直接或通过其他说法提供或转交关于其他联合劳动组织的情报:关于它的业务、产品、服务、工人和其他情况,如果这种说法或情报损害或者能够损害该组织的信誉或经营活动的行为"。俄罗斯1991年《关于竞争和在商品市场中限制垄断行为的法律》第10条规定:"禁止散布能使其他经济实体遭受损失或使其商誉受损的虚假、含糊、歪曲信息。"

> 大多数国家都用竞争法来规制商业诋毁,也有个别国家用其他法律来规制

《巴黎公约》第10条第2款第3项将"在交易中损害竞争者的营业所,商品或工商业活动的信誉的虚假陈述"视为商业诋毁行为。1996年世界知识产权组织在《反不正当竞争示范条款》中对商业诋毁行为进行了详细的规定,其中第5条关于损害他人的企业或其活动的信誉之第1款是一般原则,即"在工商业活动过程中,任何虚假的或没有根据的陈述,损害或者可能损害他人的企业或其经营活动,尤其是该企业提供的产品或服务的信誉的,构成不正当竞争行为";第2款是对损害信誉的列举,包括"产品或服务对特定目的的适用性;商品或服务的质量,数量或其他特征;商品或服务提供或供应的条件;产品或服务价格或其计算方式"。

当然,也有少数国家用其他涉及竞争手段的法律来规制。美国《商标法》在1998年修正时增加了商业诋毁行为的规定,即禁止在商业广告或促销活动中对他人商品、服务、营业活动的性质、特点、质量或地理来源进行虚假或引人误解的描述或表示。

二、商业诋毁和虚假宣传、商业标志混淆的关系

1. 在竞争法上,虚假宣传和商业诋毁有共同之处,即"通过编造、传播虚假信息或者误导性信息影响消费者的决定";但是又有明显差异,

虚假宣传是"对自己的产品或服务进行虚假的或欺骗性的陈述",商业诋毁则是"对他人的企业、产品、服务或工商业活动编造、传播虚假或误导性信息"。

如果为了宣传或者突出自己的商品或者服务而编造、传播虚假信息或者误导性信息,其行为首先构成了引人误解的或者虚假的宣传,并进一步构成了商业诋毁,此时虚假宣传和商业诋毁发生竞合。法律对虚假宣传与商业诋毁分开规定,可以理解为:虚假宣传是针对公众的宣传,直接侵害的是社会公众;商业诋毁直接侵害了特定的竞争者的商品声誉或者商业信誉,但在贬低不特定竞争对手的情况下,还同时对公众构成与虚假宣传相同的侵害。

> 商业诋毁在一定条件下会和虚假宣传行为发生竞合

从《反不正当竞争法》第8条第1款规定内容的字面含义来看,该款虽未限制经营者必须对自己的商品进行引人误解的虚假宣传,但虚假宣传的目的是推销产品或服务,为他人的产品或服务作虚假宣传进而提高他人的销售业绩(尽管可能是暂时的)则不具有经营合理性。《反不正当竞争法》第11条规定:"经营者不得编造、传播虚假信息或者误导性信息,损害竞争对手的商业信誉、商品声誉。"该条对损害对象作出了明确规定,即商业诋毁是损害竞争对手的。

为此,二者关系的具体界限可以大致划定为:

(1)只虚假宣传自己的商品而不涉及他人的商品声誉和商业信誉的,只构成虚假宣传行为,而与商业诋毁行为无关。

(2)损害特定竞争对手的商业信誉和商品声誉的行为,构成商业诋毁行为,而不再构成虚假宣传行为。

(3)损害不特定竞争对手的商业信誉和商品声誉的行为,既构成虚假宣传行为,又构成商业诋毁行为,产生法律竞合。

现以案例来说明二者的关系:

2005年8月,福建省上杭县工商局根据甲木材加工厂的投诉,对乙木材加工厂涉嫌不正当竞争行为进行立案查处。经查,甲木材加工厂与乙木材加工厂(以下分别简称甲厂和乙厂)均是该县境内的个人独资木材加工企业,营业执照上核准登记的经营范围皆是松、杉拼板加工、销售,双方之间存在直接的同业竞争关系。2005年8月中旬,乙厂在上杭县某酒店举办了一场产品推介会,邀请本县和周边地区的林产品经销商及部分消费者参加。在推介会上,乙厂专门设置了一个展示台,上面摆放着甲厂和乙厂生产的产品,分别标注为"伪劣产品"和"优质产品"。乙厂的投资人曾某向参会者进行讲解,介绍所谓的如何识别优劣林产品的方法,声称甲厂生产的"××牌"细工木板经省林产工业产品质量监督检验站鉴定，横向静曲强度不符合 GB/T5849-1999 标准，为质量不合格产品，提醒用户和消费者慎用。[1]

甲厂得知这一情况后，马上派员到推介会现场向乙厂提出异议，双方发生争执，甲厂遂向上杭县工商局投诉。案发后，甲厂向办案机构提供了检测报告证明其产品质量合格。曾某在接受调查时也承认，其散布的"甲厂生产的细工木板产品不合格"之说并无事实依据。

在办案过程中，承办人对乙厂的行为构成商业诋毁行为没有分歧，但对是否还构成虚假商业宣传、应具体适用什么法律条款进行处罚有两种不同的意见：第一种意见认为，乙厂的行为虽然构成商业诋毁行为，但《反不正当竞争法》对此仅有禁止性规定而无处罚性规定，根据《行政处罚法》第3条所规定处罚法定原则，法无明文规定不处罚，所以不应对乙厂实施行政处罚，但可运用行政指导方式予以制止，或告知甲厂通过民事诉讼程序加以解决。第二种意见认为，乙厂的行为不仅构成商业诋毁行为，还构成虚假商业宣传行为，这两种行为在性质上有重合之处。因此，在法律对商业诋毁行为没有规定相应罚则的情况下，可以依据《反不正当竞争法》第9条和第20条第1款的规定以虚假宣传定性处罚。

2. 商业诋毁行为与商业混淆行为也不同。商业混淆行为是指经营者擅自使用他人具有一定影响力的商品名称、包装、装潢等商品标识和营业标识，以欺骗购买者的不正当竞争行为。此种行为与商业诋毁行为的不同之处在于：商业诋毁行为是侵权人故意捏造或散布虚假事实贬低竞争对手的商誉；而商业混淆行为只是客观上损害了经营者的商誉，对经营者商誉的侵害不是侵权人的直接目的。

第二节 商业诋毁行为的构成条件

一、判断标准

《保护工业产权巴黎公约》第10条之二和我国《反不正当竞争法》都将虚假宣传、虚假标示和商业诋毁分开列明，各自作为单独的不正当竞争行为。与前两种行为比较，商业诋毁不强调消费者混淆或误认，其判断的主要标准是竞争者利益的侵害。

---

[1] 载红盾信息网：www.saic.gov.cn，访问日期：2007年5月25日。

构成商业诋毁必须有捏造并散布虚伪的事实的行为。"捏造并散布"来源于《刑法》的诽谤罪。捏造强调无中生有,散布强调公开,至于捏造的事实是否广为人知,知悉者的识别状态等无关紧要。《巴黎公约》的表述是"利用谎言",德国《反不正当竞争法》第14条规定的是"声张或传播无法证实的事实"。不管使用什么样的表述,其实强调两个要件:

1. 信息的公开性。非公开的信息即使是捏造的,也不构成商业诋毁。我国台湾地区曾判决这样一案件:水龙王公司召集有关业者召开"软式透水管制造方法及市场状况"座谈会,会中水龙王公司公开表示另一竞争对手广水公司仿冒并学习山坡公司该类产品的制造方法,并诋毁广水公司产品为不良产品。广水公司诉请法院,请求对其营业信誉受损的损害赔偿。[1]公平交易委员会认为,水龙王公司的行为以征询的形式,且限制在座谈会的范围内,不良影响未扩展到社会,不构成"信誉减损"。

2. 信息所言事实的虚假性。真实的事实描述或性能对比得出的结论也不属于商业诋毁。在一次展示会上,AMD和英特尔双核产品进行现场对比,两款发烧级游戏中,AMD机器上显示都快于英特尔;另外两款游戏中,AMD流畅地演绎,英特尔机则无法执行。AMD服务器人员就此得出结论:只有AMD才是创新的真四核,英特尔只是把两个双核粘在了一起,根本不是四核。该行为因其真实性不构成商业诋毁。

商业诋毁侵害竞争对手的利益。对手包括特定的主体,也包括不特定的主体。例如,一家生产新型无内胆饮水机的厂家通过媒体公开宣称:传统饮水机内的水是反复加热的,饮水机内胆会产生重金属、砷化物等有害物质。国家质检总局经过权威机构检测证实:传统热胆饮水机不会产生有害的"千滚水"。中国家用电器协会同时指出,对于部分厂家将桶装水自身污染、长时间不清洗饮水机可能产生的问题扩大化为全部饮水机问题,是偷换概念、误导消费者的行为,消费者不应轻信。这里的竞争对手包括所有生产有内胆的饮水机生产厂家。

商业诋毁侵害的客体是商誉。商誉反映经营者作为市场竞争参与者的总体商业形象。商誉是一种特殊的无形财产,商誉的内容以财产性利益为主,是经营者在市场竞争中通过长期的诚实经营和创造性劳动逐步获得消费者信任,投资者认可和社会认同而形成的一种无形资产。良好的商誉使企业能够长期稳定健康发展,为企业开拓市场和巩固市场优势

---

[1] 公平交易委员会:(1993年)公诉决字第026号诉愿决定书,载我国台湾地区《公平会公报》第2卷第8期。

地位奠定基础，使经营者在竞争中处于有利地位。不良的商誉往往会使企业经营活动受阻，产品销售不畅，失去交易伙伴，丧失交易机会，甚至使企业陷入瘫痪，倒闭破产。

商业诋毁行为必须是主观上存在故意，对于编造、传播虚假信息或者误导性信息的人均应在主观上具有故意，过失不构成商业诋毁行为。而且侵权人与受害者之间应具有竞争关系，其目的是占领市场，排挤竞争对手。商业诋毁行为可以针对一个竞争对手进行，也可以损害同行业几个商业经营者，有时，虽然侵权人没有指明诋毁对象，但一般同业人员或者消费者可以轻易推知，但无论如何，在侵权人与受害者之间应具有竞争关系。

二、商业诋毁的常用手段

商业诋毁行为的客观方面表现为编造、传播虚假信息或者误导性信息或以其他违背公序良俗的不正当、不合理的方式对特定或不特定的竞争对手进行诋毁、贬低，给其造成一定损害后果或使损害后果成为潜在的可能。对于后者，须潜在的受损害方承担举证责任证明被告的行为如不加制止，必将对自己的商誉造成不可挽回的损失。经营者常用的商业诋毁的方式有比较广告、自我宣传中的贬低他人、虚假投诉。

1. 比较广告。利用比较广告进行商业诋毁或利用新闻媒体编造、传播虚假信息或者误导性信息，损害竞争对手的商业信誉和商品声誉。

比较广告是商业诋毁的常用手段

比较广告分为直接比较与间接比较。直接比较就是直接与所竞争的对手进行质量、服务、性能等比较，突出产品或服务优于对手。例如，百事可乐曾有一则这样的广告：一个小男孩向自动售货机投币，但他的身高不足以碰到百事可乐的按钮，于是他先投币取到两瓶可口可乐，将其踩在脚下，又投币拿到一听百事可乐，然后高兴地离开。间接比较就是与同类不特定对手的产品进行比较，突出自己产品或服务的与众不同。例如，"南孚电池1节等于6节其他电池"。

比较广告的对象，应当是相同的或可类比的产品，比较之处应当具有可比性。

2. 自我宣传中的贬低他人，往往和夸大自己商品的质量同时进行。

3. 虚假投诉。组织或收买他人以顾客或消费者的名义向国家行政机关、消费者协会等部门进行关于竞争对手侵害消费者权益的虚假投诉，从而进行商业诋毁行为。

第三节 商业诋毁行为的法律责任

一、商业诋毁行为的民事责任

商业诋毁行为既是破坏竞争秩序的行为,也是侵犯他人权利的行为,因此,被诋毁的经营者首先可以向人民法院提起诉讼,追究诋毁者的民事责任。依据《反不正当竞争法》第 17 条的规定,诋毁他人商业信誉或商品声誉的经营者给他人造成损害的,应当依法承担民事责任。因不正当竞争行为受到损害的经营者的赔偿数额,按照其因被侵权所受到的实际损失确定;实际损失难以计算的,按照侵权人因侵权所获得的利益确定。赔偿数额还应当包括经营者为制止侵权行为所支付的合理开支。

由于商业诋毁行为是对经营者商誉的侵害,因此,还可以依据《民法总则》和《侵权责任法》的有关规定要求侵权人承担其他类型的民事责任。

二、商业诋毁行为的行政和刑事责任

除民事责任外,法律还为商业诋毁行为规定了行政责任和刑事责任。

(一)行政责任

《反不正当竞争法》第 23 条规定,损害竞争对手商业信誉、商品声誉的,由监督检查部门责令停止违法行为、消除影响,处 10 万元以上 50 万元以下的罚款;情节严重的,处 50 万元以上 300 万元以下的罚款。

(二)刑事责任

我国《刑法》第 221 条规定了损害商誉罪:"捏造并散布虚伪事实,损害他人的商业信誉、商品声誉,给他人造成重大损失或者有其他严重情节的,处 2 年以下有期徒刑或者拘役,并处或者单处罚金。"

□ 小 结

一、商业诋毁的概念

商业诋毁行为,又称商业诽谤行为,是指从事生产、经营活动的市场主体为了占领市

场，针对同类竞争对手，故意编造、传播虚假信息或者误导性信息，损害他人商业信誉和商品声誉，以削弱其市场竞争能力，从而使自己在市场竞争中取得优势地位的行为。

我国法律将商业诋毁的客体表述为商业信誉和商品声誉。二者关系的具体界限可以大致划定为：①只虚假宣传自己的商品而不涉及他人的商品声誉和商业信誉的，只构成虚假宣传行为，而与商业诋毁行为无关；②损害特定竞争对手的商业信誉和商品声誉的行为，构成商业诋毁行为，而不再构成虚假宣传行为；③损害不特定竞争对手的商业信誉和商品声誉的行为，既构成虚假宣传行为，又构成商业诋毁行为，产生法律竞合。

二、商业诋毁行为的构成条件

实施商业诋毁的行为要件——编造、传播虚假信息或者误导性信息；商业诋毁侵害的利益——竞争对手的利益；商业诋毁行为必须是主观上存在故意，而且侵权人与受害者之间应具有竞争关系，其目的是占领市场，排挤竞争对手。

经营者常用的商业诋毁的方式有比较广告、自我宣传中的贬低他人、虚假投诉。

三、商业诋毁的法律责任

由于商业诋毁行为是对于经营者商誉的侵害，因此，还可以依据《民法总则》《侵权责任法》《反不正当竞争法》的有关规定向侵权人追究其他类型的民事责任，即停止侵害、恢复名誉、消除影响、赔礼道歉并可以要求赔偿损失。

2017年修订的《反不正当竞争法》第23条完善了商业诋毁的法律责任，规定损害竞争对手商业信誉、商品声誉的，由监督检查部门责令停止违法行为、消除影响，处10万元以上50万元以下的罚款；情节严重的，处50万元以上300万元以下的罚款。《刑法》第221条规定了损害商誉罪："捏造并散布虚伪事实，损害他人的商业信誉、商品声誉，给他人造成重大损失或者有其他严重情节的，处2年以下有期徒刑或者拘役，并处或者单处罚金。"

□ 练习与思考

一、名词解释

商业诋毁

二、简答题

1. 简述商业诋毁和虚假宣传的区别。
2. 简述商业诋毁和虚假标示行为的区别。

三、案例分析

1999年的普天公司诉北高科公司案中，双方当事人都是生产有源音箱的厂家，普天公司的商标为"狂人"，而北高科公司的商标为"润宝轻骑兵"。1997年普天公司在其产品的外包装上使用了"轻骑兵换代产品"的用语。北高科公司起诉普天公司的行为构成了不正当竞争，经法院调解双方达成协议：普天公司在以后的经营活动中停止使用"轻骑兵换代产品"的用语，并向北高科公司赔偿损失、赔礼道歉。此后，北高科在其网站（网址为 http://www.cnortek.com）的主页上发布消息，称"润宝轻骑兵打假取得重大突破，狂人的无耻做法属于欺骗消费者""普天公司生产的轻骑兵音箱为不合格产品"等。同时，北高科公司还将有关起诉书、调解书制成网页，使用超链接技术与上述主页相链接，进行发布，时间为83天。普天公司认为北高科公司的上述行为对其构成侵权遂向法院起诉。

问题：
1. 北高科公司的行为是否构成商业诋毁？
2. 本案的宣传方式对认定商业诋毁有何影响？

□ 练习与思考答案要点

一、名词解释

商业诋毁行为，又称商业诽谤行为，是指从事生产、经营活动的市场主体为了占领市场，针对同类竞争对手，故意编造、传播虚假信息或者误导性信息，损害其商业信誉和商品声誉，以削弱其市场竞争能力，从而使自己在市场竞争中取得优势地位的行为。

二、简答题

1. 虚假宣传和商业诋毁的性质实质上是一样的，即"通过传播某种信息影响消费者的决定"，只是宣传的对象有差异，即虚假宣传是"对自己的产品或服务进行虚假的或欺骗性的陈述"，商业诋毁则是"对他人的企业、产品、服务或工商业活动散布虚假的信息"。

如果为了宣传或者突出自己的商品或者服务而编造、传播虚假信息或者误导性信息，其行为首先构成了引人误解的或者虚假的宣传，并进一步构成了商业诋毁，此时虚假宣传和商业诋毁发生竞合。法律对虚假宣传与商业诋毁分开规定，可以理解为，虚假宣传是针对公众的宣传，直接侵害的是社会公众；商业诋毁直接侵害了特定的竞争者的商品声誉或者商业信誉，但在贬低不特定竞争对手的情况下，还对公众构成与虚假宣传相同的侵害。

为此，二者关系的具体界限可以为：

（1）只虚假宣传自己的商品而不涉及他人的商品声誉和商业信誉的，只构成虚假宣传行为，而与商业诋毁行为无关。

（2）损害特定竞争对手的商业信誉和商品声誉的行为，构成商业诋毁行为，而不再构成虚假宣传行为。

（3）损害不特定竞争对手的商业信誉和商品声誉的行为，既构成虚假宣传行为，又构成商业诋毁行为，产生法律竞合。

2. 商业诋毁行为与虚假标示行为不同。虚假标示行为是指经营者在商品或其包装的标识上，对商品的质量标志，产地或其他反映商品质量状况的各种因素作不真实的标注，欺骗购买者的不正当竞争行为。此种行为与商业诋毁行为的不同之处在于：商业诋毁行为是侵权人故意编造、传播虚假信息或者误导性贬低竞争对手的商誉；而虚假标示行为只是客观上损害了经营者的商誉，对经营者商誉的侵害不是侵权人的直接目的。

三、案例分析

1. 被告的起诉书和对案件结果的评价，不是对双方争诉的事件和结果进行客观、公正的描述，而是采用捏造事实，且将这种具有明显的贬低原告的虚伪事实，在其网站上与法院的调解书一并发布，在访问被告网站的公众中将可能产生一种误解，即普天公司的产品确实是假冒的质量不合格的产品，已构成商业诋毁。

2. 本案中，被告在因特网上所进行的广告宣传，虽然与传统方式的广告宣传有所区别，但所达到的目的是相同的，即通过捏造、散布原告的产品是"欺骗消费者的、不合格的产品"的虚伪事实，来达到贬低原告的产品和服务、抬高自己、引诱消费者购买其产品的目的。

第十一章

互联网不正当竞争

■学习目的和要求 通过本章学习，要求学生
- 掌握：互联网不正当竞争；互联网不正当竞争立法原因。
- 重点掌握：互联网不正当竞争的三种类型。

第一节 互联网竞争概述

一、互联网概述

互联网是指将两台计算机或者是两台以上的计算机终端、客户端、服务端通过计算机信息技术的手段互相联系起来的计算机网络。互联网的出现是人类通信技术的一次革命，随着计算机的普及应用，互联网已经将世界连接在一起。互联网不仅给人们提供了许多新的即时通信手段，使信息交换更为快捷便利，使人们可以在千里之外通过微信、微博、空间和博客等方式进行交往，而且彻底改变了传统的社交方式，改变了人们的学习、生活和工作方式以及思维习惯，影响着整个经济和社会的运行。在市场和政府双重作用下，中国已经成为全球最大的互联网国家，拥有网民人数最多，普及率超过世界平均水平。互联网在我国的应用已经走向多元化，互

联网经济飞速发展。它一方面对传统行业造成了冲击，迫使传统行业升级改造，与之结合；另一方面，围绕互联网开始一系列市场创新，出现了网络媒体、电子商务、网络广告、互联网金融、网络教育、网络游戏、共享出行、移动支付和大数据等新的业态和市场。随着网络消费和网络经济得到快速增长，我国涌现出一大批利用计算机和网络技术提供产品和服务的企业，中国互联网公司如新浪、搜狐、网易以及百度、阿里巴巴、腾讯、奇虎360、京东等。互联网信息服务业凭借其巨大的技术优势，逐步成为热门行业，中国消费者也越来越依赖互联网获取产品和服务。互联网市场已经成为我国社会主义市场经济中一个重要的组成部分。

二、互联网市场竞争和立法

（一）互联网竞争

互联网资本和经营者的逐利本性决定了互联网市场在发展过程中，不可避免地充斥着"丛林"乱象，出现各种各样的问题。[1]在诸多问题中，不正当竞争是必然存在而且相对突出的一个问题。一方面，一些不法经营者为了获取交易机会，争夺有利竞争地位，在经营活动中利用互联网进行不正当竞争，如抢注或冒用他人域名、不当获取或披露他人商业秘密、通过网络进行虚假宣传和商业诋毁；另一方面，一些从事互联网经营的经营者，利用互联网技术进行不正当竞争，如搜索排名、用户评价、流量劫持、软件外挂、利用他人品牌名称在搜索引擎中进行关键词推广等。近年来，互联网领域先后爆发了"3Q大战"[2]"3B大战"[3]等一系列不正当竞争案例，互联网领域不正当竞争纠纷呈井喷式

---

[1] 卢安文、孔德星：《互联网信息服务业不正当竞争研究综述》，载《重庆邮电大学学报（社会科学版）》2018年第1期。

[2] 奇虎360科技有限公司与腾讯计算机系统有限公司间的纠葛由来已久，被业界形象地称为"3Q大战"。2010年9月27日，360公司发布了其新开发的"隐私保护器"，专门搜集QQ软件是否侵犯用户隐私。随后，腾讯公司立即指出360浏览器涉嫌黄色网站推广。2012年11月3日，腾讯宣布在装有360软件的电脑上停止运行QQ软件，用户必须卸载360软件才可登录QQ，强迫用户二选一。双方为了各自的利益，从2010年到2014年，两家公司上演了一系列互联网之战，并走上了诉讼之路。双方互诉三场，奇虎360已败诉。其中，奇虎360诉腾讯公司垄断案尤为引人注目，2014年10月16日上午，最高人民法院判定：认定腾讯旗下的QQ并不具备市场支配地位，驳回奇虎360的上诉，维持一审法院判决。该判决为互联网领域垄断案树立了司法标杆。

[3] 3B大战是奇虎360公司和腾讯计算机系统有限公司相互争夺搜索引擎市场的一场网络资源纠纷。纠纷始于2012年8月21日，奇虎360公司将360浏览器默认搜索引擎由谷歌正式替换为360自主搜索引擎。2013年4月，北京市第一中级人民法院判决奇虎360公司不正当竞争行为成立，奇虎360公司方面提出上诉。2013年9月，百度公司诉奇虎360公司不正当竞争和商标侵权案二审在北京市高级人民法院再次开庭。2013年12月11日，百度起诉奇虎360公司抄袭百度百科词条一案及百度旗下网站hao123起诉奇虎360公司恶意拦截和篡改其首页的案件同日在北京开庭。2013年12月17日的二审判决书中法院判定，奇虎360公司的行为干扰了网络用户对百度搜索的正常使用，还减少了使用百度搜索框的网络用户对百度搜索结果网页的访问，二审法院维持原判。

增长。仅 2015 年一年，北京市海淀区人民法院就审理了网络的不正当竞争案件 160 起，在所有不正当竞争案件中占比超过了 67%。这充分说明，互联网领域的不正当竞争，已经到了一个非常严重的程度。

(二) 互联网不正当竞争特点和法律修改

互联网领域内的不正当竞争行为不但对互联网企业造成影响，而且对广大消费者的网络消费造成干扰，扰乱了新兴市场的竞争秩序，影响互联网行业的可持续发展。从本质上看，互联网领域的不正当竞争仍然是经营者为了获取交易机会，谋取不正当利益，通过不正当手段进行竞争的行为。区别之处在于：经营者利用了互联网交易形式和传播方式或者相关技术，表现形式更加多种多样，有的完全是互联网领域所特有。

与传统的不正当竞争行为相比，互联网领域的不正当竞争有其自身的特点：

第一，技术性强，行为隐蔽。随着计算机和网络技术的不断创新，为一些经营者利用网络技术进行不正当竞争提供了技术支持，不论是拦截还是不兼容以及破坏其他竞争对手的软件或干扰其提供的服务，都是利用了专业技术，非专业人员很难实施。此外，这些行为通常都隐藏在计算机程序中，非常隐蔽，非专业人员很难识别和判断，即使是专业人员，不通过专业设备或程序检测也很难发现。

第二，传播速度快，波及面广。互联网中的不正当竞争行为，是以网络存在为前提，互联网与传统产业具有诸多不同，具有明显的网络效应。所以，不正当竞争可以在短时间内造成巨大的损害后果。例如，利用互联网编造和传播诋毁他人商誉的行为，会在短时间内广泛传播，其损害程度远远超过了传统媒体时代。

第三，违法成本低廉。互联网不仅为正常的市场交易和信息交流提供了简便的途径，也为不正当竞争和其他不法经营活动提供了方便。例如，传统的获取他人商业秘密的方式往往需要较大的时间和人力成本，互联网则为非法披露和获取他人商业秘密提供了非常便捷的途径和很低的成本，违法成本低廉。

互联网领域出现的新型不正当竞争必然对现行法律提出了挑战。1993 年制定的《反不正当竞争法》因为针对的是传统商业模式下的不正当竞争，面对互联网及其服务领域出现的各种新型的不正当竞争，显得有些滞后。由于缺少有关互联网竞争方面的规定，导致行政执法机构和人民法院执法部门常常束手无策，有时不得不勉强适用《反不正当竞争法》第 2 条的概括性条款进行处理。为此，修改《反不正当竞争法》

就提上了全国人大常委会的立法日程。2017年11月4日，中华人民共和国第十二届全国人民代表大会常务委员会第三十次会议通过了修改《中华人民共和国反不正当竞争法》的决定。2017年修改后的《反不正当竞争法》于2018年1月1日施行。这是1993年《反不正当竞争法》实施后的第一次重大修订，其中一个重要目的就是使之适应互联网时代的市场竞争环境。2017年修改后的《反不正当竞争法》专门对利用网络技术进行不正当竞争进行了专门规制，以适应互联网时代经济发展的需要，促进互联网领域良好秩序的形成，保障互联网市场正常健康运行。

第二节　互联网不正当竞争

互联网不正当竞争是指经营者利用互联网技术手段，通过影响用户选择或者其他方式，妨碍、破坏其他经营者合法提供的网络产品或者服务正常运行的行为。经营者利用网络从事生产经营活动，应当遵守《反不正当竞争法》的规定，不得利用技术手段，通过影响用户选择或者其他方式，实施妨碍、破坏其他经营者合法提供的网络产品或者服务正常运行的行为。

一、互联网不正当竞争行为

（一）强制链接和目标跳转

强制链接和目标跳转是未经其他经营者同意，在其合法提供的网络产品或者服务中，插入链接、强制进行目标跳转的行为。

链接也称超级链接，是在电子计算机程序的各模块之间传递参数和控制命令，并把它们组成一个可执行的整体的过程。它是指从一个网页指向一个目标的连接关系，所指向的目标可以是另一个网页，也可以是相同网页上的不同位置，还可以是图片、电子邮件地址、文件甚至是应用程序。各个网页链接在一起后，才能真正构成一个网站。当浏览者单击已经链接的文字或图片后，链接目标将显示在浏览器上，并且根据目标的类型来打开或运行。在一个网页上，可超链接的文字上的通常是蓝色（当然，用户也可以自己设置成其他颜色），文字下面有一条下划线。当移动鼠标指针到该超链接上时，鼠标指针就会变成一只手的形状，这时候用鼠标左键单击，就可以直接跳到与这个超链接相连接的网页或网站上去。如果用户已经浏览过某个超链接,这个超链接的文本颜色就会发生改变。只有图像的超链接访问后颜色不会发生变化。

作为一种网站推广手段,不同网站经营者之间常常通过协议相互链接对方的网站信息。即分别在自己的网站上放置对方网站的 LOGO 或网站名称,并设置对方网站的超级链接,使得用户可以从合作网站中发现自己的网站,达到互相推广的目的。人们在某一网站上,点击一行字或一张图,会切换到(或弹出)另一个页面,业界通常称其为友情链接。友情链接也称为链接交换、互惠链接、互换链接等,是具有一定资源互补优势的网站之间的简单合作形式。在未经其他经营者同意的情况下,也可以通过各种恶意软件修改浏览器、锁定主页或不停弹出新窗口等方式,强制用户访问某些网站,这就是《反不正当竞争法》所禁止的强制链接和目标跳转。这种行为限制了用户选择浏览和访问的权利,违背了自愿和公平的竞争原则,是一种新型不正当竞争。

(二)诱导、强迫用户停止使用他人产品

在互联网领域,经营者主要是通过向用户提供网络产品(包括服务)获取利益。使用的用户越多,经营者获取的利益就越大,为此,经营者都希望用户使用自己而不使用他人(特别是竞争对手)的产品。用户选择使用或者不使用网络产品,应当取决于产品的性能、质量和用户个人偏好,任何经营者不得强制其使用或者不使用。用户认为不适合自己或性能、质量、用途存在问题的,可以修改、关闭直至卸载,[1]他人不得诱导或者强迫。但是,一些经营者为了取得竞争优势,获取更多利益,在向用户提供网络产品的同时,常常采用不正当的技术手段阻止用户使用其他经营者的产品,包括诱导、强迫使用户修改、关闭、卸载其他经营者合法提供的网络产品。例如,有的公司虽然免费让用户安装其程序,但该程序却强制卸载竞争对手的程序,而且拦截用户再次安装竞争对手的程序;有的公司要求用户在安装自己的产品前,以不兼容和不安全为由要求先卸载其他公司的产品。曾经有一个提供文字输入软件的企业,通过弹出窗口方式,诱导用户在"修复"输入法时删除其他产品在语言栏上的快捷方式等。因此,误导、欺骗、强迫用户修改、关闭、卸载其他经营者合法提供的网络产品或者服务,不仅侵犯了其他经营者

---

[1] 卸载是指从硬盘删除程序文件和文件夹以及从注册表删除相关数据的操作,释放原来占用的磁盘空间并使其软件不再存在于系统中或是从硬盘删除对应的设备驱动程序并删除跟设备驱动有关的注册表信息,然后在从计算机物理设备移除设备。其中主要指从硬盘删除程序文件和文件夹以及从注册表删除相关数据,释放原来占用的磁盘空间并使其软件不再存在于系统中的操作。

的权益，而且侵犯了消费者的自由选择权，扰乱了竞争秩序，具有多重的危害性。为此，2017年《反不正当竞争法》对这种行为进行规制。

（三）恶意不兼容

恶意不兼容是指经营者利用技术手段，故意使其他经营者合法提供的网络产品与自己的产品之间不能同时正常使用的不正当竞争行为。

兼容通常是指某个软件在其他同时运行的软件中，自己能稳定地工作和不出经常性的错误，同时又不影响其他软件的运行。为了方便用户选择和使用，互联网经营者提供的各种网络产品应当与其他经营者提供的产品包括程序软件之间能同时共存，互相兼容。但是，一些经营者为了获取竞争优势，通过技术手段阻止其他经营者的合法产品与自己的产品同时运行，以限制用户的选择。例如，某公司为了阻止用户使用其他经营者开发的视频播放软件，每次电脑启动时都故意通过程序阻止该软件正常启动，并导致该视频播放软件有的功能不能正常使用。通过网络技术故意使其他经营者合法提供的产品与自己的产品不兼容，限制了用户的选择权和其他经营者的公平竞争权，所以应当予以禁止。

此外，除了上述几类利用网络技术不正当竞争外，实践中可能还存在其他妨碍、破坏其他经营者合法提供的网络产品或者服务正常运行的不正当竞争行为，《反不正当竞争法》第12条第2款第4项以概括性条款形式进行了扩展。

二、互联网不正当竞争的法律责任

为了制止互联网领域中的不正当竞争行为，维护互联网市场竞争秩序和合法经营者的合法权益，《反不正当竞争法》为互联网不正当竞争行为规定法律责任。

（一）行政处罚

根据《反不正当竞争法》第24条的规定，经营者违反第12条规定，妨碍、破坏其他经营者合法提供的网络产品或者服务正常运行的，由监督检查部门予以处罚。处罚措施包括：

1. 责令停止违法行为。
2. 罚款。其中一般情节，处10万元以上50万元以下的罚款；情节严重的，处50万元以上300万元以下的罚款。

（二）民事责任

根据《反不正当竞争法》第17条的规定，经营者违反法律规定，给他人造成损害的，应当依法承担民事责任。经营者的合法权益受到不正当竞争行为损害的，可以向人民法院提起诉讼。因不正当竞争行为受到损害的经营者的赔偿数额，按照其因被侵权所受到的实际损失确定；实际损失难以计算的，按照侵权人因侵权所获得的利益确定。赔偿数额还应当包括经营者为制止侵权行为所支付的合理开支。

（三）刑事责任

除了行政处罚和民事责任外，我国《刑法》对利用计算机或网络技术的行为构成犯罪的还规定了刑事责任。互联网不正当竞争涉及犯罪的刑事责任主要与《刑法》第286条相关，包括：①违反国家规定，对计算机信息系统功能进行删除、修改、增加、干扰，造成计算机信息系统不能正常运行，后果严重的，处5年以下有期徒刑或者拘役；后果特别严重的，处5年以上有期徒刑。②违反国家规定，对计算机信息系统中存储、处理或者传输的数据和应用程序进行删除、修改、增加的操作，后果严重的，依照前款的规定处罚。③故意制作、传播计算机病毒等破坏性程序，影响计算机系统正常运行，后果严重的，依照第1款的规定处罚。④单位犯前3款罪的，对单位判处罚金，并对其直接负责的主管人员和其他直接责任人员，依照第1款的规定处罚。

□ 练习与思考

一、名词解释

1. 互联网不正当竞争行为　　　　2. 强制链接

二、简答题

1. 简述恶意不兼容。
2. 简述执法机关有权对互联网不正当竞争的作出何种处罚。

□ 练习与思考答案要点

一、名词解释

1. 互联网不正当竞争是指经营者利用互联网技术手段，通过影响用户选择或者其他方式，妨碍、破坏其他经营者合法提供的网络产品或者服务正常运行的行为。

2. 强制链接和目标跳转是未经其他经营者同意，在其合法提供的网络产品或者服务中，插入链接、强制进行目标跳转的行为，是常见的互联网不正当竞争形式之一。

二、简答题

1. 兼容通常是指某个软件在其他同时运行的软件中，自己能稳定地工作和不出经常性的错误，同时又不影响其他软件的运行。为了方便用户选择和使用，互联网经营者提供的各种网络产品应当与其他经营者提供的产品包括程序软件之间能同时共存，互相兼容。恶意不兼容是指，经营者利用技术手段，故意使其他经营者合法提供的网络产品与自己的产品之间不能同时正常使用的不正当竞争行为。

2. 根据《反不正当竞争法》第24条的规定，经营者违反第12条规定，妨碍、破坏其他经营者合法提供的网络产品或者服务正常运行的，由监督检查部门予以处罚。处罚措施包括：责令停止违法行为；罚款。其中一般情节，处10万元以上50万元以下的罚款；情节严重的，处50万元以上300万元以下的罚款。

第三编
垄断及其法律规制

第十二章

反垄断法概述

■**学习目的和要求**

通过本章教学,要求学生
- 重点掌握:反垄断法立法的必要性;反垄断法的立法目的和基本原则。
- 了解和掌握:反垄断法的立法过程;反垄断法的基本内容框架。

第一节 反垄断法立法概况

一、制定反垄断法的必要性

《中华人民共和国反垄断法》(以下简称《反垄断法》)由中华人民共和国第十届全国人民代表大会常务委员会第二十九次会议于2007年8月30日通过,自2008年8月1日起施行。该法共8章,57条。

制定反垄断法的必要性,可以从国内和国际两方面来认识。

1. 我国国内经济的发展需要反垄断法。随着社会主义市场经济的发展,市场竞争越来越激烈,各式各样的限制竞争行为、垄断行为呈现多样化和上升趋势。例如,部分有竞争关系的经营者之间达成固定价格、划分市场、限制产量、联合抵制交易等形式的垄断协议；一些具有市场支配地位的经营者滥用其市场支配地位，实施垄断价格、掠夺性定价、强制交易、搭售和附加不合理交易条件等行为；企业间的合并收购亦日趋活跃，这些并购在提高产业集中度、增强企业竞争力的同时，已经或者有可能导致市场结构的变化，从而产生或者加强某些企业的市场支配地位，给市场竞争带来潜在的威胁。凡此种种行为直接危害到市场竞争的合理秩序，损害了其他经营者和广大消费者的合法权益，妨碍了全国统一、合理、竞争、有序的市场体系的建立。此外，我国的行政机关和法律、法规授权的具有管理公共事务职能的组织滥用行政权力，排除、限制合理市场竞争的现象还不同程度地存在，对此也应采取相应的措施予以防止和制止。虽然我国价格法、招标投标法、电信条例等相关法律、行政法规中已经有一些防止和制止垄断行为的规定，但是从总体情况来看，这些规定还较为分散，不能完全适应防止和制止经济生活垄断行为的需要。因此，有必要制定一部较为系统、全面的反垄断法，为营造公平、合理、有序的市场竞争环境，促进经济高效、健康、可持续发展，提供法律保障。[1]

2. 从国际环境来看也需要反垄断法。经济全球化已经成为一种潮流和趋势，我国与世界经济的相互联系与影响日益加深。一方面，我国要继续积极、有效、合理地引进和利用外资，提高利用外资的质量和水平；另一方面，也要切实防止和制止外国资本通过企业并购等各种手段在我国市场形成垄断，危害市场竞争，甚至危害我国的国家经济安全。将反垄断法作为实现上述目的的途径之一，是目前各国的普遍做法。同时，许多国家已经把反垄断法作为本国在国际经济竞争中占据有利地位的重要武器，我们国家也需要采取相应的应对之策。而且，制定反垄断法也有利于进一步提升我国的国际形象，作为世界贸易组织的成员国和经济贸易大国，在我国经济迅速发展的同时，法律制度建设，特别是经济法律制度建设，也备受国际社会的广泛关注，而拥有较为完善的反垄断法律制度，也被国际社会视为市场经济的一个重要标志。[2]

制定反垄断法道路曲折。若从1988年第一个起草小组产生算起，可谓"二十年磨一剑"；即便从2002年征求意见稿推出起算，直至2007年8月通过，《反垄断法》的出台也走过了六个春秋，其间曾多次

---

[1] 张穹：《反垄断理论研究》，中国法制出版社2007年版，第78页。
[2] 张穹：《反垄断理论研究》，中国法制出版社2007年版，第79页。

增减。[1]

二、反垄断立法指导思想

鉴于反垄断法的性质、地位和重要作用,其立法必须确立科学合理的立法指导思想。在反垄断法草拟、审查过程中,立法的参与者主要在工作中坚持了四个方面的指导思想:[2]一是坚持"两符合"的原则,即反垄断法的主要制度既要研究借鉴国外的经验,符合国际商业惯例,又要充分考虑中国的发展阶段、发展水平和市场竞争状况,符合中国的实际。二是坚持"两个促进"的原则,即反垄断法的制度设计既要有利于保护和促进市场竞争,维护统一、公平、有序的市场竞争秩序,创造和维护良好的市场竞争环境,又要与我国现行的相关产业政策相协调,有利于促进我国的规模经济的发展,鼓励企业做大做强,提高企业国际竞争力。三是坚持"两个便于"的原则,即反垄断法规定的内容既要做到界限清楚、概念明确、言简意赅、便于操作,又要照顾到经济活动的多样性、多变性、复杂性,在制度的设计上留有一定的弹性,便于今后的适时调整。[3]四是反垄断法必须起到维护国家经济运行健康有序的作用,这是世界各国特别是发达国家普遍奉行的原则。一方面,制定反垄断法应当鼓励有利于经济发展、有利于市场竞争、有利于保护消费者权益的企业并购;另一方面,也要坚决保护关系国家利益、关系国计民生的产品和市场的竞争格局,特别是坚决反对以获取垄断利益为目的的恶意并购。

三、反垄断法的性质和特点

反垄断法律制度是中国特色社会主义法律体系中的重要组成部分。作为市场经济的基础性法律制度,反垄断法与反不正当竞争法一同构成我国竞争法体系的框架。

(一)反垄断法的性质

反垄断法是经济法的核心制度,自诞生之日起,便对垄断状态保持高度警惕,对滥用垄断地位的行为予以禁止。这种对市场主体之间竞争

---

[1] 参见时建中:"反垄断立法中的几次'减法'",载《新京报》2007年8月30日。
[2] 参见张穹:《反垄断理论研究》,中国法制出版社2007年版,第81~83页。
[3] 从世界各国反垄断立法和执法的发展经验看,不同国家在不同时期,针对不同情况,会对反垄断立法和执法的重点和尺度进行调整,如德国《卡特尔法》1947年颁布至今已修改了7次,日本《反垄断法》也经历了多次修改,俄罗斯的《竞争法》虽然颁布较晚,也经历了一次大的修改。

关系的直接调整（如裁定垄断协议无效）、对垄断企业行为的规制（如拆分垄断企业），实质上是国家公权力对私人经济领域的主动介入。在赋予反垄断执法机构行政执法权、运用强制手段实施反垄断法和制止垄断行为的同时，反垄断法并不排除私法救济的途径，甚至还以多倍赔偿为诱因，鼓励垄断行为的受害者提起赔偿之诉。如美国反托拉斯法规定了3倍损害赔偿的制度，我国台湾地区"公平交易法"也规定垄断行为的受害人可以要求多倍赔偿，这种不同于纯"公法"或者纯"私法"的规定，恰恰体现了经济法"又公又私""非公非私"的特性。[1]

反垄断法既规范影响市场结构的行为，又规范具体限制竞争行为。如前所述，反垄断法是市场竞争的基本法，这一地位决定了反垄断法必须对市场竞争中的垄断和限制竞争行为加以关注；为实现反垄断法既维护自由竞争，又必须保证竞争的公平有序，反垄断法对可能损害市场结构的企业合并、卡特尔协议等行为及搭售、价格歧视、独家交易等限制竞争行为一并予以规制。

（二）反垄断法的特点

1. 反垄断法主要是成文法。无论英美法系国家还是大陆法系国家，其反垄断法都是以成文法为基础的。即使是美国、英国等具有判例法传统的国家，其反垄断法也表现为成文法的形式，其判例是在成文法的基础上发展起来的。大陆法系国家毫无疑问是以法典化的反垄断法作为其表现形式的。[2]

2. 反垄断法实体规范具有高度的原则性和抽象性。由于经济生活本身的复杂性，以及反垄断政策时时受到产业政策的制约，反垄断法的条款一般比较原则。我国的《反垄断法》仅有57条，而实体规范主要集中在四种被禁止的行为；但是执法机构实施反垄断法需要对经济活动进行审批、判断甚至处罚，又必须有具体的标准。这种矛盾通常在个案中表现突出，从而给法官较大的裁量权。[3]

3. 反垄断执法机关由反垄断法直接设定。绝大多数国家在反垄断法中直接规定设立反垄断执法机关，并明确其法律地位、人员构成、职权和保障等组织制度。例如，美国《联邦贸易委员会法》直接创设联邦贸易委员会负责实施反托拉斯法；德国《反限制竞争法》明确设立联邦卡

---

[1] 史际春、孙虹："论'大民事'"，载《政法论坛》2001年第4期。
[2] "反垄断法的特点"，载商务部网站，http://tfs.mofcom.gov.cn/aarticle/dzgg/gwyxx/200504/20050400081089.html，最后访问日期：2008年7月12日。
[3] 史际春等：《反垄断法理解与适用》，中国法制出版社2007年版，第2页。

特尔局负责实施该法，同时设立反垄断委员会作为反垄断的咨询机构；俄罗斯《反垄断法》规定联邦反垄断局负责实施该法；我国台湾地区"公平交易法"规定设立公平交易委员会负责反垄断执法等。

4. 反垄断法是实体法与程序法的结合。各国反垄断立法模式虽然不同，但是有一个共同点，即反垄断法集实体法与程序法于一身，甚至有关程序的条文在反垄断法中占有相当的篇幅。这是因为对损害竞争案件的查处，需要特定的程序和方法，实体与程序一起规定，有利于反垄断法的实施。此外，反垄断执法机关不同于一般的行政机关和司法机关，其权限及办案规则与程序等必须在专门的法律中予以明确。

第二节 反垄断法的主要内容

一、反垄断法的立法目的

《反垄断法》的第1条是有关立法目的的阐释："为了预防和制止垄断行为，保护市场公平竞争，提高经济运行效率，维护消费者利益和社会公共利益，促进社会主义市场经济健康发展，制定本法。"从中可以看出，"为了预防和制止垄断行为，保护市场公平竞争，提高经济运行效率"是其直接目的；"维护消费者利益和社会公共利益，促进社会主义市场经济健康发展"是其根本目的。这样理解使得《反垄断法》和与其功能相近的《反不正当竞争法》《消费者权益保护法》的联系与区别清晰可辨。

二、反垄断法的调整对象与适用范围

1. 反垄断法的调整对象。反垄断法调整的法律关系首先且主要是经营者之间的竞争关系，因此必须对经营者作出定义。《反垄断法》第12条指出："本法所称经营者，是指从事商品生产、经营或者提供服务的自然人、法人和其他组织。"而经营者之间的竞争关系，主要存在于相关市场之中，对相关市场，《反垄断法》第12条将其定义为"经营者在一定时期内就特定商品或者服务（以下统称商品）进行竞争的商品范围和地域范围"。

由于反垄断法具有公法因素，在对经营者之间的竞争关系进行调整时，执法机构及其工作人员必然与经营者之间产生监督管理关系，此类关系亦属于反垄断法的调整对象。所以，涉及行政执法的执法机构在监

督管理经营者市场竞争行为时形成的法律关系,也受反垄断法的调整。

由经营者组成的行业协会组织,虽然不能等同于作为其成员的经营者本身,但是此类组织的决定、决议或者行为必然会对其成员或者其他行业协会、甚至消费者产生各种各样的影响;当行业协会的活动涉及竞争时,与相关主体之间产生的社会关系亦由该法调整。反垄断法要求行业协会加强行业自律,引导本行业的经营者依法竞争,维护市场竞争秩序。《反垄断法》第16条明确指出:"行业协会不得组织本行业的经营者从事本章禁止的垄断行为。"

2. 反垄断法的适用范围。

(1) 关于适用的行业领域。一方面,反垄断法将所有行业、企业原则上都纳入了适用范围,没有规定特定行业的整体适用除外。这主要是考虑到,当前各国反垄断法发展的趋势是不规定某个行业的整体适用除外,只是对某些特定行为给予豁免。我国反垄断法应当顺应这种趋势。同时,我国垄断行业和领域的改革正在进行,引入竞争机制是改革的目标之一。因此,将垄断行业和领域纳入反垄断法的调整范围,条件基本具备,也有利于促进改革的进一步深入。另一方面,反垄断法不反对垄断行业、垄断企业的存在。主要考虑到:

第一,符合国际上反垄断法的通行做法。早期的反垄断法认为,一些行业,如电力、电信、铁路、航空等,不具备开展竞争的条件,属于自然垄断行业,应当由国家通过管制来保证其正常经营,不属于反垄断法的调整范围。随着技术的发展进步,原来被认为属于自然垄断的行业已经越来越多地具备或者部分具备竞争条件。因此,目前完全不属于反垄断法调整的行业、企业已经越来越少。但与此同时,各国反垄断法对垄断的规制,也从既规制垄断状态又规制垄断行为,发展到主要规制垄断行为。目前大多数国家的反垄断法并不认为单纯的垄断状态本身是违法的。因此,我国反垄断法明确规定适用于经济活动中的垄断行为,是不反对垄断企业本身存在的,这与国际上反垄断法的通行做法是一致的。

第二,符合我国的实际情况。目前我国垄断行业、企业的存在,大体上有四种原因:①有些行业本身就具有自然垄断的属性,如电信、电力、铁路等;②历史原因,是计划经济体制的结果,如石油行业等;③属于法定垄断,如烟草行业等;④属于国民经济命脉的企业。

(2) 关于适用的空间领域。反垄断法作为内国法,适用于在中华人民共和国境内从事的经济活动中的垄断行为自不待言;但是考虑到随着经济全球化的发展,经济活动(特别是大型企业的垄断行为)的影响并不限于一国境内，为此，《反垄断法》第2条进一步明确："中华人民共和国境外的垄断行为，对境内市场竞争产生排除、限制影响的，适用本法。"这一规定是在参考了许多国家的竞争法之后做出的符合国际惯例的选择。

三、反垄断法的立法原则

根据《反垄断法》第一章总则的相关规定，我国反垄断法的立法原则可以从以下几方面理解：

1. 建立和健全统一、开放、竞争、有序的市场体系。这就是反垄断法所奉行的垄断力量本身并不违法、反垄断法抑制垄断并不消灭垄断的理念。

2. 国家保护经营者的经济自由权与监管和调控经营者的反竞争行为相结合。《反垄断法》第5条规定："经营者可以通过公平竞争、自愿联合，依法实施集中，扩大经营规模，提高市场竞争能力。"同时，反对以获取垄断利益为目的的恶意并购。通过反垄断法的制定和实施，要能够及时发现并有效制止排除、限制竞争，甚至损害国家经济运行安全的并购行为。

3. 结合我国实际，延续反不正当竞争法的思路，对具有行政垄断性质的反竞争行为进行规制。《反垄断法》第8条规定："行政机关和法律、法规授权的具有管理公共事务职能的组织不得滥用行政权力，排除、限制竞争。"

四、反垄断法的主要内容

（一）实体性内容

1. 禁止的垄断行为。反垄断法禁止的垄断行为有经济垄断：①经营者达成垄断协议；②经营者滥用市场支配地位；③具有或者可能具有排除、限制竞争效果的经营者集中；④同时对行政性垄断一并予以禁止。

2. 适用除外规定。考虑到经济行为的复杂性，《反垄断法》对在某些情形下经营者达成的协议作出了免于适用该法的规定。这些情形在《反垄断法》第15条中有所列举：①为改进技术、研究开发新产品的；②为提高产品质量、降低成本、增进效率，统一产品规格、标准或者实行专业化分工的；③为提高中小经营者经营效率，增强中小经营者竞争力的；④为实现节约能源、保护环境、救灾救助等社会公共利益的；⑤因经济不景气，为缓解销售量严重下降或者生产明显过剩的；⑥为保障对外贸易和对外经济合作中的正当利益的;⑦法律和国务院规定的其他情形。但是对于第①项至第⑤项的情形,经营者还应当证明所达成的协议不会严重限制相关市场的竞争,并且能够使消费者分享由此产生的利益。

前已述及,反垄断法是维护正当竞争的法,它所规范的重心在于反竞争的垄断行为而非垄断状态。同时,为了促进科技进步、保护幼稚产业或者弱势团体,维护全体或者长远的社会公共利益,对于某些领域、某些行业,还需承认、维持某种垄断。我国反垄断法秉持上述理念,同时借鉴国外立法经验,对不适用反垄断法的领域及行业作出了规定。

(1) 行使知识产权行为。知识产权法为了鼓励创新,对发明创造的权利人给予一定期限的垄断特权。知识产权的权利人行使知识产权的行为,表面上看与反垄断法禁止的行为近似,实则恰恰是促进科技进步必须予以保护的合法行为。为避免法律之间的冲突,我国《反垄断法》第55条规定:"经营者依照有关知识产权的法律、行政法规规定行使知识产权的行为,不适用本法;但是,经营者滥用知识产权,排除、限制竞争的行为,适用本法。"

(2) 农业生产者及农村经济组织的联合。我国《反垄断法》第56条规定:"农业生产者及农村经济组织在农产品生产、加工、销售、运输、储存等经营活动中实施的联合或者协同行为,不适用本法。"对于农业生产者及农村经济组织从事农产品的生产经营活动给予特别保护,免于反垄断法的规制,不仅有利于疏导农业生产风险,促进我国农业的规模化经营,同时也是符合国际惯例的。

(二) 程序性内容

1. 反垄断法实施机构。在立法过程中,关于反垄断法机构如何设置以及如何进行职权分工,曾经有过详细和充分的,同时也是激烈的讨论。主要有三种模式供选择:①在国务院序列中设置一个独立、权威的反垄断机构,统一负责反垄断法的实施。持这种意见的主要是研究机构和专家学者。②不设新的机构,将反垄断执法职能统一由国务院现有的一个部门承担。③不设立统一的反垄断机构,维持当时既有的职能分工,由各有关部门各司其职,共同负责反垄断执法。

从当时实际情况考虑,上述三种模式各有利弊。第一种模式,即专门设立一个独立反垄断机构,有利于保证反垄断执法的独立性、专业性和权威性,但新设机构的行政成本较大,既不利于发挥现有部门的作用,又有碍于今后的机构改革。第二种模式,即明确一个部门作为反垄断机构统一负责反垄断执法,有利于反垄断法律制度统一、平衡和稳定的实施,但在当时的体制下,这种模式也涉及较大的职能调整,有关部门的意见分歧较大。第三种模式,即由各有关部门各司其职,负责本领域的反垄断执法工作,大体上维持了当时国务院机构设置和职能分工的现状,不需要做大的调整,有利于利用既有的行政资源,发挥各部门的作用,阻力较小。因此,在2007年《反垄断法》草案审议过程中,这种方案得到多数行业部门的支持。

除了《反垄断法》外,我国还有多部法律、行政法规都涉及反垄断的内容,例如,《价格法》中规定了禁止固定价格、掠夺性定价等内容;《反不正当竞争法》规定了禁止强制交易、差别待遇、搭售以及行政性垄断等;《对外贸易法》中作出了不得在对外贸易活动中实施垄断行为的规定;《电信条例》中规定了禁止差别待遇、禁止拒绝进入网络等内容。这些法律、行政法规当时是按照现行各有关部门的职能分工实施的,包括国家和地方发改委、商务、工商行政管理、物价等部门,以及国家信息产业部、民航总局和银监会等有关行业监管机构。分散又有所交叉的执法管理模式,其利弊清晰可见,进一步增加了《反垄断法》实施的复杂性。

考虑到无论从现实角度,还是基于长远需要,反垄断法作为市场经济的基础性法律规范,作为国家干预经济活动的重要政策工具,我国必须保证反垄断执法工作的统一性、公正性和权威性。特别是反垄断执法涉及经济、法律、社会等多个方面,是一项复杂的系统工程,具有极强的专业性,有必要设立一个专门的委员会。因此,2007年通过的《反垄断法》最终形成了具有中国特色的反垄断实施机构。《反垄断法》第10条第1款规定:"国务院规定的承担反垄断执法职责的机构(以下统称国务院反垄断执法机构)依照本法规定,负责反垄断执法工作。"并对执法程序作了规定。第10条第2款指出:"国务院反垄断执法机构根据工作需要,可以授权省、自治区、直辖市人民政府相应的机构,依照本法规定负责有关反垄断执法工作。"同时,国务院设立反垄断委员会,负责组织、协调、指导反垄断工作,其主要职责是:①研究拟订有关竞争政策;②组织调查、评估市场总体竞争状况,发布评估报告;③制定、发布反垄断指南;④协调反垄断行政执法工作;⑤国务院规定的其他职责。

2018年3月,根据第十三届全国人民代表大会第一次会议通过的《关于国务院机构改革方案的决定》,我国在原国家工商总局的基础上,组建国家市场监督管理总局,将国家发展和改革委员会的价格监督检查与反垄断执法职责，商务部的经营者集中反垄断执法以及国务院反垄断委员会办公室等职责整合进该总局，从而结束了分散执法的局面，至此，国家市场监督管理总局成为统一执行反垄断法的机关。

2. 执法程序。作为法治国家，我国的反垄断执法机构必须严格按照法定程序开展执法活动。根据《反垄断法》的相关条文，该类程序由两部分组成：①执法机构的调查程序，主要包括调查的启动、调查的措施、调查者与被调查者的义务以及调查的中止和恢复等内容；②行政审理程序，是指反垄断执法机构在被调查的经营者、利害关系人以及其他有关单位或者个人的参与下，依法对涉嫌垄断行为的案件进行调查、分析、认定并作出相应裁决的活动的总称。

□ 小　结

本章对我国《反垄断法》的产生和制定作了简要的梳理，指出该法是顺应市场经济发展需要的、深思熟虑的产物；同时对《反垄断法》第一章涉及的主要内容做了概括性阐释，使我们对该法的立法目的、适用范围、执法机构等有了初步的、全局性的把握。

□ 思考题

1. 《反垄断法》的立法目的是什么？
2. 《反垄断法》是否适用我国境外的垄断行为？为什么？

□ 参考答案要点

1. 我国《反垄断法》的立法目的体现在该法第1条的规定中。直接目的是"预防和制止垄断行为，保护市场公平竞争，提高经济运行效率"；而"维护消费者利益和社会公共利益，促进社会主义市场经济健康发展"是其根本目的。

2. 根据《反垄断法》第2条的规定，该法不仅适用于在中华人民共和国境内经济活动中从事的垄断行为；同时适用于发生在中华人民共和国境外的垄断行为，对境内市场竞争产生排除、限制影响的垄断行为。这一规定是在参考了许多国家的竞争法之后做出的符合国际惯例的选择。

第十三章

垄断协议

■ **学习目的和要求**

通过本章学习，要求学生
- 重点掌握：垄断协议的概念；垄断协议的特点；横向垄断协议；纵向垄断协议；垄断协议的法律责任。
- 掌握：垄断协议的表现形式；行业协会限制竞争行为。

第一节 垄断协议的概念和特点

一、垄断协议的概念

（一）垄断协议的含义

垄断协议是指两个或两个以上的行为人以协议、决议或其他联合方式实施的限制竞争行为。在市场经济条件下，垄断协议广泛地存在于经济生活的各个阶段和各个方面，与滥用市场支配地位、经营者集中等垄断行为相比较，表现出发生量大、涉及面广、对市场影响速度快等特点，对有效竞争的破坏具有普遍性和持续性。正因如此，垄断协议控制制度被看作反垄断法的三大支柱制度之一。

> 反垄断法的三大支柱制度是：垄断协议控制制度、滥用市场支配地位控制制度和经营者集中控制制度

对垄断协议最常用的表述方法之一是"卡特尔"（Kartell）。卡特尔属音译词，其本义是指"协议"或"同盟"。它主要是欧洲国家，尤其是德国竞争法中对限制竞争协议的惯用语，同时，也为许多国家的反垄断法广泛使用。但垄断协议与卡特尔并非完全对应关系。这是因为卡特尔在不同国家或不同反垄断法中其含义并不统一，有以下三种情况：①从主体间的关系看，有的仅指具有竞争关系的企业之间限制竞争的协议，即仅指横向协议，有的则既包括横向协议，又包括纵向协议；②从协议的形式看，有的仅指明示和正式协议，有的则指包括明示、默示在内的各种正式或非正式协议；③从协议内容所涉及的范围看，有的仅指当事人之间的合同或协议，有的则既包括合同、协议，也包括团体的决议及协调一致的行为等。而垄断协议作为以"合意"的方式限制竞争行为的通称，对其一般应作最广义的理解：它既包括横向协议，也包括纵向协议；既包括明示协议，也包括默示协议；既包括正式协议，也包括各种非正式协议；既包括当事人之间的合同或协议，也包括企业团体的决议及行为人协调一致的行动。

（二）垄断协议在理论上的界定

在理论上，垄断协议常被称作"反竞争的协议""卡特尔""共谋""联合行为"等。《布莱克法律辞典》对卡特尔的界定是："任何产品的生产者联合起来（join together）控制其生产、销售、价格以及在任何特定的行业或者商品中获取独占的一种联合。其主要存在于欧洲，在美国受反托拉斯法的限制。"[1]经合组织（OECD）对卡特尔与"共谋"进行了区分，对卡特尔的界定是："卡特尔是一种在寡占中行业之间的正式协议。卡特尔成员参与诸如价格、工业总产量、市场份额、客户的分配、地域划分、串通投标、确定共同的销售机构以及划分利润或者这些事项的集合。这种广义上的卡特尔与'明示的'共谋形式是同义的。卡特尔是为成员的利益而形成的。'合作'寡占理论为分析卡特尔的形成和经济效果提供了基础。一般而言，卡特尔或者卡特尔行为试图仿效独占，通过限制产量、提高价格以获取利润。"[2]对"共谋"的界定是："共谋是指销售者之间提高或者固定价格以及减少产量以增加利润的联合、密谋或者协议。与卡特尔一词不同，共谋并不必然要求成员之间有

---

[1] *Black's Law Dictionary*, 5th ed., West Publishing Co., 1979, p. 195.
[2] OECD Centre for Co-operation with the European Economics in Transition, *Glossary of Industrial Organization Economics and Competition Law*, pp. 19~20.

正式的协议，不管是公开的，还是私下的。但是，应当注意的是，共谋和卡特尔的经济后果是不同的，并且常常是交叉使用。"[1]

在我国，理论界对垄断协议含义的探讨还相当薄弱，在有限的反垄断著作及文章中，对垄断协议的界定大体都与介绍国外的相应制度有关。有的学者曾使用了"联合限制竞争"的概念，并将其界定为"两个或两个以上的市场主体以协议的方式排斥、限制或妨碍竞争的行为"，认为联合限制竞争在理论上分为纵向联合限制和横向联合限制。[2]有学者使用了"限制竞争协议"的概念，认为"限制竞争协议是指两个或者两个以上的行为人以协议、决议或者其他联合方式实施的限制竞争行为"，并指出："对限制竞争协议的禁止性规定是反垄断法的支柱内容之一。而且，从现实发生的垄断行为来看，限制竞争协议是居第一位的，即其实际发生的数量和执法机关查处的数量都远远高于其他垄断行为。"[3]还有学者使用了"卡特尔"的概念，并将卡特尔界定为"企业之间为了控制其产品的生产、销售和价格而在特定的行业和商品中取得垄断的一种协议，有价格协议、市场范围协议、联合抵制协议等"，认为卡特尔仅指横向限制竞争协议，在逻辑上与纵向限制竞争协议相并列。[4]2007年8月我国颁布的《反垄断法》将这类行为称为"垄断协议"，为了与立法保持一致，本书亦使用"垄断协议"这一术语。

（三）垄断协议在立法实践中的界定

不同国家的反垄断立法及有关法律文献对垄断协议概念的界定不尽相同，但其中的共性还是显而易见的。日本《禁止垄断法》将垄断协议称为"不正当交易限制"；意大利《竞争和公平交易法》第2条将垄断协议表述为"限制竞争自由的协议"，它包括"行为人之间的合意和协同行为以及联合体、企业协会和其他类似组织的决议"；美国《谢尔曼法》第1条中规定"任何以托拉斯或其他方式限制州际贸易或对外贸易的合同、联合或共谋为非法"；美国联邦贸易委员会和司法部联合公布的《关于竞争者之间联合行为的反托拉斯指南》将垄断协议正式称为"联合行为"，并将该指南中的"竞争者联合行为"界定为"包括竞争者之间实施经济活动的除结合以外的一个或者多个协议"；德国2005年

德国《反限制竞争法》2005年修改之前，将竞争者之间的协议称为卡特尔，将交易者之间的协议称为纵向协议，并分别确定法律原则

---

[1] OECD Centre for Co-operation With the European Economics in Transition, *Glossary of Industrial Organization Economics and Competition Law*, p. 21.
[2] 种明钊：《竞争法》，法律出版社1997年版，第308页。
[3] 孔祥俊：《反垄断法原理》，中国法制出版社2001年版，第298页。
[4] 戴奎生：《竞争法研究》，中国大百科全书出版社1993年版，第42、45页。

修改的《反限制竞争法》将垄断协议概称为"限制竞争协议";我国台湾地区的"公平交易法"将垄断协议称为"联合行为",其第7条第1款规定:"本法所称联合行为,谓事业以契约、协议或其他方式之合意;与有竞争关系之他事业共同决定商品或服务之价格,或限制数量、技术、产品、设备、交易对象、交易地区等,相互约束事业活动之行为而言。"我国《反垄断法》第13条第2款规定:"本法所称垄断协议,是指排除、限制竞争的协议、决定或者其他协同行为。"

二、垄断协议的特点

(一)行为人由多个独立主体构成

垄断协议必须发生在两个或两个以上的经营者之间,具有"多个主体共同行为"的特征,从而与由单个经营者所实施的市场垄断行为如滥用市场支配地位等区别开来。同时,法律还强调参加联合的主体应在事实上具有独立性的主体,即要求联合者在事实上具有独立决策能力。如果仅在法律上属独立主体,具有权利能力和行为能力,但在事实上不具有独立的经济决策能力,则不能认定为限制竞争行为的联合主体。如母公司与其全资子公司虽然在法律上各自都为独立的主体,但事实上子公司完全听命于母公司,没有独立的决策权,包括没有独立的实施联合行为的决策权,则子公司不具有"联合"的主体资格。这使得垄断协议与以主体资格消灭、减弱或行为被控制为特点的经营者集中(企业结合)行为区别开来。

> 垄断协议的主体构成特点使其与滥用市场支配地位和经营者集中明显区别开来

(二)行为人之间存在通谋或协调

垄断协议是由复数主体共同实施的行为,其以行为人之间存在通谋或协调为特征。这种通谋或协调,可以表现在具有各方合意的协议中,也可以表现在集中团体复数成员意思表示的企业团体决定或决议中,还可由行为人之间各种具体的协同行为来体现。同时,行为人之间通谋或协调的内容是有关限制、排斥或妨碍市场竞争方面的事宜,可以表现为以通谋或协调避免相互之间的竞争,也可以表现为以通谋或协调,消除或减弱与第三方之间的竞争。但没有通谋、协调,或者通谋协调的内容对竞争不存在有害影响的,则不属于垄断协议。

(三)垄断协议的实施往往需要一定的环境或条件

垄断协议是在行为人法律地位不变的情况下,为扩大市场影响力、掌握市场信息、减轻彼此的竞争压力等所进行的各种联合。由于各个行为人在市场中所面对的内外条件不同，相互之间的信任程度也存在较大的差别，并非在任何环境和条件下行为人都可能实现联合行为，即使进行联合，有时因客观条件的制约也未必能达到预期的效果。从经济学的角度来看，在下列情况下可能达成限制竞争的联合，尤其是横向的联合。

1. 较高的市场集中度。在完全竞争的市场条件下，由于厂商众多，各个厂商的市场占有率很低，其相互之间从事联合行为的可能性很小。在垄断竞争的市场条件下，由于存在着若干处于市场支配地位的厂商，当彼此之间的产品没有显著的差异性时，为避免竞争的风险，他们便很可能实施垄断协议。一旦进行联合，就可能从垄断竞争转换成紧密的寡占局面。因而，当市场集中度较高时，经营者统一价格、分割市场的可能性就更大。

2. 类似的成本结构。如果企业之间的成本结构差别较大，彼此之间进行联合的可能性则较小。因为生产成本较低的企业的价格竞争能力较强，参加联合的积极性就不会高。如果相互之间的成本结构和水准差别不大，企业为避免价格或非价格竞争，就可能实施联合行为。

3. 具有进入市场的障碍。一方面，在存在进入障碍的情况下，已处于该市场的企业因为不存在新竞争者进入市场的压力就可能通过联合行为提高价格、获取共同的利润；另一方面，已处于该市场的生产者大多已具有相当的经营绩效，商品价格已很低，它们可以通过低价位联合，形成进入市场的低价位障碍，阻止新进入者与之竞争。

4. 类似的经营理念。企业具有类似的经营理念时，往往较容易就联合事宜达成一致意见，为了共同的利益，很容易形成限制竞争的联合。

第二节 垄断协议的表现形式和分类规制

一、垄断协议的表现形式

垄断协议的表现形式，即限制竞争行为人实施联合行为的具体方式。从各国反垄断法的一般规定来看，其主要包括企业间限制竞争的合同或协议、企业团体的决议和企业间的协同行为三种。

(一) 企业间限制竞争的合同或协议

对企业间限制竞争的合同或协议的理解,在以下两个方面予以特别注意:

1. 合同和协议的含义宽泛而富有弹性。一般而言,"合同"和"协议"在基本含义上是一致的,均表示主体之间有合意。但具体而言,二者之间有时又存在差异,尤其是具体法律中的"合同",往往有特定的要求和确切的含义;而协议则常常会有极为宽泛的内容,其含义有时比合同宽,其形式有时比合同灵活。如不符合法定合同要件的"君子协议",它属于协议范畴,但未必是合同。同样,在反垄断法上,作为垄断协议表现形式的合同与协议,并不是完全等同的概念。从各国立法上看,有的"协议"所包括的含义比合同宽泛,有的协议则是指合同之外的合意。反垄断法之所以同时并列使用"合同"和"协议"两个概念,是为了完全涵盖应当禁止的各种限制竞争的约定形式,因此倾向于对"合同"和"协议"作极为宽泛和富于弹性的解释,各种限制竞争的"君子协议"、销售商品的标准条款等均属于此类合同或协议范畴,甚至只要证明一方当事人自愿"限制其在与另一方进行活动中的自由",即可认定二者之间存在合同或协议。反垄断法禁止合同与协议这些约定的依据是其限制了竞争,无论这些约定的条款是否达到了合同的程度,只要采取了约定的方式并在后果上具有限制竞争性,就属于反垄断法上的限制竞争合同或协议,就应当予以法律规制。

2. 具有从属关系的主体间的合同或协议会被排除。具有从属关系的主体之间的合同或协议,在反垄断法上会被排除在联合限制竞争的合同或协议之外。如欧盟竞争法认为,代理商与被代理商之间、母公司与全资子公司之间以及其他各种具有控制与被控制关系的公司之间,因具有从属关系而被认为属于一个"经济实体",相互之间不存在独立企业间的竞争关系,其相互之间的合同或协议行为不属于垄断协议。美国1977年颁布的《反托拉斯的国际指南》规定,母公司在不排挤第三者的情况下可以通过合同或协议对其完全控制的子公司划分地域或固定价格,其行为不受《谢尔曼法》约束。

> 这种处理有从属关系的主体间的合同或协议的理论,被称为欧盟竞争法中的"统一经济实体理论"

(二) 企业团体的决议

企业团体的决议,是指由同行业的企业联合组织或者同职业的人士共同成立的联合组织等企业团体所作出的反映协会成员意愿的决定。企业团体决议本身是行为人通过团体的形式所形成的集体意思,并在团体

> 各类行业协会的决议是实践中最常见的企业团体决议

中间执行。因此,决议虽然通常是以一个法律主体(如行业协会)的名义作出的,但在形式的背后却是团体成员复数意思表示的产物。它集中反映了团体成员的共同合意,在性质和后果上相当于成员之间的协议。这正是反垄断法将其纳入到垄断协议范畴予以规制的原因。对企业团体的决议特别需要研究两个问题:一是企业团体的形式;二是决议的形式。

1. 企业团体的形式。企业团体的形式复杂多样,包括各种形式的企业行会、商会、协会、企业联合体、专业联合会等。各国的反垄断法对企业团体的形式一般不作特殊要求,各种农业合作组织、无法人资格的协会、非营利性的协会、松散的企业联合体、职业人士的协会和商会的协会以及受政府委托行使某些公权力并由政府任命其领导成员的协会组织,都可以成为企业团体决议的主体,如果这些团体代表其成员发布决定、决议,并因此限制了竞争,即可构成企业团体决议这一类垄断协议。

2. 决议的形式。企业团体的决议是企业团体在进行具体活动过程中作出的,其形式灵活并具有多样性,企业团体的章程或章程中的任何条款、依据章程所制定的各种纪律、规章或其他规则,企业团体组织或其成员就各种事务所作出的决定、决议、提出的各种正式或非正式的建议以及实现团体成员间联络的信息交换协议或标准合同等,均属于企业团体决议的范畴,如果它们产生了损害竞争的后果,即属于反垄断法规制之列。

(三)企业间的协同行为

在反垄断法中,企业间的协同行为是企业之间协同一致的经营行为的简称,泛指企业之间在没有合同或协议的情况下,以事实上协调一致的共同行为共谋避免竞争的各种活动。它涵盖了企业间限制竞争的合同或协议和企业团体决议所未能包括的其他一切具有通谋性质的垄断协议。反垄断法之所以规定这种外延非常广泛的垄断协议方式,表明了立法者坚决堵塞法律漏洞、避免各种危害竞争的联合行为逃离法网的意图。因此,企业间的协同行为是垄断协议中极具包容性的一种形式,其内涵丰富而又富有弹性。

企业间的协同行为具有三个主要特征:一是行为人之间有联合限制竞争的共同计划;二是行为人在共同实施限制竞争计划方面有通谋;三是参与协同行为的企业为实现限制竞争的共同计划而以协同活动或合作行为代替自己的独立行为。总之,只要一个独立企业明知并且自行地根据其他企业的愿望和行为来调整自己的经营行为从而产生损害竞争后果的,即可构成"协同行为"这种垄断协议。例如,几家经营同类产品的厂商为避免相互之间的竞争并获取高额垄断利润,经以会议、讨论方式进行通谋后,在相同时间彼此都宣布同样幅度的价格上涨,而他们之间并不存在任何形式的涨价合同或协议。这些企业的行为即属于反垄断法所禁止的协同行为。

我国《反垄断法》借鉴国外的通行做法,并结合中国垄断协议在实践中的具体表现情况,在第13条中明确规定垄断协议包括三种形式:①排除、限制竞争的协议;②排除、限制竞争的决定;③排除、限制竞争的其他协同行为。

二、垄断协议的分类规制

依据参与联合的企业所处的经营阶段不同,可将垄断协议分为横向垄断协议与纵向垄断协议。所谓横向垄断协议,是指两个或两个以上因经营同类产品或服务而在生产或销售过程中处于同一经营阶段的同业竞争者之间的垄断协议,如两家电脑销售公司之间的联合。纵向垄断协议是指两个或两个以上在同一产业中处于不同阶段而有买卖关系的企业间的垄断协议,如电脑生产商与电脑销售商之间的联合。二者对竞争发生作用的方式不同:横向限制主要排斥了联合各方之间的竞争;纵向限制主要排斥了联合各方之外的竞争。

将垄断协议分为横向垄断协议与纵向垄断协议的法律意义在于:二者对竞争危害的程度不同,因而法律对它们所采取的态度也不一样。其中,横向垄断协议作为同业竞争者之间的联合行为,对竞争的危害既直接又严重,因而一直是反垄断法所规制的重点;纵向垄断协议由于主体之间处于不同的经营阶段,不具有直接的竞争关系,其联合行为对竞争的影响较横向垄断协议间接得多,程度也轻得多,法律对其规制的严厉程度也远远不及横向限制,处理的灵活性也较大。

从世界范围来看,垄断协议首先被区分为横向垄断协议和纵向垄断协议两大类,然后,又在每一类下区分出各种不同的具体形式。我国《反垄断法》虽然没有明确使用"横向垄断协议"和"纵向垄断协议"的概念,但是却以两个独立的条款对两类垄断协议分别作出规定。其中,《反垄断法》第13条是关于横向垄断协议的规定,第14条是关于纵向垄断协议的规定,这与许多国家在立法中将垄断协议区分为横向垄断协议与纵向垄断协议的情况是一致的。由于无论是横向垄断协议还是纵向垄断协议,均指的是"经营者"之间的协议,并不包括在垄断协

> 纵向垄断协议对竞争具有积极促进与消极阻碍双重作用,对其合理规制有赖于恰到好处的利弊权衡

形成过程中扮演重要角色的行业协会这一主体，因此，《反垄断法》第16条专门就行业协会组织本行业经营者从事垄断协议作出了禁止性规定。下面分别对我国的横向垄断协议、纵向垄断协议以及行业协会组织的垄断协议作简要论述。

（一）横向垄断协议

我国《反垄断法》第13条第1款规定："禁止具有竞争关系的经营者达成下列垄断协议：①固定或者变更商品价格；②限制商品的生产数量或者销售数量；③分割销售市场或者原材料采购市场；④限制购买新技术、新设备或者限制开发新技术、新产品；⑤联合抵制交易；⑥国务院反垄断执法机构认定的其他垄断协议。"据此，我国《反垄断法》所规定的横向垄断协议主要包括以下几种形式：

1. 固定价格。固定价格是指具有竞争关系的行为人通过协议、决议或者协同行为，确定、维持或者改变价格的行为。

价格竞争是市场竞争最重要、最有效的形式，它能够及时准确地反映市场的供求关系与竞争程度，能够充分发挥合理配置社会资源的作用，并可刺激生产者改进技术、提高管理水平、进行开拓创新，从而降低成本，提高效率，不断加强和完善生产管理。因此，价格在市场机制作用下正常升降，是公平、有序的竞争的体现，是活跃市场经济、保证市场经济健康、持续发展的基础。然而，经营者为了最大限度地获取利润，往往通过固定价格协议排除彼此的价格竞争，高价盘剥消费者。在我国，随着市场经济的快速发展和市场竞争的日益激烈，固定价格便成了经营者规避竞争压力、共同盘剥消费者的重要手段。2002年5月，由某市天然气协会牵头，该市四家燃气企业之间签订了一整套协议书，其主要内容是对市区天然气实行统一批发价、划分市场份额、交叉管理、统一分配利润等。依据此协议，从2002年5月26日起，四家公司开始在市区采取联合行动，实行统一批发价每瓶38元，至5月31日起又统一将批发价抬高到每瓶40元。后又有三家企业参加该价格联盟，形成了由七家燃气企业参加的统一销售价格联盟，严重损害了燃气市场的竞争，并使天然气消费者承担不合理高价。

价格竞争是最基本的竞争方式，因此，消除或限制价格竞争的固定价格行为也就成为最为严重的反竞争的联合行为。虽然我国有关法律也规定了禁止经营者相互串通，操纵市场价格，损害其他经营者或者消费者的合法权益，但就总体而言，人们对价格协议危害竞争的严重性及价格协议本身的违法性的认识还远远不够，有些人对价格竞争心存恐惧，一些竞争激烈的行业，一旦出现降价，就被称为"恶性竞争"，有关的经营者便纷纷采取"价格协议"以化解所谓的"价格战"，通过消除彼此间价格竞争的方式，保全自身利益，损害他人和公共利益。这从一个方面说明，在我国运用法律手段维护价格的自由竞争还将是一项长期的任务。我国反垄断法关于禁止具有竞争关系的经营者达成"固定或变更商品价格"协议的规定，为制止这类固定价格行为提供了明确的法律依据。

2. 限制产品数量。限制产品数量是指竞争者之间以签订有关商品生产或销售数量等协议的方式控制商品的价格、避免相互之间竞争的行为。

在市场机制作用下，产品的市场供给量和价格存在一种负相关关系，向市场提供的产品数量越多，产品的价格就会不断降低；相反，在需求量一定的情况下，向市场提供的产品数量越少，产品的价格就越高。因此，当经营者限制商品的生产数量或销售数量，必然导致市场上该类商品供应数量的减少，从而导致其价格的上升，损害消费者的利益，故其也被归入广义的固定价格范畴。我国市场上的限制产品数量现象也频频出现，例如，1999年6月，咸阳彩虹、北京松下、上海永新、福地科技、赛格日立、南京华飞等国内八大彩管企业采取一致行动，停产保价，限产持续时间约一个月；某市多家砖瓦厂联合成立"砖瓦协会"，将全市砖瓦厂生产的红砖产量，一律比前一年减少30%，并共同确定了一个最低售价，要求各砖瓦厂不得提高产量、压低售价。这些情况表明，我国反垄断法关于限制产品数量的规定将会为优化我国市场价格竞争环境做出重要贡献。

> 协议限制产品数量常常被视为固定价格的一种方式或手段

3. 划分市场。划分市场是指两个或两个以上具有竞争关系的经营者，为避免竞争而划分彼此销售的区域、顾客及产品的行为。当多个竞争者划分其相互之间的地理销售区域，以分配市场、避免竞争时，就产生了划分地域的问题。例如，某地儿童服装的销售商有四家，他们协议商定，以某地为中心，分别在该地的东、西、南、北销售，彼此不进入他人市场。当多个竞争者划分其相互之间的顾客，以分配市场、避免竞争时，就产生了划分顾客的问题。如互为竞争对手的甲、乙协商约定，甲专门向大型单位客户出售商品，乙则专门向零散的小客户出售商品等。划分产品常常发生在生产经营同类产品且可以互相替代的产品的竞争者之间。例如，某一地区的三家皮革制造商协议约定，甲专门制造高档皮革，乙专门制造中档皮革，丙专门制造低档皮革，而高、中、低档皮革各有其特定的消费群。划分市场人为地限制了经营者之间的正常竞争，使效益好的企业不能扩大规模，效益差的企业因为市场得到保护而不能被淘汰，严重影响市场调节功能的发挥。同时，划分市场往往造成产品的单调和价格的不合理，减少消费者的市场选择机会，损害消费者的合法利益。例如，1996年，某县当时整个县城共有7家米粉厂，均属个体，在生产、销售米粉的过程中，由于各厂生产的米粉在质量、成本、价格等方面差异较大，相互竞争激烈，各商家均感到竞争压力大。为保证自身利益，各米粉厂家相互串通，采取分割销售市场的方式，划片销售米粉，互不干扰，各米粉厂只能在划定的区域内销售米粉，不得销售到其他区域，而县城各米粉餐馆也只能在被分割后的市场内购进所需米粉。市场划分后，各米粉厂稳稳赚取本地区的利润，无竞争的压力与动力，而米粉消费者基于商家竞争所应得到的益处则荡然无存。[1]

4. 联合抵制。联合抵制是指竞争者之间以协议的方式联合起来，针对其他特定的经营者采取一定的行动或措施，拒绝与其交易的行为，又称集体拒绝交易或集体排他性交易。反垄断法中的联合抵制作为一种共谋限制竞争的手段，具体表现为共谋者出于一定的目的或者可以预见的后果，联合拒绝和市场上具有直接竞争关系的经营者以及其他企业进行交易，以迫使该经营者放弃与之竞争或将该经营者驱逐出市场等。但是，并非所有联合抵制都当然违法，有些联合抵制在特定情况下具有产生效率的作用，使得市场更具有竞争性，如小企业之间的共同购买安排，可以在购买和仓储方面获得规模经济，从而使这些小企业可以更好地与大企业进行有效的竞争。[2]

联合抵制在中国市场上表现也相当突出。早在1993年8月，由于银行政策调整，银根紧缩，杭州市的高档家用电器销售困难，加上几个商场联合协商，避免竞争，价格居高不下，使高档家用电器基本处于滞销状态。广东的家电销售商闻讯赶往杭州以优惠价格促销，被杭州商家联合拒购拒销。再如，2001年8月，一向以低价位经营家电而闻名的国美，将其家电连锁经营分店开到了沈阳。当国美的沈阳分店一开业，便立即遇到当地的商业企业的联合抵制。沈阳四大商场威胁家电企业不能再向国美提供货物，因为十几家家电企业都有很多货款押在商场手中，而且四大商场占沈阳家电市场90%的市场份额，因此，家电企业只好遵从，几乎当地所有的家电企业都通知国美沈阳分店，拒绝再向他们提供产品及促销员。竞争对手企图通过切断国美沈阳分店货源的方法，迫使其退出该竞争领域。大量存在的联合抵制行为不仅对竞争机制的运行造

---

[1] 孔祥俊：《反垄断法原理》，中国法制出版社2001年版，第852~853页。
[2] 孔祥俊：《反垄断法原理》，中国法制出版社2001年版，第437页。

成妨碍,还严重地破坏了正常的市场交易秩序。

5. 限制购买新技术、新设备或者限制开发新技术、新产品的协议。这是指具有竞争关系的经营者之间限制购买新技术、新设备或者限制开发新技术、新产品等的限制竞争行为。这种限制以平衡市场供给和市场需求的方式,可减少竞争者之间的技术竞争,构建技术壁垒,维护落后的技术和产品,产生阻碍技术进步乃至经济、社会发展的后果,因而受到反垄断法的规制。

> 此类垄断协议对高新技术产业的发展危害严重

(二) 纵向垄断协议

《反垄断法》第14条规定:"禁止经营者与交易相对人达成下列垄断协议:①固定向第三人转售商品的价格;②限定向第三人转售商品的最低价格;③国务院反垄断执法机构认定的其他垄断协议。"据此规定可以看出,我国对纵向垄断协议持宽容的规制态度,明确列举出来的只有广义上限制转售价格中的两种具体方式:固定向第三人转售商品价格和限定向第三人转售商品的最低价格。

> 世界范围内对纵向垄断协议的控制在一定程度上表现出越来越宽松的趋势

事实上,我国现阶段的纵向限制形式也已不是个别现象,除了限制转售价格协议外,其他纵向限制协议(如独家交易协议、选择性交易协议、特许协议等)在现实生活中也都大量存在,并对竞争产生不同程度的影响。1996年,我国9家洗衣机生产厂家与北京8大商场进行价格协调,其中就包括限制转售价格的安排。依照这些商家的约定,一方面,9家洗衣机厂对各商家的供货价格及有关交易条件进行统一;另一方面,各商厂必须执行厂家规定的统一零售价格。独家交易协议则在我国的彩卷销售中有突出表现,如一些彩色照相扩印店只经营柯达或富士一种品牌彩卷,而排除对其他品牌彩卷的经营,这种情况对品牌内竞争的削弱是显而易见的。选择性交易已在我国汽车市场悄然出现,上海通用公司的别克轿车、广州本田公司的本田轿车、一汽大众的奥迪A6轿车等都在营销中采用了选择交易制度,即选择具备一定资格的经销商经营该品牌轿车,并对经销商采取一定的限制。由于我国法律对此无明确规定,实践中也产生一些问题,如供应商能否限制销售商的销售价格等。[1] 至于特许协议中的限制竞争条款更是不在少数,由此就形成了一类专门的反竞争行为,即与知识产权有关的反竞争协议。对于这些纵向限制竞争协议的规制,有赖于"国务院反垄断执法机构认定的其他垄断协议"这一规定的适用。

---

[1] 杨洁:"我国反垄断法禁止限制竞争协议的立法研究",载《中国工商管理研究》2002年第4期。

(三) 行业协会限制竞争行为

一般认为，行业协会是指由单一行业的竞争者组成的、具有非营利性、中介性的一种保护特殊普遍利益的社会中间层组织。

与一般的垄断行为或联合限制竞争行为相比较，行业协会限制竞争具有以下特点：①行业协会发挥协调、服务、信息、咨询等功能时，很容易把信息沟通和协调的能力转化为共谋的能力。②参加行业协会限制竞争的主体一般由两部分组成，一是行业协会本身，二是遵从协会所做出的与限制竞争有关的决议、决定或参与协同行为的协会成员，与此无关的协会成员不是限制竞争行为的主体。③行业协会限制竞争的安排往往并非每个成员的一致意思，多数情况下是由行业协会组织少数大企业策划达成意向后下达实施。④行业协会的限制竞争行为主要是联合行为，但却不限于此，滥用优势地位限制竞争或推动经营者之间的集中等，也会发生于行业协会。因此，这里所讲的行业协会限制竞争行为是广义上的，不限于《反垄断法》关于行业协会组织、实施垄断协议的规定。⑤由行业协会组织的联合限制竞争行为往往比一般垄断协议具有更大的危害性，这不仅因为其以行业为单位，涉及面广，参与人多，影响大，还在于行业协会往往动用其惩罚权来保障限制竞争决议、决定等的有效实施。同时，行业协会作为合法、独立的组织，易于在职能实施过程中隐蔽其限制竞争行为，以合法的形式从事违法的限制竞争行为，难以发现与区分，因而更具有危害性。

《反垄断法》第 11 条规定："行业协会应当加强行业自律，引导本行业的经营者依法竞争，维护市场竞争秩序。"这是《反垄断法》从总体上对行业协会所提出的法律要求，也属于对行业协会维护公平竞争义务的规定。由于行业协会限制竞争行为的最突出形式是垄断协议，故《反垄断法》又在"垄断协议"一章中专条（第 16 条）规定："行业协会不得组织本行业的经营者从事本章禁止的垄断行为。"具体地讲，就是行业协会不得组织本行业的具有竞争关系的经营者之间达成、实施横向垄断协议，不得组织本行业的经营者与交易相对人达成、实施纵向垄断协议。

第三节 垄断协议的法律责任

一、国外关于垄断协议法律责任的立法

国外关于垄断协议法律责任的规定包括民事责任、行政责任、刑事

责任三种形式。其中,民事责任主要是损害赔偿。例如,美国《克莱顿法》规定,因托拉斯法所禁止的事项而使其财产或者经营活动受到损害者,有权通过诉讼要求给予其损害额3倍赔偿、诉讼费用和合理的律师费用,这使得美国90%以上的反托拉斯案件都是由受害人提起的;欧盟竞争法虽然没有明确规定受到财产损害的受害人可以向欧共体法院提起损害赔偿诉讼,但受害者可以根据成员国的法律提起民事损害赔偿诉讼;德国《反限制竞争法》规定,因违反该法的规定而给他人造成损失的,应赔偿由此造成的危害;其他诸如日本的《禁止垄断法》、韩国的《限制垄断与公平交易法》等也均对实施垄断协议的损害赔偿责任作出了规定。

垄断协议行政责任的形式主要包括两种:①停止违法行为,德国、美国、欧盟等的反垄断法均明确对停止违法行为的责任形式作出规定;②行政罚款,这是制裁垄断协议行为最重要的手段,各国反垄断法均对其作出明确规定,有些还给予数额较大的罚款,如欧盟、法国、匈牙利、意大利等都规定,对参与垄断协议的经营者最高可处以上一营业年度市场销售额10%的罚款。

垄断协议的刑事责任主要适用于造成严重损害竞争后果的垄断协议。世界上不少国家都在其反垄断法中规定了对实施垄断协议的经营者及其主管人员和直接责任人员追究刑事责任的内容。

二、中国垄断协议的法律责任

在我国,垄断协议的法律责任一般包括民事责任、行政责任和刑事责任三种,现依据《反垄断法》的规定说明如下:

(一) 垄断协议的民事责任

市场中的所有经营者都享有参与竞争的权利,不受其他经营者的违法剥夺。这就要求任何经营者都应当依法参与竞争,不得实施排除、限制竞争的垄断行为。如果经营者实施垄断行为,给他人造成损害,则必须依法承担相应的民事责任。我国《反垄断法》第50条规定:"经营者实施垄断行为,给他人造成损失的,依法承担民事责任。"据此,垄断协议作为垄断行为的表现形式之一,当其给他人造成损失时,行为人即应依法承担相应的民事责任。但《反垄断法》未就民事责任所涉及的其他具体内容,如归责原则、责任形式、责任范围等作进一步规定,表明这里的"依法"是指依照我国现行的民事法律制度,即依照我国民法所确定的有关民事责任的一整套制度来追究垄断协议的民事责任。根据

> 要求垄断协议损害赔偿的,可以是受害的经营者,也可以是受害的最终消费者

《最高人民法院关于审理因垄断行为引发的民事纠纷案件应用法律若干问题的规定》，因垄断行为引发的民事纠纷案件，被告实施垄断行为，给原告造成损失的，根据原告的诉讼请求和查明的事实，人民法院可以依法判令被告承担停止侵害、赔偿损失等民事责任。

(二) 垄断协议的行政责任

《反垄断法》第 46 条用三款从三个方面对垄断协议的行政责任作出规定：①一般规定，即"经营者违反本法规定，达成并实施垄断协议的，由反垄断执法机构责令停止违法行为，没收违法所得，并处上一年度销售额 1% 以上 10% 以下的罚款；尚未实施所达成的垄断协议的，可处以 50 万元以下的罚款"。②宽容条款，即"经营者主动向反垄断执法机构报告达成垄断协议的有关情况并提供重要证据的，反垄断执法机构可以酌情减轻或者免除对该经营者的处罚"。③行业协会的责任，即"行业协会违反本法规定，组织本行业的经营者达成垄断协议的，反垄断执法机构可以处 50 万元以下的罚款；情节严重的，社会团体登记管理机关可以依法撤销登记"。据此，垄断协议的行政责任主要有以下几种形式：

1. 责令停止违法行为。反垄断执法机构认定经营者达成的协议属于垄断协议的，有权责令经营者停止实施该垄断协议。在实践中，根据经营者实施垄断协议的行为方式不同，可将责令停止违法行为分为两类：①当经营者以作为的方式实施垄断协议时，可责令其停止实施该行为，如要求违法者停止实施共同提高产品价格的行为；②当经营者以不作为的方式实施违法行为时，则责令违法者以积极作为的方式履行义务，如要求联合抵制交易的经营者与交易相对人进行交易。

2. 没收违法所得。对于经营者因实施垄断协议而获得的违法收入，全部予以没收。这里的"违法所得"指的是经营者通过实施垄断协议获得的收益。它与实施违法垄断协议的交易额、投资额等有密切关系，却是完全不同的概念，认定中必须加以严格区分。

3. 罚款。在垄断协议认定中，经营者只要实施了达成协议的行为，即可认定构成违法，无需考虑结果要件。但达成垄断协议并予以实施与仅仅达成协议尚未实施对竞争所产生的危害以及对行为人收益的影响是不同的，需要在处罚时区别对待。因此，《反垄断法》第 46 条第 1 款就此两种情况规定了不同的罚款数额：对于经营者达成垄断协议但尚未实施的，可以处 50 万以下的罚款；对达成并实施了垄断协议的，除没收违法所得外，处上一年度销售额 1% 以上 10% 以下的罚款。可见，《反垄断法》对达成并实施垄断协议的行为规定了较仅达成协议而未实施的行为更为严厉的处罚,并借鉴国际经验,将罚款的上限确定为上一年度销售额的 10%。

4. 撤销登记。这一责任方式是针对行业协会实施垄断协议而规定的。行业协会作为依法成立、实行行业服务和自律管理的非营利性社团法人,在整个运营过程中必须遵守国家的各类法律、法规或制度,遵守社团法人的成立、变更、终止等法律规定,忠实地履行职责。如果行业协会实施垄断协议行为,情节严重的,社会团体登记管理机关则可依法撤销登记,以消灭其主体资格的方式,彻底排除其对竞争的危害。

(三) 垄断协议的刑事责任

我国《反垄断法》没有与《刑法》衔接追究垄断行为的刑事责任的条款,自然也没有关于追究垄断协议的刑事责任的规定。但这并不等于我国所有的垄断协议行为都不承担刑事责任。如串通招投标行为属于我国反垄断法规定的垄断协议行为,其中,投标者串通投标属横向垄断协议,招标者与投标者串通投标属于纵向垄断协议。而《刑法》第 223 条明确规定:"投标人相互串通投标报价,损害招标人或者其他投标人利益,情节严重的,处 3 年以下有期徒刑或拘役,并处或者单处罚金。投标人与招标人串通投标,损害国家、集体、公民的合法利益的,依照前款的规定处罚。"这表明违反反垄断法的垄断协议行为同样有可能承担刑事责任。

□ 小　结

本章阐述了垄断协议的概念、垄断协议的特点、垄断协议的表现形式、垄断协议的分类规制以及垄断协议的法律责任等问题。

一、垄断协议的概念

垄断协议是指两个或两个以上的行为人以协议、决议或其他联合方式实施的限制竞争行为。

二、垄断协议的特点

1. 行为人由多个独立主体构成。
2. 行为人之间存在通谋或协调。
3. 垄断协议的实施往往需要一定的环境或条件。

三、垄断协议的表现形式

1. 企业间限制竞争的合同或协议。
2. 企业团体的决议。
3. 企业间的协同行为。

四、垄断协议的分类规制

1. 横向垄断协议。
2. 纵向垄断协议。
3. 行业协会限制竞争行为。

五、垄断协议的法律责任

1. 垄断协议的民事责任。
2. 垄断协议的行政责任。
3. 垄断协议的刑事责任。

□ 练习与思考

一、名词解释

1. 卡特尔
2. 企业间的协同行为
3. 横向垄断协议
4. 纵向垄断协议
5. 固定价格
6. 划分市场
7. 联合抵制

二、简答题

1. 垄断协议的特点有哪些？
2. 经营者在何种情况下更易达成垄断协议？
3. 垄断协议的表现形式有哪些？
4. 横向垄断协议的具体表现形式主要有哪些？
5. 垄断协议的行政责任有哪些形式？

三、案例分析

2000年4月，民航总局以机票"恶性"打折导致航空公司亏损、国有资产流失为由，组织国内25家航空公司的102条航线实行联营，并于2001年3月将联营航线增至150余条，占全国民航航线的60%以上。

所谓航线联营，就是把同飞一条航线的航空公司联合起来，按照民航总局统一核定的票价售票，然后再按照各参运公司投入的座位数和机型，确定其收入比例。这样，航空公司所售机票不论是否打折，都要按照民航总局规定的票价，将票款投入本条航线上运营的航空公司收入总额内进行再分配；因此，参与联营的航空公司如果低于民航总局规定的票价多打折扣，只能打得越多、吃亏越大。伴随航空公司之间联合的形成，竞争被限制，打折被停止，不仅使消费者承担高额票价，而且引发航空经营本身的困难。由于技术和管理的进步，世界航空运输成本和价格大幅度下降，我国民航却逆势而动，单位运输成本不断上升，导致运价涨幅高于居民消费承受力，抑制了民航消费市场扩张，而票价水平愈高，客座率就愈低，单位飞行成本就愈高，亏损就愈大。结果，数月后便有加盟的航空公司不得不重新启动机票打折这一低价竞争策略，航空联营开始从内部瓦解。民航总局也于2002年11月发出《关于国内航线联营问题的通知》，决定不再组织航线联营，取消联营航线结算、清算。

问题：依据我国《反垄断法》的相关规定，说明应如何看待以航线联营阻止机票"恶性"打折？

□ 练习与思考答案要点

一、名词解释

1. 卡特尔属音译词，其本义是指"协议"或"同盟"，是对垄断协议最常用的表述方法之一，它主要是欧洲国家（尤其是德国）竞争法中对限制竞争协议的惯用语，同时，也为许多国家的反垄断法广泛使用。

2. 在反垄断法中，企业间的协同行为是企业之间协同一致的经营行为的简称，泛指企业之间在没有合同或协议的情况下，以事实上协调一致的共同行为共谋避免竞争的各种活动。它涵盖了企业间限制竞争的合同或协议和企业团体决议所未能包括的其他一切具有通谋性质的垄断协议。

3. 所谓横向垄断协议，是指两个或两个以上因经营同类产品或服务而在生产或销售过程中处于同一经营阶段的同业竞争者之间的垄断协议，如两家电脑销售公司之间的联合。

4. 纵向垄断协议是指两个或两个以上在同一产业中处于不同阶段而有买卖关系的企业间的垄断协议，如电脑生产商与电脑销售商之间的联合。

5. 固定价格是指具有竞争关系的行为人通过协议、决议或者协同行为，确定、维持或者改变价格的行为。

6. 划分市场是指两个或两个以上具有竞争关系的经营者，为避免竞争而划分彼此销售的区域、顾客及产品的行为。

7. 联合抵制是指竞争者之间以协议的方式联合起来，针对其他特定的经营者采取一定的行动或措施，拒绝与其交易的行为。

二、简答题

1. 垄断协议的特点主要表现在三个方面：①行为人由多个独立主体构成；②行为人之间存在通谋或协调；③垄断协议的实施往往需要一定的环境或条件。

2. 从经济学的角度来看，在下列情况下可能达成限制竞争的联合，尤其是横向的联合：①较高的市场集中度；②类似的成本结构；③具有进入市场的障碍；④类似的经营理念。

3. 垄断协议的表现形式主要有三类：①企业间限制竞争的合同或协议；②企业团体的决议；③企业间的协同行为。

4. 横向垄断协议的具体表现形式主要包括：①固定价格；②划分市场；③限制产量；④联合抵制；⑤限制购买新技术、新设备或者限制开发新技术、新产品的协议。

5. 垄断协议的行政责任主要有以下几种形式：①责令停止违法行为；②没收违法所得；③罚款；④撤销登记。

三、案例分析

依据我国《反垄断法》关于垄断协议的规定，同飞一条航线的航空公司联合起来固定票价属于竞争者之间的联合限制竞争行为，航线联营的沉浮及后果使人们更深刻地认识到联合限制竞争行为对消费者、对产业的严重危害。事实上，此项政策一出台，就受到广泛的批评。航空公司通过折扣率来争取客源，是一种十分正常的市场竞争反应。航空公司作为市场主体，也只有在包括价格竞争在内的各种自由竞争中才能提高技术、改善管理、降低成本、增强市场竞争力，进而做大做强，规避竞争则难有出路。机票打不打折、打多少折，应当完全由其自主决定，任何限价都不可能跟上瞬息万变的市场形势。只有充分的市场竞争，才是提升民航竞争力、把民航企业做大做强的根本之道。

第十四章

滥用市场支配地位

> ■学习目的和要求
>
> 通过本章学习，要求学生
> - 重点掌握：滥用市场支配地位的概念；滥用市场支配地位的表现形式；滥用市场支配地位的规制方法；滥用市场支配地位的法律责任。
> - 掌握：市场支配地位的概念；市场支配地位的界定标准；市场支配地位的认定方法。

第一节 市场支配地位

一、市场支配地位的概念

市场支配地位（Market Dominant Position），又称市场控制地位，是德国和欧盟等反垄断法中的重要概念，其具体含义是指企业或企业联合组织在市场上所达到或具有的一种状态，处于该状态的企业或企业联合组织在相关的产品市场、地域市场和时间市场上拥有决定产品产量、价格和销售等各方面的控制能力。[1] 美国反托拉斯法使用的相应概念是"垄断力"（monopoly power）或"市场支配力"（market power），指企业在特定的相关市场上具有控制价格和排除竞争的能力。日本《禁止垄断法》使用的相应概念是"垄断状态"，用以表示企业在一定规模的相关市场上占有较高的市场份额，从而对市场竞争产生明显不利影响的状态。我国台湾地区的"公平交易法"使用的概念是"独占"，指企业在特定市场中处于无竞争状态，或具有压倒性地位和排除竞争的能力。尽管各国或地区反垄断法使用的概念不一，但其所指的经济现象是相同的，这就是某个企业或者某些企业在特定的相关市场上占有一定程度的优势或强势地位，可以凭借这种势力"支配"或者"控制"市场，进而对该市场上的竞争产生重大的影响。为了研究的方便，本书统一使用"市场支配地位"指代这类经济现象。

市场支配地位在反垄断法的垄断控制制度中是一个关键因素，对于确定垄断存在与否起着至关重要的作用，因此，它一直是反垄断法的监督对象。但是，市场支配地位本身，并不当然受法律谴责，也未必一定被反垄断法禁止或制裁。它与破坏竞争的非法垄断之间是条件关系，即破坏竞争的非法垄断必须以市场支配地位为构成要件，无市场支配地位则无垄断；但反过来，有了市场支配地位并不必然构成非法垄断，只有当这种市场支配地位造成了法定的市场弊害或者被滥用而破坏了竞争或者被企业违法地获取或维持时，反垄断法才予以限制或禁止。这就是反垄断法所奉行的垄断力量本身并不违法、反垄断法抑制垄断并不消灭垄断的理念。

我国《反垄断法》有关市场支配地位概念的界定充分借鉴了国外立法的经验，其第17条第2款明确规定："本法所称市场支配地位，是指经营者在相关市场内具有能够控制商品价格、数量或者其他交易条件，或者能够阻碍、影响其他经营者进入相关市场能力的市场地位。"据此，可对该市场支配地位的涵义作如下分析：①市场支配地位首先意味着经营者在相关市场中处于优势或强势地位，具有"能够控制商品""能够阻碍、影响其他经营者"的能力；②经营者所具有的这种"能力"，通过作用于商品的价格、数量或者其他交易条件或构筑市场壁垒，从而对相关市场的竞争造成危害；③具有市场支配地位的经营者可以是一个经营者，也可以是数个经营者。一个经营者在相关市场上具有了排除限制竞争的能力，即具有了市场支配地位；同样，两个或数个经营者彼此之

---

[1] 曹士兵：《反垄断法研究》，法律出版社1996年版，第86页。

间不竞争,作为整体具有排除限制竞争的能力,则这些经营者作为整体即具有了市场支配地位。

二、市场支配地位的界定标准

关于市场支配地位的界定标准,西方国家曾讨论过三种不同的方案,即市场结果标准、市场行为标准和市场结构标准。[1]依据市场结果标准,在竞争性市场条件下,企业的销售价格应当符合其生产成本,其价格与生产成本之间的显著差别而产生的非同寻常的赢利,就可归结为缺乏竞争,也就是说,过高的、不合理的利润率可以表明企业取得了市场支配地位。这一方案在理论上具有合理性,但在实践中,由于生产成本的具体数额往往难以精确地加以测定,因而也就难以确切地证明企业的大幅度赢利是否是基于其市场支配地位。依据市场行为标准,一个企业如果在实施销售或价格调整等行为时,不受其他竞争者的同类行为的影响,即可表明该企业具有市场支配地位。同样,由于难以获得评价企业实施销售或价格调整行为时是否受其他竞争者的影响,或影响有多大等方面的具体经济数据,也使此种方案难以付诸实施。依据市场结构标准,一个企业如果在特定的相关市场上占有相当大的市场份额,该企业就占有了市场支配地位。由于企业市场份额的确定具有现实的可行性,因此,与前两种方案均因缺乏可操作性而难以单独作为市场支配地位界定标准的情况不同,市场结构标准为各国反垄断法广泛采用,成为界定市场支配地位的基本标准。

在市场结构标准中,企业的市场份额对于确定企业的市场支配地位具有决定性的意义,这在早期的反垄断法实践中表现得尤为突出。但在长期执法过程中,人们逐渐发现依据单一的市场份额标准来确定企业的市场支配地位,会出现与真实情况不尽符合的结果。因此,需要考虑反映企业综合经济实力的其他因素。在反垄断的立法与司法中,许多国家越来越重视这种"其他因素"对企业市场支配地位的影响,从而形成了"以市场份额为主、兼顾反映企业综合经济实力的其他因素"的市场支配地位认定标准。

> 美国的早期反垄断法曾实行严格的市场结构标准

(一)市场份额

市场份额是指特定企业的总产量、销售量或者生产能力在特定相关

---

[1] P.贝伦斯:"对于占市场支配地位企业的滥用监督",载王晓晔主编:《反垄断法与市场经济》,法律出版社1998年版,第204页。

市场中所占的比例,又称市场占有率。企业市场份额是企业经济实力和市场竞争力的客观反映,大的市场份额会使企业获得市场力量,市场份额越大,企业进行交易的独立性以及影响和制约其他经营者的能力就越强,获取或滥用市场支配地位的可能性就越大。因此,许多国家和地区的反垄断法将企业的市场份额作为评价、认定企业是否取得市场支配地位的重要标准。

关于市场份额具体达到多高时会被认定具有市场支配地位,不同国家的反垄断法规定不一,同一国家在经济发展的不同阶段,法律对市场份额的要求或规定也有差异,但其中的共性还是显而易见的。一般来讲,如果企业的市场份额超过70%,其市场支配地位是明显的;如果企业的市场份额不足30%,一般不具有市场支配地位;如果企业的市场份额在30%~70%之间,必须考虑其他能够进一步说明企业竞争地位的因素,即需将市场份额与影响企业实力的其他因素结合起来,综合确定企业的市场支配地位。

(二) 反映企业综合经济实力的其他因素

虽然市场份额在认定企业市场支配地位中具有极为重要的作用,但它并不是判断和确认企业是否具有市场支配地位的唯一依据,许多反映企业综合经济实力的其他因素,对企业的竞争能力也会产生重要影响,应在认定企业市场支配地位时一并予以考虑。这些反映企业综合经济实力的其他因素主要包括六个方面:①市场进入障碍。新的竞争者进入市场的障碍越大,市场上原有企业的市场能力就越容易维持、巩固或增强。②企业财力。企业的财力资源越雄厚,对其他竞争者的影响力就越大。③企业垂直联合的程度。企业与其前一个或后一个经济阶段的企业的联合越紧密,该企业在其原材料采购市场或者销售市场上的地位就越强。④企业转产的可能性。企业转向生产其他产品的灵活性越大,表明其在市场中的独立性及对市场的影响力越强。⑤交易对象的选择机会。交易对象转向其他企业的可能性或对产品的可选择性越小,该企业对市场的影响就越大。⑥市场行为的差异性。企业的某些交易行为与竞争条件下可能实施的行为相差越大,该企业不受竞争制约的能力就越强。

市场进入壁垒对竞争的影响越来越受到关注

在前述诸种因素中,第一种因素"市场进入障碍"具有更为重要的意义,有时甚至可与市场份额并列,被视为影响市场支配地位的两大要素。[1] "进入障碍"一般是指市场的新进入者比现有的市场主体付出的

---

[1] 孔祥俊:《反垄断法原理》,中国法制出版社2001年版,第527页。

任何较大的成本。在没有进入障碍的情况下，一个具有市场优势地位的企业，面对市场潜在进入者随时进入市场的竞争压力，尚难以通过确定超竞争价格或窒息革新等方式来危害市场，反垄断法就没有必要来干预或控制此种具有市场优势的企业。但在进入市场障碍较大时，具有市场支配地位的企业则会因其对市场造成反竞争影响的可能性增加而被认为具有市场支配地位，并予以法律监督。

上述这些反映企业综合经济实力的因素，越来越受到许多国家的重视，发达国家的反垄断法多通过立法或判例将反映企业综合经济实力的各种因素确立为认定企业市场支配地位的标准之一。美国法院在1953年的"美国诉联合制鞋机械公司案"中认为，企业占有75%的市场份额虽然对认定其是否具有垄断力是重要的，但市场份额本身对案件的结果并不具有决定性意义，除了市场份额以外，法院还要考虑其他因素，包括企业制定价格的行为、企业及其竞争对手的竞争实力、企业的研究优势、企业产品的花色品种等，也就是说，市场份额不再是认定企业具有垄断力的唯一依据。欧共体法院在1972年的"大陆罐头联合公司诉欧共体委员会案"中也特别强调，在考虑市场份额的重要性的基础上，认定市场支配地位的决定性依据是"具有构成对竞争者造成足够障碍的能力"。[1]

我国《反垄断法》第18条规定："认定经营者具有市场支配地位，应当依据下列因素：①该经营者在相关市场的市场份额，以及相关市场的竞争状况；②该经营者控制销售市场或者原材料采购市场的能力；③该经营者的财力和技术条件；④其他经营者对该经营者在交易上的依赖程度；⑤其他经营者进入相关市场的难易程度；⑥与认定该经营者市场支配地位有关的其他因素。"这一规定，在很大程度上反映了世界各国以及国际组织反垄断法有关市场支配地位认定依据的共性，是世界范围内有关市场支配地位认定依据的反垄断立法和执法经验的总结，较好地体现了各国的通行做法。

同时，为了便于反垄断执法，我国《反垄断法》明确规定了市场支配地位的推定制度。《反垄断法》第19条有关市场支配地位的推定包括三方面内容：①一般规定，即有下列情形之一的，可以推定经营者具有市场支配地位：其一，一个经营者在相关市场的市场份额达到1/2的；其二，两个经营者在相关市场的市场份额合计达到2/3的；其三，三个经营者在相关市场的市场份额合计达到3/4的。②例外规定，即"有前

> 市场支配地位推定制度在国外同样存在，如德国的《反限制竞争法》即明确规定了市场支配地位的推定方法

---

[1] 马思涛："反垄断法如何控制市场支配地位的滥用"，载季晓南主编：《中国反垄断法研究》，人民法院出版社2001年版，第265页。

款第二项、第三项规定的情形,其中有的经营者市场份额不足1/10的,不应当推定该经营者具有市场支配地位"。③反证规定,即"被推定具有市场支配地位的经营者,有证据证明不具有市场支配地位的,不应当认定其具有市场支配地位"。正确理解和运用上述推定制度需要注意以下三个问题：

1. 我国实行以"市场份额"为确立依据的市场支配地位推定制度,这突出表明市场份额在确认我国经营者市场支配地位中的突出重要性,我国实行的是"以市场份额为主、兼顾反映企业综合竞争力的其他因素"的市场支配地位认定标准。

2. 在进行两个以上经营者市场支配地位的共同推定时,排除其中市场份额不足1/10的单个经营者。根据市场支配地位推定制度的原理,如果一个经营者占有较少的市场份额,显然不能直接推定其具有市场支配地位。如果两个或者三个经营者作为整体达到了规定的市场份额,但该整体中有的经营者在相关市场的市场份额不到1/10,则不应当推定该经营者具有市场支配地位,而仅推定该整体中的其他经营者具有市场支配地位。

3. 推定的市场支配地位是可以反证的,即只要被推定者有证据证明其不具备市场支配地位,该推定即可被推翻。依据《反垄断法》关于市场支配地位认定依据的规定,市场份额只是判断经营者是否具有市场支配地位的诸种因素之一,它虽然具有更重要的意义,却不是唯一的、绝对的标准,而推定的依据则仅是市场份额。一个经营者虽然在相关市场的市场份额达到1/2以上,但如果该经营者能够证明相关市场上存在有效竞争,其并不具有控制市场价格、数量以及阻碍、影响其他经营者进入市场的能力,则不应认定其具有市场支配地位。对于两个或者三个经营者作为整体达到了规定的市场份额,如果经营者能够证明他们之间存在实质性竞争,则不能将他们作为整体看待,也就不能推定整体中的经营者具有市场支配地位。市场支配地位推定制度的重要意义在于举证责任的倒置,即由被推定人证明自己尚不具备市场支配地位,而不是由认定者证明其已具备市场支配地位。

三、市场支配地位的认定方法

市场支配地位的认定方法主要包括两方面内容：一是界定相关市场,即从产品、地区及时间等不同方面界定企业从事某种市场经营活动、开展市场竞争的领域或范围；二是确定企业的支配能力,即具体认定企业在特定相关市场中是否具有市场支配地位。

(一) 界定相关市场

相关市场是指企业从事某种经营活动、开展市场竞争的区域或者范围。如前所述，决定企业市场支配地位的因素包括市场份额和反映企业综合经济实力的其他因素，而这些因素的确定，则均以相关市场的界定为前提。市场支配地位不是抽象的概念，它们只有联系到特定的市场时才存在，界定相关市场就是确定行为人开展竞争的区域或者范围，描述企业行使市场力量的背景，从而判断竞争者的商业活动对竞争的影响情况。以下三个因素是界定相关市场时必须考虑的：①界定相关市场时，不仅要注意到实际的销售商，而且应当注意到潜在的销售商。所谓潜在的销售商，是指如果价格合适，就能够迅速地改变其生产工艺以供应替代品的厂商，这些厂商将会挫败或者抑制该市场上的现有厂商将价格抬高到竞争水平以上的能力。因此，应在界定相关市场范围时予以考虑。②界定相关市场时，应同时考虑需求和供应两个方面。在需求方面，产品必须在买者看来是可以替代的；在供应方面，销售商必须包括生产或能够轻易地转产相关商品或者密切替代品的厂商。③界定相关市场必须从多种角度来分析有效竞争的区域边界，如从产品的角度、地理的角度和时间的角度等分别对相关市场进行界定。

合理地界定相关市场，在反垄断法的市场支配地位控制制度中具有极为重要的意义。相关市场界定过宽，会减少一个独占企业的实际市场份额或淡化其他因素的影响，使本应该确定为具有市场支配地位的企业逃离反垄断法的适用；相反，相关市场界定得过于狭窄，则会人为地夸大市场份额，使本来不具有市场支配能力的企业蒙受不白之冤。正因如此，虽然各国反垄断法对市场支配地位的态度不尽相同，但在恰当地认定支配地位所运作的相关市场这一关键要素上却具有高度的一致性。我国《反垄断法》第 12 条第 2 款规定："本法所称相关市场，是指经营者在一定时期内就特定商品或者服务（以下统称商品）进行竞争的商品范围和地域范围。"

> 合理界定相关市场是确定市场支配地位的关键

一般认为，相关市场包括产品市场、地区市场和时间市场三个方面，现作简要探讨。

1. 产品市场。产品市场是"相关产品市场"的简称，指同类产品或具有替代关系的产品的范围。所有具有替代关系的产品构成了同一个产品市场。产品市场的大小取决于可替代产品的多少，界定产品市场，重点在于对不同产品之间的可替代性进行分析。例如，天然气与其他燃料之间是否具有可替代性，成人鞋与儿童鞋之间是否具有可替代性，等等。凡具有可替代性的产品，属于同一市场，否则即属于不同的市场。

2. 地区市场。地区市场是"相关地区市场"的简称，指同类产品或具有替代关系的产品相互竞争的地理区域。地区市场的范围可以是国内某个区域，也可能是一国的全部领域，还可能超出一国领域。影响地区市场范围的因素主要有区域交易障碍（如运输成本）、潜在竞争、产品差异和产品本身的性质等。其中，运输成本和产品特性具有特别重要的意义。就运输成本而言，与产品价格有关的产品成本往往使企业将其销售活动限定在国内某一地区之内，几乎所有笨重、单位计量大但价值又不高的产品都很难被长途运输到外地去竞争，而相对价值较高、重量偏轻的产品则往往有遍及全国甚至超出国界的销售区域。就产品特性而言，易腐烂、难保鲜的产品，在某种意义上，企业进行销售活动或在经济上能够进行销售活动的区域，反映了竞争性市场的地区范围。同时，消费者在竞争厂商之间的有效选择，也会影响到地区市场的大小。例如，小食品的消费者会将其居住区域附近或者工作单位附近作为其有效的选择区域，走出这些区域去购买这些小食品，往往是不值得的，有时节省下来的钱还抵不上交通费的成本。

3. 时间市场。时间市场是"相关时间市场"的简称，指相同或近似产品在同一区域内相互竞争的时间范围。在某些情况下，某段时间或某一确定的日期，对于产品的销售具有决定性意义，例如，同样的西瓜在相同的地方，冬季的售价与夏季的售价却不相同，某些产品因季节性、时尚性的影响或为迅速发展的技术因素所左右，其市场情况往往会随时间的变化而变化。因此，在确定相关市场时需要考虑时间的替代性。

> 时间市场在科学技术飞速发展的今天越来越受到重视

过去，在市场节奏相对较为缓慢的时期，反垄断法实践中，相关市场的界定主要集中于产品市场和地区市场，时间市场在大多数案件中没有受到重视。然而，当今世界，科学技术突飞猛进，速度和效率倍受推崇，许多产品的科技含量越来越高，更新换代的速度也越来越快。据统计，电脑的硬件设备平均每 18 个月价格即为原来的一半。也许企业的某种产品在某一时间确实具有市场支配地位，但这种市场支配地位可能是暂时的或稍纵即逝的。因此，在市场节奏和科技发展速度都越来越快的今天，判断企业是否具有市场支配地位，特别是认定高科技企业是否拥有市场支配地位时，时间市场是至关重要的。

（二）确定企业在相关市场上的支配能力

企业在相关市场上的支配能力取决于包括市场份额在内的多种因

素。确定企业在相关市场上的支配能力，就是采取一定的方法对影响企业市场支配能力的因素进行考察，通过对各种指标的定性、定量分析，作出企业是否具有支配能力和支配能力大小的结论。例如，在分析市场份额这一影响企业支配能力的主要因素时即需从三个方面予以考虑：①市场份额的计算方法，即被告在相关市场上的销售额，除以该市场的总销售额，再乘以100%，以此方法计算所得出的百分比，即为该企业的市场份额。②市场份额的数值因素，一般而言，涉嫌具有市场支配地位的企业，其市场份额越大，行使市场力量的可能性就越大。③市场份额的时间因素，即市场份额是企业在市场上具有优势的决定性因素，但市场份额本身并不必然使得企业具有支配地位。只有企业具有在一定时间内维持该优势的能力，才构成支配地位。

第二节 滥用市场支配地位行为

一、滥用市场支配地位行为的概念

滥用市场支配地位行为，概括地讲，是指具有市场支配地位的企业利用其市场支配地位危害竞争，损害公共利益和私人利益的行为。

关于滥用市场支配地位行为的具体概念和确切涵义，长期以来一直是一个颇具争议的问题，无论是立法实践，还是理论研究，均未能就此问题作出明确的结论。从立法实践看，在各国的反垄断法中基本都有规范滥用市场支配地位的法律规范体系与制度，却很难找到关于滥用市场支配地位行为的概念或涵义的规定，诸如欧盟、德国、美国、法国等在各自的反垄断法中都使用了"滥用市场支配地位"这一术语，并都以各自的方式解释了市场支配地位的含义和考察方法，但对于"滥用"一词却都只使用"术语"，而不解释涵义。例如，《罗马条约》第86条规定"一个或数个企业在共同市场或在共同市场的重大部分上滥用控制市场的地位，……应该予以禁止"；法国《竞争法》（第86-1243号命令）规定"企业或企业集团在国内市场或其重要部分，居控制地位而有滥用行为者，……应受禁止"等。但滥用市场支配地位中的"滥用"行为究竟所指什么内容，法律中却全然找不到答案。

从理论研究的角度看，在为数不多的涉及滥用市场支配地位的概念与涵义的资料中，其表述往往不尽一致。例如，根据世界经合组织（OECD）的解释，滥用市场支配地位是指"支配企业为维持或者增强其市场地位而实施的反竞争的商业行为"。[1]同时，该组织指出："在繁杂多样的商业行为中，哪些被认为属于滥用，因个案及国家的不同而不同，在不同的司法中，有些商业行为可能被作不同的对待。但是，在不同国家已被指控的商业行为（尽管在法律上未必总成功）业已有下列行为：确定不合理或者过度的价格；价格歧视；掠夺性定价；通过联合统一的价格榨取；拒绝交易或者销售；搭售或捆绑产品。"[2]欧洲法院1979年在审判"霍夫曼公司诉欧共体委员会"一案时，曾涉及对滥用市场支配地位的解释问题，它认为："滥用市场支配地位的概念是与具有支配地位的企业的行为相联系的概念。有关企业由于存在着这种地位，不仅影响了市场结构，而且通过采取与商业交易所不同的手段，具有妨害现有市场上竞争程度的维持或者竞争发展的作用。"[3]这种观点强调了市场支配地位与"滥用"行为的联系，在一定程度上揭示了滥用市场支配地位的涵义和性质。

在我国，理论界对滥用市场支配地位的涵义问题有着不同看法。有学者认为："'滥用'这个概念在反垄断法中是无法定义的。"在具体分析"无法定义"之原因后指出："对于滥用市场支配地位的行为，不可能有一个一般性的定义，对于企业的某项具体竞争行为是否属于滥用市场支配地位行为，只能根据个案的具体情形，并考察一切其他相关因素，结合反垄断法规范市场支配地位的立法宗旨，予以综合认定。"[4]也有学者认为："滥用市场支配地位行为，是指拥有市场支配地位的企业滥用其市场支配力，并在一定交易领域实质性地限制竞争，违背公共利益，应受到反垄断法谴责的行为。"[5]法学博士曹士兵则在其《反垄断问题研究》一书中指出："在决定垄断力滥用的存在与否中，市场支配地位扮演着至关重要的角色，它就是决定企业应否承担某种特殊责任的资格证明。这就是为什么各国反垄断法都要详细地规定市场支配地位的类型和构成的主要原因。至于'滥用'，若无特别说明，它至少有两种意思，一是指普遍意义上的'过度使用'，二是指法律意义上的损害事实，若无损害事实，滥用也就不存在了。"[6]

---

[1] 孔祥俊：《反垄断法原理》，中国法制出版社2001年版，第537页。
[2] 孔祥俊：《反垄断法原理》，中国法制出版社2001年版，第537页。
[3] 阮方民：《欧盟竞争法》，中国政法大学出版社1998年版，第195页。
[4] 邵建东："论市场支配地位及其滥用的若干法律问题"，载季晓南主编：《中国反垄断法研究》，人民法院出版社2001年版，第238~239页。
[5] 马思涛："反垄断法如何控制市场支配地位的滥用"，载季晓南主编：《中国反垄断法研究》，人民法院出版社2001年版，第265页。
[6] 曹士兵：《反垄断法研究》，法律出版社1996年版，第140页。

从前述有关滥用市场支配地位行为的各种观点来看，它们都不同程度地强调了"滥用"与"市场支配地位"之间的密切联系。事实上，从反垄断法所体现的法律思想来看，正像市场支配地位本身并不违法一样，"滥用"行为本身也并非反垄断法谴责的对象，只有当市场支配地位与"滥用"行为结合起来时，反垄断法才予以干预。一般行为，若由拥有市场支配地位的企业来实施，因其会对市场结构产生不良影响并将威胁到有效竞争，就会被认为构成"滥用"并受到反垄断法的禁止，但同类行为由其他不具有市场支配地位的企业来实施则可能是正常的竞争。也就是说，反垄断法要求具有市场支配地位的企业承担特别的法律义务或责任。例如，在没有正当理由的情况下，不得不平等地对待其他企业，国家对具有市场支配地位的企业掌握着特别的干预权。

> 拥有市场支配地位者需承担反垄断法上的特别义务

二、滥用市场支配地位行为的表现形式及其规制

滥用市场支配地位行为的表现形式复杂多样，其是否损害竞争往往需要在个案中予以具体分析、认定。从立法实践来看，大多数国家和地区的反垄断法均在一般地禁止滥用市场支配地位的同时，分别列举若干种典型的表现形式，由于法条不可能穷尽所有的滥用市场支配地位行为，因此，还设置兜底条款，允许反垄断法执法机构和法院对法条列举以外的其他滥用支配地位行为作出认定。我国《反垄断法》也采取这种方式，其第17条第1款明确规定："禁止具有市场支配地位的经营者从事下列滥用市场支配地位的行为：①以不公平的高价销售商品或者以不公平的低价购买商品；②没有正当理由，以低于成本的价格销售商品；③没有正当理由，拒绝与交易相对人进行交易；④没有正当理由，限定交易相对人只能与其进行交易或者只能与其指定的经营者进行交易；⑤没有正当理由搭售商品，或者在交易时附加其他不合理的交易条件；⑥没有正当理由，对条件相同的交易相对人在交易价格等交易条件上实行差别待遇；⑦国务院反垄断执法机构认定的其他滥用市场支配地位的行为。"

（一）垄断高价或垄断低价

这里的垄断高价或垄断低价包括《反垄断法》第17条第1款第1项规定的两种情形：①具有市场支配地位的经营者滥用其控制市场的能力，向购买者索取不公平高价，又称超高定价；②具有市场支配地位的经营者滥用其市场控制能力，以不公平的低价盘剥供应商，又称超低定价。这是"剥削性滥用"的两种最主要表现形式，是在市场缺乏竞争的

情况下，拥有市场支配地位的经营者通过价格策略获取垄断利润的重要手段。反垄断法规制垄断高价或垄断低价，就是监督具有市场支配地位的经营者将其产品或服务的价格保持在市场有效竞争条件下的水平，不得高价掠夺消费者、低价盘削供应者，以维护消费者的合法利益和交易的公平。

(二) 掠夺性定价

《反垄断法》第17条第1款第2项规定，禁止具有市场支配地位的经营者没有正当理由，以低于成本的价格销售商品。这是关于掠夺性定价的规定，它与我国《反不正当竞争法》规制的"低于成本价销售"[1]属于同一类限制竞争行为，但不同的是，《反不正当竞争法》只规定经营者不得以排挤竞争对手为目的、以低于成本的价格销售商品，却没有强调这里的"经营者"必须具有市场支配地位。正因如此，在《反不正当竞争法》实施过程中，那些不具有市场支配地位的经营者在激烈的价格大战中采取低于成本的降价策略时就面临构成"不正当竞争行为"的风险。本书认为，这种立法未能很好地体现规制"掠夺性定价"旨在"约束支配企业滥用优势排斥竞争"这一制度理念。《反垄断法》有关掠夺性定价的规定，则很好地解决了这一问题。它将掠夺性定价作为众多市场支配企业滥用行为中的一种，在《反垄断法》第17条中予以列举。

据此规定，构成反垄断法上的掠夺性定价需要符合三个条件：①经营者具有市场支配地位。不具有市场支配地位的经营者，即使具有排挤竞争对手的目的，而且商品或服务的定价低于成本，也不构成反垄断法上的掠夺性定价。②以低于成本的价格销售商品。经营者作为理性经济人经营的目的是获取经济利益，低于成本定价是任何经营者在正常情况下都不会采用的。但当具有市场支配地位的经营者为排挤竞争对手，图谋垄断时，则会暂时承受低于成本的定价所带来的损失，以便在挤垮竞争对手之后独占市场，高价盘剥，获取远远超过该行为损失的更大的垄断利润。"低于成本"突出体现了该种价格行为的"掠夺性"本质。③这种低于成本的定价没有正当理由。在错综复杂的经济生活中，经营者基于正常经营的需要，可从事各种低于成本价的销售活动，例如，为了避免鲜活产品腐烂，为了推销滞销、过季或被新产品替代的产品，为了清偿债务等以低于成本的定价销售产品，从而使损失尽可能减少到最

---

[1] 参见《中华人民共和国反不正当竞争法》第11条。

低限度或缓解经营中遇到的特殊困难等，均不构成掠夺性定价。只有当具有市场支配地位的经营者基于排挤竞争对手之目的、无经营上的正当理由而低于成本销售时，才会受到反垄断法的追究。

（三）拒绝交易

《反垄断法》第17条第1款第3项规定，禁止具有市场支配地位的经营者没有正当理由，拒绝与相对交易人进行交易。这是关于拒绝交易的规定。拒绝交易又称瓶颈垄断，是指具有市场支配地位的经营者没有正当理由，拒绝与其交易相对人进行交易，或限制交易的数量与范围等的行为。根据交易自愿原则，经营者一般享有选择交易对象和决定交易内容的权利，这意味着经营者在选择交易对象过程中有权拒绝与任何经营者进行交易。但具有优势地位的经营者可能会通过拒绝交易构筑市场壁垒，阻止新竞争者进入市场，产生限制竞争的效果，因而受到反垄断法的关注。

> 具有正当理由的拒绝交易属于经营自由范畴

禁止无正当理由拒绝交易，是法律赋予具有市场支配地位的经营者的特殊法律义务，是基于促进和保护竞争的特别需要。事实上，市场中非支配企业拒绝交易的情形也大量存在，但由于其对市场竞争的影响有限，法律一般不予干预。具体讲，拒绝交易对竞争的危害主要表现在以下三个方面：①经营者可通过拒绝交易迫使交易相对人接受其不公平的高价、低价或转售价格限制；②经营者通过拒绝交易可以控制市场的竞争程度，如拒绝与中小经营者交易，限制竞争者数量，影响市场竞争的强度；③经营者可通过拒绝交易限制上、下游经营者的市场活动，危害竞争自由。

依据《反垄断法》的规定，构成拒绝交易应具备以下条件：①经营者具有市场支配地位；②经营者实施了不与相对人交易的消极行为；③该拒绝交易行为没有正当理由，这里的正当理由主要是指拒绝交易本身在经营上的合理性。④经营者的拒绝交易行为产生了排除、限制竞争的后果。

特别需要强调的是，具有市场支配地位的公用企业，所经营的产品往往关系国计民生，民众对其依赖性程度很高，一旦这些经营者拒绝交易，则会严重影响人民的生活和社会秩序。因此，许多国家都在其相关产业法中规定，公共企业在营业中必须接受顾客的交易要求，并对重要的公用企业规定了普通服务义务。我国《反垄断法》在保护国有经济中占控制地位的、关系国民经济命脉和国家安全的行业的合法经营活动的同时，也要求其承担"依法经营、诚实守信、严格自律、接受社会监督"的义务,禁止其利用支配地位损害消费者的利益。虽然具有市场支配地位的一般经营者拒绝交易所产生的排除、限制竞争的后果,也会导致消费者利益的损失,但对具有市场支配地位的公用企业拒绝交易的认定,应特别关注损害消费者利益这一危害后果。

(四) 强制交易

这里的强制交易是指行为人违背他人意愿强制其交易活动的市场支配地位滥用行为。它包括《反垄断法》第 17 条第 1 款第 4 项规定的两种情况:一是具有市场支配地位的经营者限定他人与自己交易;二是具有市场支配地位的经营者限定他人与自己指定的第三者进行交易。强制交易侵犯了交易相对人的自主选择权,同时减少竞争对手的交易机会,是一种严重的限制竞争、危害市场机制运行的滥用行为。

认定强制交易要重点关注以下几个要件:①经营者必须有市场支配地位。只有具有市场支配地位的经营者的强制交易,才是我们研究的"滥用行为",非支配企业强制他人交易如果造成严重危害,可由其他法律如民法来调整,但不是反垄断法上作为"滥用行为"的强制交易,因为这里的"滥用"特指对市场支配地位的滥用。②经营者实施了限定他人与自己交易或限定他人与自己指定的第三者交易的强制行为。③这种强制限定行为没有正当理由。这里的正当理由主要是指这种强制、限定具有经营上的合理性,如某种特殊产品只有行为人或其指定的主体生产的配套产品或提供的服务,才能够满足相关质量、安全、技术的要求。确定其理由是否正当需从当事人的意图、特定交易的经济技术要求、交易相对人及其产品情况、强制行为的实际效果等多方面因素综合考虑。

(五) 搭售或附条件

《反垄断法》第 17 条第 1 款第 5 项规定,禁止具有市场支配地位的经营者没有正当理由搭售商品,或者在交易时附加其他不正当条件。搭售行为的本质是具有市场支配地位的经营者将其在特定市场的竞争优势不公平地延伸或强加于被搭售的产品的市场上,从而限制、甚至排除搭售市场的公平竞争。微软利用其在操作系统的市场优势搭售浏览器从而严重损害浏览器市场的竞争即典型的例证。因此,《反垄断法》将搭售或附加作为具有市场支配地位的经营者的一种滥用行为来规制,主要是基于阻止垄断势力扩展和促进被搭售商品市场竞争的考虑,而主要不是出于保护消费者利益的考虑,虽然,它在一定条件下也具有保护消费

> 搭售被认为是将特定市场的竞争优势延伸于另一市场的典型形式之一

者利益的功能。

认定《反垄断法》所规定的搭售或附加需要重点考虑以下几个要件：①实施搭售或附加的主体必须是具有市场支配地位的经营者，非支配企业所实施的搭售或附加不属于反垄断法规制的滥用行为。当然，并不排除其会受到其他法律的追究。②经营者在销售商品过程中实施了搭售商品或附加其他不合理条件的行为。③经营者的搭售或附加没有正当理由。这里的正当理由涉及多种情形，例如，所搭售的商品如果与结卖品分开销售，会有损于商品的性能、安全或者使用价值，那么，这种搭售安排就是具有正当理由的；将结卖品与搭售品一起出售既符合交易惯例，又有利于消费者，也可认为具有正当理由。④该搭售或者附加对市场竞争产生了危害，具有市场支配地位的搭售者的垄断势力得以延伸向新的市场。

（六）差别待遇

《反垄断法》第 17 条第 1 款第 6 项规定，禁止具有市场支配地位的经营者没有正当理由对条件相同的交易相对人在交易价格等交易条件上实行差别待遇，这是关于差别待遇的规定。差别待遇在很多情况下是经营者的一种营销战略，对不同的交易相对人采取不同的交易条件，是其选择交易对象的一种手段，也是市场中广泛存在的普遍现象，一般情况下它未必危害竞争，法律也不予干预。但当具有市场支配地位的经营者实施差别待遇时，对竞争损害的可能性很大。这主要表现在：①具有市场支配地位的经营者可能采取差别待遇，对其竞争者所在地区或竞争者的客户给予特别的低价销售，以排挤竞争对手；②具有市场支配地位的经营者可以采取差别待遇，威胁、诱使交易相对人接受其不合理的交易条件或排他交易条件，建立纵向限制竞争的协议；③具有市场支配地位的经营者可以通过差别待遇使不同客户处于不同的竞争地位，从而建立或维持关联企业的垄断地位，或将自己的垄断地位扩展到上、下游市场；④具有市场支配地位的经营者可以通过差别定价从消费者处获得最大的收益等。正因如此，反垄断法需要对具有市场支配地位的经营者的差别待遇行为予以必要的规制。

对差别待遇的认定具有复杂性，主要表现在以下几个方面：①交易条件的差异是以交易对象"条件相同"为前提的，这里的"条件相同"是指行为人所提供的商品、服务的质量、状态、级别、型号等都相同，只是由于相对交易人不同而给予不同的定价。②差别待遇的形式主要表现为价格的差异，但不限于价格，还包括诸如质量差异、数量差异等。

③价格差异既可能表现为直接确定不同的产品价格，也可表现为给予折扣、佣金、津贴等间接形式。

认定我国《反垄断法》所规定的差别待遇应当重点考虑如下要件：①实施差别待遇的行为人必须是具有市场支配地位的经营者。②经营者实施了对相同条件的交易人给予不同待遇的行为。③经营者没有正当理由。事实上，法律上可以容许的这种正当理由有很多，如基于制造、销售、运输成本不同所致的合理补贴；基于影响市场的条件的变化而产生的价格变化；基于促销容易变质腐烂的商品、季节性商品而采取的不同价格等均可被认定为属正当理由范畴。④对市场竞争造成不利影响，这是反垄断法规制差别待遇的根本原因，一般来讲，行为人控制市场的能力越强，其差别待遇行为对竞争的影响就越大。

第三节　滥用市场支配地位的法律责任

一、国外关于滥用市场支配地位法律责任的立法

国外反垄断法关于滥用市场支配地位的法律责任主要包括民事责任、行政责任和刑事责任。其中，民事责任的形式主要是损害赔偿，例如，德国《反限制竞争法》规定，滥用市场支配地位的行为人负有赔偿因该行为所造成的损害的义务；瑞典《竞争法》规定滥用市场支配地位的一方应当赔偿因此给另一方造成的损害；日本《禁止垄断法》、韩国《限制垄断与公平交易法》均规定，滥用市场支配地位的事业者，对受害人有承担损害赔偿的责任，并且都强调该责任为无过错责任，即行为人无论在主观上是否有过错，均应承担此种责任。滥用市场支配地位行为的行政责任包括停止违法行为、罚款以及其他方式。例如，法国《关于价格和竞争自由的法律》规定，对滥用市场支配地位限制竞争行为可处以不超过该企业上一会计年度在法国境内未税营业额5%的罚款；瑞典《竞争法》规定对滥用市场支配地位行为应当处以500~5000瑞典克朗的罚款；韩国《限制垄断及公平交易法》规定，可以命令滥用市场支配地位行为人缴纳课征金；德国《反限制竞争法》规定，对滥用市场支配地位行为人可收缴其额外收入等。滥用市场支配地位行为的刑事责任包括罚金、徒刑或监禁。例如，美国对滥用市场支配地位行为可以处5年监禁，日本和韩国可分别处以2年或3年以下徒刑，法国对滥用市场支配地位行为可处监禁并科罚金，但德国对滥用市场支配地位行为仅限

于罚金。

二、中国滥用市场支配地位的法律责任

（一）滥用市场支配地位的经营者的民事责任

《反垄断法》第50条规定："经营者实施垄断行为，给他人造成损失的，依法承担民事责任。"滥用市场支配地位行为作为垄断行为的一种，当其给他人造成损失时，应当依法承担民事责任。根据《最高人民法院关于审理因垄断行为引发的民事纠纷案件应用法律若干问题的规定》，被告实施垄断行为，给原告造成损失的，根据原告的诉讼请求和查明的事实，人民法院可以依法判令被告承担停止侵害、赔偿损失等民事责任。

（二）滥用市场支配地位的行政责任

我国《反垄断法》对滥用市场支配地位行为规定了明确的行政制裁措施，其第47条规定："经营者违反本法规定，滥用市场支配地位的，由反垄断执法机构责令停止违法行为，没收违法所得，并处上一年度销售额1%以上10%以下的罚款。"

1. 责令停止违法行为。经营者滥用市场支配地位的，由反垄断执法机构责令该经营者停止违法行为。目的在于停止对受害人的侵害，减少和消除滥用市场支配地位行为对市场竞争产生的不利影响，恢复正常的市场竞争秩序。实践中，经营者滥用市场支配地位行为的类型不同，停止该滥用行为的方式也有所区别。比如，经营者实施了高价销售和低价购买行为的，应当将价格恢复到市场竞争条件下的水平；如果经营者实施了拒绝交易的行为，则经营者应当积极作为，与交易相对人进行交易。

2. 没收违法所得。为了对滥用市场支配地位的经营者进行惩戒，并对可能滥用市场支配地位的经营者予以警示，《反垄断法》规定对实施滥用市场支配地位行为的经营者没收违法所得，使违法行为人不能从滥用市场支配地位的违法行为中获取利益。

3. 罚款。我国《反垄断法》对滥用市场支配地位的经营者规定了幅度较宽、最高罚额较高的罚款。即罚款幅度为滥用市场支配地位的经营者上一年度销售额的1%～10%。由于实施滥用市场支配地位行为的主体都是在相关市场具有市场支配地位的经营者，一般都具有较大的经济规模和较高的市场份额，其年销售额的10%是一个比较大的

数额。

□ 小　结

本章主要阐述了两个方面的内容：一是市场支配地位的概念、界定标准和认定方法；二是滥用市场支配地位行为的概念、表现形式和法律责任。

一、市场支配地位

1. 市场支配地位的概念：市场支配地位是指企业或企业联合组织在市场上所达到或具有的一种状态，处于该状态的企业或企业联合组织在相关的产品市场、地域市场和时间市场上拥有决定产品产量、价格和销售等各方面的控制能力。

2. 市场支配地位的界定标准：①市场份额；②反映企业综合实力的其他因素。

3. 市场支配地位的认定方法：①界定相关市场；②确定企业在相关市场上的支配能力。

二、滥用市场支配地位行为的概念

滥用市场支配地位行为，概括地讲，是指具有市场支配地位的企业利用其市场支配地位危害竞争，损害公共利益和私人利益的行为。

三、滥用市场支配地位行为的表现形式

1. 垄断高价或垄断低价。
2. 掠夺性定价。
3. 拒绝交易。
4. 强制交易。
5. 搭售或附加。
6. 差别待遇。

四、滥用市场支配地位的法律责任

1. 滥用市场支配地位的经营者的民事责任。
2. 滥用市场支配地位的行政责任。

□ 练习与思考

一、名词解释

1. 市场支配地位　　2. 市场份额　　3. 相关市场

4. 产品市场　　　　5. 地区市场　　　　6. 时间市场

二、简答题

1. 市场支配地位的含义是什么？
2. 除市场份额外，反映企业综合经济实力的其他因素有哪些？
3. 依据我国《反垄断法》的规定，认定经营者具有市场支配地位的依据是什么？
4. 依据我国《反垄断法》的规定，滥用市场支配地位的表现形式有哪些？
5. 滥用市场支配地位应负哪些行政责任？

三、案例分析

中国某航空股份有限公司在河南民用航空市场上有60%~65%的市场份额，自2005年起推出五级代理人制度，按照对其的"忠诚度"将代理人分为五级，分别享受不同的销售待遇，包括供应机票种类和促销奖励等。其中，五级待遇最高，优先保证供应其热线航班机票，并给予较高的折扣，条件是不得销售其他航空公司的机票和提供航班信息。其他级别待遇依次下降，为维护这一制度，航空公司还采取了一系列惩罚措施，如扮成顾客考察代理商的忠诚度，没收代理商销售的其他航空公司机票，通过网络监控代理商每天的售票情况，对不守规定的代理商屏蔽该航空公司的航班信息，增加其退票难度等。

问题：根据我国《反垄断法》的相关规定，分析航空公司推出的五级代理人制度是何种性质的行为？

□ 练习与思考答案要点

一、名词解释

1. 市场支配地位是指企业或企业联合组织在市场上所达到或具有的一种状态，处于该状态的企业或企业联合组织在相关的产品市场、地域市场和时间市场上拥有决定产品产量、价格和销售等各方面的控制能力。

2. 市场份额是指特定企业的总产量、销售量或者生产能力在特定相关市场中所占的比例，又称市场占有率。

3. 相关市场是指经营者在一定时期内就特定商品或者服务进行竞争的商品范围和地域范围。

4. 产品市场是"相关产品市场"的简称，是指同类产品或具有替代关系的产品的范围，所有具有替代关系的产品构成了同一个产品市场。

5. 地区市场是"相关地区市场"的简称，是指同类产品或具有替代关系的产品相互竞争的地理区域。

6. 时间市场是"相关时间市场"的简称，是指相同或近似产品在同一区域内相互竞争的时间范围。

二、简答题

1. 市场支配地位的含义包括：①市场支配地位首先意味着经营者在相关市场中处于优势或强势地位，具有"能够控制商品"、"能够阻碍、影响其他经营者"的能力；②经营者所具有的这种"能力"，通过作用于商品的价格、数量或者其他交易条件或构筑市场壁垒，从而对相关市场的竞争造成危害；③具有市场支配地位的经营者可以是一个经营者，也可以是数个经营者。一个经营者在相关市场上具有了排除限制竞争的能力，即具有了市场支配地位；同样，两个或数个经营者彼此之间不竞争，作为整体具有排除限制竞争的能力，则这些经营者作为整体即具有了市场支配地位。

2. 除市场份额外，反映企业综合经济实力的其他因素主要包括六个方面：①市场进入障碍。新的竞争者进入市场的障碍越大，市场上原有企业的市场能力就越容易维持、巩固或增强。②企业财力。企业的财力资源越雄厚，对其他竞争者的影响力就越大。③企业垂直联合的程度。企业与其前一个或后一个经济阶段的企业的联合越紧密，该企业在其原材料采购市场或者销售市场上的地位就越强。④企业转产的可能性。企业转向生产其他产品的灵活性越大，表明其在市场中的独立性及对市场的影响力越强。⑤交易对象的选择机会。交易对象转向其他企业的可能性或对产品的可选择性越小，该企业对市场的影响就越大。⑥市场行为的差异性。企业的某些交易行为与竞争条件下可能实施的行为相差越大，该企业不受竞争制约的能力就越强。

3. 依据我国《反垄断法》第18条的规定，认定经营者具有市场支配地位，应当依据下列因素：①该经营者在相关市场的市场份额，以及相关市场的竞争状况；②该经营者控制销售市场或者原材料采购市场的能力；③该经营者的财力和技术条件；④其他经营者对该经营者在交易上的依赖关系及其程度；⑤其他经营者进入相关市场的难易程度；⑥与认定该经营者市场支配地位有关的其他因素。

4. 滥用市场支配地位行为的表现形式有：①垄断高价或垄断低价；②掠夺性定价；③拒绝交易；④强制交易；⑤搭售或附加；⑥差别待遇。

5. 滥用市场支配地位的行政责任包括：①责令停止违法行为；②没收违法所得；③罚款。

三、案例分析

根据我国《反垄断法》第17条的规定，禁止具有市场支配地位的经营者无正当理由对条件相同的交易相对人在交易价格等交易条件上实行差别待遇。在这一案例中，航空公司对不同代理商提供相同的机票，而采取不同的交易条件，并通过一系列手段防止套利现象,达到排挤竞争者、损害竞争秩序的结果,是典型的差别性待遇行为。[1] 但由于我国当时尚未颁布《反垄断法》,其他法律也尚无明确的差别待遇规定,因此,航空公司所在地的省工商局依据《反不正当竞争法》第6条,将该种行为认定为公用企业和依法具有独占地位的经营者限定交易的不正当竞争行为,并责令其承担相应的法律责任。

---

[1] 参见国家行政管理总局公平交易局和中国社会科学院国际法院研究中心:《反垄断典型案例及中国反垄断执法调查》,法律出版社2007年版,第33~34页。

第十五章

经营者集中

■**学习目的和要求**

通过本章学习，要求学生
- 重点掌握：经营者集中的含义；经营者集中的申报制度；经营者集中的审查制度；经营者集中的禁止制度；经营者集中的法律责任。
- 掌握：经营者集中对竞争的影响；经营者集中控制与外资并购的安全审查。

第一节 经营者集中的含义及其对竞争的影响

一、经营者集中的含义

经营者集中是指两个或两个以上企业以一定的方式或手段所形成的企业间的资产、营业和人员的融合。经营者集中规制是反垄断法的核心内容之一，有关经营者集中含义的界定受到各国反垄断法的普遍重视，已经建立起经营者集中规制制度的各国反垄断法，均以各种形式界定经营者集中的定义、内容、范围等。但是，由于各国在社会经济发展的历史、法律制度确立的背景、对经营者集中规制所持的方针、政策及所采

> 《反垄断法》颁布前，我国理论界多在"企业合并"这一命题下研究经营者集中

用的手段等方面都存在着较大的差异，因此，对经营者集中这一现象，从称谓与定义到主体范围与表现形态以及具体内容的规定等，都表现出诸多不同。这里，根据欧盟、美国、日本以及我国台湾地区的"反垄断法"的典型规定，就经营者集中的含义的界定作简要说明。

在欧盟竞争法中，与经营者集中相对应的概念是"企业集中"（concentrations between undertakings）。欧共体1989年颁布的《企业集中规制规则》（1990年9月21日生效）第3条对企业集中进行了定义，它是指：两个或两个以上的从前独立的企业实施的合并行为；或者至少已经支配了一个企业的一个或一个以上的个人或企业，通过有价证券或资产的购入、契约或其他任何方式，获得对其他的一个或一个以上的企业的全部或部分的直接或间接的支配权的行为。[1] 该规则还在其前言部分的第23项中，将"企业集中"简洁地描述为"系导致参与企业结构的永久性变迁的行为"，并将设立一个作为独立的经济实体的合营企业而并未调整和影响设立合营企业的当事企业间，以及合营企业与各个当事企业之间的市场竞争活动的企业合营行为（即"集中型合营行为"）也列入了"企业集中"的调整范畴。1997年6月，欧盟理事会在对该规则进行修订的过程中，又将旨在调整母公司之间以及共同子公司与其母公司之间的事业活动的企业联营行为（即"协调型合营行为"），也列入了企业集中规制规则所调整的范围。由此可以看出，欧盟竞争法中的经营者集中的概念范围相当广泛，既有独立的企业之间发生的合并行为，又有获得了对其他企业直接或间接的"支配权"的控制行为，还有包括"集中型合营行为"和"协调型合营行为"在内的企业合营行为。2004年，欧盟在修改《企业集中规制规则》的基础上，颁布了新的《关于企业集中控制的理事会139/2004号条例》。该条例强调，"集中"的定义，最好应包括在对所涉企业的控制方面，并由此对市场结构方面引起持久变化的行为。因此，应当把所有从事长期经营、具有自主经济实体全部功能的合资企业，都包括在该条例的适用范围内。此外，将由于条件相互联系而密切相关的诸个交易，或在一段合理的短时间内发生的一系列股票交易视为一个集中，这也是适宜的。

在美国，反托拉斯法对经营者集中概念只作了比较抽象的规定，而反托拉斯法的行政执法机关——司法部反托拉斯局和联邦贸易委员会以及司法机关法院对有关经营者集中规定的解释相对较为具体，并通过大量案例确立了一系列有关经营者集中内容与范围的原则。当然，这些解

---

[1] 王为农：《企业集中规制基本法理》，法律出版社2001年版，第29页。

释和原则也同样具有相当大的弹性。美国现行的《克莱顿法》第7条是我们理解美国经营者集中含义的基本法律依据。该条规定，当从事商业或任何对商业有影响的活动的人，直接或间接地取得其他同样从事商业或任何影响商业活动的人所持有的股票或其他资本份额的全部或一部分，或者属于联邦贸易委员会管辖的人取得同样从事商业或任何对商业有影响的活动的其他人的资产的全部或一部分时，其该项取得的结果将会实质性地减损合众国的任何地域的商业的任何一个领域或影响商业的任何活动中的竞争，或者企图形成垄断，则该项取得将被禁止。该条规定虽然没有对经营者集中作出定义，但却明确了其所规制的对象，即"从事商业或从事任何影响商业活动的人"取得他人所持有的股票、其他资本份额或者资产等的集中行为。[1] 美国《克莱顿法》关于经营者集中含义这种极具抽象性的规定，使其具有很强的包容性，体现出相当宽泛的调整范围。综观以往美国的判例实践可以看出，美国有关经营者集中的含义，不仅包括了各种各样的股份或资产的取得行为，还包括狭义的企业合并、企业合营以及企业之间发生的兼任管理职务等具体形态，范围非常广泛。

在日本，从事反垄断法理论研究的学者们在其反垄断法的学术论文及著作中，经常使用"企业结合"的概念，其含义与前述企业间的"融合"的含义一致。但日本的《禁止垄断法》则既未使用"企业结合"这一术语，也未对这类现象作一般定义性的规定，而是采取"列举式"的方法，对法律所要规制的经营者集中的表现形态以及规制的基本标准和方法分别作出了规定。该法第13条至第16条分别以"干部兼任的限制""公司以外者持有股份的限制""合并的限制""营业受让等的限制"等四个条目详细规定了，当干部兼任、持股、合并、营业受让等这些经营者集中行为会实质性地限制一定的交易领域内的竞争或者行为人所采取的方法被认为是不正当的交易方法时，行为人应承担的义务、责任及法律的制裁措施。由此可见，日本《禁止垄断法》所规制的经营者集中是由股份保有、管理人员兼任、合并以及营业转让等构成的一组行为。

我国台湾地区的"公平交易法"使用"企业结合"的概念，但仍然采用列举表现形式的方法来界定其含义。我国台湾地区"公平交易法"第6条第1款规定："本法所称结合，谓事业有下列情形之一者而言：①与他事业合并者；②持有或取得他事业之股份或出资额，达到他事业

---

[1] 王为农：《企业集中规制基本法理》，法律出版社2001年版，第11页。

有表决权股份或资本总额 1/3 以上者；③受让或者承租他事业全部或主要部分之营业或财产者；④与他事业经常共同经营或受他事业委托经营者；⑤直接或间接控制他事业之业务经营或人事任免者。"据此规定，"公平交易法"所定义的企业结合，在范围上远远超过公司法上的公司合并。首先，从主体上看，公司法中所规定之合并为两个或两个以上公司合并为一个公司，无论是吸收合并还是新设合并，均以公司法所规定的"公司"为基础。而"公平交易法"所规定的结合之主体，依该规定第 2 条关于"事业"概念的解释包括以下几类：①公司；②独资或合伙之工商行号；③同业公会；④其他提供商品或服务从事交易之人或团体。其次，从结合行为的表现形态来看，不仅包括合并，还包括转投资持股、重大资产或营业的转让或出租、直接或间接控制之关系企业等。

我国《反垄断法》使用了"经营者集中"这一概念，却未规定其含义，而是类似日本那样，在第 20 条以列举经营者集中表现形式的方式对其予以限定。该条规定："经营者集中是指下列情形：①经营者合并；②经营者通过取得股权或者资产的方式取得对其他经营者的控制权；③经营者通过合同等方式取得对其他经营者的控制权或者能够对其他经营者施加决定性影响。"

二、经营者集中对竞争的影响

经营者集中对市场竞争具有正负双重效应，即积极促进与消极妨碍。

经营者集中作为经营者追求利润最大化的重要手段之一，是市场经济的必然产物，其存在本身具有重要的合理价值，对社会经济的发展也具有重要的促进作用：①经营者集中有利于企业达到最佳经营规模，产生良好的规模经济效益。经营者集中所形成的大企业集团，可以对原来分散的资金、技术、人员等进行统一管理、经营，使社会资源从低级价值利用转向高级价值利用，以规模经济的优势降低生产成本，节约交易费用，分散经营风险，提高竞争能力，获取稳定利润，并可有效减少或避免因盲目竞争所带来的社会资源浪费。②经营者集中在一定程度上适应了现代化新产业发展的客观需要。进入 20 世纪以来，随着生产力的迅速发展，特别是电子时代的到来，许多新兴产业如计算机行业、化工业、航天业、机电业、汽车制造业等迅速崛起，这些资金和技术密集型产业的发展往往需要巨额投资和规模经营，而经营者集中则是集中资金、从事规模经营的重要途径之一。适度的经营者集中对这些新兴产业的发展无疑具有重要的促进作用。③经营者集中为产业结构调整提供了

> 经营者集中对竞争具有积极促进和消极阻碍双重作用

一种又好又快的资金重组方式。在产业结构变动、需要改变原有产业资本配置状况时,经营者集中恰好为资金存量的流动提供了机会,有利于推动资源配置的合理进行。④经营者集中有利于企业参与国际市场竞争。从世界范围来看,随着资本流动和商品流通的国际化,一国的对外贸易在国内经济中的地位显得越来越重要,统一的国际大市场的形成与发展,为国内企业参与国际市场竞争提供了良好的机遇。经营者集中有助于形成一批资金实力雄厚、技术先进、管理高效、具有较强国际竞争力的骨干企业集团跻身国际市场,获取国际利润,增加国内收入,为本国经济的发展作出贡献。

然而,值得充分注意的问题是:经营者集中在发挥如前所述积极功能的同时,还存在着妨碍公平竞争的消极作用。这是因为,经营者集中可以使企业经济实力瞬间增长,迅速推动市场的高度集中,形成垄断,从而对市场竞争产生严重影响。主要表现在:①经营者集中人为地改变市场结构,迅速地集中企业的经济力量,是企业获取市场支配力的极为重要的手段和方法,而且很容易被用来限制市场内的有效竞争。特别是竞争对手之间的合并会永久地消灭原有竞争者之间的市场竞争,与其他破坏竞争的行为如协议限制竞争行为相比较,这种以彻底消灭竞争者的方式而形成的结构性垄断,其危害后果更为严重,它往往持续时间较长,市场控制能力较强,如果没有新的竞争者进入市场,垄断就难以消灭。②处于市场支配地位的企业,可以通过经营者集中进一步扩大规模,控制市场,形成更加稳固的垄断地位,从而在更大程度上利用优势地位阻碍、限制有效竞争。③经营者集中容易造成新企业进入市场的障碍或壁垒,减少新的竞争者参与市场竞争的机会与可能性,使市场竞争结构趋于不合理,妨碍市场竞争功能的有效发挥。④就经营者集中过程本身来说,往往伴随着严重的破坏竞争行为,如一些具有优势地位的企业,采取掠夺性定价、诋毁竞争对手等不正当竞争手段,使经营对手的经营活动严重受挫,进而将其强行吞并等。经营者集中对竞争的这种破坏性影响,在损害其他竞争者和消费者的合法利益的同时,还对社会的公共利益乃至整个社会经济的发展造成危害,因而受到各国竞争法以及其他法律、法规的普遍禁止。

如前所述,经营者集中对市场经济的发展具有积极促进与消极妨碍双重作用,这就要求在对其进行法律调控时必须用辩证的观点对其进行正确的分析与研究,通过科学的立法,客观地反映经济发展对经营者集中的要求,既要允许企业适度合并,充分发挥其规模经济效益等积极功能,又要防止经营者集中无度发展,导致垄断,从而破坏公平竞争。正因如此，世界各国多通过竞争立法，针对经营者集中问题确定一系列的竞争规则，以便合理地把握经营者集中的"度"，扬长避短，使其更好地为经济建设服务。究竟应如何把握经营者集中的"适度"，怎样确定经营者集中合法与违法的原则界限，一直是各国反垄断立法的难点与重点。

第二节 经营者集中的规制制度

经营者集中的规制制度主要包括经营者集中的申报制度、经营者集中的审查制度、经营者集中的禁止制度以及经营者集中的国家安全审查制度等。

一、经营者集中的申报制度

经营者集中申报制度主要包括申报的时间、申报的标准、申报的例外以及申报的文件与资料等内容，现分述如下。

（一）经营者集中申报的时间

从各国反垄断立法与执法的实践来看，经营者集中的申报主要有两种：①事先申报，即要求经营者在实施集中前事先向竞争执法机构申报，如果该集中不符合法律要求，则予以禁止；②事后申报，即要求经营者在实施集中之后向竞争执法机构申报，如果该集中不符合法律要求，则予以分离或解散。相比之下，事先申报更具有合理性，主要表现在它既可以使经营者尽可能避免因法律的不确定性而导致的集中风险，又可使竞争执法机构及时监督经营者集中，阻止违法集中的发生。正因如此，事先申报成为世界上大多数经济发达国家反垄断法的选择。我国《反垄断法》第21条规定："经营者集中达到国务院规定的申报标准的，经营者应当事先向国务院反垄断执法机构申报，未申报的不得实施集中。"可见，我国与大多数国家及地区反垄断法的通行做法一致，实行的是经营者集中的事先申报制度。但事后申报也有一定的存在基础，它只需企业在集中完成之后及时向执法机构报备即可，可减少经营者集中的法律障碍，减轻竞争执法机构的审查工作量。特别是在企业濒临破产或存在其他紧急情况时，事后申报有利于企业抓住时机进行合并、重组，及时挽救处于困境中的小企业。这种减少小企业的行为不会影响市场竞争，还可以改善企业的组织结构，推动市场上的有效竞争。因此，

> 越来越多的国家倾向于采用事先申报制度

世界上仍有少数国家采用事后申报制度。

(二) 经营者集中申报的标准

从考量经营者集中对竞争消极影响的角度出发，只有达到一定标准的集中，反垄断法才要求申报，并予以监督。我国《反垄断法》未涉及经营者集中申报的具体标准，而只在第 21 条规定，经营者集中达到"国务院规定的申报标准"的，经营者应当申报。这表明，申报标准易受经济发展等因素的影响而变化，应保有一定的主动性和灵活性，不适宜一次确定，终身不变。立法者将经营者集中的申报标准交由国务院制定，表明了其务实的态度。

根据《国务院关于经营者集中申报标准的规定》，经营者集中达到下列标准之一的，经营者应当事先向国务院商务主管部门申报，未申报的不得实施集中：①参与集中的所有经营者上一会计年度在全球范围内的营业额合计超过 100 亿元人民币，并且其中至少 2 个经营者上一会计年度在中国境内的营业额均超过 4 亿元人民币；②参与集中的所有经营者上一会计年度在中国境内的营业额合计超过 20 亿元人民币，并且其中至少 2 个经营者上一会计年度在中国境内的营业额均超过 4 亿元人民币。营业额的计算，应当考虑银行、保险、证券、期货等特殊行业、领域的实际情况，具体办法由国务院商务主管部门会同国务院有关部门制定。经营者集中未达到规定的申报标准，但按照规定程序收集的事实和证据表明该经营者集中具有或者可能具有排除、限制竞争效果的，反垄断执法部门应当依法进行调查。

(三) 经营者集中申报的例外

建立经营者集中事先申报制度，目的是通过对经营者集中事先申报的审查，防止经济力量过度集中或者加强市场支配地位，形成垄断，损害竞争。所以，需要进行集中申报的是相互完全独立的经营者之间的集中，如果经营者之间原本就已经存在控制与被控制关系，相互之间并不真正独立，即使集中，对相关市场的控制力和影响力也不会有太大的变化，对竞争的损害也很有限。因此，各国反垄断法大多就这种情况作出申报例外规定，即不要求参与集中者进行申报。

按照国际上的普遍做法，对经营者的除外规定主要涉及两种情况：①已经形成控制与被控制关系的经营者之间的集中；②受同一经营者控制的经营者集中。借鉴这一经验，我国《反垄断法》第 22 条规定："经营者集中有下列情形之一的，可以不向国务院反垄断执法机构申报：

①参与集中的一个经营者拥有其他每个经营者50%以上有表决权的股份或者资产的;②参与集中的每个经营者50%以上有表决权的股份或者资产被同一个未参与集中的经营者拥有的。"也就是说,我国经营者集中申报除外有以下两种情形:①参与集中的一个经营者拥有其他参与集中的每个经营者50%以上有表决权的股份或者资产的。一个经营者拥有另一经营者50%以上有表决权股份或者资产,已经形成实质上的控制与被控制关系,它们之间的集中,并没有增加新的控制力或者影响力,所以不会在相关市场上产生或者加强市场支配地位,形成垄断,进而损害竞争效果。因此,在经营者集中时,如果参与集中的一个经营者拥有其他每个经营者50%以上有表决权的股份或者资产的,则无需申报。②参与集中的每个经营者50%以上有表决权的股份或者资产被同一个未参与集中的经营者拥有的。两个或者两个以上的经营者,各自50%以上有表决权的股份或者资产都被同一个经营者所拥有,等于都受同一经营者控制,它们之间的集中,也没有增加新的控制力或者影响力。如受一个母公司控制的数个全资子公司之间的集中,即无需申报。

(四) 经营者集中申报的文件和资料

为了审查企业的市场影响能力,法律要求申报者提供特定的文件与材料,根据各国法律规定,这些材料主要包括:申请书;经营者的基本情况,如名称、住所、经营范围、联系方式等;上一营业年度资产额、销售额;集中所涉及产品市场及相关市场界定的依据;参与集中方在相关市场的市场占有率及估算依据;经营者上一会计年度的财务报表及营业报告;经营者集中的经济合理性分析;实施集中对相关市场竞争影响的评估等。

结合各国的通行做法,我国《反垄断法》第23条第1款明确规定:"经营者向国务院反垄断执法机构申报集中,应当提交下列文件、资料:①申报书;②集中对相关市场竞争状况影响的说明;③集中协议;④参与集中的经营者经会计事务所审计的上一会计年度财务报告;⑤国务院反垄断执法机构规定的其他文件、资料。"我国《反垄断法》第24条还规定:"经营者提交的文件、资料不完备的,应当在国务院反垄断执法机构规定的期限内补交文件、资料。经营者逾期未补交文件、资料的,视为未申报。"

二、经营者集中的审查制度

经营者集中的审查主要包括两部分内容：①审查的依据，即审查经营者集中违法与否所考虑的各种因素，主要涉及相关市场的市场集中度、参与集中的经营者的市场份额与市场控制力、经营者集中对市场竞争、技术、消费者、经营者及国民经济等多方面的影响。②审查的程序，即审查经营者集中过程中所应遵循的期限和步骤。由于经营者实施集中，涉及其经营状况、市场变化等因素，如果审查期限过长，不利于经营者及时实施集中，应对客观形势变化。因此，一些国家或者地区对经营者集中申报的审查，规定了初审和主审制度，即主管机关在收到申报材料后，在较短的时间内进行初步审查，如果认为集中对市场竞争没有严重影响的，作出准予集中的决定；如果认为集中对市场竞争可能会产生严重影响的，则作出进一步审查，直至作出最终决定。我国采用了这种两步审查制度。下面论述我国《反垄断法》有关审查依据和审查程序的具体规定。

经营者集中的"两步审查"程序体现了经营者集中审查中对效率价值的追求

（一）经营者集中的审查依据

根据《反垄断法》第27条的规定，国务院反垄断执法机构在审查经营者集中时，应当考虑下列因素：①参与集中的经营者在相关市场的市场份额及其对市场的控制力。市场份额及对市场的控制力，是判断经营者在相关市场所处地位的重要指标，参与集中的经营者，如果占有较大的市场份额或者具有较大的市场控制力，那么，其进行集中，极易形成垄断，阻碍竞争；反之，如果参与集中的经营者的市场份额较低或对市场的控制力较小，其集中的危害性也较小或者没有。②相关市场的市场集中度。市场集中度，可通过市场份额的分布情况来看，如果市场份额主要由少数几个经营者占有，就表明市场集中度高；如果市场份额由许多经营者占有，就表明市场集中度低。市场集中度与相关市场的竞争状况有着紧密的联系。一般而言，市场竞争越充分，参与竞争者就越多，市场份额就越分散，市场集中度就越低；市场竞争越不充分，参与竞争者越少，市场份额就越集中，市场集中度就越高。在市场集中度高的行业、领域，经营者实施集中，就更容易形成垄断，阻碍竞争。因此，在审查经营者集中时，应当考虑相关市场的市场集中度。③经营者集中对市场进入、技术进步的影响。对市场进入的影响，主要是指经营者集中，是否会构筑市场进入壁垒，对其他经营者进入相关市场产生影响，增加进入难度。对技术进步的影响，主要是指经营者集中，是否会对新技术的研究开发以及推广应用产生影响,阻碍技术进步。④经营者集中对消费者和其他有关经营者的影响。对消费者的影响,主要是指经营者的集中,是有利于消费者,还是不利于消费者;导致消费者更加方便、更多选择、更好质量、更优服务,还是导致消费者更为不便、更多支出、更差服务。对其他有关经营者的影响,主要是指经营者的集中,是有利于其他经营者开展经营活动,还是更加不利于其他经营者开展经营活动。⑤经营者集中对国民经济发展的影响。对国民经济发展的影响,主要是指经营者的集中,是有利于国民经济更好、更快、更健康发展,还是对国民经济发展产生阻碍等不利的影响。⑥国务院反垄断执法机构认为应当考虑的影响市场竞争的其他因素。

(二) 经营者集中的审查程序

我国反垄断法规定的经营者集中"两步审查"程序由"初步审查"和"进一步审查"组成。

1. 初步审查。根据《反垄断法》第 25 条的规定,初步审查涉及以下内容:①初步审查的主体。初步审查的主体是国务院反垄断执法机构,其他任何机构都无权对经营者集中申报进行初步审查。②初步审查的启动。经营者向国务院反垄断执法机构提交文件、资料,即启动初步审查程序。需要注意的是,按照《反垄断法》第 24 条关于文件、资料不完备逾期未补交视为未申报的规定,在经营者提交的文件、资料不完备且在规定的期限内没有补交文件、资料的情况下,不能启动初步审查程序。③初步审查的期限。初步审查的期限为收到文件、资料之日起 30 日内。如果经营者提交的文件、资料不完备的,则应当在国务院反垄断执法机构规定的期限内补交文件、资料,初步期限自经营者补交文件、资料之日起计算。④初步审查的决定。决定分两种:一是实施进一步审查的决定,即国务院反垄断执法机构对经营者集中申报作出实施进一步审查的决定的,进入下一阶段的审查;二是不实施进一步审查的决定,即国务院反垄断执法机构对经营者集中申报作出不实施进一步审查的决定的,经营者可以实施集中。⑤国务院反垄断执法机构的通知义务。国务院反垄断执法机构不论是实施进一步审查的决定,还是作出不实施进一步审查的决定,都必须采用书面形式通知经营者。⑥经营者暂不实施集中义务。在国务院反垄断执法机构作出决定以前,即没有书面通知经营者之前,经营者不得实施集中。⑦国务院反垄断执法机构逾期不决定的法律后果。国务院反垄断执法机构应当在规定的期限内作出决定,逾期未作出决定的,经营者可以实施集中。因此,国务院反垄断执法机构

"逾期未作出决定",其法律效果等同于作出不实施进一步审查的决定,即经营者可以实施集中。

2. 进一步审查。根据我国《反垄断法》第26条的规定,经营者集中的"进一步审查"主要包括以下内容:①审查的期限。进一步审查的期限分为两种情况:一是一般期限,即指国务院反垄断执法机构作出实施进一步审查决定之后,对经营者集中申报实施进一步审查并作出决定的期限。该期限为90日,自国务院反垄断执法机构作出实施进一步审查的决定之日起计算。国务院反垄断执法机构应当遵守进一步审查一般期限的规定,在90日内完成进一步审查工作,依法作出决定。二是延长期限,是指当法定情形出现时,国务院反垄断执法机构在一般审查期限之外,延长进一步审查的期限。有下列情形之一的,国务院反垄断执法机构经书面通知经营者,可以延长审查期限,但最长不得超过60日:一是经营者同意延长审查期限的;二是经营者提交的文件、资料不准确,需要进一步核实的;三是经营者申报后有关情况发生重大变化的。需要注意的是,在规定的一般期限或延长期限内,经营者不得实施集中。②进一步审查的决定。国务院反垄断执法机构完成经营者集中申报的进一步审查工作后,应依法作出决定。决定分为两种:一种是禁止经营者集中的决定。作出禁止经营者集中的决定,应当说明理由。另一种是对经营者集中不予禁止的决定,即允许经营者集中的决定。③国务院反垄断执法机构的通知义务。国务院反垄断执法机构作出决定,不论是禁止经营者集中的决定,还是对经营者集中不予禁止的决定,都必须采用书面形式通知经营者。④逾期未作出决定的法律后果。国务院反垄断执法机构逾期未作出决定的,经营者可以实施集中。因此,国务院反垄断执法机构"逾期未作出决定",其法律效果等同于对经营者集中不予禁止的决定,即经营者可以实施集中。

三、经营者集中的禁止制度

(一)禁止经营者集中的判断标准

在各国的反垄断法中,对经营者集中控制有"实质性减少竞争"标准和"支配地位"标准之分。"实质性减少竞争"标准是指反垄断法控制具有实质性减少竞争的目的或者后果的经营者集中。"支配地位"标准是指反垄断法禁止获取或维持市场支配地位的经营者集中。

在长期的经营者集中规制实践中人们发现,"支配地位标准"存在着较为明显的局限性,主要表现在三个方面:①当某些经营者集中虽然达不到或并未加强市场支配地位,但却可能严重损害竞争时,"支配地位标准"会导致这类有害竞争的集中难以被规制。②当某些集中确实产生或加强了市场支配地位,但却并未对竞争产生实质损害时,"支配地位标准"可能导致对无害集中的阻止。③"支配地位标准"仅仅关注静态的市场结构,如企业规模、市场集中度等,而对动态的企业行为重视不够。

相对而言,"实质性减少竞争"标准更为符合市场经济对鼓励竞争、防止和制止垄断、鼓励经营者做大做强、发展规模经济的本质要求,因此,我国《反垄断法》采用实质性减少竞争标准,该法第28条明确规定:"经营者集中具有或者可能具有排除、限制竞争效果的,国务院反垄断执法机构应当作出禁止经营者集中的决定。……"

(二) 禁止经营者集中的豁免

由于经营者集中存在着积极和消极两方面作用,即使被认定为对竞争有实质性损害的经营者集中,也有可能同时对经济发挥积极促进作用,这些作用主要表现为:优化资源配置、提高经济效益、增强产业的国际竞争力、促进产业发展与转型、提高市场竞争程度、贯彻国家产业政策、实现就业等整体经济利益及社会公共利益等。

> 在经济全球化背景下,经营者集中对经济的积极作用越来越受到重视

从国外的反垄断立法及司法实践来看,由于经济生活的复杂性,即使某一经营者集中可能具有排除、限制竞争的效果,但因存在着更多的积极因素,因而对该经营者集中并不会绝对地禁止。有的国家为了使法律更加明确,提高审查经营者集中的效率,在法律中明确规定了某些经营者集中原则上不会被反垄断法所禁止。例如,美国司法部1982年《企业合并指南》确立了一个禁止企业合并例外的重要原则。依据该原则,如果一个企业合并后,市场没有或只有很低的进入障碍,那么这个合并便有可能获得豁免。因为,在市场没有或只有很低的进入障碍的情况下,由于市场外的企业与市场内的企业存在着一种潜在的竞争关系,故合并后的企业即使占有较大的市场份额甚至是取得市场支配地位,它也难以通过联合或独占的手段随意抬高产品的价格。同时,在经济全球化背景下,"整体经济""公共利益""国际竞争力"等也成为美国企业合并判例中主要的例外理由。例如,美国波音公司与麦道公司已占据国内甚至国际飞机制造业的巨大市场份额,但为了与欧洲的空中客车对抗,政府依然允许两家公司合并,其交易额达140亿美元,成为全球飞机制造业超级霸主。德国《反对限制竞争法》第24条规定,如果合并对整体经济的好处超过了限制竞争的坏处,或者合并有着显著的社会公

共利益，而且这种限制竞争也没有达到严重损害竞争或者危及市场经济秩序的程度，联邦经济部长可以批准这些被联邦卡特尔局禁止了的合并。

借鉴国外经验，我国《反垄断法》第 28 条对禁止经营者集中的例外也作了明确规定，即"经营者能够证明该集中对竞争产生的有利影响明显大于不利影响，或者符合社会公共利益的，国务院反垄断法执法机构可以作出对经营者集中不予禁止的决定"。同时，为了有效预防所带来的负面影响，我国《反垄断法》第 29 条还明确规定："对不予禁止的经营者集中，国务院反垄断执法机构可以决定附加减少集中对竞争产生不利影响的限制性条件。"上述规定表明，我国《反垄断法》对经营者集中采取了较为灵活的态度，重在分析其效果。相对而言，这种规定方式更能够体现反垄断法律制度对于经营者集中的原则性和灵活性相结合的特点，也给了了反垄断执法机构相对较为宽泛的执法裁量空间，更符合反垄断法作为一种政策工具的特点。

四、经营者集中控制与外资并购安全审查

在经济全球化背景下，伴随外资并购活动的日益增加，许多国家对本国产业的安全越来越重视，逐渐建立了对外资并购进行安全审查的制度。美国、加拿大、澳大利亚、法国、日本等经济发达国家，都通过立法将本国对外资并购的立场、政策、审查标准、审查门槛、审查程序、审查期限等，在法律中作出明确规定，建立完备的外资并购安全审查法律制度，有的国家还成立了专门的安全审查机构。例如，1975 年，阿拉伯石油禁运后，美国总统福特成立了外国投资委员会，负责对海外投资的安全审查；1985 年加拿大成立投资局，对非加拿大人的重要投资进行审查等。

外资并购作为一种具有特殊复杂性的经营者集中方式，不仅要受到反垄断法的规制，还要受到国家有关外资并购安全审查法律的约束，这就要求反垄断法中的法律规定与国家有关外资并购安全审查的法律规定之间要保持衔接和协调。这在我国的现行立法中得到了很好的体现：一方面，我国《反垄断法》借鉴国际上的通行做法，结合我国实际情况，在第 31 条对经营者集中审查与外资并购国内企业的审查作了衔接性的规定："对外资并购境内企业或者以其他方式参与经营者集中，涉及国家安全的，除依照本法规定进行经营者集中审查外，还应当按照国家有关规定进行国家安全审查。"另一方面，我国 2009 年修订的《关于外国投资者并购境内企业的规定》，不仅在第 3 条明确规定外国投资者并购

境内企业"不得造成过度集中、排除或限制竞争,不得扰乱社会经济秩序和损害社会公共利益",还专章规定了外资并购境内企业的"反垄断审查"问题。实践中,虽然反垄断法可以通过对达到一定规模的经营者集中进行审查,有效遏制经营者在我国市场形成垄断,防范外资并购所引起的垄断风险,从而可以在一定程度上维护市场竞争的合理秩序和国家的经济安全。但是,反垄断法律制度还主要出于市场竞争的角度对经营者集中进行审查,许多经营者集中虽然没有达到反垄断法规定的申报标准,或者虽然达到申报标准,但并不是实质性地排除、限制竞争,但是这种集中又很有可能会危害国家经济安全,在这种情况下,就很难依据反垄断法关于经营者集中的相关标准进行判断,而是需要依据国家有关外资并购国内企业安全审查的法律规定,专门进行安全审查。

第三节 经营者集中的法律责任

一、国外关于经营者集中法律责任的立法

国外关于经营者集中的法律责任主要包括两个方面:

1. 给违法集中者予以处罚,主要表现为罚款。例如:欧共体对于违法的经营者集中行为可视情节不同分别处以1000欧元以上5万欧元以下罚款或不超过企业年度总销售额10%的罚款;德国对违法的经营者集中行为可一次性或多次性处以1万马克至100万马克的罚款;日本对违法的经营者集中行为可处以200万日元以下的罚款;法国对违法的经营者集中行为可处以企业上一会计年度在法国境内税前营业额的5%;等等。

2. 对经营者集中采取处理措施。这种处理措施主要包括三种:①禁止或防止合并的完成,如果交易已经完成,则可全面解散或拆分合并后的企业;②部分分解企业合并或营业,在足以消除反竞争后果的情况下,允许集中继续进行;③限制并监控集中后的企业行为,防止反竞争后果的出现。这些处理措施是有效控制经营者集中的重要手段和方法。

二、中国经营者集中的法律责任

(一)违反经营者集中法律规定的行为种类

依照《反垄断法》相关条款的规定,实施经营者集中过程中的违法行为主要包括以下几种:

1. 未向国务院反垄断执法机构申报而实施集中的行为。《反垄断法》第 21 条规定:"经营者集中达到国务院规定的申报标准的,经营者应当事先向国务院反垄断执法机构申报,未申报的不得实施集中。"可见,《反垄断法》规定的经营者集中申报制度是实施事先强制申报,未申报而实施集中的,要承担相应的法律责任。

2. 在国务院反垄断执法机构作出是否实施进一步审查的决定前实施集中的行为。《反垄断法》第 25 条第 1 款规定:"国务院反垄断执法机构应当自收到经营者提交的符合本法第 23 条规定的文件、资料之日起 30 日内,对申报的经营者集中进行初步审查,作出是否实施进一步审查的决定,并书面通知经营者。国务院反垄断执法机构作出决定前,经营者不得实施集中。"据此,在国务院反垄断执法机构作出决定前实施集中的,属于违法实施集中的行为。

3. 在国务院反垄断执法机构实施进一步审查期间实施集中的行为。《反垄断法》第 26 条第 1 款规定:"国务院反垄断执法机构决定实施进一步审查的,应当自决定之日起 90 日内审查完毕,作出是否禁止经营者集中的决定,并书面通知经营者。作出禁止经营者集中的决定,应当说明理由。审查期间,经营者不得实施集中。"据此,在国务院反垄断执法机构实施进一步审查期间实施集中的,属于违法行为。

4. 不按照国务院反垄断执法机构对经营者集中附加的限制性条件实施集中行为。《反垄断法》第 29 条规定:"对不予禁止的经营者集中,国务院反垄断执法机构可以决定附加减少集中对竞争产生不利影响的限制性条件。"这些限制性条件,也是具有强制性的,不符合限制性条件实施经营者集中的,也属于违法实施集中。

5. 在国务院反垄断执法机构作出禁止实施集中的决定后仍实施集中的行为。《反垄断法》第 28 条规定:"经营者集中具有或者可能具有排除、限制竞争效果的,国务院反垄断执法机构应当作出禁止经营者集中的决定。……"国务院反垄断执法机构已经根据该法律要求作出禁止实施集中的决定,经营者仍然实施集中,其结果必然生成危害市场竞争的后果,直接构成违法行为。

(二) 违反经营者集中法律规定的责任形式

反垄断法对经营者违法实施集中行为规定了以下责任形式:

1. 由国务院反垄断执法机构责令停止实施集中。对于违法实施的经营者集中,责令停止实施,是阻止、避免违法行为产生不良后果的最直接、最有效的手段。这种措施用于经营者已经开始实施集中但尚未完成的情况。

2. 责令限期处置。责令限期处置是指由国务院反垄断执法机构责令限期处分股份或者资产、限期转让营业。违法实施的经营者集中已经完成的，必须采取相应的措施，恢复到经营者集中前的状态，防止因经营者集中而产生或者加强市场支配地位，而不能仅仅给予处罚了事，这是由控制经营者集中制度的目标所决定的。根据经营者集中的不同情形，可以采取不同的措施：①对于经营者合并或者通过取得其他经营者股份或者资产等方式实施经营者集中的，应当责令停止实施集中、限期处分股份或者资产、限期转让营业以及采取其他必要措施恢复到集中前的状态。处分股份或者资产，可以采取回购、转让等方式；转让营业，则是责令集中后的经营者整体转让其部分营业，包括在必要时强制对经营者进行拆分。②对于通过合同、技术控制、干部兼任等方式实施的经营者集中，应当责令其解除合同、撤回干部或者采取其他必要的措施，恢复到经营者集中前的状态。这一规定赋予了国务院反垄断执法机构较大的自由裁决权，有利于切实对违法实施的经营者集中进行有效的处理。

> "责令限期处置"是经营者集中中具有特色的责任形式

3. 罚款。在采取有效措施使违法实施的经营者集中恢复到集中前状态的同时，国务院反垄断执法机构还可以根据情况，对违法实施集中的经营者处 50 万元以下的罚款，这是对违法行为的惩罚性措施。

□ 小　结

本章阐述了经营者集中的含义、经营者集中对竞争的影响、经营者集中的规制制度和经营者集中的法律责任等问题。

一、经营者集中的含义

经营者集中是指两个或两个以上企业以一定的方式或手段所形成的企业间的资产、营业和人员的融合。

二、经营者集中对竞争的影响

1. 经营者集中对竞争的积极影响。
2. 经营者集中对竞争的消极影响。

三、经营者集中的规制制度

1. 经营者集中的申报制度。经营者集中申报制度主要包括申报的时间、申报的标准、申报的例外以及申报的文件与资料等内容。
2. 经营者集中的审查制度。经营者集中的审查主要包括两部分内容：一是审查的依据，即审查经营者集中违法与否所考虑的各种因素，主要涉及相关市场的市场集中度、参与集中的经营者的市场份额与市场控制力、经营者集中对市场竞争、技术、消费者、经营者及国民经济等多方面的影响。二是审查的程序，即审查经营者集中过程中所应遵循的期限和步骤。

3. 经营者集中的禁止制度。经营者集中的禁止制度主要包括两方面内容：①禁止经营者集中的判断标准；②禁止经营者集中的豁免。

四、经营者集中的法律责任

1. 经营者集中的民事责任。
2. 经营者集中的行政责任。

练习与思考

一、名词解释

1. 经营者集中
2. 判断经营者集中的"实质性减少竞争"标准
3. 判断经营者集中的"支配地位"标准

二、简答题

1. 经营者集中对竞争有哪些积极影响？
2. 申报经营者集中应向反垄断执法机构提交哪些文件与资料？
3. 经营者集中的审查依据有哪些？
4. 判断经营者集中的"支配地位标准"存在哪些局限性？
5. 实施经营者集中过程中的违法行为主要有哪些？

三、案例分析

徐州工程机械集团（简称"徐工集团"）是我国工程机械行业的排头兵，也是我国机械工业的龙头企业和优势企业，在机械工业中所占的地位非常重要。2005年12月25日，徐工集团与美国凯雷在南京签订了股权交易协议，美国凯雷将以20.69亿元的总价，持有徐工集团全资子公司徐工机械85%的股份。2006年2月，国家发改委核准了美国凯雷并购徐工机械，送交国家商务部审批。商务部要求并购双方就多方面问题进行解释，并在商务部外资司进行多轮谈判，并召开听证会议。迫于舆论压力，2006年10月，凯雷、徐工双方修改了协议，凯雷以18亿元购买徐工机械50%的股权，双方形成50∶50的股份比例；董事长由中方出任。最终凯雷收购的比例降到45%，其余55%的股权由徐州国资委持有。收购徐工机械的新方案获得了批准。

问题：依据我国《反垄断法》的相关规定，分析我国只批准凯雷、徐工合并的新方案，而不批准二者原有合并计划的合理性。

□ 练习与思考答案要点

一、名词解释

1. 经营者集中是指两个或两个以上企业以一定的方式或手段所形成的企业间的资产、营业和人员的融合。

2. 判断经营者集中的"实质性减少竞争"标准是指反垄断法控制具有实质性减少竞争的目的或者后果的经营者集中。

3. 判断经营者集中的"支配地位"标准是指反垄断法禁止获取或维持市场支配地位的经营者集中。

二、简答题

1. 经营者集中对竞争的积极作用表现在：①经营者集中有利于企业达到最佳经营规模，产生良好的规模经济效益；②经营者集中在一定程度上适应了现代化新产业发展的客观需要；③经营者集中为产业结构调整提供了一种又好又快的资金重组方式；④经营者集中有利于企业参与国际市场竞争。

2. 申报集中的经营者应当向国务院反垄断执法机构提交下列文件、资料：①申报书；②集中对相关市场竞争状况影响的说明；③集中协议；④参与集中的经营者经会计事务所审计的上一会计年度财务报告；⑤国务院反垄断执法机构规定的其他文件、资料。

3. 经营者集中的审查依据包括：①参与集中的经营者在相关市场的市场份额及其对市场的控制力；②相关市场的市场集中度；③经营者集中对市场进入、技术进步的影响；④经营者集中对消费者和其他有关经营者的影响；⑤经营者集中对国民经济发展的影响；⑥国务院反垄断执法机构认为应当考虑的影响市场竞争的其他因素。

4. 在长期的经营者集中规制实践中人们发现，"支配地位标准"存在着较为明显的局限性，主要表现在三个方面：①当某些经营者集中虽然达不到或并未加强市场支配地位，但却可能严重损害竞争时，"支配地位标准"会导致这类有害竞争的集中难以被规制；②当某些集中确实产生或加强了市场支配地位，但却并未对竞争产生实质损害时，"支配地位标准"可能导致对无害集中的阻止；③"支配地位标准"仅仅关注静态的市场结构，如企业规模、市场集中度等，而对动态的企业行为重视不够。

5. 依照《反垄断法》相关条款的规定，实施经营者集中过程中的违法行为主要包括以下几种：①未向国务院反垄断执法机构申报而实施集中的行为；②在国务院反垄断执法机构作出是否实施进一步审查的决定前实施集中的行为；③在国务院反垄断执法机构实施进一步审查期间实施集中的行为；④不按照国务院反垄断执法机构对经营者集中附加的限制性条件实施集中行为;⑤在国务院反垄断执法机构作出禁止实施集中的决定后仍实施集中的行为。

三、案例分析

根据我国《反垄断法》第31条有关外资企业并购境内企业或以其他方式参与经营者集中,应依法进行国家安全审查的规定,在本案最初的并购协议中,凯雷实际上通过取得股份的形式控制了徐工机械,随之可能通过对徐工的控制,整合和主导我国的机械工程生产,国内机械制造业格局和竞争秩序可能会发生重大变化。徐工集团是我国装备制造业的龙头企业,如果它被外资控制,也可能危害我国的产业和经济安全。不仅如此,凯雷进入徐工之后,还可以通过内部股权结构调整、增资扩股等办法来达到控制徐工的目的。所以,原有合并计划当然不能获得批准。而新合并方案中,外资方凯雷公司的股份降至45%,危害我国的经济安全的可能性已经不大,因而得到批准。

第十六章

滥用行政权力限制竞争

> ■学习目的和要求
>
> 通过本章学习，要求学生
> - ●重点掌握：滥用行政权力限制竞争的概念；滥用行政权力限制竞争的表现形式；滥用行政权力限制竞争的法律责任。
> - ●掌握：滥用行政权力限制竞争的特征；滥用行政权力限制竞争的危害。

第一节 滥用行政权力限制竞争的概念和特征

一、滥用行政权力限制竞争的概念

滥用行政权力限制竞争，是指拥有行政权力的政府机关以及其他依法具有管理公共事务职能的组织越权或不当行使权力，限制经营者的正当经营活动、限定单位或个人对商品或服务的购买与使用范围、实行产品交易地区封锁等，从而妨碍、扭曲或破坏市场竞争的行为。

对滥用行政权力限制竞争这一概念，可以从以下几个方面理解：①从该类行为的实施者来看，既可以是行政机关，也可以是依照法律、

> 滥用行政权力限制竞争这类限制竞争行为在处于转型期的中国具有典型性

法规授权具有管理公共事务职能的其他组织，如经授权具有行政管理职能的行业协会等，这两类行为人的共同特点是均拥有一定的行政权力。②从行为者"滥用"行政权力的表现形式来看，可以是超越法律、法规的授权范围行使权力，也可以是在法定授权范围内违反法律要求或背离特定行政权力运行的目的、程序、方式等不当行使权力。③从该类行为的具体内容来看，既可表现为对经营者经营活动的限制，如强令经营者之间达成固定价格、划分市场、限制数量等垄断协议；也可以表现为对消费者购买、使用商品或服务行为的限制，如教育管理部门限定学校购买指定学习用品等；还可以表现为对地区间商品自由流通的限制，如限制外地商品进入本地市场或者本地商品运往外地市场等。④从该类行为对竞争的影响来看，它既可能损害竞争的自由，也可能损害竞争的公平，会产生妨碍、扭曲、破坏竞争的严重后果。

长期以来，我国学界、业界主要在"行政性垄断"（或"行政垄断"）这一命题下来讨论这一类危害竞争的行为，但由于人们一直未能就行政性垄断、国家垄断、自然垄断、政府垄断、官商垄断、行业垄断等诸多概念的界定、区分、定性及相互关系等问题达成共识，从而引起了诸多概念使用上的混淆，甚至是认识上的误区。因此，2007年8月30日颁布的《反垄断法》未使用"行政性垄断"这一概念，而是直接使用"滥用行政权力排除、限制竞争"来表达这类危害竞争的行为。本书使用"滥用行政权力限制竞争"这一概念是基于以下三个方面考虑：①尽可能与立法保持一致，不再使用"行政性垄断"的概念。②将立法中并列使用的"排除、限制竞争"行为概称为"限制竞争"行为，这是因为"限制竞争"这一概念在反垄断法中往往被广义使用，泛指各种在质上或量上对竞争予以约束、减少、排除或者是妨碍、扭曲、破坏等情形，有的国家的反垄断法直接使用"反限制竞争法"（如德国）作为名称。本书使用"滥用行政权力限制竞争"这一概念时即是在前述广义上使用"限制竞争"一词，包括《反垄断法》中所指的"排除"竞争的情形。③如果从汉语文字的本意来理解，"排除"竞争与"限制"竞争主要是危害竞争的程度不同，当对竞争的"限制"达到最大程度时，竞争也就被"排除"掉了。因此，将"排除"竞争归入"限制竞争"范畴，用更为简洁的"滥用行政权力限制竞争"代替"滥用行政权排除、限制竞争"作为这类危害竞争行为的名称似更恰当一些。

滥用行政权力限制竞争是我国经济生活中一个十分突出的问题，其形成原因极为复杂，既有历史原因，也有现实原因；既有经济原因，也有政治原因；既有观念原因，也有制度原因。基于寻求滥用行政权力限制竞争治理对策的需要，长期以来，学界对滥用行政权力限制竞争的成因进行了广泛而深入的探讨与分析，提出了一系列的观点和看法，如认为是由于体制改革不彻底、经济结构不合理、利益驱动、商品经济不发达、国民法治意识淡薄、国家法律制度不健全、政府干预经济意识太强等。受这些研究成果的启发，本书认为，我国滥用行政权力限制竞争的形成原因主要有以下几个方面：①我国的经济体制改革和政治体制改革不同步，政企分离不彻底；②我国的地区、部门利益在改革中不断强化、独立；③政府以及其他依法具有管理公共事务职能的组织受行政权膨胀之影响惯于超越或滥用行政职权；④控制滥用行政权力限制竞争的法律制度不健全，监督不力等。

我国自改革开放以来，一直将控制滥用行政权力限制竞争作为一项重要工作来做，先后颁布了一系列法律、法规及规章等，逐渐确立起控制滥用行政权力限制竞争的基本制度。这些法律、法规及规章主要有：①1980年《关于开展和保护社会主义竞争的暂行规定》中的相关规定；②1990年《关于打破地区间市场封锁进一步搞活商品流通的通知》中的相关规定；③1993年《反不正当竞争法》中的相关规定；④1999年《招标投标法》中的相关规定；⑤2001年《药品管理法》中的相关规定；⑥2001年《关于禁止在市场经济中实行地区封锁的规定》中的相关规定；⑦2007年《反垄断法》中的相关规定。限于篇幅，本书重点论述我国《反垄断法》中有关滥用行政权力限制竞争的规定。

我国《反垄断法》第8条规定："行政机关和法律、法规授权的具有管理公共事务职能的组织不得滥用行政权力，排除、限制竞争。"这一规定对控制我国滥用行政权力限制竞争具有重要意义：①它表明《反垄断法》作为我国竞争领域的专门性、基础性法律，对滥用行政权力限制竞争予以否定性评价的基本态度，较为客观地反映了中国滥用行政权力限制竞争的具体国情，为进一步控制滥用行政权力限制竞争行为提供了原则性的法律依据。②该原则性规定可在法律适用过程中发挥漏洞补缺或兜底性的功能，虽然《反垄断法》还就滥用行政权力限制竞争的主要表现形式进行了列举性规定，但由于滥用行政权力限制竞争行为的具体表现形式复杂多样，法律上的列举不能穷尽所有形式，对未被列举的滥用行政权力限制竞争行为即可依据此规定予以追究，从而使《反垄断法》关于规制滥用行政权力限制竞争行为表现出开放性的特点。

> 《反垄断法》对滥用行政权力限制竞争采取了"总则+专章"的立法体例

二、滥用行政权力限制竞争的特征

与反垄断法规制的其他垄断形式相比较，滥用行政权力限制竞争行

为具有以下几个方面特征:

(一) 主体特定于拥有行政权力的机关或组织

从行为主体看,与垄断协议、滥用市场支配地位和经营者集中的主体均为经营者不同,滥用行政权力限制竞争行为的实施者是国家行政机关和其他经法律、法规授权行使行政管理权的社会组织。其中,国家行政机关是最主要的滥用行政权力限制竞争的实施主体,具体可分为三类:①国家各行政管理部门,主要是指国务院下属的各部、委、局,涉及行业经济管理部门、职能经济管理部门和综合管理部门等;②地方政府,指国务院以下的地方各级国家行政机关,涉及省(直辖市、自治区)、县(市、市辖区)、乡(民族乡、镇)等,但不包括特别行政区;③地方政府所属部门,指县级以上地方政府所属的各行政管理部门,涉及行业管理部门、职能管理部门和综合管理部门。这些政府行政机关与市场中一般的经营者相比,具有特殊的地位与职能,例如,其本身不从事市场经营却又以拥有的"公权力"涉与经营活动;每一个滥用行政权力的行为人既具有相对独立的利益,又与其上、下级主体的利益密切相关;其滥用行政权力限制竞争的行为会导致社会或他人的经济利益损失,却又没有足够的独立财产去补偿这种损失等,这些都决定了其对竞争的限制与妨碍是极为严重的,而对其进行调整与规制又具有相当的难度。

(二) 垄断力来源是行政权力

从垄断力的来源来看,滥用行政权力限制竞争是行为主体通过行政手段将行政管理权直接或间接地作用于经济竞争活动而产生的,它的优势来源是行政权力,而非经济性因素,不具有经济性垄断形成过程中所可能体现的合理性。经济性垄断是由市场主体通过参与市场竞争,运用各种竞争策略和手段,获取市场力量的集中与经济能力的增长而形成的,它是竞争发展到一定阶段的产物,在其整个发展过程中,主体内部的经济性优势起着决定性作用,包括规模经济优势、专利技术优势、产品差异优势、售后服务体系优势等。一般来说,其在达到非法垄断之前,多是依靠自己的经济实力参与公平的市场竞争,经历优胜劣汰的考验,逐步在市场中确立自己的优势地位。这一形成过程本身充满了以竞争求生存、求发展的合理因素,即使达到垄断状态,也不能认为其不合理,而只有在主体的垄断地位造成市场弊害或垄断主体滥用优势地位限制竞争时,法律才能予以规制。而滥用行政权力限制竞争则完全不同,

> 滥用行政权力限制竞争不同于其他垄断行为的突出特征,决定了反垄断法对其规制的特殊性

它始终是由非经济性的行政权力发挥作用的,其作用的经济主体往往达不到规模优势的水平,技术、设备也未必先进,经营的又多是缺乏替代品的产品,于是,就会形成这样一种状况:即使这些经营主体本身的经营状况很可能是低效和落后的,但却能凭借滥用行政权力限制竞争获取丰厚的利润。这一状况清楚地反映出滥用行政权力限制竞争对竞争过程的扭曲和对竞争结果公平性的严重破坏。

(三)行为方式上具有强制性与隐蔽性

从发生作用的方式上看,滥用行政权力限制竞争具有强制性与隐蔽性特征。滥用行政权力限制竞争主体是一种公权力机关,为了维护社会公共利益,法律赋予其行政行为以强制执行效力,即行政行为一旦作出,行政相对人就必须服从,滥用行政权力限制竞争实施主体做出的限制竞争行为在形式上具有不可对抗性。同时,滥用行政权力限制竞争实施主体在限制市场竞争时,主要是通过制定对其辖区范围内的公民、法人或非法人组织具有强制力的行业规章、地方性规定、命令、决定等方式,常常以管理和维护市场秩序为借口,所保护的利益中有群体利益,如地方利益或行业利益等。这一切都使滥用行政权力限制竞争具有较强的隐蔽性,大大增加了对其不合理性、违法性认定的难度。

(四)行为性质上具有双重违法性

从本质属性上看,滥用行政权力限制竞争是一种兼具行政违法与经济违法双重属性的竞争违法行为。[1]一方面,滥用行政权力限制竞争是一种典型的背离行政法宗旨的行为。行政法学理论告诉我们,行政机关行使行政职权的范围及其内容,应当符合"固有职权"和"授予职权"的要求。如果行政行为超越了权限范围,或"违背法律所赋予职权的目的,在法定范围内做出了不符合立法目的、精神、原则的行为",[2]即构成"超越职权"或"滥用职权"行为。滥用行政权力限制竞争行为正是行政主体在越权或不当行使职权的情况下所为的危害市场竞争的行为。另一方面,滥用行政权力限制竞争行为因严重侵犯经济法所保护的市场竞争关系而具有经济违法性,应当受到经济法的重要组成部分——竞争法的规制。滥用行政权力限制竞争的双重违法属性,要求我们在构建滥用行政权力限制竞争的法律控制制度时,既要重视经济法律制度,

---

[1] 郑鹏程:《行政垄断的法律控制研究》,北京大学出版社2002年版,第81页。
[2] 罗豪才:《中国司法审查制度》,北京大学出版社1993年版,第387页。

特别是竞争法律制度的构建与完善,又要重视行政法律制度对该种行政违法行为的有效治理,并充分注意经济法律规范与行政法律规范在规制滥用行政权力限制竞争方面的配合与协调。

(五) 危害后果具有多元性

从危害后果上看,滥用行政权力限制竞争除具有经济性垄断所造成的诸如限制、破坏公平竞争、导致资源配置低效率、经营管理低效率、动态技术低效率等损害后果外,还使市场自身的运行规则屈从于行政干预,丧失其协调生产布局、优化资源配置、提高整体经济效益的调节功能,人为设置市场壁垒,阻碍全国统一大市场的形成,并助长行业不正之风,增加行政管理人员以权谋私的空间,诱发腐败,引起人们对政府信任度的降低,甚至导致严重的社会隐患和政治危机。

第二节 滥用行政权力限制竞争的形式和危害

一、滥用行政权力限制竞争的表现形式

滥用行政权力排除、限制竞争涉及经济生活的各个方面,表现形式复杂多样,概括起来,主要有以下五类:

(一) 地区封锁

地区封锁又称"横向垄断"或"块块垄断",指地方政府以及其他依法具有管理公共事务职能的组织为了本地区利益,利用行政权力排除、限制竞争的行为。它是滥用行政权力排除、限制竞争中最典型、最严重的一种形式,其直接后果是割断了本地市场与外地市场的联系,形成了地方市场封锁。地区封锁往往由地方政府及其所属部门以政府命令、文件或通知等方式出现,通过对这些命令、文件、通知等的执行达到封锁市场,保护地方利益的目的。具体形式有:在辖区或交通要道设立关卡,阻碍本地商品流出或外地商品流入;规定在行政辖区内销售外地商品必须履行特定的批准手续或者必须符合其增加或提高的报验、检验标准,为外地商品进入本地设置人为障碍;用行政手段对外地商品的进入设置障碍,如在运输、储存、出售等环节进行强制扣押、罚款等;限制或禁止本地资金、技术输往外地;限制或禁止本地大型、业绩好的企业与外地企业合并、联营;对本地企业和外地企业实行差别待遇,如

> 地区封锁对我国统一市场的形成危害最为严重,一直是我国法律规制的重点

利用物价管理权对外地企业的产品进行价格歧视，利用税费管理权，加重外地企业的税费而减轻当地企业的税费，利用信贷、服务设施等管理权给本地企业以优于外地企业的经营环境等。

我国《反垄断法》第 33 条至第 35 条明确规定了地区封锁的三种典型表现形式：①限制商品的地区间自由流通，即行政机关和其他依法具有管理公共事务职能的组织滥用行政权力实施下列五类行为：一是对外地商品设定歧视性收费项目、实施歧视性收费标准，或者规定歧视性价格；二是对外地商品规定与本地同类商品不同的技术要求、检验标准，或者对外地商品采取重复检验、重复认证等歧视性技术措施，限制外地商品进入本地市场；三是采取专门针对外地商品的行政许可，限制外地商品进入本地市场；四是设置关卡或者采取其他手段，阻碍外地商品进入本地市场或者本地商品运出；五是妨碍商品在地区间自由流通的其他行为。②排斥或限制招标投标行为，即行政机关和其他依法具有管理公共事务职能的组织滥用行政权力以设定歧视性资质要求、评审标准或者不依法发布信息等方式，排斥或者限制外地经营者参加本地的招标投标活动。③排斥或者限制外地投资或设立分支机构，即行政机关和其他依法具有管理公共事务职能的组织滥用行政权力，采取与本地经营者不平等待遇方式，排斥或者限制外地经营者在本地投资或设立分支机构。

(二) 部门垄断

部门垄断又称"纵向垄断"或"条条垄断"，指中央政府部门或地方政府部门以及其他依法具有管理公共事务职能的组织为了本部门的利益，利用其经济管理权排斥、限制、禁止竞争的行为。部门垄断有两种方式：①部门分割，即中央政府部门或地方政府部门利用经济管理权限制、排除本行业以外的经营者从事某种经营活动。如邮政管理部门禁止、限制其他经营者经营报刊发行、禁止其他经营者从事速递业务的行为就是典型的利用行业管理权限制竞争的行为。②垄断性定价，即中央政府部门或地方政府部门以及其他依法具有管理公共事务职能的组织违反价格法的规定制定商品或服务价格的行为。这种垄断发生于对公用企业拥有行政管理权，特别是事实上有定价权的政府部门以及其他依法具有管理公共事务职能的组织。公用企业属于自然垄断行业，具有垄断性、公益性、不可选择性等特征，对这些企业拥有价格管理权的部门，为了本部门的利益往往会违反价格法的规定制定垄断价格，损害消费者的利益。部门垄断在改革开放初期比较常见，因为当时国家行政机关是根据行业对口设置的,主管本行业的行政机关往往从本行业利益出发实施部门垄断。伴随政府行政管理体制的改革,行业行政管理部门大大减少,部门垄断也相应减少。

(三) 强制交易

强制交易是指中央政府部门、地方政府及其他依法具有管理公共事务职能的组织,利用行政权力强制安排市场交易活动,限制和排斥竞争、妨碍公平交易的行为。强制交易的表现形式复杂多样,主要有:明确规定在行政区域范围内只能将某些非指定性计划产品销售给指定的企业,如规定只能将某种农副产品销售给甲企业;利用职权要求特定购买者必须到其指定的企业购买产品,如某市公安局要求辖区内的单位只能购买和使用该局挂靠企业的消防器材和设备;限定客户和消费者接受指定企业的有偿服务,如某市旅游局规定,凡到该市旅游的人只能到其指定的旅游定点饭店就餐、住宿;行政部门在为市场主体服务时,强制搭售某种商品,如办理企业登记时,强制企业购买一定数量的书籍;为推销指定企业的产品而阻挠、破坏他人达成交易等。

我国《反垄断法》第32条就行政机关以及其他具有管理公共事务职能的组织滥用行政权力强制交易行为作出了明确规定,即"行政机关和法律、法规授权的具有管理公共事务职能的组织不得滥用行政权力,限定或者变相限定单位或者个人经营、购买、使用其指定的经营者提供的商品"。

(四) 强制经营者实施危害竞争的垄断行为

强制经营者实施危害竞争的垄断行为是指行政管理者为了本地区或本部门的利益,强制经营者从事有利于本地区、本部门的垄断行为。强制联合限制竞争就是其中最典型的一种,它是指中央政府部门、地方政府以及其他依法具有管理公共事务职能的组织利用行政权力强制本地区或本部门企业联合以排斥、限制或妨碍市场竞争的行为。主要表现形式有:强制本地区、本部门的企业组建企业集团、组建行政性公司或进行企业联合,强制联合定价;强制联合拒销拒购;强制企业以协议的方式决定生产、销售数量、范围或停止竞争等。例如,湖南省平江县政府出面组建平江县长石粉集团有限公司的行为就是典型的强制联合限制竞争行为。湖南省平江县是长石的主要产地,20世纪90年代因当地生产厂家众多,在激烈竞争中产品的销售价格不断降低,为对外统一定价,防

> 行政机关滥用行政权力强制交易不同于经营者滥用市场支配地位强制交易

止竞争者竞相压价，平江县政府出面组建平江县长石粉集团有限公司，对外统一经营和定价，实行垄断经营。[1]

我国《反垄断法》第36条就行政机关以及其他具有管理公共事务职能的组织滥用行政权力强制经营者从事垄断行为作出了明确规定："行政机关和法律、法规授权的具有管理公共事务职能的组织不得滥用行政权力，强制经营者从事本法规定的垄断行为。"

（五）制定含有限制竞争内容的规定

制定含有限制竞争内容的规定是指行政机关以及其他具有管理公共事务职能的组织，在制定行政法规、规章或者发布具有普遍约束力的决定、命令等的过程中，将具有限制竞争性质的条款或内容包含其中，以达其滥用行政权力限制竞争之目的。与其他滥用行政权力限制竞争行为相比较，其具有以下几方面特点：①这些含有限制竞争内容的规定所适用的对象是不特定的，一般涉及辖区内的所有经营者；②这些含有限制竞争内容的规定可以反复使用，能在一个相对长的时间内持续、重复发生效力；③具有较强的隐蔽性，使行政机关以及其他具有管理公共事务职能的组织的限制竞争行为与常规的行政管理活动混淆在一起，难以区分和辨别。这些特点决定了该类限制竞争行为危害性特别大，严重损害行政机关的形象，损害市场竞争机制的正常运行，并使消费者的利益遭受损失，迫切需要予以规制。特别是近些年来，行政机关以及其他具有管理公共事务职能的组织，越来越倾向于通过地方政府规章或者有关文件来规定一些排除、限制竞争的内容，作为实施某些垄断行为的"法定依据"。因此，我国《反垄断法》第37条明确规定："行政机关不得滥用行政权力，制定含有排除、限制竞争内容的规定。"

> 这里涉及一个通过抽象行政行为限制竞争的问题

二、滥用行政权力限制竞争的危害

滥用行政权力限制竞争始于我国改革开放之初，国务院早在1980年就在行政规章中就滥用行政权力限制竞争作出了禁止性规定，但时至今日，滥用行政权力限制竞争非但没有退出历史舞台，在有些地区或部门反呈愈演愈烈之势，其范围越来越广，已从产品市场扩展到了资本市场、劳动力市场等要素市场，其手段和方式也更趋复杂和隐蔽。与之相适应，滥用行政权力限制竞争的危害也渗透到社会经济生活的各个方面，呈现出越来越严重的特点。具体讲，这种危害主要表现在以下五个

---

[1] "凑成的'集团'难息价格战"，载《中国经济时报》2000年1月6日。

方面：

1. 阻碍我国统一大市场的形成。市场的统一、开放，是市场经济的基本特征，是竞争在资源配置中起基础作用的前提条件，只有在统一、开放、有序的大市场中，竞争的自由与公平才成为可能，社会资源的配置效率才会提高。然而，滥用行政权力限制竞争则往往以某一地区、某一部门的局部利益为着眼点，实行地区或部门经济封闭，割断特定地区或部门与其他地区或部门的经济联系，形成地区封锁或部门经济割据，直接破坏全国市场的统一与开放，危害竞争的自由与公平，特别是在我国加入WTO的情况下，滥用行政权力限制竞争所导致的条块分割、保护落后现象，将严重损害我国产业和企业的国际竞争能力。

2. 损害市场经营者的自由、竞争与合法利益。市场经营者是构成市场的基本要素，其独立的人格、充分的竞争自由是市场得以运行的基本条件。但是，滥用行政权力限制竞争以行政命令等方式限制市场主体的生产经营活动或者强迫市场主体从事或不从事某种交易，迫使经营者放弃经营自主权，听命于行政权力的支配，扭曲竞争过程，限制竞争自由，降低经济效率，损害市场经营者的合法利益。

3. 损害消费者的利益。滥用行政权力限制竞争行为通过地区封锁、部门分割等方式限制竞争自由，保护落后，导致特定市场长期供应不足或服务质量低劣，损害消费者利益。由于大量的滥用行政权力限制竞争行为具有突出的行政抽象性特征（如在行政管理文件或规章中规定限制竞争的内容等），损害的往往是不特定多数消费者的利益。在行政主体实施强制交易或强制联合拒购、拒销的情况下，消费者的自由选择权将受到严重损害，还有可能承担不合理的高价。

4. 损害行政机关的威信与执法效率。依法行政、政令统一是国家行政的基本原则。但滥用行政权力限制竞争往往出于地方利益或部门利益的考虑，不顾中央政府的政策、命令或国家法律，我行我素，"上有政策，下有对策"，严重破坏了国家的行政权威与法制统一，扰乱正常的行政秩序。同时，滥用行政权力限制竞争是行政权力恶性膨胀的产物，是受狭隘的地方利益、部门利益甚至个别腐败者的私人利益的驱使，这种具有"寻租"和腐败特质的权力行使行为，大大有损政府机关的威信和执法效率。在很多情况下，滥用行政权力限制竞争是政府及其职能部门将行政权力直接作用于市场之中，并利用职权谋取经济利益的行为，是典型的钱权交易，滥用行政权力限制竞争猖獗，必然严重影响政府机关作为公共利益代表的公信力。

5. 不利于我国政治文明和精神文明的建设。滥用行政权力限制竞争行为的实施者，缺乏整体观念与大局意识，从本位主义出发，唯利是图，不顾大局，并经常伴随诸如请吃请喝、行贿受贿、贪污腐化、以权谋私等违法行为，败坏党风、民风和社会风气，给违法犯罪造成可乘之机，严重影响社会主义政治文明和精神文明建设，必须对其予以有效控制和严厉打击。

第三节 滥用行政权力限制竞争的法律责任

《反垄断法》第51条第1款规定："行政机关和法律、法规授权的具有管理公共事务职能的组织滥用行政权力，实施排除、限制竞争行为的，由上级机关责令改正；对直接负责的主管人员和其他直接责任人员依法给予处分。反垄断执法机构可以向有关上级机关提出依法处理的建议。"据此规定，我国滥用行政权力限制竞争的法律责任主要包括以下几方面内容：

一、对滥用行政权力限制竞争行为由上级机关责令改正

这里的"上级机关"，应根据具体情况予以确定。例如，如果滥用行政权力限制竞争的主体是地方人民政府，那么上级机关是指上级人民政府（不限于上一级人民政府）；如果滥用行政权力限制竞争的主体是地方人民政府的有关部门，则上级机关可以是本级人民政府，也可以是上一级主管部门；对于实行中央垂直领导的行政机关，如海关和金融监管机关等，其上级机关应指上级主管部门；实行省级以下垂直领导的行政机关，如税务部门，其上级机关应当指上级主管部门；公共组织的上级机关，则是指直接管理该组织的地方人民政府、地方人民政府的有关部门或者国务院有关部门。

二、对滥用行政权力限制竞争行为依法给予处分

这是对滥用行政权力限制竞争行为负有直接责任的主管人员和其他直接责任人员规定的个人责任。这里的"依法给予处分"，主要是指依照《公务员法》以及《行政机关公务员处分条例》规定的程序以及处分的种类进行处分。处分的种类具体包括警告、记过、记大过、降级、撤职、开除等。

三、对滥用行政权力限制竞争行为提出依法处理的建议

反垄断执法机构对滥用行政权力限制竞争行为虽然不具有处理权，

但依法具有监督权和处理建议权,由于职能与地位的特殊性,其依据事实与法律提出的要求依法处理滥用行政权力限制竞争行为的建议,有关上级机关应该而且也会予以重视,这将有利于更好地制止滥用行政权力限制竞争行为。

同时,《反垄断法》还就有关滥用行政权力限制竞争行为的规定与相关法律、行政法规的衔接问题作出了规定。如前所述,我国现行有关法律、行政法规对滥用行政权力限制竞争的处理也作了一些规定,为了使《反垄断法》中有关滥用行政权力限制竞争的处理规定能够与已有规定衔接、协调,《反垄断法》第 51 条第 2 款专门规定:"法律、行政法规对行政机关和法律、法规授权的具有管理公共事务职能的组织滥用行政权力实施排除、限制竞争行为的处理另有规定的,依照其规定。"

□ 小 结

本章阐述了滥用行政权力限制竞争的概念、特征、表现形式和法律责任等。

一、滥用行政权力限制竞争的概念

滥用行政权力限制竞争是指拥有行政权力的政府机关以及其他依法具有管理公共事务职能的组织越权或不当行使权力,限制经营者的正当经营活动、限定单位或个人对商品或服务的购买与使用范围或实行产品交易地区封锁等,从而妨碍、扭曲或破坏市场竞争的行为。

二、滥用行政权力限制竞争的特征

与反垄断法规制的其他垄断形式相比较,滥用行政权力限制竞争行为具有以下几个方面特征:①主体特定于拥有行政权力的机关或组织;②垄断力来源是行政权力;③行为方式上具有强制性与隐蔽性;④行为性质上具有双重违法性;⑤危害后果具有多元性。

三、滥用行政权力限制竞争的表现形式

滥用行政权力排除、限制竞争涉及经济生活的各个方面,表现形式复杂多样,概括起来,主要有以下五类:①地区封锁;②部门垄断;③强制交易;④强制经营者实施危害竞争的垄断行为;⑤制定含有限制竞争内容的规定。

四、滥用行政权力限制竞争的危害

1. 阻碍我国统一大市场的形成。
2. 损害市场经营者的自由、竞争与合法利益。

3. 损害消费者的利益。
4. 损害行政机关的威信与执法效率。
5. 不利于我国政治文明和精神文明的建设。

五、滥用行政权力限制竞争的法律责任

1. 对滥用行政权力限制竞争行为由上级机关责令改正。
2. 对滥用行政权力限制竞争行为依法给予处分。
3. 对滥用行政权力限制竞争行为提出依法处理的建议。

□ 练习与思考

一、名词解释

1. 滥用行政权力限制竞争行为
2. 地区封锁
3. 部门垄断
4. 强制交易

二、简答题

1. 滥用行政权力限制竞争的特点有哪些？
2. 滥用行政权力限制竞争行为的表现形式有哪些？
3. 滥用行政权力限制竞争的危害有哪些？
4. 我国《反垄断法》关于滥用行政权力限制竞争行为的法律责任是如何规定的？

三、案例分析

辽宁省抚顺市某区民政局下属的结婚登记处，自1999年1月至2001年3月，在办理3687对新婚夫妇的结婚登记时，限定他们接受其指定的该区结婚服务中心所提供的服务项目，包括收看婚前教育录像片、拍摄结婚登记照、购买结婚纪念币、影碟等，前述被指定的结婚服务中心是一家集体所有制企业，其与该区结婚登记处是两块牌子，一套人员，合署办公。结婚服务中心被指定后，在向他人提供服务或出售商品时滥收费用。例如，抚顺市一职工在办理登记时，该登记处限定她必须在区结婚服务中心购买婚姻知识读本一册（11元）、影碟一盘（10元）、结婚纪念币一套（10元），并拍结婚登记照（20元）。办案人员通过对曾在该区结婚登记处办理结婚登记的12对夫妇进行调查了解到，这些登记者在办理登记时均被强制在该中心照相及购买以上商品，累计收取75元。甚至大多数新婚夫妇在没有收看婚前教育录像片的情况下，也被收取了10元的教育费。该区结婚服务中心共对1208对新婚夫妇中的1130对强制收取了上述服务费，只有极少一部分新婚夫妇通过关系减免了部分费用，只收了24元~36元。该中心在1999年1月至2001年3月共获得违法所得112 817.55元。

问题：依据我国《反垄断法》的相关规定，分析该结婚服务机构的行为属于何种性质

的行为?

□ 练习与思考答案要点

一、名词解释

1. 滥用行政权力限制竞争是指拥有行政权力的政府机关以及其他依法具有管理公共事务职能的组织越权或不当行使权力,限制经营者的正当经营活动、限定单位或个人对商品或服务的购买与使用范围或实行产品交易地区封锁等,从而妨碍、扭曲或破坏市场竞争的行为。

2. 地区封锁又称"横向垄断"或"块块垄断",指地方政府以及其他依法具有管理公共事务职能的组织为了本地区利益,利用行政权力排除、限制竞争的行为。

3. 部门垄断又称"纵向垄断"或"条条垄断",是指中央政府部门或地方政府部门以及其他依法具有管理公共事务职能的组织为了本部门的利益,利用其经济管理权排斥、限制、禁止竞争的行为。

4. 强制交易是指中央政府部门、地方政府及其他依法具有管理公共事务职能的组织,利用行政权力强制安排市场交易活动,限制和排斥竞争、妨碍公平交易的行为。

二、简答题

1. 与反垄断法规制的其他垄断形式相比较,滥用行政权力限制竞争行为具有以下几个方面特征:①主体特定于拥有行政权力的机关或组织;②垄断力来源是行政权力;③行为方式上具有强制性与隐蔽性;④行为性质上具有双重违法性;⑤危害后果具有多元性。

2. 滥用行政权力限制竞争的表现形式主要有:①地区封锁;②部门垄断;③强制交易;④强制经营者实施危害竞争的垄断行为;⑤制定含有限制竞争内容的规定。

3. 滥用行政权力限制竞争的危害主要有:①阻碍我国统一大市场的形成;②损害市场经营者的自由、竞争与合法利益;③损害消费者的利益;④损害行政机关的威信与执法效率;⑤不利于我国政治文明和精神文明的建设。

4. 我国《反垄断法》关于滥用行政权力限制竞争行为的法律责任的规定有:①对滥用行政权力限制竞争行为由上级机关责令改正;②对滥用行政权力限制竞争行为依法给予处分;③对滥用行政权力限制竞争行为提出依法处理的建议。

三、案例分析

根据我国《反垄断法》关于滥用行政权力限制竞争的规定,本案是一起典型的政府所属部门滥用行政权力强制交易案件。该区结婚登记处是区民政局的一个下属部门,其在办理结婚登记时,强制新婚夫妇接受区结婚服务中心的服务,限定他人购买其指定的经营者的商品,限制其他经营者正当的经营活动,损害婚姻登记者的合法利益,扰乱公平交易秩序,背离《反垄断法》的规定,应依法追究相应的法律责任。

第十七章

反垄断执法程序

> ■学习目的和要求
>
> 通过本章教学,要求学生
> - 重点掌握:反垄断法规定的调查程序(包括调查措施、调查中止、调查恢复);反垄断执法机构对违反该法的经营者的处罚类型。
> - 一般了解和掌握:反垄断法的审理程序。

第一节 反垄断执法调查程序

一、调查的启动

调查的启动,涉及由何种主体以何种方式启动对涉嫌垄断行为的调查。由于反垄断执法机构具有专业性、政策性和行政主导性,可以主动地了解、分析竞争情况和竞争关系,指导市场主体的竞争活动,当它发现涉嫌垄断和限制竞争的市场行为时,可以而且也确实具有很大的优势来启动对相关涉嫌垄断行为的调查程序。因此,世界上很多国家的法律都赋予了反垄断执法机构启动对涉嫌垄断行为的调查程序的权利。例如,日本《禁止垄断法》第45条规定,公正交易委员会认为有违反该法规定的事实或者垄断状态时，可依职权采取适当的措施。[1]我国《反垄断法》同样赋予了反垄断执法机构启动对涉嫌垄断行为的调查程序的权利，该法第38条第1款规定"反垄断执法机构依法对涉嫌垄断行为进行调查"，这与法院受理案件的被动性形成了鲜明的对比。

然而，在很多情况下，反垄断执法机构得知涉嫌垄断行为的信息是通过有关主体的举报获得的，因此世界上很多国家的法律都鼓励和保障私人主体举报涉嫌垄断的行为。例如，根据日本《禁止垄断法》第45条的规定，任何人认为有违法事实发生时，可向公正交易委员会报告，并要求采取适当的措施，而且如果报告是书面形式的，公正交易委员会应当就该事实采取适当措施或不采取措施，并尽快将有关情况通知该报告者。[2]这样不仅是反垄断执法的需要，而且有利于更好地保护市场主体的合法权益和社会公共利益。我国《反垄断法》第38条第2款规定，"对涉嫌垄断行为，任何单位和个人有权向反垄断执法机构举报"，赋予了任何单位和个人可以就涉嫌垄断行为向反垄断执法机构报告的权利，并且还规定了两项保障举报人权利的措施：①为举报人保密；②当举报采用书面形式并提供相关事实和证据的，反垄断执法机构应当进行必要的调查。但是还存在着不足之处，比如关于举报人获得有关情况通知的权利的规定，以及当反垄断执法机构不予受理时的救济程序的规定仍是空白，希望随着我国反垄断执法实践的发展，有关规定会逐步完善起来。

二、调查的措施

调查的措施是指反垄断执法机构在对涉嫌垄断行为的调查过程中依法可以采取的措施。为了依法认定和处理不法垄断行为，反垄断执法机构有必要采取有关措施收集信息和获取资料，同时，为了防止反垄断执法机构滥用权力，我国《反垄断法》将调查的措施在该法中予以了明确的规定。根据我国《反垄断法》第39条的规定，反垄断执法机构调查涉嫌垄断行为，可以采取下列措施：

1. 检查有关场所。反垄断执法机构的执法人员可以依法进入被调查的经营者的营业场所或者其他有关的场所进行实地搜寻、查看。

2. 询问有关人员。反垄断执法机构的执法人员可以依法询问被调查的经营者、利害关系人或者其他有关单位或者个人，要求其说明有关

---

[1] 史际春等：《反垄断法理解与适用》，中国法制出版社2007年版，第278页。
[2] 史际春等：《反垄断法理解与适用》，中国法制出版社2007年版，第279页。

情况。

3. 获取有关资料。反垄断执法机构的执法人员可以依法通过查阅、复制或者要求被调查的经营者、利害关系人或者其他单位和个人提供等方式，获取有关单证、协议、会计账簿、业务函电、电子数据等文件、资料。

4. 查扣相关证据。在行为人存在重大违法嫌疑并具有销毁证据的危险时，反垄断执法机构的执法人员可以依法查封、扣押涉嫌垄断行为的证据材料。

5. 查询经营者的银行账户。反垄断执法机构的执法人员在必要的情况下，可以依法对经营者的银行账户进行查询，以了解其财产状况和盈利情况，判断其是否构成违法。

反垄断执法机构在采取以上的调查措施时并不是肆意的，而是受到有关的程序性规则的严格限制的：①采取调查措施应当向反垄断执法机构主要负责人书面报告，并经批准后才能实施，未经批准，不得擅自实施有关措施；②反垄断执法机构调查涉嫌垄断行为，执法人员不得少于2人，并应当出示执法证件；③执法人员进行询问和调查，应当制作笔录，并由被询问人或者被调查人签字。另外，执法人员在调查的过程中还应当奉行回避的制度，以保证执法过程的公正进行。

三、调查者与被调查者的义务

由于反垄断法所保护的法益具有公共性和复杂性，因此，通过强调义务的履行可能比强调权利的行使更能够有效地达到其所追求的法律效果，在一定程度上可以说是"义务先定，权利后生"，[1]因此我们将重点阐述调查人员与被调查者的义务。

（一）调查者的义务

调查者的义务是指反垄断执法机构的执法人员在对涉嫌垄断行为的调查过程中依法应承当的义务。

1. 调查者对执法过程中知悉的商业秘密负有保密的义务。所谓商业秘密，是指不为公众所知悉、能为权利人带来经济利益、具有实用性并经权利人采取保密措施的技术信息和经营信息。调查者在调查的过程中凭借其职权可能获取一些被调查者的商业秘密，其对所知悉的商业秘密负有保密的义务，不得披露、使用或者允许他人使用，否则将承担相应

---

[1] 张恒山：《义务先定论》，山东大学出版社1999年版，第5页。

的法律责任。这是由调查者作为执法者的角色所决定的,如果不对调查者课以保密的义务,市场的竞争关系和竞争状况将会剧烈地恶化,公众对法律的尊重和信赖将消失殆尽。

2. 调查者负有保障被调查的经营者和利害关系人依法充分行使参与调查程序的权利的义务。保障行政相对人充分行使参与权不仅是程序正义的要求,也是建设社会主义法治国家的应有之义。被调查的经营者在反垄断调查的过程中应当享有知悉权、陈述权、申辩权和申请权等基本的程序性权利,以维护自己的合法权益。与程序的结果有利害关系的或者可能因该结果蒙受不利的任何人,同样也应当有权参与程序并提出自己的主张和证据。世界上很多国家和地区的法律中都有相应的规定,例如我国台湾地区的"公平交易法"第27条规定,当事人或者关系人在调查程序中,为主张或者维护法律上的利益,应当可以申请阅览、抄写、复印或者摄影有关的资料和卷宗。[1] 我国《反垄断法》第43条也规定:"被调查的经营者、利害关系人有权陈述意见。反垄断执法机构应当对被调查的经营者、利害关系人提出的事实、理由和证据进行核实。"科以调查者核实经营者、利害关系人提出的相关的事实、理由和证据的义务。不过由于规定得比较粗略,国务院反垄断委员会还需要根据程序正义的原则,将相应的程序性规则具体化和完善化,从而达到既约束反垄断执法机构的行政权力,又维护经营者和利害关系人合法权益的目的。

3. 调查者负有向社会公布相关处理决定的义务。我国《反垄断法》第44条规定:"反垄断执法机构对涉嫌垄断行为调查核实后,认为构成垄断行为的,应当依法作出处理决定,并可以向社会公布。"根据该条规定,反垄断执法机构对涉嫌垄断行为调查核实后,只有在认为该行为构成垄断行为的时候,才应当依法作出处理决定,并且措辞是"可以"向社会公布。该条规定存在着很大的缺陷:①反垄断执法机构向社会公布的义务不是强制性的,并且其享有很大的自由裁量空间,就为其权力的寻租提供了可能;②该机构只有在被调查者的行为构成垄断行为的时候,才有可能公布相关的处理决定。事实上,在反垄断执法机构认为被调查者的行为不构成垄断行为时,也应该向社会公布理由,涉及商业秘密的除外。希望国务院反垄断委员会根据程序的公开性要求,进一步完善有关规则,"让正义看得见地被实现"。

---

[1] 尚明主编:《主要国家(地区)反垄断法律汇编》,法律出版社2004年版,第819页。

(二) 被调查者的义务

被调查者的义务是指被调查的涉嫌垄断行为的经营者、利害关系人或者其他有关单位或者个人在反垄断执法机构的执法人员进行调查的过程中依法应承担的义务。科以被调查者以相应的义务是保证反垄断执法效率的要求，其主要义务是配合调查者依法进行调查工作。例如，我国台湾地区的"公平交易法"第43条规定，受调查者于期限内如果没有正当理由拒绝调查、拒不到场陈述意见、拒不提供有关账册、文件等资料或者物证者，将被处以罚款；如果受调查者在经通知仍然如此，将被处以更高额的罚款，直至接受调查、到场陈述意见或提出有关账册、文件等资料或物证为止。[1]同样，我国《反垄断法》第42条规定："被调查的经营者、利害关系人或者其他有关单位或者个人应当配合反垄断执法机构依法履行职责，不得拒绝、阻碍反垄断执法机构的调查。"第52条规定："对反垄断执法机构依法实施的审查和调查，拒绝提供有关材料、信息，或者提供虚假材料、信息，或者隐匿、销毁、转移证据，或者有其他拒绝、阻碍调查行为的，由反垄断执法机构责令改正，对个人可以处2万元以下的罚款，对单位可以处20万元以下的罚款；情节严重的，对个人处2万元以上10万元以下的罚款，对单位处20万元以上100万元以下的罚款；构成犯罪的，依法追究刑事责任。"

四、调查的中止和恢复

1. 调查中止。调查中止，是指对反垄断执法机构调查的涉嫌垄断行为，被调查的经营者承诺在反垄断执法机构认可的期限内采取具体措施消除该行为后果的，反垄断执法机构可以决定中止调查。调查的中止不同于调查的终止，它只是附条件的暂时停止调查程序，即只有经营者承认被调查的涉嫌垄断行为，并承诺在一定期限内采取具体措施消除垄断行为后果，反垄断执法机构才可以作出中止调查的决定，并且反垄断执法机构也可以视违法行为的性质、程度和持续的时间等因素不作出中止调查的决定。中止调查的决定应当载明被调查的经营者承诺的具体内容，并且对经营者履行承诺的情况应予以监督。

调查的中止程序可以提高反垄断执法机构的审查效率，节约执法成

---

[1] 尚明主编：《主要国家（地区）反垄断法律汇编》，法律出版社2004年版，第822页。

本和执法资源，最大限度地消除不法垄断行为的后果。对于被调查者来说，可以避免漫长的调查和审理程序对自己经营活动的影响，只需承诺现在和将来不再实施某种行为，就可以避免本来最终可能面临的严重后果；对于反垄断执法机构来说，可以在达到被调查者停止违法垄断行为的目的的情况下，尽快了结案件，以便将精力集中于那些重要的、复杂的、又不能达成妥协的案件。[1]

2. 调查的恢复。调查恢复，是指在决定中止调查后，如果被调查者未能满足一定的要求，反垄断机构应当恢复调查。在中止调查后，被调查的经营者可能面临两种不同的处理方式：

（1）经营者履行了承诺，并且已经最大限度地消除了垄断行为的后果，反垄断执法机构可以决定终止调查，即针对该被调查者的调查程序宣告结束。

（2）未能满足一定的要求，反垄断执法机构对该被调查者恢复调查：①经营者未履行承诺。在这种情况下，其涉嫌垄断的行为对市场竞争的消极作用依然存在，相应的不利后果仍未消除，因而必须恢复调查，以确定经营者的法律责任，维护市场的有效的竞争秩序。②作出中止调查决定所依据的事实发生了重大的变化。反垄断执法机构作出的中止调查的决定是根据经营者的申请并依据一定的事实作出的，如果所依据的事实发生了重大的变化，情势发生了重大的变更，并且对原来作出的决定产生了实质性的影响，反垄断执法机构应当重新恢复调查。③中止调查的决定是基于经营者提供的不完整或者不真实的信息作出的。在这种情况下，恢复对经营者的调查是毋庸置疑的，并且对经营者故意隐瞒信息或者提供虚假信息的行为，反垄断执法机构也可以依法给予处罚，我国《反垄断法》第52条对此有明确的规定："对反垄断执法机构依法实施的审查和调查，拒绝提供有关材料、信息，或者提供虚假材料、信息，或者隐匿、销毁、转移证据，或者有其他拒绝、阻碍调查行为的，由反垄断执法机构责令改正，对个人可以处2万元以下的罚款，对单位可以处20万元以下的罚款；情节严重的，对个人处2万元以上10万元以下的罚款，对单位处20万元以上100万元以下的罚款；构成犯罪的，依法追究刑事责任。"

---

[1] 王先林、何敏："反垄断案件调查中非正式的协商和解程序规则的初步设计"，载《工商行政管理》2006年第11期。

第二节 反垄断执法审理程序

一、行政审理和处罚

(一) 行政审理

行政审理是指反垄断执法机构在被调查的经营者、利害关系人以及其他有关单位或者个人的参与下，依法对涉嫌垄断行为的案件进行调查、分析、认定并作出相应裁决的活动的总称。反垄断执法机构对涉嫌垄断行为的案件进行的行政审理程序在本质上是一种行政程序，因此，在其进行行政审理的过程中，应当符合行政程序的一般性规定，比如，公平、公正和公开的原则，比例原则，回避制度，听证制度以及依法行政等基本理念，还应遵守我国《反垄断法》的一些特殊性规定。目前我国《反垄断法》关于行政审理的程序还规定得比较粗略，希望国务院反垄断委员会在日后的反垄断实践中不断地予以完善，使被调查的经营者、利害关系人以及其他单位或个人能够有效充分地参与审理程序，使审理程序更加民主、透明，以对反垄断执法机构的行政权力形成有效的制约，从而保证正义得到最大程度的实现。

(二) 行政处罚

1. 对违法经营者的处罚。反垄断执法机构对违法经营者的处罚类型主要有：责令停止违法行为、没收违法所得和罚款，并且对于罚款，反垄断执法机构在确定具体数额时，应当考虑违法行为的性质、程度和持续的时间等因素，以确保处罚的公正性。经营者违反反垄断法的情形主要有以下三种：

(1) 经营者违反反垄断法的规定，达成垄断协议并实施或者虽然达成垄断协议但尚未实施的行为。我国《反垄断法》第46条第1、2款规定："经营者违反本法规定，达成并实施垄断协议的，由反垄断执法机构责令停止违法行为，没收违法所得，并处上一年度销售额1%以上10%以下的罚款；尚未实施所达成的垄断协议的，可以处50万元以下的罚款。经营者主动向反垄断执法机构报告达成垄断协议的有关情况并提供重要证据的，反垄断执法机构可以酌情减轻或者免除对该经营者的处罚。"

(2) 经营者违反反垄断法的规定，滥用市场支配地位的行为。我国《反垄断法》第47条规定："经营者违反本法规定，滥用市场支配地位的，由反垄断执法机构责令停止违法行为，没收非法所得，并处上一年度销售额1%以上10%以下的罚款。"

(3) 经营者违反反垄断法的规定实施集中的行为。我国《反垄断法》第48条规定："经营者违反本法规定实施集中的，由国务院反垄断执法机构责令停止实施集中、限期处分股份或者资产、限期转让营业以及采取其他必要措施恢复到集中前的状态，可以处50万元以下的罚款。"

经营者实施垄断行为，给他人造成损失的，除承担相应的行政责任外，还须依法承担民事责任。世界上很多国家和地区的法律中都有相应的规定，例如，日本的《禁止垄断法》第25条规定，事业者及事业者团体对被害人承担损害赔偿责任。事业者及事业者团体若能证明自己没有故意或者过失的，可免除前款规定的责任。[1]我国台湾地区的"公平交易法"第31条规定，事业违反该规定，只侵害他人权益者，应负损害赔偿责任。第32条第1款规定，法院因前条被害人之请求，如为事业之故意行为，得依侵害情节，酌定损害额以上之赔偿。但不得超过已证明损害额之3倍。[2]

我国《反垄断法》第50条规定："经营者实施垄断行为，给他人造成损失的，依法承担民事责任。"虽然规定了经营者应当承担民事责任，但是由于我国反垄断法并没有赋予垄断行为的受害人直接的民事起诉权，也没有规定经营者承担民事责任的归责原则，因此在一定程度上将影响其功能的有效发挥。

2. 对行业协会的处罚。反垄断执法机构对于行业协会违法组织本行业的经营者达成垄断协议的行为同样应予以相应的处罚。例如，日本的《禁止垄断法》第8条第2款规定，事业者团体为违反第7条第1款规定的行为时，公正交易委员会可以依照第八章第二节规定的程序，命令事业者团体停止该行为、解散该团体或采取其他排除行为的必要措施。[3]我国《反垄断法》第46条第3款也规定："行业协会违反本法规定，组织本行业的经营者达成垄断协议的，反垄断执法机构可以处50万元以下的罚款；情节严重的，社会团体登记管理机关可以依法撤销登

---

[1] 史际春等：《反垄断法理解与适用》，中国法制出版社2007年版，第322页。
[2] 尚明主编：《主要国家（地区）反垄断法律汇编》，法律出版社2004年版，第816页。
[3] 尚明主编：《主要国家（地区）反垄断法律汇编》，法律出版社2004年版，第815页。

记。"将行业协会纳入其规制的范围,还规定对其罚款时,反垄断执法机构应当考虑违法行为的性质、程度和持续的时间等因素来确定具体的罚款数额。这既符合世界反垄断立法的趋势,又满足反垄断实践的需要,对于维护良好的竞争秩序无疑是大有裨益的。

3. 对滥用行政权力的行政主体的处罚。发达国家由于其法治程度比较高,一般不对行政主体的垄断行为作特别的规定,而是将其纳入反垄断法规制的主体之列,其救济程序和承担的法律责任与一般的自然人、法人别无二致。由于我国是在计划经济体制的基础上发展社会主义市场经济的,因此实践中,行政主体滥用行政权力,实施排除、限制竞争行为的情况还比较突出,因此,我国《反垄断法》将行政垄断专章列出,并且在法律责任部分与经营者的责任进行了明显的区别。我国《反垄断法》第51条规定:"行政机关和法律、法规授权的具有管理公共事务职能的组织滥用行政权力,实施排除、限制竞争行为的,由上级机关责令改正;对直接负责的主管人员和其他直接责任人员依法给予处分。反垄断执法机构可以向有关上级机关提出依法处理的建议。法律、行政法规对行政机关和法律、法规授权的具有管理公共事务职能的组织滥用行政权力实施排除、限制竞争行为的处理另有规定的,依照其规定。"

对该条规定,可以从以下几个方面加以理解:

(1) 滥用行政权力的行政主体主要包括行政机关和法律、法规授权的具有管理公共事务职能的组织两种类型。

(2) 根据该规定,行政机关和法律、法规授权的具有管理公共事务职能的组织承担法律责任的形式仅限于"责令改正"和对直接负责的主管人员和其他直接责任人员"依法给予处分",并没有规定损害赔偿和罚款等财产责任。然而在我国其他的法律中已经建立了行政主体损害赔偿制度,如《中华人民共和国国家赔偿法》第4条规定:"行政机关及其工作人员在行使行政职权时有下列侵犯财产权情形之一的,受害人有取得赔偿的权利:①违法实施罚款、吊销许可证和执照、责令停产停业、没收财物等行政处罚的;②违法对财产采取查封、扣押、冻结等行政强制措施的;③违法征收、征用财产的;④造成财产损害的其他违法行为。"《中华人民共和国行政复议法》第29条第1款也规定:"申请人在申请行政复议时可以一并提出行政赔偿请求,行政复议机关对符合国家赔偿法的有关规定应当给予赔偿的,在决定撤销、变更具体行政行为或者确认具体行政行为违法时,应当同时决定被申请人依法给予赔偿。"由此可见,虽然我国《反垄断法》中没有规定滥用行政权力的行政主体的赔偿责任,但依据其他法律仍然可以追究其滥用行政权力排除、限制竞争给他人造成损失的民事赔偿责任。

（3）我国反垄断法将制裁滥用行政权力的行政主体的权力授予了其"上级机关"，而不是反垄断执法机构或者是司法机关，并且规定反垄断法执法机构只有向有关上级机关提出建议的权利，如果该上级机关置之不理，反垄断执法机构也不能对其进行有效的制约，这样反垄断执法的实际效果将大打折扣。如果将行政垄断案件纳入司法审查的范围，不仅能更好地发挥反垄断法保护市场公平竞争，提高经济运行效率，维护消费者利益和社会公共利益之功能，而且符合我国建设社会主义法治国家之要求，希望在日后的立法实践中对之进行完善。

另外，我国《反垄断法》第37条规定："行政机关不得滥用行政权力，制定含有排除、限制竞争内容的规定。"该条提及的"规定"仅限于行政机关制定的规范性文件，而不包括立法机关制定的法律、地方性法规、自治条例和单行条例，也不包括行政法规、部委规章和地方政府规章，其范围极为有限。并且，在《反垄断法》第七章的"法律责任"部分，并无相应的法律条文与之对应，再加上《中华人民共和国行政诉讼法》将抽象行政行为排除在行政诉讼的受案范围之外，《反垄断法》第37条对行政机关的规制就形同虚设了。建议建立完善的违宪审查制度，这对于解决行政垄断问题将起到釜底抽薪的作用。

4. 对有关主体违反配合义务行为的处罚。所谓有关主体违反配合义务的行为，是指被调查的经营者、利害关系人或者其他有关单位或者个人拒绝向反垄断执法机构提供有关材料、信息或者提供虚假材料、信息，或者隐匿、销毁、转移证据以及有其他拒绝、阻碍反垄断执法机构调查的行为。世界上很多国家和地区的反垄断法律制度对该种行为进行了规制。例如，我国台湾地区的"公平交易法"第43条规定，受调查者于期限内如果没有正当理由拒绝调查、拒不到场陈述意见、拒不提供有关账册、文件等资料或者物证者，将被处以罚款；如果受调查者在经通知仍然如此，将被处以更高额的罚款，直至接受调查、到场陈述意见或提出有关账册、文件等资料或物证为止。[1]为了提高反垄断执法的效率，有效地保护竞争秩序，我国《反垄断法》也对该种行为进行了规制，该法第52条规定："对反垄断执法机构依法实施的审查和调查，拒绝提供有关材料、信息，或者提供虚假材料、信息，或者隐匿、销毁、转移证据，或者有其他拒绝、阻碍调查行为的，由反垄断执法机构责令改正，对个人可以处2万元以下的罚款，对单位可以处20万元以下的罚

---

[1] 尚明主编：《主要国家（地区）反垄断法律汇编》，法律出版社2004年版，第822页。

款；情节严重的，对个人处2万元以上10万元以下的罚款，对单位处20万元以上100万元以下的罚款；构成犯罪的，依法追究刑事责任。"

5. 对反垄断执法机构工作人员的处分。我国《反垄断法》第54条规定："反垄断执法机构工作人员滥用职权、玩忽职守、徇私舞弊或者泄露执法过程中知悉的商业秘密，构成犯罪的，依法追究刑事责任；尚不构成犯罪的，依法给予处分。"反垄断执法机构的工作人员如果在其执法的过程中滥用职权、玩忽职守、徇私舞弊或者泄露执法过程中知悉的商业秘密，同样不能够免于法律的处罚。这不仅有助于规范反垄断执法机构及其工作人员的执法行为，也是建设社会主义法治国家的应有之义。

二、行政复议和行政诉讼

我国《反垄断法》第53条规定："对反垄断执法机构依据本法第28条、第29条作出的决定不服的，可以先依法申请行政复议；对行政复议决定不服的，可以依法提起行政诉讼。对反垄断执法机构作出的前款规定以外的决定不服的，可以依法申请行政复议或者提起行政诉讼。"根据该条规定，对反垄断执法机构所作出的除经营者集中以外的决定，包括关于垄断协议、滥用市场支配地位的决定，当事人既可以选择先申请行政复议，也可以直接向人民法院提起行政诉讼；而对于经营者集中的决定，当事人必须先申请行政复议，对行政复议决定不服的，才可以向人民法院提起行政诉讼。我国《反垄断法》之所以对经营者集中设定行政复议前置程序，主要是考虑到对经营者集中的审查涉及的因素相当复杂，专业性强。因为在认定经营者集中是否会对竞争造成损害时，不仅需要准确地把握实质性减少竞争的标准和豁免的合理性原则，还要界定相关市场，分析市场份额和市场集中度，评估集中对竞争秩序的影响，以及考量竞争政策与产业政策和当前政治经济形势平衡的问题。显然，反垄断执法机构的工作人员比人民法院的审判人员更具有相对优势。然而对经营者集中设定行政复议前置程序，也会给当事人带来很大的不便，至于该程序的实际效果会如何，只有在我国反垄执法实践中去检验了。

□ 小　结

一、执法机构的调查程序

执法机构的调查程序主要包括调查的启动、调查的措施、调查者与被调查者的义务，以及调查的中止和恢复等内容。调查的启动，涉及由何种主体以何种方式启动对涉嫌垄断行为的调查。我国的反垄断执法机构可以启动对涉嫌垄断行为的调查，任何单位和个人也都有权利向反垄断执法机构举报，注意二者在启动调查程序中的区别。调查的措施包括检查有关场所、询问有关人员、获取有关资料、查扣相关证据和查询经营者的银行账户等。调查者的义务主要包括：①对执法过程中知悉的商业秘密负有保密的义务；②保障被调查的经营者和利害关系人依法充分行使参与调查程序的权利的义务；③向社会公布相关处理决定的义务等。被调查者的义务主要是配合反垄断执法机构执法的义务。调查的中止，是指对反垄断执法机构调查的涉嫌垄断行为，被调查的经营者承诺在反垄断执法机构认可的期限内采取具体措施消除该行为后果的，反垄断执法机构可以决定中止调查。调查的恢复，是指在决定中止调查后，如果未能满足一定的要求，反垄断机构应当恢复调查。

二、执法机构的审理程序

行政审理是指反垄断执法机构在被调查的经营者、利害关系人以及其他有关单位或者个人的参与下，依法对涉嫌垄断行为的案件进行调查、分析、认定并作出相应裁决的活动的总称。行政处罚则包括对违法经营者的处罚、对行业协会的处罚、对滥用行政权力的行政主体的处罚、对有关主体违反配合义务行为的处罚，以及对反垄断执法机构工作人员的处分等。对反垄断执法机构所作出的除经营者集中以外的决定，包括关于垄断协议、滥用市场支配地位的决定，当事人既可以选择先申请行政复议，也可以直接向人民法院提起行政诉讼；而对于经营者集中的决定，当事人必须先申请行政复议，对行政复议决定不服的，才可以向人民法院提起行政诉讼。

□ 练习与思考

一、名词解释

1. 调查中止　　　2. 调查恢复　　　3. 行政审理

二、简答题

1. 反垄断执法机构对涉嫌垄断行为进行调查时可以采取哪些措施？
2. 调查者的义务有哪些？
3. 反垄断执法机构对违法经营者的处罚类型有哪些？

三、案例分析[1]

2006年8月，浙江苏泊尔炊具股份有限公司和法国SEB国际股份有限公司签订了

---

[1] 史际春等：《反垄断法理解与适用》，中国法制出版社2007年版，第288页。

《战略投资框架协议》，约定 SEB 收购苏泊尔，最多可持有 61% 的股份。这一收购协议在炊具行业引起轩然大波，业内一致认为，SEB 成功获得苏泊尔的控股权后，必然垄断中国相关产品市场。苏泊尔在国内烹饪炊具行业的主要竞争对手——爱仕达电器有限公司、河南汤阴营养炊具有限公司等公司，向当时履行外资并购审查职责的商务部条约法律司竞争法律处反垄断办公室递交了填写好的"征询意见函"，一致反对 SEB 收购苏泊尔。这一行为引起了商务部的关注。在先后向中国五金制品行业协会和中国轻工业联合会征求意见后，2006 年 11 月，商务部正式发函，向涉及并购案的行业协会、竞争对手、上游供应商、下游销售商、消费者等征求意见，开始对"苏泊尔并购案"展开反垄断调查。在经过各方听证之后，2007 年 4 月，SEB 并购苏泊尔事宜最终获得商务部的批准。

根据《中华人民共和国反垄断法》的相关规定（不考虑时效问题），试分析：

1. 本案所涉及的利害关系人在反垄断调查中应享有哪些权利？
2. 反垄断执法机构负有哪些义务？
3. 假设 SEB 并购苏泊尔未获批准，其能否直接向人民法院提起行政诉讼？

□ 练习与思考答案要点

一、名词解释

1. 调查中止，是指对反垄断执法机构调查的涉嫌垄断行为，被调查的经营者承诺在反垄断执法机构认可的期限内采取具体措施消除该行为后果的，反垄断执法机构可以决定中止调查。

2. 调查的恢复，是指在决定中止调查后，如果未能满足一定的要求，反垄断机构应当恢复调查。

3. 行政审理，是指反垄断执法机构在被调查的经营者、利害关系人以及其他有关单位或者个人的参与下，依法对涉嫌垄断行为的案件进行调查、分析、认定并作出相应裁决的活动的总称。

二、简答题

1. 反垄断执法机构可以采取的措施包括检查有关场所、询问有关人员、获取有关资料、查扣相关证据和查询经营者的银行账户等。

2. 调查者的义务主要包括：①对执法过程中知悉的商业秘密负有保密的义务；②保障被调查的经营者和利害关系人依法充分行使参与调查程序的权利的义务；③向社会公布相关处理决定的义务等。

3. 反垄断执法机构对违法经营者的处罚类型主要有：责令停止违法行为、没收违法所得以及罚款；并且对于罚款，反垄断执法机构在确定具体数额时，应当考虑违法行为的性质、程度和持续的时间等因素，以确保处罚的公正性。

三、案例分析

1. 本案所涉及的利害关系人在反垄断调查中享有陈述意见的权利,并且反垄断执法机构应当对被调查的经营者、利害关系人提出的事实、理由和证据进行核实。

2. 反垄断执法机构主要负有以下义务:①对执法过程中知悉的商业秘密负有保密的义务;②保障被调查的经营者和利害关系人依法充分行使参与调查程序的权利的义务;③向社会公布相关处理决定的义务等。

3. 不能,根据《中华人民共和国反垄断法》第53条第1款的规定,SEB必须先申请行政复议,对行政复议决定不服的,才可以向人民法院提起行政诉讼。